全国中医药行业高等中医药院校成人教育规划教材（专升本）

中药商品学

供药学、中药学、药物制剂、生物制药、中药资源与开发、药物分析等专业使用

国家中医药管理局人事教育司／指导

全国中医药成人教育学会、湖南科学技术出版社／组织编写

主编单位：成都中医药大学
主　　编：卢先明　（成都中医药大学）
副 主 编：（按姓氏笔画为序）
　　　　　王荣祥　（辽宁中医药大学）
　　　　　张庆芝　（云南中医学院）
　　　　　蒋桂华　（成都中医药大学）
编　　者：（按姓氏笔画为序）
　　　　　王世清　（贵阳中医学院）
　　　　　兰志琼　（成都中医药大学）
　　　　　李　晨　（成都医学院）
　　　　　杨瑶珺　（北京中医药大学）
　　　　　费　曜　（重庆医科大学）
　　　　　侯　嘉　（甘肃中医学院）
　　　　　夏从龙　（大理学院）
　　　　　盛　琳　（海南医学院）
　　　　　管家齐　（浙江中医药大学）
　　　　　颜永刚　（陕西中医学院）
主　　审：万德光　（成都中医药大学）

U0756445

湖南科学技术出版社

全国中医药行业高等中医药院校成人教育规划教材（专升本）
编写领导小组名单

出版说明

　　《全国中医药行业高等中医药院校成人教育规划教材》（专科、专升本）是在国家中医药管理局人事教育司精心指导下，首次组织全国二十多家高等中医药院校及全国高职高专学校编写的中药学等专业成人教育规划教材。本套教材的编写，旨在培养适应社会主义现代化建设和中医药事业发展需要的，德、智、体、美全面发展，具备中药学基础理论、基本知识、基本技能以及相关的中医学、药学等方面的知识和能力，掌握一定的人文社会科学、自然科学和中国传统文化知识，能从事中药生产、科研、教学、管理等方面工作，具有良好的职业道德和职业素质，富有创新意识的中药专门人才。

　　《全国中医药行业高等中医药院校成人教育规划教材》（专科、专升本）根据"政府指导，学会主办，学校联办，出版社协办"的精神编写出版，即国家中医药管理局人事教育司宏观指导；全国中医药成人教育学会、湖南科学技术出版社具体组织；全国高等中医药院校广泛参与，既是教材编写的主体，又是教材的使用单位；湖南科学技术出版社负责教材的出版，并协助政府、学会、院校，提供编辑出版方面的服务和经费支持。这种四位一体的运作机制，旨在有机结合各方面的优质资源，有效调动各方面的积极性，有力保证教材的科学性、权威性、公认性和教学适应性。

　　2008 年 1 月在湖南长沙召开《全国中医药行业高等中医药院校成人教育规划教材》（专科、专升本）编写出版工作会议；2009 年 3 月 26 日在北京召开本教材的编写领导小组组长会议；同年 8 月，在长沙召开全体主编会议。几次会议明确了本套教材的编写遵循以下原则：

　　1. 少而精的原则：中医药行业成人高等教育的形式为业余学习，均以自学为主，面授为辅。学员多为在职从业人员。因此，教材编写必须掌握理论够用为度，重在实用，便于自学，贯彻少而精的原则。要突出重点，讲清难点，切忌照搬全日制普通高校教材。各门课程教材字数篇幅限制在每面授课时 3000 字以下（含教学大纲，教学大纲作为附录编入教材）。

　　2. 循序渐进的原则：中医药行业成人高等教育分专科和本科两个层次，本科教育的适用对象为专升本学员，专科、本科分别编写教学大纲和教材。因此，同一课程的专科、本科教材内容，做到由浅入深，由易到难，逐步深化，紧密衔接，避免了知识点不必要的重复或疏漏，体现循序渐进的原则。各位主编负责同一课程的专科、专升本两个层次教材内容相互衔接，各课程之间的大纲教学内容相互协调。

3. 因材施教的原则：中医药行业成人教育的对象主要在基层，其学习、工作、文化基础条件相对较差。教材编写应正视现实，适应教学需求，避免内容过难、过繁、过宽。另外，本套教材中的中医类课程如《中医学基础》、西医类课程如《解剖生理学》、《药理学》等，编写时注意适应中药专业的需求，体现中医药思维，同时兼顾学历教育和执业资格、职称考试的需求。

中医药行业成人教育是中医药人才队伍建设的一个重要组成部分，尽管我们在全国高等中医成人教育教材上有着相当不错的成绩，积累了许多的经验，但是，中药成人教育教材是在国家中医药管理局人事教育司的指导下首次尝试，前进的道路仍十分漫长，还有许多课题需要我们去探索，还有很多困难有待我们去克服，教材编写是教育事业的一项基础工作，直接关系到教学质量的提高，编好教材不仅需要作者们呕心沥血，更需要教学师生的关心和支持，诸如课程设置是否合理、教学内容详略是否恰当、大纲安排是否切合实际等等，都有待于广大师生提出批评和建议，以便今后修订再版时更臻完善。

最后，我们要感谢参编院校的领导和各位主编、编者，他们为教材的编写做出了无私的贡献和积极的努力；感谢使用教材的院校领导和师生，他们一直关心教材的编写情况，并提出了很多的宝贵建议。由于时间紧，任务重，在编写和编辑的过程中难免存在着各种各样的问题，敬请各位读者谅解！

湖南科学技术出版社

2012 年 6 月

前　言

　　本套成人教育教材是由国家中医药管理局人事教育司、全国中医药成人教育学会高等教育研究会、湖南科学技术出版社共同组织编写出版，本书是根据现代商品学、营销学、市场学和普通商业企业管理学的基本理论和方法，结合我国几千年来经营管理中药商品的传统经验，在调查研究中药商品经营管理情况的基础上，组织有关人员，由全国12所高等医药院校共同编写而成的《中药商品学》。

　　本书力求反映我国现代中药商品经营管理的实际，反映市场经济体制和现代企业制度对中药商品贸易的要求，体现我国中药商品贸易的特色。同时本书内容丰富、重点突出、切合实际、操作性强。因此，本书不仅是高等中医药院校中药专业、中药营销专业的教材，而且是中医药工作者、中药商贸工作者、中药商业企业管理者等很有实用价值的参考书。

　　本教材内容与社会需求和中医药现代化紧密相连，使学生易懂，能学以致用。

　　全书分为三篇（总论、药材商品、中成药商品）共19章，层次、体例明了清晰。

　　总论着重介绍了中药商品经营与管理的基本理论、方法和技能；制定药材商品规格等级的依据和方法；制定中药商品价格的依据和方法等，具有较强的理论性和实用性。药材商品，按其主产区不同分为川药、云药、广药等11章，收载药材商品283种。中成药商品收载21种，包括丸剂、片剂、颗粒剂、口服液、合剂等剂型。

　　药材商品按其主产区分章论述。每章首先概述主产区的地理位置、地形地貌、自然环境条件及其在该自然条件下，主产的代表药材等。然后记述该区主产药材的药名、主要别名、道地产地、采收加工、商品特征、商品规格、品质要求、产销行情、包装贮存、功效和附注11项内容。为满足中药商贸工作者需要，重点突出了其中的道地产地、商品的规格等级、产销行情等。同时对重点品种论述全面，一般品种用表格择要介绍。

　　由于受教材容量限制，中成药商品收载品种较少。首先概述中成药商品的特点，选用或使用中成药的基本知识，以及中成药商品的分类，以满足分类管理中成药和零售时患者报病购药的需要。然后每种中成药按药品、品名简释、处方来源、药物组成、剂型规格、质量鉴别、包装贮藏、功效、用法用量等项论述。

本版《中药商品学》编写分工是：卢先明负责总论1~3章的编写及全书的策划与审定，兰志琼负责总论4~6章的编写及协助全书的审定，蒋桂华负责各论第1章川药的编写及图片的拍摄、编辑，费曜负责第2章广药的编写，张庆芝负责第3章云药的编写，王世清负责第4章贵药的编写，侯嘉负责第5章怀药的编写，管家齐负责第6章浙药的编写，王荣祥负责第7章关药的编写，杨瑶君负责第8章北药的编写，颜永刚负责第8章西药的编写，李晨负责第10章南药的编写，夏从龙负责第11章进口药的编写，盛琳负责第12章中成药商品概述、第13章中成药商品简介的编写，万德光负责全书的主审。

本版《中药商品学》教材在编写过程中，由于参编单位和人员较多，论述详略与体例把握方面，难免有不足之处，欢迎使用单位和读者指正，以便再版时加以修改完善。

《中药商品学》（专升本）编委会

2012年6月

目　　录

第一篇　总　论

<h2 style="text-align:center">第三篇　中成药商品</h2>

第一篇 总 论

第一章 绪 言

【目的要求】

1. 掌握中药商品学的含义与任务。
2. 掌握秦汉时代、晋唐时代、宋元时代、明清时代及现代不同时期中药商品学的发展概况。
3. 了解商业的基本概念（商业、商品、商人、企业、贸易、中药商品、中药商业等）。

【自学时数】

4 学时。

在中医药理论指导下，用于防病、治病，康复保健的传统药物商品，称为中药商品。中药商品包括药材商品、饮片商品和中成药商品。

经营中药商品的行业，称为中药商业。从事中药商品经营的企业，称为中药经营企业。

中药商品具有防病、治病、康复保健的特殊作用，是人们在患病、受伤或康复保健期间必须购买应用的商品。与一般商品不同，中药商品是特殊商品，具有特殊性且多具被动购买性，这就要求中药商品本身的质量必须是货真质优，安全有效；也要求中药商品的生产者、经营者和使用者必须具备良好的职业道德、业务素质和服务态度。不准生产、销售、使用伪劣药品，也不能错产、错销和错用。否则，一经查获，就要按照有关法律制度的规定，受到法律的处罚。

近十多年来，随着中医药事业的发展，人们消费水平的提高和我国商品经济的发展，中药商品的生产、销售规模不断扩大，国内外的中药商品市场也有较快发展，中药商品的品种不断增多。这对繁荣我国经济，增加财政收入等都起到了积极作用，并成为我国的经济支柱之一。因而中药商业在我国国民经济中占有一定的地位。

目前世界各国人民要求"回归大自然"，积极应用天然药物。因此来自天然药物的中药商品更具广阔的市场，具有美好的发展前景。今后中药商品生产与经营发展必将为我国经济腾飞，为世界卫生保健事业的发展作出更大贡献。

第一节 中药商品学的含义与任务

一、中药商品学的含义

中药商品学是研究中药商品在流通过程中的经营与管理规律的一门应用学科。中药商品学是在继承中药商品传统的经营、管理和质量控制经验的基础上，运用现代科学技术和商品学的理论与方法，研究中药商品的来源、产地、品质、规格、产销行情及其经营、管理规律，从而促进中药商品的产、供、销、用的发展，保证人民用药需求，不断提高人民的健康水平。

中药商品学不仅与中药鉴定学、中药药剂学、中药炮制学和中药化学等中药类学科有密切的关系，而且与商品学、营销学、市场学等经济类学科也有密切的关系。因此中药商品学是中药学与经济学这两类学科互相渗透形成的一门边缘应用学科。

二、中药商品学的主要任务

中药作为一种特殊商品，从生产领域进入流通领域，除具一般商品的共性外，还具特殊性，即具防治疾病、康复保健的特殊作用，多具被动购买性和带社会福利性质，加上品种规格多而复杂，生产涉及面广，所以对中药商品的经营、管理、质量控制、价格制定等方面都比一般商品复杂而特殊。尤其是在建立市场经济，搞活商品流通领域的今天，中药商品学的任务特别繁重，主要任务有：

（一）研究中药商品的管理规律，实现管理现代化

在市场经济条件下，现代商业企业的经营与管理，经营是中心，管理是关键。管理在现代的商业企业中占有头等重要的地位，有"三分经营、七分管理"的说法。所以研究我国中药商业在市场经济条件下的管理规律，实现管理现代化是本学科的首要任务。为此必须在总结我国几十年来医药经营管理经验的基础上，借鉴发达国家对药品的管理经验，结合我国国情和药品经营的管理实际，按现代商业企业的要求，尽快研究适用于我国中药商品经营的管理规律，利用科学的管理手段，不断提高管理水平，增加管理效益。

（二）研究中药商品的经营规律，实现经营现代化

随着我国多年来经济体制改革的深入发展，市场经济体制的逐步建立，研究在市场经济条件下，中药商品经营规律，实现经营现代化就成了本学科的主要任务。这就必须在总结我国几十年来经营经验的基础上，结合我国经营实际情况，借鉴发达国家经营药品的经验，按现代商业企业的药品经营要求，研究适用于我国中药商品的经营规律，实现中药商品经营的现代化，提高经营效益。

（三）制订和完善中药商品规格、等级标准

目前，中药商品除中成药和部分药材及饮片有全国统一的质量标准外，大部分药材及饮片都无统一的商品规格、等级标准。就是已有的标准中，有的也需要补充，有的过于繁杂或过于简单，需要修订。所以制订和完善全国统一的中药商品规格、等级标准，提高中药商品质量是本学科又一重要任务。制订、完善和修订中药商品规格、等级标准总的要求是要有利

于发展生产、保证供应、提高质量、保证疗效和符合按质论价的原则。同时应逐步以中药商品内在质量指标和临床疗效的好坏作为制订、完善和修订中药商品规格、等级标准的主要依据，以克服单纯地把外观质量作为主要依据的经验标准不规范的缺点。其主要方法是在深入调查分析和广泛征求意见的基础上，组织有关科研、教学单位协作攻关，有计划地分期分批地进行中药商品规格、等级标准的研究，在取得大量外观的和内在的质量指标数据后，制订出标准，并经过一段时间试用、修改补充后，以法定标准的形式颁布全国有关单位执行，实现全国各类中药商品的规格、等级标准的规范化和标准化。

（四）研究中药商品的价值规律，制订合理的价格

长期以来，由于忽视价值规律的作用和一些历史原因，造成了部分中药商品的价格体系偏离其药用价值的不正常现象。这种不正常现象表现在质量差价没拉开，优质不优价；不同药材商品之间的比价不合理；道地与非道地药材商品的价格差别不大和同种药材商品的价格大起大落等。所以研究中药商品的价值规律，改革不合理的价格体系，促使价值与价格的统一，制订合理的药品价格是本学科又一重要任务。

制订合理的药品价格，应本着以下原则：即有利于中药商品生产的发展，有利于中药商品的流通和保证人民用药的需要，有利于遵守国家的物价政策，减轻患者的负担，有利于执行按质论价的原则等。

（五）加强中药市场的调查与预测，不断开拓新市场

中药市场是指中药商品交换的场所或中药商品交换关系的总和。市场调查是指对市场信息的收集、整理、传递和贮存。市场预测是指在市场调查分析的基础上，运用数学的或逻辑学的方法，对未来市场发展变化趋势作出的估计，是中药商业企业制订经营决策和经营计划的科学依据。

在我国市场经济蓬勃发展的今天，中药经营企业已成为独立核算、自负盈亏的经济实体，经营的成败盈亏与企业和企业职工的经济收入直接相关，所以中药经营企业都要千方百计地搞好经营，提高效益。进行和加强市场调查与预测是企业制订经营决策与经营计划的依据，是企业增加经营效益的重要途径，是利用价值规律，发挥市场调节作用的前提和条件，也是企业经营现代化的标志。因而加强市场调查与市场预测，不断开拓新市场不仅是中药商业企业急需解决的问题，也是本学科的重要任务之一。

第二节 中药商品学的起源与发展概况

中药作为商品在市场上进行交换，已有几千年的历史。随着社会的发展，中药商品交换日益频繁，研究中药商品交换为主要内容的中药商品学也应运而生，并在各个历史时期都有不同程度的发展。

早在原始社会的末期，就开始出现了以物易物的商品交换。到了夏商周时代（前2070～前221年），我国由原始社会进入奴隶社会，商品交换有了发展，并出现了市场。如《史记》中有："日中有市，至天下之民，聚天下之货，交易而退，各得其所"的记载，说明那时的商业已相当发达。同时在"至天下之民，聚天下之货"的商品交换中，中药作为人们生活中的特殊用品，也必在其中了。

货币的出现，极大地推动了商业的发展，中药商品贸易也随之日益发展起来。并受其他商品（农业、畜牧业、手工业商品等）在交换中分等分级，按质论价的影响，中药商品也开始分等分级，按质论价出售，于是中药商品学开始萌芽。

秦汉时代（前221年～220年），我国由奴隶社会进入封建社会，经济、文化的发展促进了祖国医药学的发展。医药学家辈出，医药著作增多。如《伤寒论》、《金匮要略》、《神农本草经》等先后问世。《神农本草经》是我国最早的药学专著，在序录中始有："土地以出，真伪新陈，并各有效"的论述，对药物强调了产地、鉴别真伪、究其新陈的重要性，予后世本草学的发展有深远的影响。同时书中引录了《范子·计然》一书论及的药价，谓：柏子仁出三辅，上等一斗七千，中等三千；桑螵蛸上等价三百；皂角上等一枚一钱。同时其他典籍也记载了中药或中药采集与销售的情况。如《诗经》记载了菟丝子、远志、泽泻等几十种中药；《后汉书》记载了韦彪、张楷等采药、卖药的情况；东汉恒帝时霸陵人韩康（字伯林）常采药于名山，在长安卖药三十多年；三国时期名医华佗既行医诊病又配方售药，在其故居今安徽亳州还保留有华佗当时诊病售药的"元化堂"。

综上所述，中药商品学于夏商时代开始萌芽，在秦汉时代有较大发展。

晋唐时代（265～960年），特别是唐代，是我国封建社会的鼎盛时期，政治、经济、文化高度发展，祖国医药学也发展很快。加上对外贸易和中外医学的频繁交流，医药学著作不断增多。如雷敩的《雷公炮制论》，论述约300种药物的炮制加工方法和药材商品真伪鉴别，发展了药材加工技术，提高了饮片商品的质量。又如葛洪的《肘后备急方》，是我国早期的方书专著，书中记载了硬膏、干浸膏、蜡丸、锭剂、条剂、饼剂等多种剂型，并将成药列为专章论述。这些都说明饮片、成药已成为中药商品的组成部分，是中医临床用药方法的发展，为中药商品学的形成与发展提供了依据。

梁代陶弘景编著的《本草经集注》，是当时魏晋以来300多年药学发展的总结。书中首次记载了火试、对光试等中药商品鉴别方法，为中药商品的质量控制增加了手段。书中还记载了一些中药商品的价格，如在牛黄项下谓："药中之贵，莫复于此，一子二三分，好者值五六千至一万也。"这些记载也为中药商品学的形成和发展提供了宝贵的资料。

唐代李勣、苏敬等22人奉命编著的《新修本草》（唐本草）由唐朝政府颁发全国，是我国也是世界上最早的国家药典。书中增加了药图，附以文字说明。这种图文对照的编著方法，对后世本草有深远的影响。特别是该书极为重视道地药材商品，对此有精辟的论述："……离其本土，则质同而效异。"收载了外来药物，如血竭、安息香、龙脑、诃黎勒、阿魏等，说明中药商品贸易在国内外都有很大的发展，为中药商品学的形成与发展积累了丰富的资料。

宋元时代（960～1368年），中药商品贸易在晋唐时代的基础上，又有较大的发展。宋开宝四年（971年），宋政府在广州设置了"市舶司"统管对外贸易。据《宋会要》记载，通过市舶司由阿拉伯商人运往西方（包括今亚洲西部、非洲和欧洲）各国的中药商品有朱砂、人参、牛黄等58种。

1076年，北宋太医局在京城开封设立太医局卖药所，除为患者配方外，还制备丸、散、膏、丹等成药商品对外销售，这是我国现知最早的官办的中药经营机构。1103年又增设专门制造成药的"修合药所"，1114年改卖药所为"惠民局"，改修合药所为"和剂局"，并下令各地州县，凡有集市贸易的地方都可设立卖药机构。从此全国各地出现了许多民办中药经营机构，仅开封就有民营药铺数十家。

南宋迁都杭州后，在杭州正式挂牌的民营药铺就有二十多家，并有生药铺、熟药铺和"川广生药市"之分。这说明当时的中药商业活动有较大发展，出现了专营川广道地药材的批发市场。南宋高宗绍兴二十一年（1151年），在以前《太平惠民和剂局方》的基础上，朝廷诏令陈期文等再次校订《太平惠民和剂局方》，颁发全国。此时全书已达10卷，载方788首，剂型10余种，并收载了185种中药饮片的炮制方法。这是我国现知最早的成药和饮片的制药规范，其中的紫雪丹、至宝丹、牛黄清心丸、苏合香丸等一直沿用至今，对成药和饮片商品的发展起了较大作用。

北宋元丰五年（1082年），唐慎微编著《证类本草》，载药1746种，是我国自唐《新修本草》后五百多年药学发展的又一次总结。该书比以往任何时代的本草更强调道地药材的质量和效用，记载的药物和附图大多冠以产地名称，以示质量上的差异。如"神州半夏"、"银州柴胡"等。该书不仅有较高的学术价值，为道地药材商品的生产、销售、应用提供了依据，而且为后世保存了宋以前许多珍贵的医药史料，在中医药史上占有重要地位。

元代疆土幅员广大，地跨欧、亚二洲，各民族接触频繁，促进了东西方的医药交流，中药商品贸易也有所发展。在《元史》上还记载有一些中药商品的价格，如矾价30斤值（银）五两，白药14锭值（银）二十五两等。

综上所述，宋元时代中药商品学随中医药事业和中药商业的发展而有较大的发展，并为本学科的形成和发展提供了新的依据。

明清时代（1369~1911年），尤其是明代，由于郑和十次奉命率领船队下南洋，与所到之国建立了外交和贸易关系，打通了我国海上与国外的通道，促进和扩大了医药的对外交流和外贸的发展。这一时期，医药人才辈出，中医药著作很多，据有关资料的统计，多达100种以上，其中最著名的是李时珍编著的《本草纲目》。李时珍在集思广益、博览群书、深入实地考查的基础上，结合他丰富的医药经验，花了三十余年的精力和时间，编成了《本草纲目》这本药学巨著。该书集我国前代本草之大成，载药1892种，其中新增药374种；附药图1109幅，附方11096首，剂型40余种。动植物药按自然属性、生长环境、形态特征分成16部62类。对中药商品质量与产地、水土、采收时节的关系也有精辟的论述，谓："性从地变，质与物迁……沧卤能盐，阿井能胶"，"生产有南北，节气有早迟，根苗异采收。"《本草纲目》还记载了当时新进口的药物，如曼陀萝、番木鳖、阿芙蓉等。这些记载都为中药商品学的形成和发展积累了丰富的资料。

继明代李时珍的《本草纲目》之后，清代赵学敏对民间药物进行了广泛的收集和整理，编著了《本草纲目拾遗》，不仅补充了《本草纲目》的不足，纠正了《本草纲目》记载的一些错误，而且在收载的921种药物中，新增药物就达716种之多，极大地丰富了我国传统的药学宝库。书中又记载了新进口的药物如番红花、丁香油、金鸡纳、西洋参等，并收载了浙贝母、川姜、银柴胡等新增的道地药材。这些记载都反映了中药贸易的发展。

自1840年鸦片战争后，中国沦为半殖民地半封建社会，中医药学的发展受到了极大阻碍。但由于广大人民对中医药学的需要和众多中医药学工作者的极力反对，中医药学才得以幸存。再加上我国人口的逐年增加，用药量随之加大，中药商品贸易也有一定的发展。中药经营性商号在清末的基础上有所发展，如天津的达仁堂、北京的同仁堂在全国各大城市建立了分号；具有一定规模的药市如河北的安国，江西的樟树，安徽的亳州等都有所发展；较大型的中药厂如重庆桐君阁、云南白药厂也有一定的发展，中药商品生产、市场的发展，促进了中药商品贸易的发展。这些都为中药商品学的形成与发展提供了条件。

中药商品学自夏商时代开始萌芽至清代，各个时期都有一定的发展和具有一定的特点，而且历代相承，日渐成熟，开始具备形成的条件。

新中国成立后，国家极为重视中医药的继承和发展，制订了一系列的有关政策，推动了中药商品产、供、销、用的快速发展。1954年后，从中央到地方先后成立了中药材公司和药检机构，对中药商品的产、供、销、存及其质量都进行了统一经营、统一管理，从此使中药商品贸易走上了正轨。因而国内外市场不断发展，科研成果层出不穷，有关著作不断涌现，如《中药材商品知识》、《七十六种药材商品规格标准》、《中国地道药材》、《药材商品》、《中国药材商品学》、《四川道地药材志》、《辽宁道地药材》、《广西道地药材》等。中药经营管理和药检机构的建立、中药市场的发展和有关著作的出版发行，促进了中药商品学的形成。

六十多年来，随着我国经济体制改革和市场经济的逐步建立，中药商品贸易发展很快，为了适应市场经济建立和中药商品贸易发展对专门技术人才的需要，我们根据商品学的基本理论和方法，结合中药商品经营与管理的规律和经验，参考有关资料，首次编写了全国高等中医药院校中药专业成人教育《中药商品学》教材。中药商品学虽然起源很早，又经过历代的发展，但与相关学科相比，仍是一个不成熟的年轻学科。因此还必须用现代的科学手段和方法，特别是用现代商品学的手段和方法，进一步总结经验，提高水平，使它能更好地为中药商品的经营管理、质量控制、人才培养、临床应用等服务，从而不断提高本学科的学术水平，促进本学科的不断发展。

自学指导

【重点难点】

1. 中药商品学的含义与任务。
2. 秦汉时代、晋唐时代、宋元时代、明清时代、现代中药商品学的发展概况。

【复习思考题】

1. 中药商品学的含义与任务是什么？
2. 试述各个历史时期中药商品学的发展和成就。

第二章 中药资源

【目的要求】

　　1. 掌握道地药材、名优中成药的概念。
　　2. 熟悉道地药材的形成和分类。
　　3. 了解药材资源的开发利用和保护。

【自学时数】

　　2 学时。

　　我国是世界文明古国之一，历史悠久，土地辽阔，地跨寒、温、热三带，受第四纪冰川影响较小，加上地形错综复杂，气候、土壤条件多种多样。从北部寒冷的黑龙江到南部炎热的南海诸岛，从西部的帕米尔高原到东部的沿海之滨，从高山到平原，从陆地到江河湖海，都蕴藏着极为丰富的中药天然资源，其种类之多、贮量之大，均为世界之冠。

　　根据我国第三次中药资源普查（1983～1988 年），我国中药资源（包括民族药和民间药）有 12807 种，其中，植物药 11146 种，动物药 1581 种，矿物药 80 种。

第一节 药材资源

　　药材资源是中药资源的主体，道地药材又是药材资源的重要组成部分，药材资源与道地药材有极为密切的关系。同时药材是制造和加工中成药与中药饮片的主要原料，所以药材资源是中成药与中药饮片的源泉。若没有药材资源，就不可能发展道地药材和开发出更多更好的新型中成药，也不可能保证中药饮片供应临床配方的需要。

　　药材资源按生产方式和来源不同，分为野生资源和家种养殖资源两大类。这两类资源属于再生资源，只要管理、保护得好，可循环开发，永续利用。

一、野生资源

　　野生资源又叫天然资源，是药材资源的重要组成部分，其品种占药材资源总数的 80％，产量占总产量的 60％，如冬虫夏草、重楼、麻黄、羌活、朱砂等药材均属野生资源，其中不少是著名的道地药材。

　　随着医疗保健事业的发展和药材出口量的增加，野生资源日益减少，不能完全满足市场需要，国家为了解决中药供需矛盾，一方面制订药源开发利用和保护计划；另一方面组织了几次全国性的中药资源大普查，加强了药源开发利用的研究，以寻求新药源。通过普查和研究，已查清我国药材资源在 1 万种以上，贮量较大的也在 6000 种以上。仅四川、云南的药源就有 5000 多种，以前一贯依靠进口的马钱子、胡黄连、安息香、血竭、阿魏等也分别在广西、广东、海南、云南、新疆、内蒙古等省区发现了国产资源，有的已引种成功，并已开发利用，提供了商品，摆脱了全依赖进口的局面。

通过药源普查和开发利用研究，部分紧缺药材商品找到了基源相近、功效相似的新药源，保证了市场供应。如冬虫夏草，通过调查研究，在四川发现的凉山虫草 *Cordyceps liangshanensis* 的主要成分、药理作用、功效与正品虫草 *C. sinensis* 相似，在四川以凉山虫草药用。

二、家种养殖资源

我国家种养殖药用动植物已有几千年的历史，近几十年来，为了发展药材商品生产，进一步扩大了家种家养的面积和场所，目前全国种植养殖药材多为大宗药材，如三七、茯苓、天麻、鹿茸、珍珠等。这些药材除内销外，还出口外销，为国家积累了不少资金。家种养殖资源对保护和增加药源，保证市场供应，发展农村经济都起到了积极作用。

三、道地药材

长期的历史演变过程中，经过先辈的不断人为地选择和培育，各地不同种的药材，逐渐形成了特有的道地性能的药材，称为道地药材。即指那些产地较为固定、生产历史悠久、生产和加工技术精细、品质优良、疗效显著的中药材。由此可知，道地药材是一个优质高效的药材商品术语。

（一）道地药材的形成

道地药材是我们先辈在长期的生产和医疗实践中，以中医药理论为指导，经过多次反复考察不同产地的同种药材，治疗同种疾病后，根据其疗效的好坏，而筛选出来的优质药材。成书于东汉时期的《神农本草经》所收载的 365 种药物中，不少从药名上就带有产地特征，如巴戟天、蜀椒、秦艽、秦皮、吴茱萸、代赭石等。巴、蜀、秦、吴、代都是周朝前后的古国地名，间接地界定了这些药物的道地产地。中医经典《伤寒论》论述了药物使用的道地性，书中的巴豆、代赭石、阿胶等均属道地药材。

南北朝时代在前人的基础上，进一步论述了药物道地性的重要性。陶弘景所著《本草经集注》中谓"诸药所生，皆有境界……多出近道，气力性理，不及本邦，所以疗病不及往人，亦当缘此故也。蜀药及北药，虽有去来，亦复非精者……上党人参，始不复售。华阴细辛，弃之如芥。"第一次阐述了道地药材与非道地药材对临床疗效的影响。隋唐时代更加重视道地药材的研究。《新修本草》中谓："……离其本土，则质同而效异。"《千金翼方》中，最先按当时行政区划的"道"来归纳药材的产地，特别强调"用药必依土地"，这些为道地药材的研究奠定了基础。

宋元时代的医药学家，在晋唐的基础上，对药材的道地性有了进一步的研究。《证类本草》中连附图的图题都冠以产地名称，如"神州半夏"、"银州柴胡"等。《本草衍义》谓"凡用药必须择州土所宜，则药力具，用之有据。"《用药法相》谓："凡诸草木昆虫，产之有地，失其地则性味少异。"

明清时代，在宋元时代的基础上，对道地药材的研究更深入。《本草品汇精要》收载的药物中有 268 种记载了道地产地，其中川药 32 种，广药 27 种，怀药 8 种……《本草蒙荃》谓："各有相宜产地，气味功力自异寻常……一方土地出一方药也。"《本草纲目》谓："性从地变，质以物迁……沧卤能盐，阿井能胶……"。许多药物项下记载了其最佳产地，如麦冬强调了以浙中来甚良，薄荷以苏州为胜。汤显祖《牡丹亭》中首次出现了"道地药材"一词。到这一时期，对道地药材的研究，无论从生产、流通、临床用药等均日趋成熟，基本形成了其理论体系。

此后，道地药材的概念及理论贯穿于整个中医药的生产、流通、临床用药中，如《药性变迁论》中指出："当时初用之始，必有所产之地，此乃本身之土，故气厚而力全。以后移种他方，则地气移而薄矣。"

新中国成立后，道地药材受到广大医药学者、专家的推崇，不少学者对道地药材科学性相关问题展开研究，同时对道地药材的研究发展也受到了政府的高度重视。

（二）道地药材的分类

历史形成的道地药材约 200 余种，分布于全国各地，几乎各省都有。根据各种道地药材分布省区在我国所处的地理位置不同，按照历史习惯形成的分类方法，参考有关资料，分为以下十大类。

1. 川药类

分布于四川、重庆的道地药材主要有川贝母、冬虫夏草、川黄连、川芎、川乌、川木香、川木通、川牛膝、川射干、川续断、干姜、丹参、乌梅、半夏、白芷、花椒、附子、郁金、姜黄、厚朴、独活、莪术、银耳、黄柏、羌活、麝香等。

2. 广药类

分布于广东、广西、海南等省区的道地药材主要有广巴戟、广地龙、广豆根、广陈皮、广藿香、广金钱草、肉桂、砂仁、金钱白花蛇、蛤蚧、化橘红、石决明、青蒿、珍珠、穿心莲、益智仁、佛手、鸡血藤、槟榔、高良姜、海马等。

3. 云药类

分布于云南的道地药材主要有云三七、云木香、云茯苓、木蝴蝶、诃子、重楼、苏木、草果、余甘子、香橼、珠子参等。

4. 贵药类

分布于贵州的道地药材主要有天麻、杜仲、吴茱萸、天冬、白及、冰片、猪苓、通草、黄精、朱砂、石斛等。

5. 怀药类

分布于河南的道地药材主要有怀山药、怀牛膝、怀地黄、怀菊花、金银花、红花、连翘、全蝎、辛夷、何首乌、旋覆花、款冬花等。

6. 浙药类

分布于浙江的道地药材主要有白术、白芍、麦冬、浙贝母、山茱萸、乌梢蛇、玄参、延胡索、前胡、蜈蚣、菊花等。

7. 关药类

分布于东北三省及内蒙古东部的道地药材主要有人参、五味子、鹿茸、关黄柏、升麻、龙胆、防风、桔梗、蛤蟆油、细辛等。

8. 北药类

分布于河北、山东、山西、内蒙古中部的道地药材主要有党参、黄芩、黄芪、甘草、北沙参、肉苁蓉、远志、赤芍、阿胶、板蓝根、苦杏仁、知母、柏子仁、麻黄、葶苈子、紫菀、酸枣仁、柴胡、小茴香等。

9. 西药类

分布于陕西、甘肃、青海、新疆、内蒙古西部的道地药材主要有大黄、当归、枸杞、秦艽、牛黄、沙苑子、秦皮、银柴胡、紫草、锁阳、藁本、淫羊藿、伊贝母、茵陈等。

10. 南药类

分布于长江以南的湖南、湖北、江苏、安徽、江西、福建、台湾等省区的道地药材主要有牡丹皮、蕲蛇、蟾酥、土鳖虫、大青叶、天花粉、木瓜、太子参、玉竹、龟甲、明党参、百部、苍术、泽泻、虎杖、香薷、枳壳、枳实、栀子、射干、莲子、葛根、蜂蜜、决明子、薄荷等。

四、药材资源的开发利用与保护

我国的药材资源虽然十分丰富，但随着医疗保健事业的发展，以及世界各国中医药热的兴起，对药材品种和数量的需求不断增加，现有的药源已不能满足国内外市场的需要，所以必须在对我国药材资源全面调查的基础上，制订出切实可行的药材资源的开发利用和保护计划与措施，达到保证药材供应、扩大外销、增加效益与保护药源的目的。

（一）药材资源的合理开发利用

几十年来，我国在药材资源合理开发利用方面做了大量工作，取得了可喜成绩，并总结出不少合理开发利用药材资源的经验。

1. 根据药材生物化学成分和生物亲缘寻找新药源

根据生物化学成分与生物亲缘系统的相关性，在药源调查中，各地发现了大量的新药源。如灵猫香，根据本草记载，通过调查研究，发现我国小灵猫 *Viverra indica* 资源丰富，其分泌物的药理和疗效与麝香类似，可以灵猫香之名药用，现已研究驯养。

2. 扩大药用部位

扩大药用部位是开发药源的又一途径和方法。如国产西洋参 *Panax quinquefolium* 先是只药用主根，通过对其根系和茎、叶、果的成分分析结果表明，主根中未能检测出人参皂苷 Rd、Rc、Rg、Rb_3 和假人参皂苷 F_{11}，在地上部分检出；同时西洋参各部位总皂苷的含量：主根为 4.05%，侧根 4.80%，须根 8.57%，根茎 8.76%，茎 2.18%，叶 11.79%，果实中人参总皂苷的含量均高于主根。这些都是有待开发利用的新药源。又如国产人参，通过对人参植株的分析研究，人参茎、叶、花蕾、果肉、种子均含有与根近似的人参皂苷类，含量比根部高，也应开发利用。

3. 老药新用

老药新用，也是开发药源新的途径和方法。如枳壳是一种使用了 2000 多年的老药，用于脾胃气滞、痞满等症，近几十年来的研究，发现枳壳除了具有行气导滞的作用外，还有升提中气的作用。其他如大黄、龙胆、栀子等在国外作苦味健胃药使用已有悠久的历史，而我国只作泻下或清热燥湿药使用，忽视了它们的健胃作用，如能开发利用，也不失为一种开发药源的途径和方法。我国传统中药的品种繁多，这方面有很大的开发潜力。

4. 综合利用

综合利用也是一条很好的药源开发途径和方法。从药材中分离提取的单体成分是研制新西药的原料药。如从毛冬青中分离到疗效满意的抗血栓药毛冬青甲素；从青黛中分离到治疗白血病的靛玉红，具有周期短、效率高的特点，是一条多、快、好、省的开发药源的途径。同时从药材中分离得到的单体成分或复合成分也是其他工业的原料，如用于香精生产的有白芷、款冬花、独活等；用于烟草生产的有白芍、丹参等；用于食品生产的有茯苓、薄荷、当归、木瓜、五加皮、乌梅等；用于化妆品生产的人参、珍珠、当归、生地、白及、首乌等；用于滋补药膳的有冬虫夏草、银耳、燕窝、海参、茯苓、川贝母等。开展的这些综合利用研究，不仅可以充分利用本地药材资源，为药材开拓了广阔的市场，也为药用量小而贮量丰富的药材资源找到了新的出路；为药材商品生产的调控增强了活力；还为繁荣农村经济、山区农民脱贫致富提供了条件。

　　搞好药材资源的开发利用，一是除国家要有足够的投入外，还要在国家有关部门的领导下，制订统一的开发利用目标和计划，组织有关部门和有关学科的人员进行协作攻关，一旦取得成果，及时推广应用，以便尽早获取经济效益和社会效益。二是各省、市、地、县根据本地药材资源情况，在有利于药源保护的前提下，要制订药材的采收计划，加强管理，使计划和管理措施层层落实，责任到人，以保证按计划采收药材，提高开发利用药源的效果。

　　（二）药材资源的保护

　　我国中药资源虽然丰富，但各地分布不均，开发利用也很不平衡。加上长期以来，人们对药源保护的认识不足，缺乏计划管理和管理不力，只顾眼前得利，不顾长远利益，或乱采乱捕，或只挖不育，只采不护，只捕不养，造成生态系统平衡失调，资源日益减少；由于森林过度砍伐，造成气候失常，水土流失严重，自然灾害频繁，致使药材生产与生态进入恶性循环，药材资源遭到严重破坏。为此，医、药、农、林部门以及整个社会，对此应予以高度重视。在提高认识的基础上，制定发展规划时，要把药源保护作为重要的决策内容，并采取法律的、行政的和经济的措施保护药源，做到有力保护与合理开发利用同时并重，使药源常在，永续利用。

　　1. 开展资源普查与科学评价

　　科学的考察和评价中药资源的现状，是进行中药资源的可持续利用开发的前提条件。迄今为止，我国已进行过 3 次全国性的中药资源调查。但是随着时间的推移，亟待进行新一轮的资源普查与科学评价工作。

　　2. 积极参加有关生物资源保护的国际公约，制订我国药源保护法规

　　我国的生物资源破坏十分严重，与 20 世纪 80 年代前没有制定相应的保护法规有密切关系，故应积极参加有关生物资源保护的国际公约，制订我国药源保护法规。

　　目前，我国已加入《国际植物保护公约》（International Plant Protection Convention，IPPC）、《濒危野生动植物种国际贸易公约》（Convention on International Trade in Endangered Species of Wild Fauna and Flora，CITES）、《生物多样性公约》（Convention on Biological Diverdity）等，且已制订相关药材资源保护法规及目录，如《国家重点保护植物名录》、《野生药材资源保护管理条例》、《中华人民共和国森林法》、《国家重点保护野生药材物种名录》、《中华人民共和国自然保护区条例》、《中国生物多样性保护行动计划》、《中华人民共和国野生植物保护条例》、《中华人民共和国植物新品种保护条例》、《国家重点保护野生植物名录（第一批）》、《西藏自治区冬虫夏草采集管理暂行办法》、《黑龙江省野生药材资源保护条例》等。

　　3. 建立半封闭式的药源保护区

　　为执行国家《野生药材资源保护条例》和根据各省、市、自治区的情况，在原有保护区

的基础上，对本省区道地药材资源建立轮休的半封闭式保护区，以保证道地药材的生产与药源保护的实施，落实国家采、护结合的原则。

4．加强药材生产基地建设

对市场需求量大、本地资源又少或药源贮量日益下降的各类药材及其道地药材如厚朴、黄柏、黄连、川贝母、鳖甲、龟甲等，除有计划控制采猎外，还要加大投入，加强基地建设，以保护药源，增加产量，提高质量。

5．严格禁止高价诱购、套购

对列入国家药源保护的品种，如甘草、鳖甲等，当地政府应颁布法令，除当地药材部门按计划收购外，其他单位或个人不得收购，以防高价诱购、套购，导致砍尽杀绝。当地医药部门也应以大局为重，严格执行国家规定的收购价格。

6．严格实行科学的合理采猎

对野生药材的采猎，应严格实行科学的合理的采猎。以不破坏生态平衡，不超越生态系统的负荷能力为采猎的总原则。具体原则是根茎类药材要挖大留小，如射干、升麻；花、叶、果实、种子类药材不伤其茎枝，不要采尽；对茎木、皮类药材要待其长至一定树龄，达到采集标准时方可采用，并注意轮采、轮育、采育结合，如黄柏、沉香等；动物类药材要在产卵后捕采，注意捕大留小，不影响正常的繁殖等。

第二节　成方资源与名优中成药

一、成方资源

我国的中成药商品绝大多数都来源于历代方书著作和民间单方、验方及秘方。这些方书著作和民间的单方、验方与秘方成了中成药生产的源泉。这与药材商品多来源于天然药源的情况相似，是我国中药资源的重要组成部分，特称为成方资源。

成方资源与药材资源构成了中成药的两大来源。药材是生产中成药的主要原料，而成方是生产中成药的依据，两者缺一不可。我国的成方资源经过历代的发掘与发展，也极为丰富。它与天然药源不同之处在于它是一种非再生的资源，但随着社会的进步、科技的发展，中医药理论和医疗技术水平的提高，以及现代科学技术手段的应用，也具很大的开发利用潜力。

我国历代的方书著作繁多，浩如烟海。从汉代《伤寒论》的 113 方发展到明代《本草纲目》的 11096 方，再发展到清代《圣济总录》的 61739 方。1983 年出版的《中药制剂汇编》收载实用的成方制剂 4000 个，剂型 30 种。历代方书收载的中成药品种繁多，剂型多样，进一步开发利用的潜力很大。这些中成药都是在继承祖国医药遗产的基础上，应用现代药剂学的理论、方法和技术设备，不断改进生产工艺，改革剂型，使中成药的生产逐渐现代化，为国内外中药商品市场提供了许多质优高效的中成药商品，成为畅销的名优产品。

二、名优中成药

中成药商品历来都是中药商品的重要组成部分。随着医疗保健事业的发展，医药卫生知识的普及和人民生活水平的提高，中成药商品的销售量与销售额已超过了药材商品，因此，中成药商品在防治疾病、保健强身和增加国民经济收入方面都起了积极作用。

名优中成药是指某一种或在某一种不同厂家生家的产品中，具有质量优良，疗效特好、产量较大、销路较广的传统或新研制的著名中成药，称为名优中成药。如北京同仁堂的乌鸡白凤丸，天津达仁堂的速效救心丸，原广州奇星药厂的华佗再造丸，苏州雷允上的九芝图牌六神丸，原云南白药厂的茶花牌云南白药，原重庆桐君阁药厂的天麻丸等都是名誉中外的名优中成药。

中成药商品具有携带方便、服用安全、疗效确切、选用自由等特点，深受国内外消费者的欢迎。随着社会的进步，人们健康长寿欲望的增长和经济收入水平的提高，国内外对名优中成药的质量和数量要求越来越高，因此必须采用一切现代的科学手段，开发利用我国丰富的成方资源，加快中成药生产的现代化步伐，向着高（质量高）、精（生产工艺精）、少（服用量少）、好（疗效好）、便（携带、使用方便）的方向发展，从而生产更好更多名、优、新、特的中成药商品，来满足国内外消费者的需要。

名优中成药的品种繁多，在市场上竞争异常激烈，因而变化较大。其具体品种详见第十三章，在此从略。

自学指导

【重点难点】

1. 道地药材、名优中成药的概念。
2. 道地药材的形成和分类。

【复习思考题】

1. 试述道地药材、名优中成药的含义。
2. 中药材资源的合理开发、利用与保护的措施有哪些？

第三章　药材的采制与中药商品的包装

【目的要求】

1. 掌握药材采制与药材质量的关系。
2. 掌握中药商品包装的重要性。
3. 熟悉包装的作用和分类。
4. 了解各种包装材料和包装的标志。

【自学时数】

2 学时。

第一节　药材的采制

药材的质量优劣和规格等级的划分与药材的采收时节和产地加工有密切的关系。所以在药材商品生产中,必须十分注意药材采收时间和产地加工方法对质量的影响。

一、药材的采收

中药材的品种繁多,家种、野生不一,产地分散,加上药用部位各不相同,其成熟期也不一样,采收时节很不一致,因此合理适时采收药材,对保证药材质量,保护和扩大药源均有重要意义。

我国历代医药学家对药材的采收时节都极为重视,认为采收时节对药材的质量与疗效都有直接影响。如唐代孙思邈在《千金翼方》中指出:"夫药采收,不知时节……虽有药名,终无药实。"元代李东垣在《用药法象》中也指出:"根叶花实,采之有时……失其时则性味不全。"这些论述,都说明适时采收药材的重要性。

在长期的采药实践中,药农对此积累了不少经验,如药农说:"当季是药,过季是草。"这些来自采药实践的经验也说明适时采收药材是非常重要的。

现代科学研究的结果表明,适时合理采收药材对保证其质量是十分重要的,如丹参的有效成分之一丹参酮,每年11月丹参酮II_A等的含量最高,为其他季节的 2～3 倍,所以丹参的采收期应为11月。由此可见,药材合理适时的采收期应结合其有效成分含量和产量最高时期。但绝大多数药材的有效成分或有效成分含量的最高期目前还不清楚,不能据此决定所有药材的最佳采收期。现大多数药材的采收期通常仍是根据传统经验,结合药用动植物生长发育过程中营养物质消长的一般规律和不同产地来确定较合理的采收期。不同地区的气候、土壤、耕作条件不同，同种药材的采收期也不一样。如大同的麻黄，其麻黄碱以九月份含量较高。而生长在赤峰的麻黄以八月份麻黄碱含量较高，所以两地麻黄的采收期相差一个月。

除特殊的种类外，一般药材的采收期按药用部位的不同而异，现分述如下：

（一）植物类药材

1. 根及根茎类

根及根茎类药材一般都在秋冬季地上部分刚枯时或新春刚发苗时采收。这时植物生长缓慢，基本上处于休眠状态，各种营养物质大部分贮存在根或根茎内，有效成分含量较高，所以此时采收药材的质量好。如天麻冬末春初采收的"冬麻"比春末夏初茎秆出土再采收的"春麻"的质量优。其他如黄连、木香、当归、前胡、白芷、川芎等也都在秋季或冬季采收。如果植物体枯萎较早的，就在夏季采收，如浙贝母、川贝母、玄胡索等，所以对这类药材的采收期应具体分析，区别对待。

2. 茎木类

茎木类一般在秋季或冬季采收，如川木通、大血藤等；若与叶同用的，则应在生长旺盛时采收，如银花藤、络石藤、夜交藤、海风藤等；木类药材一年四季可采或结合伐木工作进行，如苏木、降香等。

3. 皮类

根皮类大多在秋末冬初挖根后剥取，如地骨皮、牡丹皮等；茎皮类则以清明到夏至间采收最好，皮部与木部易分离，如厚朴、杜仲、黄柏等；但肉桂宜在秋分前后采收，此时采的气香味甜、质量好。

4. 叶类

叶类一般在花将开放时至刚结果时采收，此时植物生长旺盛，叶的光合作用强，叶内养分丰富。如荷叶，在其花蕾含苞欲放或盛开时采收，其叶片肥厚、清香气浓郁，质量较好。又如薄荷，在小暑至大暑的盛花期选晴天采收的，叶大香气浓郁，薄荷脑和挥发油的含量最高，在阴雨后 2～3 日采收的，挥发油含量降到 3/4。但少数叶类药材在霜降后叶落时采收的质量较好，如桑叶、枇杷叶。

5. 花类

花类药材一般在花蕾含苞欲放时或初开时采收。盛开后采收的花不但有效成分含量降低，而且花瓣易脱落，气味较弱，影响质量。如金银花，其清热解毒的有效成分是绿原酸，测定同种同朵数金银花的花蕾及开放花的重量和绿原酸含量结果表明，以花蕾质量好，绿原酸的含量高。所以金银花应在花蕾期或刚开时采收。其他如红花、菊花、洋金花、旋覆花在花盛开时采收。

6. 果实种子类

果实类药材一般都在自然成熟或近成熟时采收，此时营养物质或有效成分的含量相对的来说较高，药材的质量好，如山楂、枳壳、香橼、五味子、枸杞、车前子、菟丝子等。有的则在果实未成熟时采收，如枳实、桑椹、青皮、覆盆子、藏青果等。种子类药材须在果实成熟时采收，如决明子、牵牛子、苏子、白芥子、牛蒡子等。

7. 全草类

全草类药材一般在植物生长旺盛、枝繁叶茂的花前期和花期采收。此时是植物新陈代谢旺盛的时期，有效成分含量高。如益母草的主要有效成分为生物碱，测定生物碱的结果表明，花蕾期为 0.93％，花盛期为 1.26％，而果熟期为 0.39％，所以益母草应在春末夏初花盛开时采收。其他如穿心莲、仙鹤草、薄荷、藿香等也在花期采收。

8. 树脂类

树脂类药材的种类不同，采收的部位与时间也不一样。如安息香多在四月至秋末，于树干上切成倒三角形的口子，其汁凝固后采收；松香多在秋冬采收，新疆阿魏是割取根头的皮层部分，榨取汁液，置通风处干燥即得。

（二）动物类药材

动物类药材根据药用动物生长习性和活动规律不同，进行适时合理的捕取。如蛤蚧在夏、秋二季捕取成体；全蝎宜在春、夏、秋三季捕取；有翅昆虫如斑蝥应选早晨露水未干时捕捉；桑螵蛸应在二月中旬前采收，过时卵已孵化，失去药效；动物生理或病理产物应在宰杀时收集，如牛黄、鸡内金等。

（三）矿物类药材

矿物类药材一年四季均可采收，但大多应结合开矿或兴修各种工程收集，如石膏、滑石、龙骨、琥珀等。

二、采收药材时应注意的主要事项

采收药材的主要目的是为了保证供应，满足人民的用药要求，但同时也应注意以下几点：

（一）注意扩大药用部位，尽量做到充分开发利用药源

如杜仲，以树皮入药，但通过化学成分、药理研究表明，其枝、叶与树皮的成分、功效相似，故在采皮时，应同时采其枝、叶药用；又如柴胡，药用根，但经分析和部分地区长期习用的实践说明，其茎叶所含成分、功效也与根相同，故在采根的同时，应采茎叶以供药用或采带根全草入药。在这方面，一些地区和单位进行了较多的研究，为综合利用药源作出了贡献。

（二）注意采收方法，保持药材的完整性

在采挖根及根茎药材时，要注意其地下的走向和生长深度，以免挖断挖烂，如人参、玉竹、黄精、山药、金果榄等；在挖取根皮类药材时，要先将根挖出后，再剥取根皮；采收花类药材时，应摘取或将花剪下，不要留有花梗；采收果实种子类药材时，要注意防止压破和散落丢失。一般不用水洗，以防腐烂或变色失味，如五味子、枸杞等。

三、药材的产地加工

（一）药材产地加工的目的和要求

药材产地加工是指药材采收后，在产地进行净选、清洗、切制、干燥等的初步加工。这种加工与使用前的炮制加工不同，所以称为产地加工。除少数药材要求鲜用外，绝大多数药材均需在产地进行不同的加工，其目的一是除去杂质和非药用部位，保持药材的纯洁性；二是进行初步的蒸、煮、熏燎，杀死虫、菌，利于干燥，防止进入流通领域后产生虫蛀、霉变等变质现象，确保药材质量；三是便于对药材进行分级分等、包装和贮运工作。

药材的品种繁多，药用部位各不相同，其形、色、气、味、质地及所含物质差异很大，因而对加工的要求各异。但一般都要达到外形完整，含水量适度（安全水分）、色泽鲜艳、气味正常，有效物质损失少（如槐米中芦丁的含量，若不经过蒸煮处理，其含量由 7％降至

4%）的要求，从而确保药材商品规格的质量。

（二）常用的产地加工方法

1. 修整法

将采回的药材，用水洗去泥沙，除去杂质和非药用部位，如牛膝去芦头、须根，桔梗、白芍去皮，牡丹皮去心，枇杷叶去毛，蛤蚧、乌梢蛇去内脏，整理加工成型等。但多数直接晒干或阴干的药材，不能水洗，以免损失有效成分，影响质量，如木香、白芍、白芷、薄荷等。

2. 去壳法

这是对种子类药材的加工方法。一般把果实采回后，有些先去果皮，取出种子后干燥，如桃仁、杏仁、郁李仁等；有些是先连果实干燥后再去壳取出种子，如车前子、连翘心、菟丝子等；有些是为了不损失种子的有效成分，利于贮存，连壳干燥，待用时再去壳，如白果、白豆蔻、草果等。

3. 切制法

对一些外形粗长或粗大的药材，为了便于干燥和包装，常需进行切制加工，如佛手、香橼切成薄片；木瓜纵切成瓣；鸡血藤、大血藤横切成片；大黄、何首乌、葛根、朱砂莲等也要切成厚片或段、块等。产地趁鲜切制药材，优点是降低了加工成本，减少了有效成分的损失，缩短了干燥时间，有利于包装和贮运，应大力推广。缺点是切制后药材外形不完整，给商品鉴别带来不便；同时对含挥发性成分的芳香药材或有效成分易氧化变质的药材不宜切制，如川芎、当归、白芷、槟榔等。否则反而会增加有效物质的损失，影响其质量。

4. 蒸煮法

含浆汁、糖分、淀粉多的药材，一般难于干燥，用此法处理后，其细胞组织被破坏，酶被杀死，易于干燥，利于贮存。如天麻、明党参要蒸透心；五倍子、桑螵蛸蒸后杀死了虫卵，防止孵化变质；天冬煮烫后易去皮，不空心；其他如盐水煮全蝎，碱水煮珍珠母，蒸馏法制冰片，水煮硼砂、朴硝，以去杂质，促进重结晶等。使用该法加工药材时要注意掌握火候，火力不足，达不到加工目的和要求；火力过大，又常损失有效成分，影响质量。

5. 熏燎法

为了达到商品和药用要求，有利于贮存，保证药材质量，有些药材需用此法加工，如乌梅、乌梢蛇要用烟熏至乌黑色；香附、狗脊、骨碎补等需用火燎去表面的毛须等。用火燎法处理药材时，以燎尽表面毛须为度，防止烧焦。

6. 发汗法

有些药材在加工过程中，需堆积起来或经微煮后堆积起来发热，使内部水分外溢、变软、变色，增加气味，以利干燥和提高质量。这种方法习称"发汗"。如厚朴、杜仲、玄参等必须用此法加工，才具特殊的色泽；山药、川芎、白术、茯苓、大黄必须经过发汗处理，才能完全干燥，内外一致。但在堆积发汗时应注意检查，做到发汗适度，防止堆积发霉变质。

7. 盐渍法

盐渍法是指将药材放入饱和食盐溶液中进行浸渍的加工方法。其主要目的是防止药材生虫、霉变。如将肉苁蓉、附子、全蝎等放入饱和盐水中浸泡一定时间后，取出干燥。

8. 撞搓法

有些药材为了除去表面的须根、粗皮、泥沙等，将经过干燥的药材装入特制的撞笼或撞袋中，进行反复的撞击，通过药材间和药材与撞笼间的反复碰撞摩擦，使之表面洁白、光滑。如黄芩、姜黄、贝母、三七、麦冬等。

有些药材在干燥过程中，皮肉易分离或易空心，影响质量。为了保证药材质量，在干燥过程中必须进行反复揉搓，使之油润饱满、柔软坚实，如党参、麦冬等。

9. 干燥法

干燥法是指利用天然的或人工热能除去药材中过多水分的加工方法，是药材产地加工最普遍最主要的加工方法，各类药材都要用此法加工。对防止药材变质，保证药材质量有很重要的意义，深受生产者和经营者的重视。

用干燥法处理药材时，要根据药材的性质和数量，各地的气候和设备条件，因地制宜地选择不同的干燥方法，使药材的含水量达到 9％～15％ 的安全范围。总的要求是干得快，干燥透，温度不能过高，以保持药材固有的气味和色泽。常用的方法有以下几种：

(1) 晒干法：是利用太阳光的热能干燥药材的方法，也是最常用而经济、简便的干燥方法。但应根据药材的不同性质，采用不同的晒法。如含水量多的药材应放在阳光下曝晒，力求迅速干燥；易变色失气的药材，应适当遮蔽后再晒或选阴天晾晒，如当归、川芎、白芷、红花、羌活、独活等；含油分多，糖质重的药材，应反复晾晒，使之慢慢干燥；外形粗大的药材，应经反复发汗后，再暴晒至干；有的药材宜晒与搓揉结合，使表面光滑、质地饱满、柔软。

(2) 烘干法：是利用人工或电器加热使药材干燥的方法。其方法是将药材置于烘房、炕灶、烤炉或电烘箱内加热干燥。采用此法应注意根据药材的大小和性质，选择和控制不同的温度范围，一般药材烘烤温度为 50℃～60℃；芳香性药材应控制在 30℃～40℃；对含维生素 C 的多汁果实类如山楂、木瓜等可用 70℃～90℃ 的温度烘烤，以迅速干燥。同时注意适时翻动，以防烘枯烤焦，影响药材质量。此法的优点是不受天气变化的影响，可及时干燥药材，缺点是费电，加工成本高。

(3) 阴干法：是把药材放置或悬挂在阴凉通风处，使之慢慢干燥的方法。此法避免了阳光直晒，药材的水分在空气中自然蒸发而干燥。主要适用于含挥发性成分而不宜烘、晒的花叶类、全草类和果实种子类，如荆芥、薄荷、紫苏、香薷、玫瑰花、红花、花椒、毕澄茄等。

此外，目前在产地加工中，开始运用远红外干燥法、微波干燥法和低温冷冻干燥法，这是现代干燥的新技术，具简便、迅速和热效率高的特点，但需要较多的投资购置设备，干燥成本较高，故产地加工中尚应用不多。

10. 挑选分级

挑选分级是指对经过以上加工后的干燥药材，按药材商品区分规格等级的标准，进行挑选的分等分级的加工方法。这是产地加工的最后一道工序。挑选的标准是按药材的长短、大小、色泽、完整程度或规定重量中支头数等进行。从而区别同种药材的不同质量，便于贯彻商品按质论价的原则。

第二节　中药商品的包装

中药商品的包装是实现其商品价值和使用价值，以及增强市场竞争能力的有效手段。包装质量的好坏，商标图案及其装潢是否精美，有无吸引力，直接影响中药商品的价格和市场竞争能力，直接关系到中药商业企业经营工作成败的大事，所以中药商业企业和生产企业应把中药商品的包装质量视为产品质量的一部分，把为适应市场需要而改进药品包装，提高到是改进药品质量的高度来对待，花大力气把中药商品的包装搞好，以适应国内外市场的需要。

一、中药商品包装的概念与作用

（一）中药商品包装的概念

包装的概念分狭义和广义。我国国家标准 GB/T4122.1—1996 中规定，包装的定义是："为在流通过程中保护产品、方便贮运、促进销售，按一定技术方法而采用的容器、材料及辅助物等的总体名称"，即是包装的狭义概念。广义的包装是指一切能改变事物的外观形象的方法和手段等。本章所讲的是狭义的包装概念，即盛装商品的容器、材料及辅助物品。

药品包装必须适合药品质量的要求，方便储存、运输和医疗使用。

（二）中药商品包装的作用

中药商品包装作用较多，主要作用有：

1. 确保中药商品的质量

中药是防治疾病和卫生保健的特殊商品，如不加包装，易受空气、日光、温度、湿度等自然条件的影响和虫霉等的污染变质。因此必须进行严密的包装。包装后，有密封、防潮、隔热、避光和防虫、防霉等作用，从而确保中药商品的质量。如党参，若不包装，在夏天一月之内就会霉烂或被虫蛀空，不能药用。应按贮存要求，处理后包装于厚型塑料袋内，置阴凉干燥处。

2. 防止损耗，保持数量

中药商品要满足市场需要，必须有足够的数量。尽可能减少流通过程中的损耗，保持足够数量是提高经济效益的必备条件，如不加包装，在流通中的损耗过大，就必然影响市场供应，降低经营效益。因此对中药商品必须进行严密的包装，从而达到减少损耗，保证供应，提高经营效益的目的。为此国家有关主管部门对中药商品流通中各个环节的损耗规定了一定的比例。

3. 美化外观，指导消费，促进销售

中药商品的种类繁多，形态多样，大小不一，如不包装或包装外观不美，难以达到商品包装标准化、规范化和美观化的质量要求，因此必须有精美的包装。并要求在包装上有美观的商标装潢图案，附有必要的说明，使药品的名称、功效、主治、用法用量及其他注意事项都一目了然。这样的包装外形美观、整齐，又指导了消费，方便消费者识别、选购，从而促进销售，提高经营效益。

4. 方便运输、有利于贮存

中药商品包装成一定的包件后，同类商品的外形、大小、重量都是固定的，便于在运输、转运中进行装卸、搬运和清点，也便于在贮存中进行计量、堆码、出库、转仓倒垛、盘点等工作和在销售中进行计量管理。

总之，对中药商品进行包装后，为整个流通环节的规范化管理提供了有利条件，减少了差错事故的发生，省时省力，降低了管理费用，对提高中药商业企业的经营效益起着重要作用。

二、包装材料的分类

中药商品的包装必须与药品性质相适应，直接接触药品的包装材料，必须符合药用要求和保障人体健康、安全的标准，并经国家药品监督管理部门批准注册。中药商品的包装材料种类繁多，性能不一，规格不等，各有其适用范围。同时各类中药商品对包装材料的要求差异很大。现分类简介如下：

（一）药材及其饮片商品的包装材料

1. 布袋和麻袋

布袋和麻袋是传统的包装材料之一，其质地细软，有一定的耐压耐磨性能和防潮、避光作用。除贵重药品外，都可选用。布袋适用于粉末状药材的包装，如蒲黄、松花粉、海金沙、珍珠母粉、海蛤壳粉及矿物药粉末等；细麻袋适用于包装细小的果实种子类药材商品，如苏子、白芥子、茺蔚子、车前子、青葙子、葶苈子、菟丝子等；粗麻袋适用于大部分药材或中药饮片的包装，如何首乌、苍术、白术、常山、山楂、金樱子、厚朴、黄柏、桑寄生及其饮片等。

2. 化纤袋

化纤袋是近二十多年开发的包装材料，质地坚韧，具良好的耐磨、耐压和抗腐蚀的性能，有较好的密封、避光作用，是较理想的外包装材料，除适用于大多数药材和饮片包装外，尤适用于芒硝、大青盐等矿物药材和极易吸潮变质药材，如盐附子、盐苁蓉、生地、黄精、天冬、制何首乌等的包装。

3. 筐、篓和苇席

筐和篓为竹类编织品，质量粗韧、耐压耐磨、透气性能好，适用于条形或块段状药材的包装，如黄芪、甘草、赤芍、白芍、大黄、黄芩、牛膝等。苇席是苇茎的编织品，质地较柔软，弹性弱，易打包成型，适用于花、叶、全草类等轻泡药材机械包装。不仅可使包件形成大小一致，外形整齐，而且可增加车船仓库的容量，节约费用，如菊花、金银花、旋覆花、桑叶、枇杷叶、大青叶、番泻叶、金钱草、紫花地丁、蒲公英、藿香、佩兰等。

4. 木箱和纸箱

木箱质地坚实，密封性能好、耐压耐磨、有较好承压能力。在内壁衬垫防潮纸或塑料袋作内包装，有良好防潮、避光、密封作用，适用于细贵药材如天麻、鹿茸、人参、阿胶、龟胶、贝母等药材的包装，也适用于绝大部分中药商品的外包装。纸箱的包装性能较木箱差一些，但造价低，较轻便，适用于一般细贵药材和中成药的外包装。

5. 厚型塑料袋

质地薄韧，轻便，有良好的密封防潮作用，除作细贵药材和中成药的内包装或中包装材料外，主要适宜作中药饮片的定量包装材料，也适用于作果实种子类药材的中、小定量包装材料，如大枣、枸杞子、五味子等。

6. 铁器制品（铁桶、铁箱、铁盒）和陶瓷制品（瓷缸、瓷罐）

这类制品质地坚重，耐磨耐压，密封性能好，主要适用于液体和浸膏状药品如水银、蜂蜜和芳香药材如麝香、苏合香、冰片、樟脑、薄荷脑、阿魏的包装。

（二）中成药商品的包装材料

1. 外包装材料

中成药商品的外包装材料主要是木箱和纸箱，其性能与上述相同。近几年来也有用塑料桶、盒作外包装材料的。

2. 内包装材料

中成药商品的内包装材料又分为盛装包装材料与装潢包装材料两种。

（1）盛装包装材料：是指直接盛装药品的包装材料，再分为中包装和小包装两种，常见的有：

1）玻璃瓶和塑料瓶：玻璃瓶和塑料瓶规格繁多，大小不一，广泛用于片剂、丸剂、胶囊剂、散剂、丹剂、露剂、酒剂、糖浆剂等固体或液体药剂的盛装。如银翘解毒片、补中益气丸、七厘散、银花露、活血酒、川贝枇杷止咳糖浆、鲜竹沥等。

2）安瓿：有玻璃的和塑料的两种安瓿，安瓿的密封性能好，塑料安瓿又不易打碎。适用于注射剂、口服液等液体药剂的盛装，如银黄注射液、柴胡注射液。

3）易拉罐：为铝制的圆柱形筒罐，抗压力较强，质地轻，适用于液体药剂或保健口服液的盛装。

4）塑料袋：质地轻软，密封性能好，大小规格多，广泛适用于冲剂、片剂、丸剂、散剂等的盛装，是较理想的中、小包装材料。所谓中包装是较大袋内盛装若干小包装，如牛黄解毒片，每一小包装12片，每一中包装内盛装50个小包装。常用塑料袋盛装的药剂如感冒冲剂、银柴冲剂、牛黄解毒片、银翘丸、参苏丸、如意金黄散等。

5）小瓷瓶：质地坚厚、抗压力强、密封性能好，适用于小丸剂和丹剂的盛装，如六神丸、救心丸、金灵丹等。

6）铝塑板：是近年来开发的新的盛装材料，质轻便坚实，封闭性能好，便于包装和携带，适用于片剂、胶囊剂等的盛装，如感冒通、速效伤风胶囊、银翘解毒片等。

（2）装潢包装材料：装潢包装材料多选用精致的软、硬纸片或纸板，套在内包装外面。要求设计一定式样的商标图案，附在装潢包装或外包装上，以美化、宣传成药商品。宣传的内容一般是药品的名称、功能和适用范围及该药品的科学性、新颖性、特殊性等，以此指导消费、促进销售。同时还有保护内包装，确保药品质量和数量的作用，如六神丸、人参酒、洋参丸、云南田七花粉口服液等。

三、包装的分类

包装的分类法有多种，按包装的方式分为直接包装和间接包装两种。药材和饮片商品多属直接包装，成药商品多属间接包装；按包装程序分内包装和外包装两种；一般药材和饮片商品多属外包装，成药商品两者兼有；按中药商品流通需要分为运输包装和销售包装两种。现按后者分类简介如下：

（一）运输包装

运输包装属外包装，是选用较坚实或坚韧的包装材料如木箱、纸箱、铁皮、麻袋、布袋、化纤袋等进行的包装，称运输包装。其作用是保证中药商品的运输安全、便于运输、装卸、堆码、贮存和计量管理。运输包装要注意的一是根据中药商品的性质，合理选择包装材料；二是包装外面要用绳带、化纤带或铁皮捆紧扎牢，防止在运输中松散。

（二）销售包装

销售包装多属内包装，是指直接同消费者见面并随同药品一道销售的包装。其作用除保证商品安全外，还有美化、宣传商品，指导消费的作用，即便于消费者识别、选购、携带和服用。在销售包装上，一般都要附有装潢。销售包装注意的一是要根据中药商品的性能合理选择包装材料，二是装潢的形式要新颖，图案要美观、清晰，便于陈列、展销和识别，对树立企业形象有积极作用。

四、包装的标志

中药材商品的包装上要有明显的标志，在每件运输包装上必须注明品名、产地、日期、调出单位，并附有质量合格的标志。

中药饮片商品的标签必须注明品名、规格、产地、生产企业、产品批号、生产日期，实施批准文号管理的中药饮片还必须注明药品批准文号。

中成药商品包装必须按照规定印有或者贴有标签并附有说明书。标签或者说明书上必须注明药品的通用名称、成分、规格、生产企业、批准文号、产品批号、生产日期、有效期、适应证或者功能主治、用法、用量、禁忌、不良反应和注意事项。

特别是麻醉药品、精神药品、医疗用毒性药品、放射性药品、外用药品和非处方药的标签，必须印有规定的标志。

自学指导

【重点难点】

1. 药材采制与药质量的关系。
2. 中药商品包装的重要性。
3. 包装的作用和分类。

【复习思考题】

1. 为什么说包装是产品的重要组成部分？
2. 盛装包装和装潢包装的作用分别是什么？
3. 试述丹参、甘草、金银花、茵陈、薄荷、益母草、菊花、穿心莲、藿香等品种的最佳采收时间。

第四章　中药市场

【目的要求】

1. 掌握国内主要中药市场的特点。
2. 熟悉中药市场竞争的内容和策略。
3. 了解国际主要中药市场和中药商品进出口概况。

【自学时数】

6学时。

市场的概念有广义和狭义两种。广义的概念，市场是指在一定的时间和空间条件下，商品交换关系的总和。即把市场看成是商品交换的总体，或者是商品生产、流通、消费的全过程。狭义的概念，市场是商品交换的场所。一般都设在交通发达，人口稠密的城镇。所以狭义的市场是一个有限的区域，但在通讯技术发达的今天，狭义市场的区域已不断扩大，买卖双方除面对面地进行交易外，还可利用电话、电报、传真网络等现代通讯技术进行联系或交易，故市场的范围可遍及全国和全世界。

中药市场是以中药商品交换为内容的经济联系形式，主要功能是以中药商品为媒介，实现中药商品的流通及其价值的转移，以满足人们用药需要。同时，中药商品通过市场交换，把药品转变成货币，为我国经济建设积累一定的资金，因此中药市场在国民经济中占有一定的地位。

本章中药市场的概念属于狭义市场的概念，即是指中药商品交换的场所。

第一节　国内主要中药材市场

我国中药材市场发展很快，数量不断增加，截至1996年，国内市场增至110多家。新老市场的相继发展，对广泛开展中药商品交流，促使中药生产的发展，搞活市场经济，以及在中药企业内引入竞争机制，改善中药生产和经营管理都起到积极作用。但也应该看到，中药市场的无序发展，加上一些地方市场管理混乱，中药市场上产生了一些不容忽视的问题，如违规经营严禁的药品，伪劣药材累查不绝，危害了人民群众的身体健康，甚至威胁到人民群众的生命。因此近年来国务院、卫生部、食品药品监督管理局、国家中医药管理局和国家工商行政管理总局不仅联合发出整顿中药市场的通知，而且多次组织联合检查组到各地中药市场检查验收整顿的结果。经整顿，仅批准保留了河北安国、安徽亳州、山东舜王城、哈尔滨三棵树、河北蕲春、江西樟树、广州清平、广东普宁、成都荷花池、湖南廉桥、河南禹州、西安万寿北路、广西玉林、重庆解放西路、昆明菊花园、岳阳花板桥、兰州黄河 17 家中药材专业市场。现选有一定代表性的中药材市场简介如下：

一、成都荷花池中药材专业市场

成都荷花池中药材专业市场历经 30 年风雨，经过四次产业升级，现位于成都市北新大道旁，交通便利。市场占地 142 亩（10 万平方米），建筑面积 20 万平方米，建筑总长度 300 米，总宽度 240 米，拥有 4000 多个商位。市场常年经营户有 1700 多户，5000 余人，主要来自省内外 100 多个县（市），经营中药材品种 4500 余种，常见药材约 2000 种，其中川产药材 1300 余种，如道地药材川贝母、黄连、冬虫夏草、川芎、川乌、附子、麦冬等。也有许多四川草药医生习用的地方药，如大菟丝子、理塘黄芪等。

二、河北安国中药材专业市场

安国地处京、津、石中心地带，古称祁州，是全国重要的中药材集散地。安国药市历史悠久，素有"天下第一药市"之称。

安国中药材专业市场又称"东方药城"，占地 1.5 平方千米，建筑面积 60 万平方米，总投资 6 亿元。整个药城由 4 条"井"字形大街构成，分为 9 个区，拥有商楼 1100 多座，经营品种 2300 多种，经营销售已辐射全国各地，远销中国港澳台地区、东南亚及欧美等 20 多个国家。中心交易大厅是东方药城集中交易场所之一，占地 15 亩（1 万平方米），经营面积 12000 平方米，拥有固定商位 4000 多个，分为个子货杂药区、企业饮片展销区、精细药材区。

三、河南禹州中药材专业市场

禹州被人们公认为我国亘古中药发祥地，是历史上有名的古药都之一。相传唐代孙思邈曾在这里采药行医，著书立说，终老禹州后，当地人厚葬城西关外，为他建庙，尊为药王。

药材新市场即禹州"中华药城"。占地 300 亩（20 万平方米），由中心交易大厅、经商楼房、服务小区、公共设施四部分组成，总建筑面积 25 万平方米。其中中心交易大厅占地 15 亩（1 万平方米），可容纳摊位 5000 个；3 层以上的经商楼 1600 余间，建筑面积 20.16 万平方米。

河南禹州中药材专业市场门店固定，常年经营，商户稳定；药材商品品种较为齐全，且注重经营道地药材，其中冠以"禹"字头的道地品种有禹南星、禹白附、禹白芷、禹余粮等。

四、哈尔滨三棵树中药材专业市场

哈尔滨三棵树中药材市场是我国东北唯一的中药材专业市场，位于黑龙江哈尔滨三棵树火车站右侧，毗邻连通黑龙江省内外三十余个市县公路客运站，与哈尔滨港口隔南直立交桥相望，铁路、公路、水路和空运四通八达，十分方便。

哈尔滨三棵树中药材专业市场 1996 年完成搬迁，总面积 27000 平方米，市场内设有 1～3 层各式营业用房 300 套，4 处交易大厅，可安置药材经营摊位 800 个，仓储、运输等设施完备。充分体现东北高寒地区药材交易市场特色。现中药材交易品种已达到 580 余种，其中107种量大质优,具地方特色。东北是关药的道地药材的主产区,销量居全国之首,如人参、关防风、龙胆、关黄柏、北五味子、刺五加、鹿茸、黄芪、北山楂、平贝母等名贵药材,特别是人参,80%出口到俄罗斯、日本、韩国、东南亚、西欧等地区,药材边境贸易十分活跃。

五、江西樟树中药材专业市场

江西樟树地处江赣中胜地,京九、浙赣铁路、105国道、赣粤高速公路、赣江等水陆交通便捷。樟树素以"药都"著称,具有1700多年的药业史。

新药市兴建于1991年5月,1992年11月投入使用,占地面积41700平方米,建筑面积30090平方米,布局规范合理,场内有中药材店面360间,固定摊位440个,仓储面积7880平方米,交易面积19800平方米,可容纳1.2万人进行交易。药材市场辐射全国21个省、市、自治区,132个县、市,已形成集中统一的中药材交易中心。

六、广州清平中药材专业市场

座落于广州市中心,东临广州文化公园,西接黄沙火车站和地铁站,北面是商业步行街,南对沙面风景区,拥有庞大的交通网络,是得天独厚的商业旺铺。药材市场中药材品种齐全,货源充足,有名贵的中药材如人参、西洋参、巴戟天、海马、海龙、砂仁等,有大宗批发的品种如当归、川芎、黄芪、党参、白术、红花、金银花、菊花等,又有小额零售的普通中草药,客商更是天南地北,国内国外,交易十分活跃。商品销往全国各地、港澳台地区及东南亚等地,名副其实地成为中药材在华南地区的重要集散地和境外药材贸易的转口地。

七、安徽亳州中药材专业市场

亳州位于安徽的西北部,与苏、鲁、豫毗邻,涡河从西而东贯城而过。由于亳州的地理、气候条件得天独厚,又因这里是华佗故里,神医华佗遗风在亳州经久不衰,所以名医辈出,药师济济。传统的中药材栽培、炮制技艺更是高人一筹,是有名的"药材之乡"。

亳州中药材专业市场交易中心,于1994年竣工,1995年9月正式开业。交易中心占地300亩(20万平方米),建筑面积10万平方米,拥有1009套商住经营为一体的复式铺面房。经营面积为3.2万平方米的交易大厅,拥有摊位6000多个,经营者2万多人。

第二节 中药海外市场

加强中药商品对外贸易,积极巩固和开辟海外市场,是我国中药商业对外贸易的战略决策。经营的基本原则是在保证国内市场供应的前提下,实行合理组织,分工经营,联合一致,统一对外的购销原则。在坚持这些原则的基础上,积极组织适销对路的中药商品出口和进口,以增加外汇,积累资金,促进我国医药卫生事业的不断发展。

相关资料统计,入世后我国中药出口覆盖到六大洲、159个国家和地区,规模呈不断扩大的趋势。主要国际市场分为东南亚及华裔市场、日韩市场、西方市场、非洲及阿拉伯市场。东南亚市场主要包括东南亚诸国及港、澳、台地区,占世界草药市场的26%;日韩市场是我国中草药出口稳步发展的市场，但同时也是我国竞争国际草药市场的主要对手，约占世界草药市场的 21％；西方市场主要包括西欧和北美等国；非洲及阿拉伯市场随着 20 世纪60 年代初我国多批医疗队的派遣，中医药和当地草药治病的热潮正在形成，是一个正在崛起的中草药出口市场。

一、日本市场

我国医药学对日本的影响最大，时间最长。早在秦汉时期我国医药学就开始传入日本，经日本人民较长期的努力，形成了"汉方医学"。从此以后他们有使用汉方汉药治病的习惯，使之成为我国中药的主要国际市场。近年来，日本政府对汉方汉药的使用放宽了限制，使药材的需求量大幅度增加。据日本汉方生药制剂协会报道，日本国内汉方制剂的年生产总额为10 亿美元，其生药原料的 70％～80％从我国进口。中国人参在日本大受欢迎，2006 年对其出口额高达 985.8 万美元，其他出口额超过 100 万美元的药材商品依次为：半夏、甘草、茯苓、杜仲、白芍、肉桂、地黄、黄芪、枸杞子、冬虫夏草、白术和黄连等。

二、台湾市场

目前台湾的中药市场有一定的发展，全台有 300 多家药商经营中药商品，经营品种总数有 500 余种。近年来多从福建入境，不再从香港转口。市场上的冬虫夏草、天麻、川贝母等品种较为畅销。

三、香港市场

香港也是中药的主要外贸市场，许多中药商品从香港转口外销。但近年随着我国对外开放的发展，中药的转口贸易因日本、韩国、台湾等地都直接由大陆发货而大幅度下降，贸易额减少。

四、越南市场

自中越关系正常化以来，越南也实行对外开放的政策，放宽了对中药商品贸易的限制，因而进入越南的中药商品品种和数量大大增加，已占越南药品市场的 50％以上。主要出口越南的药材商品有人参、黄芪、白术、川芎、党参、桔梗等。

五、韩国市场

韩国是我国销售中药商品的海外市场之一，特别是近年随着制药企业不断研制开发新药的需要，人们生活水平的提高，需求药材商品的量不断增加。目前韩国市场需要的主要药材商品有麦冬、当归、熟地、白芷、枸杞、白术、栀子等。

六、其他市场

其他的国际市场如美国、法国、加拿大、德国等随着中药零售企业的增加，需求量也日益增加。同时随着中俄、中缅、中越等边境贸易的发展，药品的边境贸易也发展很快，出口的主流药品是中成药。

第三节　中药商品进出口概况

一、出口中药商品概况

我国出口的中药商品主要是药材商品。药材商品大部分属于天然的"草根树皮"，防治疾病的效果安全可靠，副作用小。在世界各国人民"回归大自然"的呼声越来越大的情况下，不少国外厂商都要求从天然的动植物中提取有效成分，代替化学合成的成分研制新药，这是近年来的一种新的动向和趋势。而中国的药材商品属天然药物，在国际市场上占有绝对优势。但有很多品种，由于长期不能满足国际市场的需要，促使国外开展了试种、引种工作，以获得货源的可靠保障，这对我国增加中药商品出口，开辟新的国际市场极为不利。同时除我国有药材商品出口外，还有韩国、印度、越南、缅甸、朝鲜等国家，这对我国巩固和扩大国际贸易也极为不利。因此我们只有采取有效措施，在大力发展出口中药商品生产，保证出口药品的数量和质量的同时，制订出相应的经营策略与经营计划，才能在激烈的国际市场竞争中取得胜利。

我国出口中药商品中，大部分是药材商品，主要有甘草、党参、地黄、鹿茸、人参、黄连、当归、川芎、白芍、茯苓、菊花、白术、麦冬、黄芪、木香、枸杞、金银花、山药、延胡索、丹皮、泽泻、桔梗、川贝母、牛膝、玄参、杜仲、山茱萸、三七、厚朴、黄柏、枳壳、天麻、连翘、柴胡、猪苓等；中成药商品有天麻酒、云南白药、片子癀等。

二、进口中药概况

我国受各种自然条件的限制，从古至今都需要进口少量的药材，来保证国内人民用药的需要。近几十年来，有些品种在国内发现了新资源或引种成功，减少了进口或不再进口，如血竭、砂仁、木香、西洋参等。

目前，我国主要进口药材品种有：儿茶、西洋参、高丽参、番红花、苏合香、安息香、乳香、血竭、沉香、檀香、丁香、母丁香、小茴香、荜茇、豆蔻、肉豆蔻、大风子、西青果、诃子、胖大海、芦荟、猴枣、番泻叶、马钱子、天竺黄、海马、蛤蚧、石斛、砂仁、草果、没食子、木蝴蝶、藤黄、广天仙子、槟榔、胡黄连、石决明、海龙、阿魏、天然冰片（龙脑香）、鸡蛋花、槐花（米）、甘草、伊贝母、穿山龙、肉苁蓉等。

进口的药材中，近几年来发现质量不稳定，掺杂作伪的现象时有发生，所以要加强质量管理和检验，必须按照《进口药材质量标准》和《药品管理法》的规定，把好质量关。凡不符合质量规定的药材商品不得进口，以维护我国人民的利益。

第四节　中药市场的竞争

中药市场竞争是指中药经营企业和中药工业企业在市场经济条件下，在中药市场研究的基础上，为巩固旧市场，开拓新市场，不断增加中药市场占有率的竞争。竞争是商品经济的客观规律。中药企业只有在剧烈的市场竞争中不断取得新胜利，才能求得生存和发展。中药市场竞争内容和策略主要有：

一、品种竞争

中药企业在市场需要的前提下，当取得一定的市场份额后，所生产或经营的品种、规格越齐全，名优新特品种越多，越适销对路，就越能取得市场竞争的胜利。因此中药企业应制订以新取胜的创新策略，生产和销售新产品，保证企业不断取得竞争的胜利。

二、质量竞争

中药产品的质量是中药企业的生命。同种中药产品，在价格、服务等相同的条件下，谁的产品质量高，疗效好，包装精美，谁就能取得竞争的胜利。因此中药企业应制订以优取胜的策略，生产或销售优质的中药产品。

三、价格竞争

两个或两个以上的中药企业，生产或经营同一种中药产品，在产品质量、性能、用途和包装等相同的条件下，谁生产或经营的成本低，谁的价格就低，在国家允许的范围内，就可低于其他企业的价格进行销售，取得竞争的胜利。因此中药企业应制订以低价取胜的策略，保证企业的生存和发展。

四、科技竞争

科技是第一生产力。在激烈的市场竞争中，谁能采用最新的科技成果，创造出优质名牌产品，谁就能获取新的市场份额，开拓新的市场，因此中药企业应制订依靠最新科技成果取胜的策略，来保证企业取得市场竞争的胜利。

五、时间竞争

向时间要效益是当今人们在激烈市场竞争中取胜的宝贵经验。及时生产或销售最新产品或时令产品，适时满足市场需要，是取得竞争胜利的重要保证。因此中药企业应制订快速取胜的竞争策略，切实做到及时生产，按时供货，适时销售，以此保证中药企业取得竞争的胜利。

六、服务竞争

广大消费者是商家和生产厂家的"衣食父母"，是"上帝"，热情周到为广大医药消费者服好务，是中药企业取得竞争胜利的重要保证。因此中药企业应制订依靠优质服务取胜的竞争策略，切实做好售前、售中和售后服务，树立企业的良好形象，不断提高企业的信誉，从而保证企业的不断发展。

七、宣传竞争

舆论的力量是无穷的。在激烈的市场竞争中，谁能采用各种宣传手段，如实地宣传自己生产或经营的中药产品，谁就能取得竞争的胜利。因此中药企业应制订依靠宣传取胜的策略，不断提高企业及其产品的知名度，保证竞争的胜利。

八、规模竞争

目前我国的中药企业大多规模小，数量多而分散，犹如一盘散沙，经不起市场竞争风暴的袭击。因此中药企业应制订依靠联合取胜的竞争策略，打破地区、部门、行业和各种制度的界限，按照优势互补、互惠互利的原则，联合成规模宏大的生产或经营的集团公司，以此保证中药企业在国内外的市场竞争中的胜利。

除上述的竞争内容与策略外，还有信誉竞争和依靠信誉取胜策略，经济实力竞争和依靠经济优势取胜的策略等。这些中药市场的竞争内容和相应的策略，不是每一个中药企业都必须同时采用，而是每个企业应根据各自的具体情况和现有条件，根据对中药市场研究的结果，仔细分析它们对企业本身影响的大小和关联程度，选择和确定中药市场竞争的某些内容，并制订相应的竞争策略。这样，中药企业就可立于不败之地，并不断得到发展。

自学指导

【重点难点】

1. 国内主要中药市场的特点。
2. 中药市场竞争的内容和策略。
3. 中药商品进出口概况。

【复习思考题】

1. 樟树、禹县、亳州、安国等国内中药材专业市场的特点分别是什么？
2. 日本、中国香港、韩国、越南等中药市场的特点是什么？
3. 中药市场竞争的内容和策略主要有哪些？

第五章　中药商品的经营

【目的要求】

1. 掌握中药商品贮存中的变质现象、原因和养护方法。
2. 熟悉中药商品的销售方法和促销方法。
3. 了解中药商品在收购、运输中的注意事项。

【自学时数】

4 学时。

中药商品经营的概念，有广义和狭义两种。广义的概念是指中药经营企业开展中药商品购、销、运、存及其相关经济活动。狭义的概念则仅指中药经营企业开展中药商品的购销活动。本书的中药商品经营的概念是采用广义的概念。

第一节　中药经营企业

中药经营企业是联系工业与农业、城市与乡村、生产与消费之间的纽带和桥梁，在我国国民经济中占有一定的地位。

一、中药经营企业的分类

按在中药商品流通中的职能不同，中药经营企业可分为批发企业、零售企业。

1. 批发企业

是指专门从事收购或调入中药商品，然后转卖给其他中药企业或业外单位为基本业务的中药经营企业。它是组织产销之间、城乡之间、地区之间药品流通的枢纽，既是中药商品流通的起点，又是中药商品流通的中间环节。其经营特点是进行大宗的经营活动，不直接与消费者发生交换关系。因而在中药商品销售中占有重要地位。

中药批发企业的主要任务是：

（1）进行中药商品市场的调查与预测。

（2）根据市场需求，指导和落实中药商品的生产和收购任务，促进中药商品生产的发展。

（3）根据国家有关的方针、政策和计划，组织好中药商品的分配、调拨和供应工作，保证人民用药需要。

（4）根据中药商品的产销情况，合理贮存中药商品，做好养护工作，保证市场供应。

2. 零售企业

零售企业是指直接供应消费者或社会团体用药的中药经营企业。它是中药商品流通的最终环节，是直接为广大消费者服务的。它的特点是企业规模小，交易次数多，每次销量小，使中药商品随着从流通领域向消费领域的转移而实现其价值。

零售企业的根本任务是根据广大消费者的需要，积极组织适销对路的药品，把好药品质量的最后一关，避免脱销和积压，最大限度地满足人民配方购药的需要，千方百计为他们服务，不断提高服务质量。

零售企业按其业务范围的大小又分为综合性零售企业和专营性零售企业，前者业务范围大，一般经营中药、西药、医疗器械等；后者业务范围小，只经营某一类或几类药品，如虫草商店、中成药商店等。

二、中药经营企业经营的特点

中药经营企业的经营除具有一般商业企业的经营特点外，还具自身的经营特点。这些特点主要有：

1. 经营的技术性强、责任重大

中药商品主要是治病救人的特殊商品，要求从业人员既要有高尚的职业道德和高度的负责精神，又要有良好的业务素质，即要掌握医药卫生、经营管理和保管养护方面的理论知识和技能，能正确指导消费，否则易发生事故，影响消费者的健康甚至危及消费者的生命安全。

2. 货源和销售量不够稳定

中药商品特别是药材商品的货源和销量易受自然条件、灾情、疫情等非人为因素的影响，造成经营的复杂性和多变性，因而货源和销售量不稳定。这就要求中药经营企业做好社会调查和市场预测工作，以保证突发灾情、疫情等的药品供应。

3. 消费者需求弹性小，社会保有量不多

中药商品多是消费者在需要治疗的情况下才被动购买的特殊商品，从整个社会消费的角度来看，少了不够用，多了又没用；不用则不要，要用时则需立即到手，因此必须加强经营中的计划安排与调节，必须有合理的库存，以保证急需时的供应。

4. 质量第一，优质高效

中药商品具有治病救人、救死扶伤的特殊使用价值，这一特殊的使用价值就决定了经营的药品必须是质量第一，优质高效。因此在经营中必须讲究质量，牢固树立质量第一的观点，严禁销售伪劣药品。

5. 薄利多销，微利经营

中药经营企业具有两重性，既是经济事业，又是社会福利事业，因而获取利润不是经营中药商品的唯一目的，而经济效益与社会效益同时并重是经营药品的总原则，所以薄利多销，微利经营是中药经营企业独自的经营特点。

第二节　中药商品经营的主要环节

中药商品经营的主要环节包括购、销、运、存四大环节。其中购销活动是经营的主体和中心，运存活动是开展购销活动的必备条件，是为购销活动服务的。运是中药商品在空间位置上的实际转移。因而这四个环节关系密切，缺一不可。必须紧密配合，环环相扣，才能使中药商品从生产领域经过流通领域顺利到达消费领域，才能实现其价值的转移。

一、中药商品的收购

中药商品的收购是指中药经营企业根据国家的有关规定和市场需要，从生产者手里购买中药商品的一种经济活动。它是中药商品流通的起点，是组织中药商品货源的一种有效手段，也是从事药品经营的物质基础和前提。没有收购就没有货源，经营活动就无法进行。因此搞好收购对搞好中药商品经营，满足人民用药需要具有十分重要的意义。

目前，中药商品的收购，要遵照《药品管理法》规定，坚持按需生产、以销定进的原则，坚持品种、规格、质量、数量和价格并重的原则，处理好国家、集体和个人三者利益的关系，维护好消费者的利益。

中药商品的收购，包括药材、饮片和中成药的收购，现简介如下：

（一）药材商品的收购

药材商品的收购关系重大，国家主管部门积极加强对药材收购工作的全面管理，特别是收购药材的质量和价格管理，保护中药资源，保护生产者和消费者的利益，依法严厉打击药材收购中的各种违法行为。为此要充分认识药材收购的特点，掌握药材收购的政策、方针和应注意的问题。

1. 药材收购的特点

药材商品是特殊商品，生产技术复杂，涉及农、林、牧、副、渔各个方面，所以药材收购与其他商品收购相比，有自己的特点，主要表现在：

（1）明显的季节性：药材商品大都来源于药用的动植物，而动植物的种类和药用部位不同，生长周期的长短和各器官成熟的时间差异很大，即所谓适时是宝，过时为草。所以中药经营企业应根据不同的生长规律和采收的季节，在采收季节之前提前做好一切准备工作，特别是对大宗药材商品，更应集中力量，突击收购，从而不失时机把各种药材商品收好收足。

（2）复杂的技术性：药材商品种类繁多，规格复杂，质量要求高。而有的真伪难辨，有的规格等级难分，因此药材收购业务有复杂的技术性。据此要求收购人员必须熟练掌握药材商品知识和质量标准与其检定技术，才能准确而快速地分辨真伪、区分规格等级，牢牢把住药材商品进入流通领域的第一关，从而确保质量和按质论价原则的准确执行。

（3）有较强的地区性：药材生产依赖于自然条件。由于各地自然条件不同以及各种药用动植物对雨量、气候、土壤等的不同要求，按照自然条件的特点形成了药材商品的不同产区。同时药材因产地不同，质量和疗效各有差异，如道地药材比非道地药材的质量好，疗效高。因此药材商品生产有较强的地区性。根据这一特性，中药经营企业应根据主产区与非主产区等的不同，重点抓好主产区、道地产区、集中产区的收购工作，从而保证药材收购的数量与质量。

（4）较明显的分散性：我国目前药材商品的生产，无论是家种家养的还是野生的，主要由药物种植专业户、个体户进行生产或采集，全国各地均有，因此具有较明显的分散性。根据这一特点，中药商业企业对收购网点的设置，收购人员的安排，产地加工与运输等方面都必须与此相适应，才能保证收购任务的完成。

（5）较强的不稳定性：药材商品的生产受自然条件影响很大，常常出现不同年月、不同地区药材的产量和质量时高时低的情况，因而药材的品种、数量和质量都不稳定。根据这个特点，中药经营企业在确定收购任务时，既要从市场需要和药材生产的实际情况出发，又要留有余地，以适应药材生产不稳定的特点。

（6）广泛的群众性：药材商品生产涉及广大农村的千家万户，在收购中除依靠中药经营企业的职工和当地政府外，还要在产区广泛发动和组织群众，取得他们的配合与支持。否则很难完成药材商品的收购任务。

2. 药材收购的方法

在药材收购工作中，除要认真贯彻执行国家的有关经济政策外，还要采用灵活多样的方法，保证收购任务的完成。主要的收购方法有：

（1）突击收购与经常收购相结合：突击收购就是在药材集中的收购期内，集中力量把药材收集起来。它适用于产量大、上市集中药材品种的收购。经常收购是对一些不同产季，分散上市的药材品种，分设若干固定的收购网点，一年四季持续收购，以适应生产者经常交售药材的要求。它适用于产量小，上市分散的小宗药材商品的收购。

（2）固定收购与流动收购相结合：固定收购就是在适当的地点设立固定的收购网点，开展药材的收购工作。流动收购派专人到产地进行上门收购，所以流动收购适用于数量零星，用量较小品种的收购。

（3）专业队伍收购与发动群众主动交售相结合：专业队伍收购，就是建立一支专业收购的队伍，负责组织经常性的收购工作，并在突击收购中发挥骨干作用。发动群众交售，就是依靠和广泛发动群众，做好野生药材的采集、加工等工作，然后积极交售。

在采用上述各种收购方法的同时，还必须做好收购前的各项准备工作，包括人力、物质、资金、库房、运输、收购网点准备等，以便尽快把应收的药材全部收购起来。

（二）中成药及饮片的收购

中成药及饮片的收购是指中药经营企业依据国家的计划指导和市场需要，向中药生产企业收购中成药及饮片的一种经济活动。这与药材商品收购不同，药材商品收购是农商之间的经济活动，而中成药及饮片商品收购是工商之间的经济活动。

中成药及饮片收购有以下特点：

1. 集中性

中药工业生产主要集中在城市，有些品种还集中在几个大城市。而中成药和饮片的消费则遍及城乡广大地区，它的流向规律是由集中到分散，由城市到乡村，由产地到销地，因此形成集中性的特点。

2. 均衡性

由于中成药和饮片的工业化生产受自然条件影响比较小，生产的周期也较短，组织生产和收购一年四季比较均匀，形成了均衡性的特点。根据这个特点，中药经营企业必须有计划地合理地安排收购工作，对常年生产、常年使用的购后即销，减少库存。对常年生产、季节消费的如防暑药类应有必要的库存，以持续不断地满足市场需要。

3. 多变性

随着社会生产的发展和人民生活水平的提高，中成药商品特别是滋补保健类品种更新换代较快，同类品种之间市场竞争也很激烈，因而中成药商品品种具有多变性。根据这个特点，中药经营企业应加强市场调查与预测，掌握消费变化的规律，根据这一规律主动做好成药和饮片的收购工作，以保证市场需要。

二、中药商品的销售

中药商品的销售，是指中药经营企业进行中药商品买卖的一种经济活动。它是中药商品流通的主要环节，也是中药经营企业获取社会效益和经济效益的基本手段，因此在中药商品流通中占有十分重要的地位。

（一）中药商品销售的主要方法

中药商品销售的方式方法有多种，根据中药经营企业的性质和其在中药商品流通中的不同地位、作用，主要有：

1. 批发销售

批发销售是指中药经营企业把采购来的中药商品（包括少数分配、调入的中药商品）主要批发给零售企业或医疗单位的一种经济活动。批发企业除了省、地、市、县、区药材公司进行批发业务外，其他经批准的中药经营企业（包括民营企业）也可从事批发业务。各级药材公司是从事批发业务的主体，主要负责本省、地、市、县、区内市场供应，并贮备一定量的中药商品，以供应市场急需。

此外，会议交易销售也是批发销售的另一种方式。这是指各级中药批发企业主办的或派员参加中药商品交易会或展销会的一种经济活动。会议交易销售与一般批发销售不同的是购销关系不固定，是一种临时集中批发销售的方式。但多能获得好的销售效果，并能收集较多新的市场信息。

2. 零售

零售是指中药零售企业把中药商品零星地直接销售给消费者的一种营销活动。零售企业虽然经营的规模小，又多分散在广大农村或城镇居民区，但它们的点多面广，销售方式灵活多样，方便消费者就近配方购药，所以深受广大群众欢迎，总的销售量很大，对中药商品的销售起了辅助的补充作用，是中药商品重要的销售渠道。

（二）中药商品的主要促销方法

促销是促进中药商品销售的简称。是指中药经营企业采用各种激励手段，促使消费者购买中药商品的一种方法。其方法是企业派业务人员向消费者宣传所经营药品的有关信息，使消费者认识到购买的好处或利益，从而激发他们的购买欲望，产生购买行为，达到增加销售的目的。

促销的方法有多种，适用于中药经营企业的有人员推销、营业推广和公共关系等。

1. 人员推销

是通过派出销售人员对消费者作口头宣传或发送印刷广告，以促进销售的方法。如上门推销就是促销的一种方法。

2. 营业推广

是通过中药经营企业主办药品交易会、展销会或赠送价格优惠卷、纪念品等给消费者，促使消费者购买药品的一种促销方法。

3. 公共关系

中药经营企业派出专门从事公关的人员到相关单位，专门协调本企业与相关企业或个人之间的关系，树立企业或商品的良好形象，从而达到促销药品的目的。

三、中药商品的运输

（一）中药商品运输的意义

中药商品的运输，是指中药经营企业利用各种运输手段和方法，实现中药商品在时间和空间上实际转移的经营环节。

中药商品生产有许多特殊性，有的是一地生产，全国使用；有的是一季生产，全年使用，也有的全年生产，一季使用。因而在产地与消费地之间，全国各地区之间，一季与全年之间都存在着地域上和时间上的差异。因此只有通过运输，才能把中药商品从生产地运到消费地，也只有通过运输，才能促进生产的发展，满足人民用药需要，才能实现其价值和使用价值。

对于中药经营企业来说，严密地、合理地组织好中药商品的运输，多快好省地把中药商品从生产领域运到消费领域，对于加快药品流通，保证市场供应；对于节省运费，减少资金积压，加速资金周转以及减少药品在途中的损耗，提高经营效益等方面都具有重要意义。因此中药经营企业应全力以赴抓好中药商品的运输工作。

（二）对中药商品运输工作的基本要求

中药经营企业要按照"及时、准确、安全、经济"的要求，协调好与有关部门的关系，合理地组织好中药商品的运输，做到正确编制运输计划，按药品合理的流向，科学地选择运输路线、运输方法和运输工具，加强运输管理，使中药商品以最少的时间，最短的路线，最少的费用，安全地把药品从产地运达消费地。要防止产生对流（同种药品在同条运输线上进行相对方向的运输）、迂回（绕线运输）、倒流（同种药品由产地运到销售地，再由销售地运回原产地），重复（同种药品在同条线上多次运输）等不合理的运输现象。所以在满足生产和市场需要的条件下，应按经济区域组织中药商品的流通。除按近产近销的原则外，还要采用直达、直线运输的手段和"四就直拨"的方法，使中药商品不经中药仓库，就产地、就车站、就发货地点、就码头直拨的办法，直接运到目的地，从而减少中间环节，减少装卸、搬运次数，节省运输时间和费用，降低药品在途中的损耗，获取良好的运输效益。

（三）中药商品运输的分类

根据中药商品运输环节的先后顺序和业务范围的不同，一般分为发货运输、中转运输和接货运输三类。

1. 发货运输

发货运输是指由中药商品的生产地或调出地发往消费地的运输。是整个运输环节的开端。发货运输工作的好坏，直接关系到整个运输任务能否圆满完成，所以是整个运输过程中最关键的一环，必须认真抓好。在整个发货运输中，必须做到药品包装牢固、标记明显、凭证齐全、手续清楚、单货同行，否则易发生差错事故。

2. 中转运输

中转运输是指由于受运输条件限制或合理运输需要，中药商品在中途须经中转单位分运或转运的运输。这是整个运输过程的中间环节。中转单位的任务繁重，业务复杂，既要做好接货工作，又要做好发货工作。因此中转单位必须加强收发药品的检查核对和暂时的保管养护工作；必须加强中转的计划安排，缩短药品的待运时间；加强与发货和收货单位的联系，从而节省转运的时间和费用，提高转运效益。

3. 接货运输

接货运输又称收货运输，是指消费地的最终收货单位接收中药商品的运输。这是整个运输过程最后一环，其运输业务的程序是：①提前做好接货准备，做好有关部门工作的衔接，安排好收货的人力、物力和仓库；②做好接收药品的质量检查和数量的清点查收工作，做到单货相符，准确无误；③做好入仓安排，使药品及时入库。④发现问题，如药品短缺等，应查明原因，明确责任，公正处理。

四、中药商品的贮存

(一) 贮存的目的和意义

中药商品从生产领域到消费领域流通中的停留囤积，称中药商品的贮存。贮存是中药商品经营的重要环节之一，也是保证中药商品连续流通和市场供应的必备条件。如果没有贮存或贮存方法不当，条件不好，措施不力，就要造成中药商品流通的中断，影响市场供应，因此贮存一定量的中药商品具有重要意义。主要目的有：

1. 贮药备用

贮药备用是贮存的基本目的。中药商品是特殊商品，而生产的特点之一就是产地分散，季节性强。有的是一地生产，供应全国；有的是一季生产，供应全年；有的是全年生产，供应一季。同时药材商品生产受自然条件影响很大，年产量不稳定，有丰有欠，所以必须有一定量的贮备，以满足人民防治疾病的需要。

2. 保证市场供应，稳定药价

中药商品是特殊商品，是防治疾病，保健强身的有力武器。一旦市场脱销，其价格就要猛涨，为了保证市场供应，稳定药价，维护消费者的利益，就必须有一定量的贮备。

3. 保证中药商品流通的连续性

中药商品从产地到销地，都有一个流通过程和调运时间。为了调节生产与消费之间在时间上和地域上的差异，必然需要有一定量的贮存，以起到"蓄水池"的作用，使之流通连续进行。

4. 保证特殊的需要

中药商品是防治疾病、救死扶伤的特殊商品，除了满足国内外正常的药用需要外，还要满足突发事件如地震、涝灾、天旱、传染病大流行等灾情、疫情的需要，因此也必须有一定量的贮备。

5. 保证海外市场的需要

中药商品出口销售，有着悠久的历史，随着对外开放，科技文化交流的频繁，中药商品出口的品种和数量不断增加。为了满足海外市场的需要，也必须贮备一定量的中药商品，以不断扩大海外市场，换取更多的外汇，为国民经济的发展积累资金。

(二) 影响贮存量的因素

影响中药商品贮存量的因素很多，主要有：

1. 取决于药品销售量的大小

在一般情况下，贮存量与销售量成正比。即销售量越大，贮存量也越多。如常用的大宗药材商品和畅销的名优特新中成药商品销售量大，贮存量也多。

2. 取决于药品生产规模的大小与生产周期的长短

一般说来，药品生产的规模越大，品种越多，贮存也越多；反之，贮存也越少。同时与药品生产周期长短成反比，即生产周期长的药品，贮存多；反之，则少。如皮类药材的生产周期长（10 年以上），贮存量要多；苏子、山楂等生产周期短（1 年），贮存量可少。

3. 取决于中药商品的性质

根据中药商品性质包括其物理性质和化学性质是否稳定来确定贮存量的大小。一般药品性质越稳定，贮存量可大，反之，则小。如一般矿物类药品性质稳定，较长期的贮存，不易变质，贮存量可大；而柏子仁等性质不稳，极易泛油变质，贮存量则小。

4. 取决于产销的距离和运输条件

药品产销的距离越远，运输条件有限，则贮存量越大，反之越小。这是因为药品的产地与销地相距越远，运输条件有限，药品在途运输的时间就会越长，因而在途药品贮存量也会越大；同时在销售地为了保证市场的及时供应，销售地的贮存量要适当增加。

5. 取决于管理水平的高低

在其他条件不变的情况下，中药经营企业贮存管理的水平越高，药品流通组织越合理，贮存量就可相对减少，反之，则要增加。

（三）确定贮存量的原则和方法

中药商品贮存量的确定，应与正常的销售量的大小相适应。过多会造成药品积压，影响资金周转和药品质量；过少，不能保证市场供应，就会导致药品脱销。所以贮存量应随药品销售量的变化而变化。确定贮存量的一般原则是至少要保证一年内药品的供应，加上适量的贮存损耗。由于贮存药品的主要目的不同，确定的原则和方法有以下 3 种：

1. 药品周转贮存量的确定

周转性中药商品的贮存目的，是中药经营企业为了保证正常的市场供应而形成的贮存，其贮存量（C），一般是最高贮存量（A）加最低贮存量（B）的平均量，即 $C=(A+B)/2$；周转药品贮存的平均天数（D）等于周转药品平均贮存量（C）除以每日平均的销售量（E），即 $D=C/E$。

2. 季节性药品贮存量的确定

季节性中药商品的贮存目的是中药经营企业为了保证季节性市场供应。其贮存量的确定是根据中药商品不同的生产周期、药品性质、消费规律和交通运输条件等多种因素来决定的。其原则是既要保证当令药品、重大节日的季节性供应，又不要贮存过多而造成浪费。如银花露是夏季的当令药品、贮存过少不能保证夏季市场的需要，过多，过了夏季销售量大减，又不能久贮，易失效报废，造成损失。所以只能根据其性质、正常的生产周期、消费规律等来确定夏季到来之前的贮存量。

3. 专用药品贮存量的确定

专用药品贮存目的，是中药经营企业为了保证突发病情、灾情等市场的特殊需要，形成的机动性贮存。其贮存量多少由国家主管部门决定和控制。

（四）贮存中的业务管理

中药商品贮存的主要场所是中药仓库，贮存中的业务管理就是中药仓库的业务管理。业务管理的主要任务是做好贮存中药商品的收发和保管养护工作。要求做到贮存多、进出快、养护好、费用省、损耗小、保安全。中药仓库业务管理的环节主要有：

　　1. 收货

　　是中药仓库业务管理的第一个环节，做好中药收货工作，是做好其他环节的基础。基本要求是保证入库中药商品的品种、数量准确，规格质量符合要求，包装完整牢固，手续清楚，入库迅速，发现问题要查明原因，分清责任。其业务程序有：

　　(1) 接货验收：接货验收又叫入库验收，是指保管人员根据入库凭证，对将要入库药品的名称、品种、数量、质量、规格、等级、产地（厂家）、包装等逐一核对、清点，检查有无单货不符或漏收、错发等问题。验收的重点是质量验收，检查药品规格、等级、色泽、气味、干燥程度、有无变质现象和掺杂作伪等。验收要从实际出发，应根据供货单位的信誉、运输方法、路程远近、包装好坏、季节气候、价值大小等，区别情况，确定全验、抽验或免验，一般以抽验为主。

　　(2) 分类堆垛：经过验收合格的中药商品，按照不同的品名、规格、等级、产地、性质等选定库房和仓位进行分类堆垛，并保持适当的墙距、货距、柜距、顶距、灯距，垛底要垫货架，垛脚要牢固、整齐，以便通风排潮，保管养护。垛堆的形状和高度，按各种药品的性质、特点与包装，结合气候情况，按照小压大，轻压重，不倒放等原则进行堆码成垛。对贵重和剧毒药材及易燃药品要专人、专库（柜）加锁保管，并建立专用收发账册。分类堆垛要在安全和方便管理的前提下，精打细算地安排垛位，改进堆垛技术，努力提高库房的利用率。

　　(3) 签证记账：签证记账就是在药品堆垛完成后，要及时点准数量，做好分层标量，在货垛明显处悬挂货卡。同时，照凭证所列内容，记好中药商品的保管账，盖上"货已收讫"的印章，与随货同行的单据一起及时交业务部门。

　　2. 发货

　　发货即药品出库，这是中药贮存管理的最终环节。中药商品一经出库，就结束了它的贮存过程，继续进行流通。因此加强中药商品的发货管理，对于加强药品流通，满足社会用药需要，降低贮存费用等都有重要意义。

　　发货的基本要求是：①要认真核对所配发药品名称、品种、数量、规格、等级、件数、到货地点等是否与票据相符；②发出药品的包装是否完整牢固，在药品卡上要写明药名、收货单位、到站名称、重量等；③对变质药品或伪劣药品，一律不准出库；④出口药品，必须由专人验发；⑤坚持先进先出，单货同行，手续简便，发货及时和迅速的原则，做到出库的药品质量高、数量足、批次不乱、不出差错。

　　发货的基本程序是：①细心核对。发货必须依据正式的提货单、出库单等凭证，经细心核对，准确无误后，才能交保管人员配货；②配货。保管员按出库凭证的要求，根据先进先出的原则配齐药品，做到数量准确，质量优良，包装完好，堆放有序；③复核。为防止差错，必须进行单、货详细复核，核查无误后，在出库凭证上签字；④出库。凡由买方直接提货的，要出具出门证明交提货人，由门卫点验无误后收证放行；凡由仓库发货的，保管人员要填写磅码单，通过运输部门按规定发运；⑤记账。药品出库后，保管人员根据出库凭证所列内容，在保管账册作发货记录，同时在发货卡上注销已发药品。

第三节　中药商品的贮藏与养护

　　保管养护库存中药商品是贮存工作的中心任务，中药商品种类繁多，规格、等级复杂，如保管方法不当，措施不力或责任心不强，极易在自然条件变化等外界因素影响下，产生多种变质现象，引起质量下降或失去药用价值。因此搞好保管养护工作，是贮存管理中的关键环节，必须倍加重视。为此保管人员必须掌握贮存中影响中药商品变质的因素及其变异现象，并能运用科学的预防措施和保管养护方法来确保贮存药品的安全。

一、中药商品贮存中常见的变质现象

（一）中药材及饮片商品贮存中常见的变质现象

1. 虫蛀

是指中药商品被仓虫蛀蚀的现象。生虫的药品，由于内部组织被破坏，轻的结块结串或有蛀蚀的孔洞，重则被蛀空成粉，造成药效降低或完全丧失药效而报废。因此是防治的重点。最易虫蛀的中药，如白芷、北沙参、党参、前胡、大黄、川芎、婆罗子等。

2. 发霉

是指药品受潮后，在表面或内部有霉菌生长引起的霉变现象。发霉的药品因长霉或被霉菌污染，轻的变色，重则霉烂，不能药用。因而是防治的又一重点。最易霉变的中药，如马齿苋、车前草、陈皮、川牛膝、独活、紫菀等。

3. 泛油

泛油又称走油，是指药品受潮或受热变软或粘结而呈现油状物质外溢的现象。泛油后的药品轻的改变了原来的气味和性质，降低了药效，严重的不能药用。最易泛油的中药，如丁香、当归、桃仁、杏仁、柏子仁、牛膝、天冬、麦冬、熟地黄、黄精等。

4. 变色

是指药品固有色泽的改变。色泽是中药商品质量好坏的标志之一，一旦其色泽发生了变化，则降低了质量，影响药效。如黄柏在不避光的条件下久贮，由鲜黄色变至无色，就丧失了原有的药效。最易变色的中药，如白芷、山药、泽泻、天花粉、黄芪、黄柏、红花、菊花、金银花、腊梅等。

5. 气味散失

中药商品的气味是其质量的标志，是由所含成分决定的。如果在贮存中散失了固有气味，说明降低了质量，因而也降低了药效。如广藿香不香，则失去了广藿香芳香化湿的药效。最易气味散失的中药，如肉桂、沉香、砂仁、豆蔻等。

6. 风化潮解

是指结晶性药品因受到风吹、潮湿空气或高温影响，逐渐失去结晶水而成粉末的现象称风化；逐渐溶解成液体或表面潮湿的现象称为潮解。风化或潮解后，改变了药品的某些性质，造成药效变化或药品数量的损失。最易风化的中药，如胆矾、芒硝、硼砂等。最易潮解的中药，如大青盐、芒硝、咸秋石、盐附子、盐苁蓉等。

7. 腐烂

是指新鲜或盐渍的动、植物药品，因受细菌污染或温湿度影响而腐烂变质的现象。腐烂的药品一律不能药用。并造成经济损失。最易腐烂的中药，如鲜生地、鲜生姜、鲜石斛、鲜芦根等。

8. 粘结融化

是指胶类或树脂类药材，因受高温或湿度影响，而发生粘连结块或融化的变质现象，改变了外观质量，给药用带来不便。最易粘结融化的中药，如乳香、没药、芦荟、阿魏、鹿角胶、龟甲胶等。

（二）中成药商品在贮藏中常见的变质现象

中成药在贮存中也会发生变异，并往往与剂型有关，最常见的变质现象有虫蛀、霉变、酸败、挥发、沉淀等。

1. 虫蛀

易虫蛀的常见剂型有蜜丸、水丸、散剂、茶曲剂等。

2. 霉变

易霉变的常见剂型有蜜丸、膏滋、片剂等。

3. 酸败

易发生酸败的剂型有合剂、酒剂、煎膏剂、糖浆剂、软膏剂等。

4. 挥发

易挥发的常见剂型有酊剂、芳香水剂等。

5. 沉淀

易沉淀的常见的剂型有药酒、口服液、针剂等。

二、引起中药商品变质的主要因素

引起中药商品变质的主要因素有：

1. 温度

外界气温对中药商品内在成分和外观形态的影响很大，许多理化反应都是在一定的温度下才能发生或加速发生，如柏子仁在30℃左右易泛油；青蒿中的青蒿素随温度升高而挥发等，一般中药商品在气温15℃～40℃时就易生虫发霉。所以控制库房温度或进行低温保存是较好的养护方法。

2. 湿度

中药商品都含有一定水分，称为安全水分。能否保持安全水分，与空气中的湿度有密切关系。空气中的相对湿度高，中药商品易吸潮，产生潮解、发霉等变质现象；反之，则易失水，产生风化、干裂等变质现象。所以控制库房的湿度变化，是安全保管药品的有效方法之一。一般把库房内相对湿度控制在70%左右，则药品不易变质。

3. 空气

空气是由氧、臭氧、二氧化碳和水蒸气等组成的混合物，其中氧是一切害虫、霉菌等大多数微生物生存的前提条件。同时空气中氧气和臭氧是一种强氧化剂，它的存在加速了中药商品中成分的氧化、还原、缩合、聚合等理化反应，使药品的色泽和气味改变，引起变质。如红花、大黄、黄柏的色泽改变都是空气作用的结果，所以降氧（气调养护）和真空贮存是保管养护中药商品的现代科学方法。

4. 日光

　　日光中含有大量热能，可使药品和库房的温度升高，同时日光中的紫外线具很强的穿透能力，能破坏其细胞组织，加速理化反应，引起药品泛油、变色等变质现象，因而避光（密封）保存是药品养护的传统方法之一。

　　5. 虫、霉的污染

　　虫、霉污染是造成药品生虫发霉变质的主要因素，是危害最大的变质现象。大多数的中药商品都含有淀粉、脂肪、蛋白质、糖类物质及多种微量元素等营养物质，是虫、霉生长繁殖的物质基础，在适宜的温度、湿度等自然条件下，导致虫、霉的生长繁殖，引起药品变质。因此搞好库房及药品的消毒工作，防止虫霉污染，是养护药品最重要的可以进行人为控制的有效方法。

　　此外，中药商品本身所含的水分及其成分的性质，库房的质量及相关的设备以及保管人员的素质也是影响药品贮存质量的因素。因此，保管养护药品应采取以防为主，防治结合的综合治理方法，才能确保药品贮存的质量与安全。

三、中药商品在贮存中主要的养护方法

　　中药商品的保管养护，是指采用科学的方法与技术，防止库存中药商品质量变化的有效措施。其目的是维护中药商品在贮存中的安全，保证其质量的稳定和数量的完好。常用的主要方法有：

　　1. 清洁养护法（卫生养护法）

　　清洁养护法是各种保管养护法的基础。总的要求是要经常打扫库内外环境的卫生，定期或不定期对库房、货架、设备进行消毒，以保持清洁，切断污染源。此法具有简便易行，安全有效的特点，应受到高度重视和推广应用。

　　2. 物理养护法

　　采用物理学的原理，控制中药商品的含水量和其贮存环境温、湿度的养护方法，称为物理养护法。一般中药商品的含水量（安全水分）控制在9％～15％，贮存环境温度控制在25℃以下，相对湿度控制在70％左右，多数中药商品都能安全贮存，故在养护学上称此为安全贮存条件。

　　物理养护根据控制药品及其贮存环境的温、湿度的能源方式不同，常分为干燥法（包括日晒、烘烤、热蒸、红外线及微波干燥法等）、吸潮法（常用的吸潮剂有生石灰、木炭、无水氯化钙、碳酸钙和硅胶等）、低温法（包括冰箱、冰柜、冷藏柜、冷库等）和真空法等。

　　3. 对抗养护法

　　是一行之有效的传统的养护方法。它是利用中药商品之间特殊的对抗特性（气味等）来养护药品。常用的对抗剂如花椒、毕澄茄、白酒、医用酒精等。如一定量的白酒或医用酒精与枸杞、大枣等同贮，可防止枸杞、大枣等变色、生虫、干枯失重。这种方法不需特殊设备，简便易行，零售企业和医疗单位都可应用。

　　4. 气调养护法

　　气调养护法是近几十年研制养护中药商品的新方法，是利用一定的设备，在密封的条件下，降低贮存环境空气中氧的浓度，增加惰性气体（二氧化碳、氮气等）的浓度，来抑制药品自身的呼吸作用和毒杀或抑制害虫及微生物繁殖的养护方法。此法对药品、工作人员和环境无不利影响，安全有效，应大力推广。

　　5. 双低养护法

是指化学养护法与气调养护法有机结合应用的一种物理——化学养护法，它既减少了化学有毒药品的用量，减少了对药品、环境的污染，又降低了气调养护中对氧气浓度减少的要求，节约气调养护的成本，是目前较理想的先进养护方法，故被广泛采用。

6. 生物养护法

生物养护法又称为生物防治法，是利用中药商品害虫和霉菌的天敌，如病毒、真菌或昆虫来消灭或抑制其生长繁殖的药品养护法。这是一种先进有效、安全、无污染的养护方法，是我们今后研究和发展中药商品养护的方向。

【附注】易变质中药饮片分类

中药商品在贮存养护中，根据不同季节及饮片的不同性质确定重点养护品种，对中药饮片商品实施分类保管养护。

中药饮片分类保管养护品种表

分　类	品　　种
易生虫饮片	川芎、白芷、党参、人参、南沙参、当归、独活、冬虫夏草、防风、板蓝根、甘遂、生地、泽泻、瓜蒌、桑椹、龙眼肉、核桃、莲子、桃仁、杏仁、薏苡仁、枸杞、皂角、青风藤、桑白皮、鹿茸、蕲蛇、鸡内金、菊花、金银花、凌霄花、北沙参、山药、防己、莪术、贝母、金果榄、佛手、半夏、陈皮、砂仁、酸枣仁、红花、闹羊花、葛根、丹参、何首乌、蒲黄、芫花、蝉蜕、黄柏、狗肾、地龙、甘草、黄芪、天花粉、桔梗、灵芝、猪苓、茯苓、水蛭、僵蚕、蜈蚣、乌药、赤芍、苦参、延胡索、升麻、萆薢、大黄、柴胡、肉豆蔻、淡豆豉、地榆
易霉变饮片	车前草、马齿苋、独活、紫菀、天冬、牛膝、玉竹、黄精、白果、橘络、瓜蒌、山茱萸、莲子心、枸杞、大枣、桑叶、大小蓟、大青叶、蛤蟆油、鹿筋、狗肾、水獭肝、蛤蚧、黄柏、白及、白鲜皮、川槿皮、人参、党参、当归、知母、菊花、红花、金银花、五味子、木香、洋金花、蝼蛄、地龙、蕲蛇、蜈蚣、甘草、葛根、山奈、青皮、芡实、薏苡仁、栀子、羌活、紫菀、黄芩、远志
易泛油饮片	桃仁、杏仁、柏子仁、独活、火麻仁、榧子、千金子、当归、川芎、牛膝、巴豆、狗肾、木香、龙眼、橘核、蝼蛄、紫河车、前胡、白术、苍术
易变色饮片	玫瑰、月季、梅花、款冬花、红花、金银花、橘络、佛手、通草、麻黄
易散失气味饮片	藿香、佩兰、香薷、紫苏、薄荷、荆芥、细辛、肉桂、花椒、玫瑰、月季、吴茱萸、八角茴香、丁香、檀香、沉香、当归、川芎、厚朴、独活
易融化饮片	乳香、没药、芦荟、阿魏、松香、白胶香、猪胆膏、安息香、柿霜、苏合香、鹿角胶、龟甲胶
易潮解饮片	绿矾、胆矾、芒硝、硼砂、大青盐、咸秋石、全蝎、海藻、昆布、盐附子、盐苁蓉
易风化饮片	硼砂、白矾、绿矾、芒硝、胆矾
易升华饮片	冰片、樟脑、薄荷脑

自学指导

【重点难点】

1. 中药商品贮存中的变质现象、原因和养护方法。
2. 中药商品的销售方法。
3. 中药商品在收购、运输中的注意事项。
4. 中药商品贮藏量的确定因素。

【复习思考题】

1. 中药商品的销售方法和促销方法分别有哪些?
2. 中药商品贮藏的目的和意义是什么?
3. 中药商品贮藏量的确定因素有哪些?
4. 药品入库和出库的原则分别是什么?
5. 试述中药商品在贮存中的变质现象和变质原因。
6. 试述中药商品的养护方法。

第六章　中药商业的管理

【目的要求】

1. 掌握国家对开办药品经营企业的相关规定。
2. 掌握制订药材商品规格等级的原则、依据和方法。
3. 熟悉中药商品的价格政策、组成、体系、分类和比价与差价。
4. 了解中药商业的管理机构、中药商品广告的管理。

【自学时数】

6 学时。

中药商业的管理，是指中药商业企业的管理者在一定的经营方式下，依据一定的规律、原则、程序和方法，对中药商品的经营活动进行计划、组织、指挥、协调和控制的管理活动，使企业以最小的劳动消耗换取最大的经济效益，完成企业的经营任务。

中药商品的经营与管理是既有区别又有紧密联系的两个不可分割的概念。前者是以中药商品购销活动为主体的经济活动；后者是以指挥、控制中药商品经营为根本任务的管理活动，是为中药商品经营活动服务的。两者常常是交织在一起的两种不同的职能。经营的主要职能是进行中药商品的购、销、运、存，从而保证市场供应，满足人民用药需要；管理的主要职能是对中药商品经营的各个环节进行决策、计划、组织、指挥、协调和控制，以最低的消耗换取最佳的经济效益。所以经营是管理的基础，管理是经营的前提，是决定经营成败的首要因素。在实行市场经济体制和建立现代企业制度中，管理的作用更大。要想搞好现代化的经营，必须搞好现代化的管理。所以人们常说，"三分经营，七分管理"，"管理出效益"，"管理是企业的生命"。这些都说明管理在现代企业中占有十分重要的地位。

中药商业的管理涉及面十分广泛，中药商品流通领域的每个大小环节及其相关工作都要涉及管理。如中药商品的收购、销售、运输、贮存；中药商品的品种、质量、市场、价格以及计划、财务、劳动工资、信息等诸多方面都离不开管理。

第一节　中药商业的管理机构

药品经营企业包括药品批发企业和药品零售企业，其药品经营条件、经营行为对药品质量、合理用药及群众用药的安全、有效性具有重要影响。因此，为了保证药品经营质量、保证人民用药安全，政府必须依据法律规定的条件对药品经营企业的开办进行事前审查批准，并对其日常经营行为进行必要的规范和监管。

我国中药经营企业的管理机构是从中央到地方的各级药品监督管理机构。

1. 监督管理机构

国家食品药品监督管理局主管全国药品监督管理工作。国务院有关部门在各自的职责范围内负责与药品有关的监督管理工作。其中，有关部门涉及物价主管部门、卫生部门、中医药管理部门、工商行政管理部门、海关、监察部门，在国务院规定的职责范围内分别负责与药品有关的价格、吊销医疗机构执业证书、中药材和中药饮片科研、药品生产经营企业的工商登记、药品广告处罚、药品购销回扣处罚、进口口岸设置、执法违规处理等药品管理法已作出明确规定的与药品有关事项的监督管理工作。

省、自治区、直辖市人民政府药品监督管理部门负责本行政区域内的药品监督管理工作。省、自治区、直辖市人民政府有关部门在各自的职责范围内负责与药品有关的监督管理工作。

2. 质量监测机构

药品监督管理部门设置或者确定的药品检验机构即中国药品生物制品检定所，承担依法实施药品审批和药品质量监督检查所需的药品检验工作。中国药品生物制品检定所是国家食品药品监督管理局的直属事业单位，是国家检验药品生物制品质量的法定机构和最高技术仲裁机构。

第二节　国家对开办药品经营企业的规定

药品经营企业是指从事药品专营或兼营的企业。在国家对外开放、对内搞活经济的条件下，出现了多渠道多层次的药品经营企业。但由于药品是不同于一般商品的特殊商品，药品经营是一件关系到人民身体健康、生命安危的大事，所以国家对开办药品经营企业的必备条件、申办程序及其他有关方面作了严格的规定，这些规定是：

一、必备条件

1. 具有依法经过资格认定的药学技术人员。
2. 具有与所经营药品相适应的营业场所、设备、仓储设施、卫生环境。
3. 具有与所经营药品相适应的质量管理机构或者人员。
4. 具有保证所经营药品质量的规章制度。

二、申办程序

在具备开办药品经营企业条件的基础上，向有关主管部门申请办理合法证照。申办程序是：

1. 开办药品批发企业，须经企业所在地省、自治区、直辖市人民政府药品监督管理部门批准并发给《药品经营许可证》；开办药品零售企业，须经企业所在地县级以上地方药品监督管理部门批准并发给《药品经营许可证》，无《药品经营许可证》的，不得经营药品。
2. 凭《药品经营许可证》到工商行政管理部门办理《营业执照》。

只有办齐了以上"一证一照"后，才具有开业的合法地位。

以上"一证一照"均规定有有效期限。

三、对药品经营企业的有关规定

（一）对药品经营企业经营管理的规定

药品经营企业必须按照国家药品监督管理部门制定的《药品经营质量管理规范》经营药品。其主要内容有：

1. 药品经营企业必须从具有药品生产、经营资格的企业购进药品；但是，购进没有实施批准文号管理的中药材除外。药品经营企业购进药品，必须建立并执行进货检查验收制度，验明药品合格证明和其他标识；不符合规定要求的，不得购进。

2. 药品经营企业购销药品，必须有真实完整的购销记录。购销记录必须注明药品的通用名称、剂型、规格、批号、有效期、生产厂商、购（销）货单位、购（销）货数量、购销价格、购（销）货日期及国家药品监督管理部门规定的其他内容。

3. 药品经营企业销售药品必须准确无误，并正确说明用法、用量和注意事项；调配处方必须经过核对，对处方所列药品不得擅自更改或者代用。对有配伍禁忌或者超剂量的处方，应当拒绝调配；必要时，经处方医师更正或者重新签字，方可调配。

4. 药品经营企业销售中药材，必须标明产地。

5. 药品经营企业必须制定和执行药品保管制度，采取必要的冷藏、防冻、防潮、防虫、防鼠等措施，保证药品质量。药品入库和出库必须执行检查制度。

6. 城乡集市贸易市场可以出售中药材，另有规定的品种除外。城乡集市贸易市场不得出售中药材以外的药品，但持有《药品经营许可证》的药品零售企业在规定的范围内可以在城乡集市贸易市场设点出售中药材以外的药品。

7. 药品零售经营企业应按剂型或用途以及储存要求分类陈列和储存药品：

（1）药品与非药品、内服药与外用药应分开存放，易串味的药品与一般药品应分开存放。

（2）药品应根据其温湿度要求，按照规定的储存条件存放。

（3）处方药与非处方药应分柜陈放。

（4）特殊管理的药品应按照国家的有关规定存放。

（5）危险品不应陈列。如因需要必须陈列时，只能陈列代用品或空包装。危险品的储存应按国家有关规定管理和存放。

（6）拆零药品应集中存放于拆零专柜，并保留原包装的标签。

（7）中药饮片装斗前应做质量复核，不得错斗、串斗，防止混药。饮片装斗前应写正名正字。

8. 药品经营企业每年应组织直接接触药品的人员进行健康检查，并建立健康档案。发现患有精神病、传染病或者其他可能污染药品疾病的患者，应调离直接接触药品的岗位。

（二）对药品经营企业所经营药品的规定

药品经营企业，应遵照《中华人民共和国药品管理法》和《药品经营质量管理规范》的规定执行，其主要内容有：

1. 药品必须符合国家药品标准。国务院药品监督管理部门颁布的《中华人民共和国药典》和《中华人民共和国卫生部药品标准》为国家药品标准。

2. 禁止生产（包括配制）、销售假药。

有下列情形之一的，为假药：

（1）药品所含成分与国家药品标准规定的成分不符的。

（2）以非药品冒充药品或者以他种药品冒充此种药品的。

有下列情形之一的药品，按假药论处：

（1）国务院药品监督管理部门规定禁止使用的。

（2）依照本法必须批准而未经批准生产、进口，或者依照本法必须检验而未经检验即销售的。

（3）变质的。

（4）被污染的。

（5）使用依照本法必须取得批准文号而未取得批准文号的原料药生产的。

（6）所标明的适应症或者功能主治超出规定范围的。

3. 禁止生产（包括配制）、销售劣药。

药品成分的含量不符合国家药品标准的，为劣药。

有下列情形之一的药品，按劣药论处：

（1）未标明有效期或者更改有效期的。

（2）不注明或者更改生产批号的。

（3）超过有效期的。

（4）直接接触药品的包装材料和容器未经批准的。

（5）擅自添加着色剂、防腐剂、香料、矫味剂及辅料的。

（6）其他不符合药品标准规定的。

4. 禁止进口疗效不确、不良反应大或者其他原因危害人体健康的药品。

5. 下列药品在销售前或者进口时，国务院药品监督管理部门指定药品检验机构进行检验；检验不合格的，不得销售或者进口：

（1）国务院药品监督管理部门规定的生物制品。

（2）首次在中国销售的药品。

（3）国务院规定的其他药品。

6. 必须持有《进口许可证》、《出口准许证》的麻醉药品和国家规定范围内的精神药品，才能进行进出口药品贸易。

7. 新发现和从国外引种的药材，经国务院药品监督管理部门审核批准后，方可销售。

此外，医药企业经营的药材除执行上述规定和应无虫蛀、霉变、杂质外，根据具体药品品种规格等级不同，对其质量也有不同的要求，应按相应的质量要求经营。

第三节　药材商品的品质与规格、等级

药材商品的品质、规格及等级，是衡量药材商品质量好坏的准则。品质是对药材品种与质量的原则要求；规格是划分药材商品质量，分等分级的具体标准。药材商品的品质与规格、等级标准，也是进行其质量管理的依据。

药材是用来防治疾病，保健强身的特殊物品，质量必须优良，才能保证人民用药的安全有效；同时药材又是一种商品，必须符合商品按质论价的要求。因此药材既具有药用性，又具有商品性。为适应商品性的要求，又必须按质量的优劣，划分规格与等级，制订相应的价格，以便在市场上进行商品交换。

一、制订药材商品规格与等级的一般原则

目前大多数的药材商品没有全国统一的规格、等级标准，仅有 76 种大宗药材的《七十六种药材商品规格标准》，且需要进一步修订；目前制订药材商品规格、等级的标准，仍以外观质量和性状特征为主，其制订的原则有：

1. 按质论价的原则

为了达到商品按质论价的要求，保证药材的质量与疗效，按质论价原则是制订药材商品规格与等级的基本原则。

2. 有利于发展生产的原则

为了保证市场供应，满足人民用药要求，必须不断发展药材生产；为了促进药材生产质量的提高，采用划分药材规格与等级的手段，以优价收购优质药材的办法，来促进高质量药材生产的发展。

3. 不断改革的原则

在不影响药材商品质量和产、供、销、用的前提下，改革那些不合理的或过于繁杂的、不便掌握的规格与等级标准及其相应的加工方法，以减少加工环节，降低成本，提高生产效益。

4. 力求简化原则

在药材商品中，对质量较稳定或不同产地生产的同种药材，只要质量相同或相近，应统一规格，可不再划分等级，统装（统货）即可，以简化规格与等级。

5. 便于量化原则

在药材商品中的同种药材，因产地采收期、生产方式（家种与野生）或加工方法不同，质量和疗效确有明显差异，应划分规格，适当区分等级。但各规格、等级之间要有明显的量化指标，如大小（长短、厚薄、直径）、重量（单个重或每千克或 500 克的个数）或有效成分含量的差异等，以便统一掌握实施。

6. 试用原则

对新制订的或改革后的规格、等级标准，要通过一段时间的试用，在试用中不断修订补充，使之合理、完善，再正式实施。

二、划分药材商品规格、等级的依据和方法

药材商品质量优劣的客观标准应是有效成分含量的多少和疗效的好坏，但目前这方面的资料不多，只能依靠国家药品标准和《七十六种药材商品规格标准》等来划分药材的规格与等级。划分的方法有多种，目前常用的方法有：

1. 按产地不同来划分

同种药材，其产地是否道地，外在和内在质量是不同的，划分的规格与等级就不一样。如广藿香，按产地不同划分为石牌广藿香与海南广藿香两种规格。前者含广藿香酮，香气浓郁，质量好，为道地药材；后者不含广藿香酮，香气较弱，质量较次。

2. 按采收季节不同来划分

一般药材的采收期只有一个，但有的药材有几个。采收的季节不同，质量差异较大，在中药商品学上常据此划分成不同的规格。如三七，按采收期不同划分为"春三七"和"冬三七"两种规格。"春三七"于花前期采收，体重质坚，质优；"冬三七"于果期采收，体较轻，质较次。两种规格的三七又按每 500 克的个数再划分等级。

3. 按产地加工方法不同来划分

有的药材，因产地加工方法不同引起性状上的差异，因而据此划分出不同的规格。如肉桂，按产地加工法不同可划分成板桂、企边桂、桂通、桂碎和桂心。

4. 按药材的外部形态来划分

有些药材的外部形态或完整程度不同，其商品质量不同。如浙贝母，依据外形和完整程度不一分为元宝贝和珠贝两种规格。元宝贝为单一的外层鳞片，呈"元宝"状，质优；后者为较小的完整鳞茎，大小不一，呈扁圆形，质较次。

5. 按药材大小或重量不同来划分

单个药材的大小或轻重与其质量有密切的关系。通常个大体重者质优，个小体轻者质次。如天麻，首先按采收季节不同分为"春天麻"和"冬天麻"两种规格。每种规格又依据单个的大小和重量不同为四个等级。如每千克 26 只以内为一等，40 只以内的为二等。

6. 按药材的老嫩程度不同来划分

药材的老嫩程度（生长期长，开始衰老的习称为老；生长期短，生长旺盛的习称为嫩）不同，其质量也不同，甚至不能药用。所以常据此来划分规格与等级。如花鹿茸，按茸角的老嫩，分叉的多少不一划分成"二杠"和"三岔"等规格；每一规格又按茸体粗细长短、色泽、骨化程度不同分成 1～3 个等级。

7. 按药用部位的不同来划分

有的药材的药用部位不同，疗效有别，据此划分规格。如当归，按药用部位疗效的差异分为"全归"和"归头"两种规格。每种规格又按其每千克的支头数再分别划成 1～4 个等级和 1～5 个等级。

8. 按药材的基源不同来划分

有些药材因来源的科、属、种不同，内在质量或外形不一，据此划分规格。如麻黄，按其来源的种不同分为草麻黄、中麻黄和木贼麻黄三种规格。

划分药材的规格与等级是技术性和原则性很强的复杂工作，关系到生产者、经营者和消费者的利益。因此在工作中，除了要按有关标准和依法办事外，力求做到实事求是，公平合理。切勿受人事关系和货源情况的影响，以便调动产、供、销、用各方面的积极性，维护消费者的利益。

第四节　中药商品的价格管理

药品是与人民生活关系重大的商品。中药商品的价格问题，是最敏感的社会问题之一，关系到中药商品的生产者、经营者和消费者的切身利益，是关系到成千上万人民的防病治病、保健强身的大事，因此药价问题历来都受到国家和人民的高度重视。

目前我国的物价按"统一领导，分级管理"的原则，由各级物价管理部门分别进行管理。随着我国市场经济体制和现代企业制度的建立，从中央到地方，从地方到企业，都把过分集中的物价管理权限逐层下放。因此国家对中药商品价格管理的原则也与其他商品一样，实行宏观管理，微观放开的原则，以适应市场经济发展的需要。我国对药品价格实行政府调控和市场调节相结合的管理方式。

一、中药商品价格组成

中药商品价值是由在生产过程中已经消耗的物化劳动转移到产品中的价值，是由劳动者为自己创造的价值、为社会创造的价值组成的。表现在货币形式上就是生产成本、流通费用、税金和利润。这就是组成商品价格的四个要素。这四个要素是制订和调整价格的最基本的依据。

生产成本是指生产企业生产某种中药商品所消耗的物质资料费用和职工劳动报酬等的货币额。流通费用是指中药商品从生产领域到消费领域的流通过程中所支付的必要费用的货币额。为了准确计算中药商品价格中的流通费用，国家有关主管部门以正常经营情况下，合理的必要费用为标准，作了综合差率、批零差率、损耗率和倒扣率等的相应规定，分别计算到各流通环节的价格中去。税金是劳动者为社会创造价值的货币表现，是国家通过法令，规定将一部分社会纯收入通过税收的形式上交国家财政部门，是国家积累资金的重要手段，具有强制性、无偿性和相对固定性的特点。根据国家税法规定，税金要计入商品成本。利润也是劳动者为社会创造价值的货币表现，它在价值上等于销售商品的收入和其他收入之和、扣除成本、税金和其他费用后的金额。

二、中药商品的差价

中药商品的差价，是指同种药品在流通过程中，由于在质量、地区、时间和购销等方面的差别，形成在价格上的差异关系。它反映了中药商品从收购到销售的各个环节的经济关系，直接关系到药品的生产者、经营者、消费者和国家的经济利益，形成各种差价的基础，是生产与经营中药商品所支付的劳动耗费不同。合理安排中药商品的差价，对于正确处理中药商品的生产者、经营者、消费者和国家的经济利益有极重要的意义。

中药商品的差价主要包括：

1. 中药商品的质量差价

是指同种中药商品，由于品种、规格、等级等质量上的差异产生的价格差额，由于生产不同质量的同种中药商品，所消耗的社会必要劳动和时间是不同的，所以价格也不同。合理安排质量差价，对于保证药品质量，从价格上鼓励优质高效药品的生产和经营，实行按质论价原则，保证人民用药的安全有效和加强药品质量管理等方面起着重要作用。

2. 中药商品的地区差价

是指同种中药商品在同一时间内，在不同地区收购价格或销售价格之间的差额。合理安排中药商品的地区差价，对于正确处理地区之间、城乡之间、生产与流通之间的经济关系，对于促进中药商品生产的合理布局，对于平衡和交流相邻地区之间的药品价格，对于促进边远地区和少数民族地区中药商品生产与经营的发展，满足人民用药要求都有十分重要的意义。

3. 中药商品的购销差价

是指同种中药商品在同一时间同一市场内，购进价格与销售价格之间的差额。它反映了中药商品流通中各方面的经济关系和国家对各种中药商品的政策。合理安排中药商品的购销差价，对于处理好流通中的经济关系，处理好工商关系和国家与农民的关系，提高企业经营管理水平都有重要作用。

4. 中药商品的批零差价

是指同种中药商品，在同一时间同一市场内，批发价格与零售价格之间的差额。合理的制订中药商品的批零差价，对于调动批发者与零售者的积极性，搞活中药商品市场有重要意义。

5. 季节差价

是指同种中药商品，在同一市场内的不同季节价格之间的差额。合理安排季节差价，有利于按需安排生产，防止生产过剩造成的损失；有利于"一季生产，供应全年"药品生产的发展。

6. 数量差价

数量差价又称优惠价。是指根据用户购买某种商品达到一定数量或金额后，在价格上给予一定的优惠。一般是用户购买的数量越多，金额越大，价格上优惠就相应大一些。数量差价与其他差价不同，它是一种促销和市场竞争的手段，它的差率不是由国家统一规定，而是由买卖双方协商论定。所以中药商业企业实行合理的数量差价，对于扩大中药商品的销售，战胜竞争对手，提高市场占有率有一定作用。

中药商品的差价（数量差价除外），一般都用差率来表示，如质量差率、地区差率、购销差率、批零差率、季节差率等。这些差率的大小，在一定的条件下，取决于整个价格水平的高低，影响到中药商品的生产者、经营者、消费者和国家的经济利益。因此主要中药商品的各种差率由国家主管部门作统一的具体规定。

三、中药商品的价格体系及其分类

中药商品的价格体系是由相互联系、相互制约的不同种类的价格组成。一般根据不同的分类标准，有以下两种不同的分类方法：

（一）按照价格管理的形式分类

根据各类中药商品对国计民生影响的大小和管理权限不同，分为政府定价、政府指导价和市场调节价三种：

1. 政府定价

政府定价是指按照物价管理权限，对列入国家基本医疗保险用药目录的药品，以及生产经营具有垄断性的药品由政府制定价格。其中，国务院价格主管部门负责制定国家基本医疗保险用药目录中的甲类药品，及生产经营具有垄断性的药品价格；省级价格主管部门负责制定国家基本医疗保险用药目录中的乙类药品和中药饮片价格，以及医院自制制剂价格。根据《价格法》规定，对列入政府定价的药品价格，生产经营企业必须严格执行。

2. 政府指导价

是政府依据中药产品的不同特点，在国家物价政策的指导下，由各级政府采用不同的方法制订的指导性价格，并由各级政府的物价主管部门分级负责。列入政府指导价的药品，药品经营者必须在政府规定的指导价范围内制定具体价格。

3. 市场调节价

市场调节价是由中药商品的生产企业、经营企业和医疗机构的生产者和经营者在国家物价政策规定的范围内按照公平、合理和诚实信用、质价相符的原则自行制订的价格。其特点是随行就市，自由涨落。具有自发性和不稳定性。但在价格大起大落时，各级物价部门和业务主管部门应及时加强管理，以保护生产者、经营者和消费者的利益。

按照目前建立市场经济体制和现代企业制度的要求，在中药商品价格体系中，属于政府定价和政府指导价的品种会不断减少，属于市场调节价的品种会不断增多，以充分发挥市场的调节作用和价格的杠杆作用。但对国计民生影响大的，药材资源濒于枯竭的药材如麝香等和进口药材的价格实行政府定价或政府指导价也是必要的，这对于保护药源，有计划的进口药材和保证人民用药需要都有重要意义。

（二）按照价格形成的阶段分类

中药商品从生产领域进入流通领域要经过收购调拨销售、批发销售、零售等不同环节，因而形成了收购价、出厂价、调拨价、批发价和零售价组成的价格体系。

1. 收购价

是指药材的经营者向生产者收购药材的价格。它一般由生产成本、税金、生产纯收益构成。收购价格涉及工农之间、国家与农民之间的经济利益和生产与消费的关系，有的药材品种还关系到药源保护问题，因此，在制订和调整中药材收购价格，必须十分慎重。

2. 出厂价

是指中药生产企业出售产品的价格。中成药出厂价格一般由生产成本、税金和工业利润构成；中药饮片出厂价格一般由生产成本、税金、加工损耗费、加工费和工业利润构成。中药工业产品出厂价也是中药商业企业的收购价格。它涉及工商双方的利润分配，反映工商企业之间的经济关系。同时中药工业产品出厂价格是其进入流通领域第一个环节的价格，是其他环节价格的基础，决定着零售价格水平。因此制订或调整出厂价格也要十分慎重。

3. 调拨价

是指中药商业企业内部调拨销售中药商品的价格。也是企业之间调拨销售药品后结算的价格，一般是依据主产地或中转地的市场批发价格，按规定的计算方法、倒扣率制订的。有的也由上级业务部门制订。它涉及中药批发企业间的经济利益。所以合理制订或调整这一价格，有利于各批发企业之间的密切协作，促进各地区之间的药品交流，保证中药市场的正常供应。

4. 批发价格

是指中药批发企业销售给零售企业或医疗单位的价格。也是零售企业或医疗单位的购进价格。一般由购进价、流通费用和批发利润构成。它反映了批发者与零售者之间的经济关系，又是零售价格计算的基础，直接影响中药商品市场零售价格的水平，因此制订或调整中药商品的批发价格，也要十分慎重，否则极易引起零售价格波动。

5. 零售价

是指中药零售企业或医疗单位向城乡人民群众或社会集团销售中药商品的价格。它一般由当地的批发价格、零售的流通费用、税金、零售利润构成。中药商品的零售价格是其流通领域中最后一个环节的价格，直接与消费者见面，体现了国家与广大消费者的利益关系，积累与消费的关系，是中药商品价格体系中政策性最强的一种价格，因此制订或调整中药商品的零售价格，更要十分慎重。同时为了维护广大消费者的利益，有关部门应作为价格检查、监督的重点。

第五节　中药商品广告管理

药品是不同于一般商品的特殊商品。每一种药品都有自己特定的功能主治和特定的使用对象，药品广告的内容对指导合理用药、安全用药起着至关重要的作用。所以，对其广告内容的审核发布和监督管理较之其他产品更为严格。药品广告必须经过药品主管部门的审核批准后才能发布。

一、中药商品广告审批管理

1. 为保证人民用药安全、有效，为防止和杜绝某些药品广告夸大疗效、误导患者的宣传，药品广告须经企业所在地省、自治区、直辖市人民政府药品监督管理部门批准，并发给药品广告批准文号；未取得药品广告批准文号的，不得发布。

2. 处方药可以在国务院卫生行政部门和国务院药品监督管理部门共同指定的医学、药学专业刊物上介绍，但不得在大众传播媒介发布广告或者以其他方式进行以公众为对象的广告宣传。

3. 省、自治区、直辖市人民政府药品监督管理部门应当对其批准的药品广告进行检查，对于违反本法和《中华人民共和国广告法》的广告，应当向广告监督管理机关通报并提出处理建议，广告监督管理机关应当依法作出处理。

4. 经国务院或者省、自治区、直辖市人民政府的药品监督管理部门决定，责令暂停生产、销售和使用的药品，在暂停期间不得发布该品种药品广告；已经发布广告的，必须立即停止。

二、中药商品广告内容管理

中药商品广告的内容是否真实，对正确指导患者合理用药、安全用药十分重要，与患者的生命安全和身体健康关系极大，因此，中药商品广告的内容必须真实、准确、对公众负责，不允许有欺骗、夸大情况。不切实际的广告宣传不但会误导患者，而且延误治疗。所以，中药商品广告内容必须实行严格管理，主要规定如下：

1. 药品广告的内容必须真实、合法，以国务院药品监督管理部门批准的说明书为准，不得含有虚假的内容。

2. 药品广告不得含有不科学的表示功效的断言或者保证；不得利用国家机关、医药科研单位、学术机构或者专家、学者、医师、患者的名义和形象作证明。

3. 非药品广告不得有涉及药品的宣传。

自学指导

【重点难点】

1. 国家对开办药品经营企业的相关规定。
2. 制订药材商品规格等级的原则、依据和方法。
3. 中药商业的管理机构。
4. 中药商品广告的管理。

【复习思考题】

1. 试述国家对开办药品经营企业的条件和申办程序。
2. 划分中药商品规格等级的方法有哪些？
3. 经营者应特别重视中药商品中的哪些差价？

第二篇　药材商品

药材，是指仅经过产地简单加工的药物。它是中药的重要组成部分，又是生产饮片和中成药的主要原料，在中药商品的经营管理中占有重要地位。

药材的分类方法有多种，按各学科的要求不同而各异。有的按科属分类（如药用植物分类学），有的按植物化学成分分类（如植物化学分类学），有的按性味功效分类（如中药学），有的按入药部位分类（如中药鉴定学）等。

中药商品学为了适应市场经济的要求，便于药材商品的经营与管理，采用产地分类法。此法是在传统地道药材分类的基础上，根据近代药材商品主产地或集散地变迁的不同情况，把药材商品分为川药类、广药类、云药类、贵药类、怀药类、浙药类、关药类、北药类、西药类、南药类和进口药类十一类。并分列专章介绍。

第一章　川　药

【目的要求】

1. 掌握重点药物川贝母、川芎、冬虫夏草、白芷、附子、丹参的道地产地、规格等级、贮藏养护等；掌握川牛膝、川木香、川黄柏、羌活、独活、桃仁的贮藏养护方法。

2. 熟悉川药产区的自然环境条件；熟悉川牛膝、半夏、川木香、银耳、羌活、郁金、石菖蒲、独活的道地产地、规格等级；熟悉半夏、银耳、郁金、石菖蒲的贮藏养护方法。

3. 了解川续断、干姜、川乌、乌梅、补骨脂、花椒、姜黄、莪术、川射干等的道地产地；了解川药产区的地理位置；了解川药产区药材商品的产销行情。

【自学时数】

4 学时。

凡以四川和重庆为主要产区或集散地的大宗商品药材均称为川药。

四川位于东经 97°22′～110°10′，北纬 26°03′～34°20′之间。北邻陕西、甘肃、青海，东连湖北，南接云南、贵州，西与西藏交界，宋代置川陕四路，四川之名由此而来。

四川境内山峦重叠，地形复杂。美丽富饶的四川盆地，为我国著名的四大盆地之一，海拔 100～7000 米。西部属青藏高原，山高谷深，地势崎岖，平均海拔为 3000～4000 米。全省主要河流有长江、雅砻江、大渡河、岷江、沱江、嘉陵江、乌江等。

四川气候复杂多样。东部属亚热带湿润东南季风气候，具有冬暖、春早、夏长、气温高的特点；西南山地属亚热带干湿交替的西南季风气候，具有冬无严寒，夏无酷暑的特点；四川高原气候寒冷，长冬无夏。全川年降雨量多数地区约 1000 毫米，西北高原 400～700 毫米。四川盆地由于秦岭大巴山阻挡了寒流，夏季南方热的气流越过大娄山下沉，使四川盆地冬暖夏热，霜日极少，几乎全年皆为动植物的生长期。年均气温 16℃～17℃，无霜期长达300 天左右，积温 5000℃～6000℃，风力弱，雾多消散慢，日照少（多在 1400 小时以下）。雨季漫长，年降雨量约 1200 毫米，蒸发量小，湿度极大，旱季极少。

由于四川地形复杂，又未受过第四纪大陆冰川的侵袭，生态环境和气候多样，使药材资源极为丰富。并呈明显的区域性和地域性分布。如高山的冬虫夏草、川贝母等；岷江流域的干姜、郁金等。其他如江油的附子，绵阳的麦冬，都江堰的川芎，遂宁的白芷，中江的白芍、丹参，重庆石柱的黄连，合川的使君子、补骨脂，汉源的花椒，天全、金口河的川牛膝等不仅分布有明显的地域性，而且这些药材在国内外久负盛名。

干 姜
ZINGIBERIS RHIZOMA

本品为姜科植物姜 *Zingiber officinale* Rosc. 的干燥根茎。始载于《神农本草经》，列为中品。后代本草将生姜独立一项，干姜与生姜自此分别入药。均为栽培。姜能御百邪，性同疆，故名。为常用中药。

【别名】 均姜、川姜、白姜。

【产地】 主产于四川的犍为、沐川，贵州的兴义、兴仁，云南的罗平、师宗，广西的西林、隆林，山东的沂南、苍山、平邑等地。此外，浙江、湖北、广东、陕西也产。其中以四川、贵州的产量大，品质好。

【采制】 多在冬季采收。挖出后，除去须根和泥土，晒干或低温干燥，或选肥嫩者趁鲜切片晒干或低温干燥入药。

【商品特征】 呈扁平块状，有指状分枝。表面平坦，淡黄白色（去皮者）或皱缩，灰黄棕色（未去皮者）。质硬，气香味辣。

【商品规格】 干姜系老姜。商品上有干姜个和干姜片两种。

【品质要求】 以质地坚实、色白、粉性强、气香浓、味辛辣者为佳；质松、粉性差者质次。其中以四川产者质量优，尤以四川犍为产品质量最优，特称为"犍干姜"。本品含挥发油不得少于 0.8%（毫升/克），含 6-姜辣素（$C_{17}H_{26}O_4$）不得少于 0.60%；水分不得过 19.0%；总灰分不得过 6.0%；水溶性浸出物不得少于 22.0%。

【包装贮藏】 蔑席或麻袋装。置阴凉干燥处保存，防蛀。

【性味功效】 性热，味辛。温中散寒，回阳通脉，温肺化饮。

川 贝 母
FRITILLARIAE CIRRHOSAE BULBUS

本品为植物川贝母 *Fritillaria cirrhosa* D. Don、暗紫贝母 *Fritillaria unibracteata* Hsiao et K. C. Hsia、甘肃贝母 *Fritillaria przewalskii* Maxim.、梭砂贝母 *Fritillaria delavayi* Franch.、太白贝母 *Fritillaria taipaiensis* P. Y. Li 或瓦布贝母 *Fritillaria unibracteata* Hsiao et K. C. Hsia var. *wabuensis*（S. Y. Tang et S. C. Yue）Z. D. Liu, S. Wang et S. C

Chen 的干燥鳞茎。按性状不同分别称为"松贝"、"青贝"、"炉贝"和"栽培品"。始载于《神农本草经》，列为中品。野生或栽培。因形似聚贝子，故名。为常用中药。

【别名】　川贝、知贝。

【产地】　我国西南、西北地区多有生产，著名的有：①炉贝，主产于四川、青海、云南一带。四川产品多集散在打箭炉，故名炉贝。②松贝，主产于四川北部的松潘、马尔康等阿坝一带。③青贝，主产于青海玉树，云南德钦，新疆木叠河、缓空，四川西部及甘肃岷县等地。④太白贝母分布于湖北、陕西、甘肃、四川等地，瓦布贝母分布于四川西北部的北川、黑水、茂县、松潘及重庆城口等地。

【采制】　因各地气候、季节不一，过晚茎叶枯萎不易寻找；栽培者多于下种 3 年后秋季茎叶枯萎时采收，此时浆汁多，产品质量好。四川、云南在 6～7 月为盛采期；青藏高原则在 8 月份；甘肃省在 5～6 月。

加工方法各地不一，主要的方法如下：

1. 晒干法

一般将川贝母挖回后，去挣泥土和须根，置烈日下曝晒至干透为止。如遇阴雨天气，可用微火烘干，以防变色、泛油。

2 撞击法

将挖回的贝母晒至二至三成干，表面变硬时，放入布袋或竹筐内，加入大量麦麸，再振摇撞击去粗皮，用麦麸吸去撞击时渗出的水分。再晒干。

【商品特征】　呈圆锥形、扁圆形或卵圆形，大小不一。类白色，外层两枚鳞叶相互抱合形似怀中抱月，顶端不开口（松贝）；或对合形似观音合掌（青贝）；或错合，形大，表皮有斑纹（炉贝），顶端尖或钝，一般顶端有开口。栽培品呈类扁球形或短圆柱形，颗粒大，表面稍粗糙，有的具浅黄色斑点，鳞叶大小相近，顶部多开裂而较平。质坚实，富粉性，对剖后内有鳞叶和心芽。

【商品规格】　商品上分松贝、青贝、炉贝（知贝）和栽培品四种规格。松贝分为一、二等；青贝分为一至四等；炉贝分为一、二等；栽培品为统货。其规格等级标准为：

1. 松贝

一等：呈类圆锥形或近球形，鳞瓣两枚，大瓣紧抱小瓣，未抱合部分呈新月形，顶端闭口，底部圆平。表面白色，体坚实，质细腻。断面粉白色。味甘微苦。每 50 克在 240 粒以外，无黄贝、油子、破碎。

二等：顶端闭口或开口，基部平或略平，每 50 克在 240 粒之内。间有黄贝、油子、破碎，余同一等。

2. 青贝

一等：扁球形或类圆形，两枚鳞瓣大小相似。顶端闭口或微开口，基部较平或圆形，表面白色、细腻，体结实。断面粉白色。味淡微苦。每 50 克在 190 粒以外。对开瓣不超过 20%。无黄贝、油子和破碎。

二等：顶端闭口或开口，每 50 克在 130 粒以外。对开瓣不超过 25%。间有花子，但不超过 5%，无全黄贝、油子、碎贝。余同一等。

三等：每 50 克在 100 粒以外。对开瓣不超过 30%，间有油子、碎贝、黄贝，但不超过 5%。余同二等。

四等：顶端闭口或开口较多，表面牙白色或黄白色。大小粒不分。兼有油子、碎贝、黄贝，余同三等。

3. 炉贝

一等：呈长圆锥形，贝瓣略似马牙。表面白色，体结实，断面粉白色，味苦。大小粒不分，间有油子和白色破瓣。

二等：表面黄白色或淡黄棕色，有的具棕色斑点。大小粒不分。间有油子、破瓣，余同一等。

【品质要求】　均以质坚实，色白、粉性足，个完整不碎者为佳。本品总生物碱以西贝母碱计，不得少于 0.050%；水分不得过 15.0%；总灰分不得过 5.0%；醇溶性浸出物不得少于 9.0%。

【产销行情】　全国每年生产约 600 吨，纯购约 400 吨，纯销约 400 吨。供应出口 30～40 吨。其中四川每年纯购约 80 吨，湖北约 100 吨，甘肃 30～40 吨，青海约 30 吨，陕西约 25 吨，其他地区约 50 吨。川贝母市场长期紧缺，供不应求，价格不断上涨，各地正在积极研究野生变家种的工作。

【包装贮藏】　麻袋或塑料袋包装。本品在贮存中易虫蛀、发霉、变色。应防潮，置干燥处保存。

【性味功效】　性微寒，味苦、甘。清热润肺，化痰止咳，散结消痈。

【附注】　川贝母、伊贝母为国家重点保护的野生植物药材品种。

川　乌

ACONITI RADIX

本品为毛茛科植物乌头 *Aconitum carmichaelii* Debx. 的干燥母根。始载于《神农本草经》，列为下品。主根晒干作川乌入药，子根经加工后作附子入药。因其根形如乌鸦之头，多产于四川，故名。为较常用中药。

【别名】　乌头。

【产地】　主产于四川江油、安县、布托，陕西汉中、城固。销全国，并出口。目前全国大部地区已引种栽培。

【采制】　夏至至小暑间采收。挖出后，将附子摘下，洗净泥土，晒干即可。或放缸中，用热水泡 12 小时后捞出，拌上草木灰，白天摊晒，夜里堆放，反复多次，直至晒干即成。

【商品特征】　形似乌鸦头，棕褐色，有摘去附子的疤痕。体质饱满，显粉性，味辣麻舌。

【商品规格】　商品分为个川乌和川乌片两种。

【品质要求】　个子货以身干、个匀、饱满坚实、无空心者为佳；片子货以厚薄均匀、片面粉质洁白者为佳。本品含乌头碱、次乌头碱和新乌头碱的总量应为 0.050%～0.17%；水分不得过 12.0%；总灰分不得过 9.0%，酸不溶性灰分不得过 2.0%。

【包装贮藏】　麻袋包装。置通风干燥处保存，防蛀。

【性味功效】　性热，味辛、苦，有大毒。祛风除湿，温经止痛。

【附注】　川乌生品为毒性中药，应加强管理。

川　芎
CHUANXIONG RHIZOMA

本品为伞形科植物川芎 *Ligusticum chuanxiong* Hort. 的干燥根茎。始载于《神农本草经》，列为上品。均为栽培。功能上行，专治头脑诸疾。因人头穹隆穷高，天之象也，故名芎䓖。四川产者质优，习称川芎。为常用中药。

【别名】　芎䓖、抚芎。

【产地】　主产于四川都江堰市、彭州、什邡、新都、崇州、彭山等地进行大量栽种。江西武宁、瑞昌、德安及湖北阳新、崇阳、通山。其他地区如甘肃、云南、贵州、吉林、江苏、贵州等省区亦产，但产量较小，多自销。

【采制】　平坝栽种者于 5～6 月（小满前后）采挖；山地栽种者于 7～8 月，当茎部在节盘处显著膨大，并略带紫色时采挖。挖出全株，除去茎苗，去净泥土，晒 4～5 天再用小火炕干，撞去须根即成。

【商品特征】　呈不规则的结节状团块，黄褐色，有突起的平行节纹。质坚实，气芳香，味苦辛、微甜带麻。

【商品规格】　商品中分川芎（四川产者）和抚芎（江西、湖北、湖南产者，又称茶芎）两种。二者气味稍有不同。川芎优于抚芎。川芎又分为一、二、三等。其规格等级标准为：

1. 家川芎

一等：呈结节状，质坚实。表面黄褐色，断面灰白色或黄白色，有特异香气，味苦辛，麻舌。每千克 44 个以内，单个重量不低于 20 克。

二等：每千克 70 个以内，其余同一等。

三等：每千克 70 个以外，个大空心的也属此等。余同一等。

2. 山川芎统货

呈结节状，体枯质瘦。表面褐色，断面灰白色。有特异香气，味苦辛，麻舌。大小不分。

【品质要求】　以个大、肉多、外皮黄褐而内有黄白色菊花心者为最优。本品含阿魏酸不得少于 0.10%；水分不得过 12%；总灰分不得过 6.0%，酸不溶性灰分不得过 2.0%；醇溶性浸出物不得少于 12.0%。

【产销行情】　目前川芎国内年产量达 5000～6000 吨，四川占全国总产量的 90% 以上。

【包装贮藏】　用麻袋或编织袋包装。本品易虫蛀、发霉、泛油。应在原产地日晒或微火炕干，以免受潮生虫。在贮存中，特别是梅雨季节，应经常检查，必须置于阴凉干燥处保存，切忌受潮、受热。

【性味功效】　性温，味辛，能活血行气，祛风止痛。

川　木　香
VLADIMIRIAE RADIX

本品为菊科植物川木香 *Vladimiria souliei* (Franch.) Ling 或灰毛川木香 *Vladimiria souliei* (Franch.) Ling var. *cinerea* Ling 的干燥根。载于《中国药学大辞典》。野生。因本品气香，故名。为常用中药。

【产地】　主产于四川阿坝州的松潘县，甘孜州，雅安的宝兴、芦山，凉山州的西昌等地。此外，西藏亦产。

【采制】 于9～10月采收。挖后去净泥土和根头上的膜质状物及须根。粗根可纵向剖开，在晒干或烘干过程中去掉粗皮，晒至全干。但不宜用大火烘烤，否则影响质量。

【商品特征】 呈长圆柱形或带沟槽的半圆柱形，黄褐色或灰褐色。栓皮脱落处有网纹。体轻质脆，气微香，味苦。

【商品规格】 商品分铁杆木香（长圆柱形者）和槽子木香（带沟槽者）两种。

【品质要求】 均以根条粗壮、均匀，体重质坚、香气浓郁、油性足、无须根者为佳。本品总灰分不得过4.0%。

【产销行情】 全国年均生产约1800吨，纯购约1600吨，纯销约1600吨，供应出口约300吨，其中云南每年纯购约400吨，四川约700吨，陕西约50吨，湖北约80吨，其他地区约300吨。

【包装贮藏】 用麻袋或竹篓装。本品易虫蛀、发霉、泛油，应置阴凉干燥处保存。若受潮，可晾晒。

【性味功效】 性温，味辛、苦。行气止痛。

川 牛 膝
CYATHULAE RADIX

本品为苋科植物川牛膝 *Cyathula officinalis* Kuan 的干燥根。始见于明代《滇南本草》。野生和栽培均有。因节似牛膝，主产于四川，故名。为常用中药。

【别名】 甜牛膝。

【产地】 主产于四川天全、乐山金口河、宝兴、峨眉，重庆奉节，云南大理、楚雄、昭通、下关、丽江、维西，贵州毕节、盘县等地。近年来，陕西、湖北、湖南、河南也有栽培。

【采制】 秋、冬二季采挖。野生以9～10月间采挖较好，栽培的在11～12月采挖。栽培年限以3年为宜，过早质量差，过迟有烂根现象。挖出根后，抖净泥土，切掉芦头，剪去周围的支根及稍大的侧根。然后按大小分别捆把，烘或晒至半干，堆放回润，再进行一次修剪、捆把，至晒干或烘干即可。

【商品特征】 长圆柱形，棕黄色或灰褐色，有横长皮孔和扭曲纵皱纹，质坚韧，横切面上有浅色筋脉点排成的3～8个同心环纹。味甜。

【商品规格】 栽培品比野生品质优。商品过去有头拐、二拐等规格。目前按大小分成一、二、三等和等外、统货。其规格等级标准为：

一等：呈曲直不一的单一长圆柱形。表面灰黄色或灰褐色，质柔韧。断面棕色或黄白色，有筋脉点。上中部直径1.8厘米以上。味甘微苦。

二等：上中部直径1.0厘米以上，余同一等。

三等：上中部直径1.0厘米以下，但不小于0.4厘米，长短不限。余同一等。

【品质要求】 均以身干、条大柔软、油润、色黄棕者为佳。本品含杯苋甾酮不得少于0.030%；水分不得过16.0%；总灰分不得过8.0%；水溶性浸出物不得少于65.0%

【产销行情】 全国年均生产约3000吨，纯购约3000吨，纯销约2500吨，供应出口60～70吨。其中四川每年纯购约600吨，河北约200吨，河南约300吨，山东约300吨，湖南约150吨，广东约100吨，其他地区约1000吨。

【包装贮藏】 本品易霉蛀、泛油，应贮于阴凉干燥处。

【性味功效】 性平，味甘、微苦。逐瘀通经，通利关节，利尿通淋。

丹 参

SALVIAE MILTIORRHIZAE RADIX ET RHIZOME

本品为唇形科植物丹参 *Salvia miltiorrhiza* Bge. 的干燥根及根茎。始载于《神农本草经》，列为上品。多为野生，也有栽培。因色红，似参，故名。为常用中药。

【别名】 血参、赤参、紫丹参。

【产地】 产于四川中江、平武，河北安国抚宁、迁西、卢龙、平泉，天津蓟县，上海崇明，江苏射阳、兴化、高邮、句容，安徽亳州、太和，山东莒县、平邑、沂水、栖霞、莱阳、日照，陕西洛南、商州，河南嵩县、卢氏、洛宁及辽宁、浙江、湖北、甘肃、云南等地亦产。

【采制】 春、秋、冬三季均可采收。以秋冬两季采收者浆汁充足，质量较佳。一般将根挖回后，剪去茎叶和须根，去净泥沙，晒干即可。但江苏有些地区将鲜货堆放在阴凉处，经发汗使内部变紫后再晒干。

【商品特征】 根茎较粗短，根细长，有的分枝，表面红棕色。质脆，断面灰白色（家种品）或紫褐色（野生品），有黄白色筋脉点。

【商品规格】 商品上分为野生与家种两种规格，以四川栽培的丹参质量佳。其规格等级标准为：

野生统货：呈圆柱形，条粗短，有分枝，外形扭曲。表面红棕色或红黄色，皮粗糙呈鳞片状，易剥落。质轻脆。断面皮部红黄色或棕色，木部紫褐色疏松有裂隙，有白色筋脉点，气微，味甘微苦。

家种一等：呈圆柱形或长条状，偶有分枝。表面紫红色或黄红色，有纵皱纹，皮细而粗壮，质坚实。断面灰白色或黄棕色，无纤维。气微，味甘微苦。多为整枝，头尾齐全，主根上中部直径在 1.0 厘米以上。

二等：主根上中部直径在 1.0 厘米以下，但不低于 0.4 厘米。有单枝及碎节。余同一等。出口商品按条粗细大小和品质优劣分等出售。

【品质要求】 均以条粗壮、色紫红、质坚实、无破碎者为佳；外皮脱落、色灰褐者质次；本品含丹参 II_A 不得少于 0.20%，丹酚酸 B 不得少于 3.0%；水分不得过 13%；总灰分不得过 10.0%，酸不溶性灰分不得过 3.0%；水溶性浸出物不得少于 35.0%，醇溶性浸出物不得少于 15.0%。

【产销行情】 全国年均生产约 7000 吨，纯购约 6000 吨，纯销约 5500 吨，供应出口约 100 吨。其中四川每年纯购约 3000 吨，河南约 800 吨，甘肃、陕西约 500 吨。

【包装贮藏】 篾席包装，打成方包。置干燥处保存。本品易受潮发霉，应注意检查翻晒，使之保持干燥。

【性味功效】 性寒，味苦。活血祛瘀，消肿止痛，养血安神。

【附注】 在商品经营中同属多种植物的根及根茎在部分地区或民间作丹参入药，如小丹参、毛丹参、南丹参、云南丹参、白花丹参、甘肃丹参等，经营中注意鉴别。

白 芷
ANGELICAE DAHURICAE RADIX

本品为伞形科植物白芷 *Angelica dahurica*（Fisch. ex Hoffm.）Benth. et Hook. f. 或杭白芷 *Angelica dahurica*（Fisch. ex Hoffm.）Benth. et Hook. f. var. *formosana*（Boiss.）Shan et Yuan 的干燥根。始载于《神农本草经》，列为中品。多为家种。因其色白气香，初生根杆为芷，故名白芷。为常用中药。

【别名】 芳香。

【产地】 产于四川遂宁者习称"川白芷"；产于安徽亳州者，习称"亳白芷"；产于河南长葛、禹州者习称"禹白芷"；产于河北安国者习称"祁白芷"；产于浙江、福建者习称"杭白芷"。此外，重庆大足、南川亦产。

【采制】 夏、秋间叶黄时采收，除去地上部分及须根，洗净泥土，晒干或烘干。

【商品特征】 白芷芳香圆锥形，灰黄皮上疙瘩疔，断面粉质心纹显，香气浓烈味苦辛。

【商品规格】 商品按产地不同分为川白芷、禹白芷、杭白芷、祁白芷、亳白芷，均分为1～3 等。规格等级标准为：

一等：呈圆锥形。表面灰白色或黄白色，体坚。断面白色或黄白色，具粉性。有香气，味辛微苦。每千克 36 支以内。无空心、黑心、芦头、细条。

二等：每千克 60 支以内，其余同一等。

三等：每千克 60 支以外，顶端直径不得小于 0.7 厘米。间有白芷尾、黑心、异状、油条，但总数不能超过 20%。其余同一等。

【品质要求】 均以支条粗壮、体重、质硬、粉性足、香气浓者为佳；条瘦小、体轻泡、粉性小、香气淡薄者次；本品含欧前胡素不得少于 0.080%；水分不得过 14.0%；总灰分不得过 6.0%；醇溶性浸出物不得少于 15.0%。

【产销行情】 全国年均生产约 15000 吨，纯购约 4000 吨，纯销约 2000 吨，供应出口约30～50 吨。其中四川纯购约 2400 吨，河南约 400 吨，河北约 300 吨，浙江约 100 吨以下，安徽与四川相当，其他地区 500 吨。川白芷占全国商品白芷产量的 70%。

【包装贮藏】 麻袋包装，置干燥通风处。本品为芳香粉性药材，极易虫蛀、发霉、变色，必须保持通风干燥。大批贮存应先对仓库彻底消毒，将潜伏在壁缝里的虫及卵杀死，密封仓库。如量小，经炕或晒，热退后置于密封容器内。

【性味功效】 性温，味辛。解表散寒，祛风止痛，宣通鼻窍，燥湿止带，消肿排脓。

乌 梅
MUME FRUCTUS

本品为蔷薇科植物梅 *Prunus mume*（Sieb.）Sieb. et Zucc. 的干燥近成熟果实。始载于《神农本草经》，列为中品。多为栽培。本品来源于梅，制后色黑，故名。为较常用中药。

【产地】 主产于重庆江津、綦江、南川，四川邛崃、岳池，福建永泰、上杭、崇安、莆田、清流，贵州修文、息峰、威宁，湖南常德、郴县、衡阳，浙江长兴、肖山，湖北襄阳、房县，以及广东等地。此外，云南、陕西、安徽、江苏、江西、河南亦产，以四川的产量大。

【采制】 5 月摘取近成熟的绿色果实，按大小分开，分别炕焙。火力不能过大，焙灶温度保持 40℃左右。一般炕焙 2～3 昼夜可干。焙好后再闷 2～3 天，使色变黑即得。

【商品特征】　形圆色黑，皱缩肉质。果核硬，棕色，核上有针眼状凹点。具烟熏气，味酸。

【商品规格】　商品按产地不同有合溪梅、建梅、广东梅、川梅之分。规格有统装和去核（乌梅肉）两种。

【品质要求】　以个大、肉厚、核小、外表乌黑、酸味浓者为佳。素以产于浙江长兴者质量最优。本品含枸橼酸不得少于 12.0%；水分不得过 16.0%；总灰分不得过 5.0%；水溶性浸出物不得少于 24.0%。

【产销行情】　全国年均生产约 4500 吨，纯购约 3500 吨，纯销 3800～4000 吨，供应出口约 50 吨。其中四川每年纯购约 1000 吨，福建约 350 吨，贵州约 200 吨，湖南约 200 吨，浙江约 150 吨，湖北约 230 吨，广东约 400 吨，安徽约 130 吨，其他地区约 1000 吨。乌梅为常用中药，不仅供药用，也作食品。

【包装贮藏】　装于编制袋或麻袋内。本品易发霉，应置干燥处保存，并注意防潮。

【性味功效】　性平，味酸、涩。敛肺，涩肠，生津，安蛔。

半　夏
PINELLIAE RHIZOMA

本品为天南星科植物半夏 *Pinellia ternate*（Thunb.）Breit. 的干燥块茎。始载于《神农本草经》，列为下品。野生或栽培。李时珍引《礼记月冷》谓，五月半夏生，盖当夏之半也，故名。为常用中药。

【别名】　三步跳、麻芋子。

【产地】　我国大部分地区有野生。主产于四川南充、武胜、安岳、内江、简阳、昭觉、喜得，重庆大足，贵州金沙、大方，云南文山、砚山、丘北，甘肃西和、清水，山西新绛、山东高密、昌邑，湖北钟祥。以四川南充、武胜等地所产的品质较佳，并有出口。

【采制】　一般夏、秋茎叶倒苗时采挖，挖回后除去外皮和须根，洗净、晒干。或将其放入竹筐内，用扎有稻草的木棒在流水中反复推搓，除去外皮，冲洗干净，晒干。也可将其放入盛清水的缸内，加适量谷糠或玉米心碎块，用木棒反复搅拌，除去外皮，冲洗干净，晒干。

【商品特征】　类球形，白色或浅黄色。顶端窝眼偏斜，周围密布针眼；底端钝圆光滑。味辛辣，麻舌刺喉。

【商品规格】　商品半夏一般按大小分为三等及统装。其规格等级标准为：

一等：干货。呈圆球形或偏斜不等，去净外皮。表面白色或浅黄白色，上端圆平，中心凹陷（茎痕），周围有棕色点状根痕，下端钝圆、光滑。质坚实，断面白色，粉质细腻。气微，味辛、麻舌而刺喉。每千克 800 粒以内。

二等：每千克 1200 粒以内，余同一等。

三等：每千克 3000 粒以内，余同一等。

统货：干货。形状多样，大小不分，去净外皮。表面类白色或淡黄色，略有皱纹，并有多数隐约可见的细小根痕。上端有突起的叶痕或芽痕，呈黄棕色。有的下端略尖。质坚实。断面白色，粉性。气味同上。颗粒直径不得小于 0.5 厘米。

出口商品按颗粒大小，品质优劣分等出售。

【品质要求】 以粒大、色洁白、粉细、无粗皮、质坚实，无花、麻、油子者为佳。本品含琥珀酸不得少于 0.25％；水分不得过 14.0％；总灰分不得过 4.0％；水溶性浸出物不得少于 9.0％。

【产销行情】 全国年均生产约 3000 吨，纯购约 2600 吨，供应出口约 50 吨。其中四川年均纯购约 500 吨，河南约 250 吨，安徽约 200 吨，山东约 150 吨，湖北约 150 吨，其余地区约 1200 吨。半夏资源日趋减少，市场一直供不应求，价格上涨。

【包装贮藏】 用麻袋或编织袋包装。本品应置干燥通风保存，防蛀。生半夏有毒，应炮制后使用，保管中应注意安全。

【性味功效】 性温，味辛；有毒。燥湿化痰，降逆止呕，消痞散结。

【附注】 生半夏是毒性中药品种。近年来许多地方以水半夏代半夏使用。在购销中，应注意区别。若水半夏充半夏销售，应作半夏的伪品处理。

冬 虫 夏 草
CORDYCEPS

本品为麦角菌科真菌冬虫夏草菌 *Cordyceps sinensis* （Berk.）Sacc. 寄生在蝙蝠蛾科昆虫幼虫上的子座和幼虫尸体的干燥复合体。始载于《本草从新》。均为野生。因其冬季为虫，夏季长出干枯的子座，似草，故名。为较常用中药。

【别名】 虫草、藏草、川草。

【产地】 主产于四川阿坝州的松潘、理县、壤塘，甘孜州的德格、石渠、白玉、理塘、巴塘、色达、九龙，青海玉树、果洛、同德、同仁，云南中甸、德钦、丽江，西藏的那曲、昌都等地。以四川的产量大。此外甘肃、新疆亦产。

【采制】 夏初子实体出土、孢子未发散时挖取。晒至 6～7 成干，除去似纤维状附着物及杂质，晒干或低温干燥即成。

【商品特征】 虫体似蚕，头色红棕，体表深黄色至黄棕色，具环纹 20～30 条，腹面 4 对足明显。子座如草，从头部长出，棕褐色，气微腥。

【商品规格】 商品有按产地分有炉草（四川打箭炉集散）、灌草（四川都江堰集散）、滇草（滇西所产），以炉草质量最佳。有按大小分为虫草王、散虫草、把虫草三等。现市场上主要分藏草和川草。等级上以每千克的条数分为若干个等级。商品分散装和分装两种规格。出口商品按大小、品质优劣分等分装出售。

【品质要求】 均以条丰满肥大、外形完整无碎节、色泽黄亮、断面黄白色、子座深棕色者为佳；本品含腺苷不得少于 0.010％。

【产销行情】 全国年均生产约 30 吨，年均纯购约 10 吨，纯销约 1.8 吨，供应陆路出口约 2 吨，水路出口约 2 吨。其中四川纯购约 3 吨，云南约 1.2 吨，青海约 1 吨，甘肃约 1.5 吨，西藏约 0.8 吨，其他地区约 2 吨。

【包装贮藏】 以纸包装，再装于纸箱内。本品易虫蛀、发霉、变色、化苗，应密封后，置阴凉干燥处保存。为防虫蛀，在装箱时可同时放入一些牡丹皮碎块。

【性味功效】 性平，味甘。补肾益肺，止血化痰。

羌 活

NOTOPTERYGII RADIX ET RHIZOMA

本品为伞形科植物羌活 *Notopterygium incisum* Ting ex H. T. Chang 或宽叶羌活 *Notopterygium franchetii* H. de Boiss. 的干燥根茎及根。历代本草多将羌活与独活混载，未能分开。羌活之名，始见于《神农本草经》独活项下，视为独活之别名。直到唐代的《药性本草》始将二者分开，单列。主要为野生。因本品始见于羌地，功似独活，故名。为常用中药。

【别名】 川羌、西羌。

【产地】 以四川为主产区者称川羌，主产于四川松潘、茂县、理县、小金、丹巴、康定、甘孜、德格、云南腾冲等地。川羌活以蚕羌为多，主要供出口。

以西北为主产区者称西羌，主产于甘肃迭部、卓尼、舟曲、玛曲、天祝、岷县、西和等地，青海黄南州、果洛州、玉树州等地。西羌中以大头羌、竹节羌为多。主销国内。

【采制】 春、秋两季采收。挖取地下部分，除去细根及泥土，晒干或低温烘干。

【商品特征】 圆柱形，表面棕褐色或黑褐色，环节紧密或稀少。体轻质脆，香气浓郁而特异，味辛而苦。

【商品规格】 商品分为川羌活和西羌活两大类。按性状不同，可分为蚕羌、条羌、竹节羌、疙瘩头和大头羌等。一般认为蚕羌质优；条羌和竹节羌次之；大头羌、疙瘩头最次。其规格等级标准为：

1. 川羌

一等（蚕羌）：呈圆柱形，全体密被环节，外形似蚕。表面棕黑色，体轻质松脆。断面具棕紫、黄白色相间的纹理。气清香浓郁，味微苦。长 3.5 厘米以上，顶端直径 1.0 厘米以上。

二等（条羌）：呈长条形，表面棕黑色，多有纵纹。体轻质脆，断面有棕紫、黄白色相间纹理。长短、大小不分，间有破碎。

2. 西羌

一等（蚕羌）：全体似蚕，圆柱形，有紧密环纹。表面棕黑色，体轻质脆，断面有棕色、断面紧密分层，呈棕紫白色相同的纹理，气微，味微苦辛。

二等（大头羌）：呈不规则的团块状，具瘤状突起，无细须根。余同一等。

三等（条羌）：呈长条形，表面暗棕色，多纵纹，香气较淡，间有破碎，无细须根。

3. 出口商品按品质分等出售。

【品质要求】 均以条粗长、表面色棕褐、断面菊花纹和朱砂点多、香气浓郁者为佳；体轻松、节间长、表面黑褐色、断面朱砂点少、香气淡者质次；本品含挥发油不得少于 1.4%，含羌活醇和异欧前胡素的总量不得少于 0.40%；总灰分不得过 8.0%，酸不溶性灰分不得过 3.0%；醇溶性浸出物不得少于 15.0%。

【产销行情】 全国年均生产约 3000 吨，纯购约 2700 吨，纯销约 2500 吨，供应出口 25～30 吨。其中四川年均纯购约 800 吨，云南约 500 吨，其他地区 700～1000 吨。

【包装贮藏】 篾篓或麻袋包装。本品易虫蛀、发霉和散失香气，应置阴凉干燥处保存。如受潮，可晾晒至干，但不宜曝晒，以免走失香气。

【性味功效】 性温，味苦、辛。解表散寒，祛风除湿，止痛。

【附注】 羌活属于国家重点保护野生药材品种。

花 椒
ZANTHOXYLI PERICARPIUM

本品为芸香科植物花椒 *Zanthoxylum bungeanum* Maxim. 或青椒 *Zanthoxylum schini-folium* Sieb. et Zucc. 的干燥果皮。商品称前者为红椒，后者为青椒。本品原名蜀椒，始载于《神农本草经》，列为下品。野生或栽培。因外形似花，味似秦椒，故名。花椒之名首见于《本草纲目》。为较常用中药。

【别名】 蜀椒、川椒、秦椒。

【产地】 红椒主产于四川汉源、汶川、茂县、石棉、雅安、冕宁、越西、甘洛、西昌等地；青椒主产于辽宁海城、凤城、岫岩、安东、庄河、缓中、木溪等。

【采制】 在 8～10 月果实成熟后，自树上剪下果枝，晾晒至干，除去枝叶及果梗等杂质，将果皮与种子分开，果皮为花椒，种子为椒目。

【商品特征】 球形，多对裂成两瓣，单个或 2～3 个相连。表面紫红色（红椒）或暗绿色（青椒）。气香，味麻辣。有时可见黑色光亮的球形种子。

【商品规格】 商品中分红椒和青椒两种。以川产红椒为主流商品，按大小、色泽、果皮厚薄分 1～3 等。川椒中按照不同产地分正路花椒（又称南路花椒，古称蜀椒）主产于汉源、雅安、冕宁、西昌等地和大红袍（又称西路椒，古称秦椒，四川习称小路椒）主产于汶川、茂县、金川等地。贡椒（又称清椒或黎椒）是正路花椒中的一个品种。

【品质要求】 青椒以色绿、皮厚、香气浓、无果梗、无种子者为佳；红椒以身干、色红、大小均匀、香气浓烈、麻辣味重而持久、无果梗和种子者为佳。以四川汉源所产红椒最为驰名；本品含挥发油不得少于 1.5%。

【产销行情】 全国一般年均生产约 10000 吨，纯购约 2400 吨，纯销 1900～2200 吨，供应出口约 250 吨。其中辽宁纯购约 750 吨，江苏约 350 吨，河南约 200 吨，河北约 400 吨，山西约 270 吨，陕西约 150 吨，四川等省约 300 吨。花椒为常用中药，食药两用，历史上供应正常。

【包装贮藏】 麻袋或纸箱装。本品易散失气味，应密封后置阴凉通风干燥处保存。

【性味功效】 性温，味辛。温中止痛，杀虫止痒。

附 子
ACONITI LATERALIS RADIX PRAEPARATA

本品为毛茛科植物乌头 *Aconitum carmichaeli* Debx. 子根的加工品。始载于《神农本草经》，列为下品。均为栽培。因附子系乌头子根，如子附母，故名。为常用中药。

【产地】 主产于四川江油、安县、平武、青川、布拖，陕西汉中、城固。销全国，并出口。目前全国大部地区已引种栽培。

【采制】 夏至到小暑间采收。挖取后，将附子与母根分开，拌去泥土，称为泥附子或生附子。一般要及时加工，以免腐烂。按不同的规格要求，采用不同的加工方法。

1. 盐附子

附子挖回后，选取较大的泥附子洗净，浸入盛有食盐和胆巴混合液的缸中，十数日后取出晾晒，晾干水气又放入缸中浸泡，如此反复晾晒与浸泡交替进行，直至附子表面出现大量盐霜，质地变硬时为止。

2. 黑附片（黑顺片）

选取大的泥附子，洗净后泡入盐水液中，数日后，一同煮沸，捞出以清水漂净，纵切成0.5厘米厚的顺片，再浸入稀胆水液中，并加入黄糖和菜油等调色剂，使附片染成茶色。取出蒸至片面出现油样光泽，口尝不麻舌，炕至半干后再晒干即成。

3. 白附片

选择大小均匀的泥附子，加工方法与黑附片略同，剥去外皮，纵切成0.3厘米厚的顺片，不加调色剂，晒干。

【商品特征】　完整的盐附子呈圆锥形，具瘤状突起。色黑有盐霜。附片是横切或纵切成类圆形、长卵圆形的切片，片面黄白色或白色、暗黄色、黄褐色、黄色，有光泽。

【商品规格】　过去商品中有盐附子、黑顺片、白附片、卦片、熟附片、黄附片、刨附片、柳叶片和鼓片等数十种，形成一套很复杂的规格名称，现经简化后，只保留了盐附子、黑顺片、白附片、熟附片、卦附片、黄附片6种规格。前两种规格均分为1～3等。其规格等级标准为：

1. 盐附子

一等：呈圆锥形，上部肥圆有芽痕，下部有支根痕，表面黄褐色或黑褐色，附有食盐结晶。体重，断面黄褐色。味咸而麻，刺舌。每千克16个以内。

二等：每千克24个以内，余同一等。

三等：每千克80个以内，间有小个的扒耳，但直径不小于2.5厘米。余同一等。

2. 白附片

一等：为一等的附子去净外皮，纵切成厚0.2～0.3厘米的薄片。片面白色，半透明。片大而均匀。

二等：为二等附子去净外皮，纵切而成厚0.2～0.3厘米的薄片，片张较小。余同一等。

三等：为三等附子去净外皮，纵切成厚0.2～0.3厘米的薄片。片张小。余同一等。

3. 熟附片统货

为一等附子去皮去尾，横切成厚0.3～0.5厘米的圆形厚片。片面冰糖色，油润光泽，半透明。无盐软片。

4. 卦附片统货

为二、三等附子各半，去皮纵剖成两瓣。片面冰糖色或褐色，油润光泽，半透明。块瓣均匀，味淡或微带麻辣。每千克160瓣左右。无白心、盐软片。

5. 黄附片统货

为一、二等附子各半，去皮去尾横切成厚0.3～0.5厘米的厚片。片面黄色，厚薄均匀。味淡。无白心、尾片、盐软片。

6. 黑顺片

为二、三等附子不去外皮，纵切成0.2～0.3厘米的薄片。边缘黑褐色，片面暗黄色。片面光滑油润。片张大小不一，厚薄均匀。

出口商品按其大小、品质优劣分等出售。

【品质要求】　均以身干、肥大、坚实，无须根，不空心者为佳，盐附子以表面色灰黑，起盐霜者为佳；黑顺片以片大，厚薄均匀，表面具油润光泽者为佳，白附片以片大、色白、半透明者为佳。本品含生物碱以乌头碱计不得少于1.0%，苯甲酰新乌头原碱、苯甲酰乌头原碱和苯甲酰次乌头原碱的总量不得少于 0.010%；水分不得过 15.0%；双酯型生物碱以新乌头碱、次乌头碱和乌头碱的总量计，不得过 0.020%。

【产销行情】 全国年均生产约 500 吨，纯购约 400 吨，纯销约 750 吨，供应出口约 60 吨。其中四川年均纯购约 210 吨，陕西约 30 吨，云南约 25 吨，山东约 15 吨，其他地区约 100 吨。附子历来产销平衡，未有脱销现象，其用量不大，经营中应注意控制库存数量。

【包装贮藏】 麻袋或箱装。本品易虫蛀、发霉，应置干燥处保存。为保持附片完好，应防压碎。同时加工干燥时应控制其温度不超过 70℃，以免脆裂。盐附子因用盐加工，宜置阴凉干燥处保存，注意防潮。

【性味功效】 性大热，味辛、甘，有毒。回阳救逆，补火助阳，散寒止痛。

【附注】 生附子是毒性中药品种。

郁　金
CURCUMAE RADIX

本品为姜科植物郁金 *Curcuma wenyujin* Y. H. Chen et C. Ling、姜黄 *Curcuma longa* L.、广西莪术 *Curcuma kwangsiensis* S. G. Lee et C. F. Liang 或蓬莪术 *Curcuma phaeocaulis* Val. 的干燥块根。依次称为"温郁金"、"黄丝郁金"、"桂郁金"和"绿丝郁金"。（前两者分别称为"温郁金"、"黄丝郁金"。其他按照性状不同分别称为"桂郁金"和"绿丝郁金"）始载于《药性论》。均为栽培。因肉色金黄，功能行气解郁，故名。为常用中药。

【别名】 玉金。

【产地】 黄丝郁金主产于四川双流和乐山地区；温郁金主产于浙江温州、瑞安；桂郁金主产于广西南宁、柳州、合浦和广东等地；绿丝郁金等主产于四川双流、崇州、新津等地。

【采制】 冬季茎叶枯萎后采挖。挖出后，摘取块根，除去根茎及细根。洗净泥土，按大小分别煮或煮至透心，以无白心为度。取出晒干即可。切勿烘烤。否则内外分层脱离，影响质量。

【商品特征】 纺锤形或长圆形，表面黄棕色或灰绿色，有皱缩的网纹。质坚实，断面黄色、灰白色、灰棕色或灰黑色。味辛或淡。

【商品规格】 商品按产地和其断面的色泽不同，分为川郁金、温郁金和桂郁金 3 类。川郁金中又分为黄丝郁金、绿丝郁金和白丝郁金 3 种。每一种又为分几个等级或为统货。其规格等级标准：

1. 川郁金黄丝

一等：呈类卵圆形，表面灰黄色或灰棕色。有细皱纹。质坚实，断面角质状，有光泽，外层黄色，内心金黄色。有姜辛气，味辛。每千克 600 粒以内，无残蒂。

二等：每千克 600 粒以外，直径不小于 0.5 厘米，间有刀口、破瓣。余同一等。

2. 川郁金绿白丝

一等：呈纺锤形、卵圆形或椭圆形。表面灰黄色或灰白色，有较细的皱纹。质坚实而稍松脆，断面角质状，淡黄白色。微有姜气，味辛苦。每千克 600 粒以内，无残蒂。

二等：每千克 600 粒以外，直径不小于 0.5 厘米。间有刀口、破瓣。余同一等。

3. 桂郁金统货

呈纺锤形或不规则形，略弯曲。质坚实，表面灰白色，断面黄白色或淡白色，角质发亮。略有姜辛气，味辛苦。大小不分，但直径不小于 0.6 厘米。

4. 温郁金

一等：呈稍扁的纺锤形，多弯曲，较不饱满。表面灰褐色，具纵直或杂乱的皱纹。质坚实，断面角质状，多呈灰黑色，略有姜辛气，味辛苦。每千克 280 粒以内。

二等：每千克 280 粒以外，直径不小于 0.5 厘米。间有刀口、破碎。余同一等。

出口商品按其大小、品质优劣分等出售。

【品质要求】 均以个大、质坚实、外表皱纹细、断面黄色者为佳。习以川郁金中黄丝郁金质量最优。本品水分不得过 15.0%；总灰分不得过 9.0%。

【产销行情】 全国年均生产约 2000 吨，纯购约 1700 吨，纯销约 1800 吨，供应出口 20～30 吨。其中四川纯购约 500 吨，浙江约 250 吨，广西约 200 吨，广东约 200 吨。

【包装贮藏】 用麻袋或编织袋装。易虫蛀、发霉，应置干燥处保存。

【性味功效】 性寒，味辛、苦。活血止痛，行气解郁，清心凉血，利胆退黄。

姜 黄
CURCUMAE LONGAE RHIZOMA

本品为姜科植物姜黄 *Curcuma longa* L. 的干燥根茎。始载于《唐本草》。为栽培品。因外形似姜而色黄。故名。为较常用中药。

【别名】 黄姜。

【产地】 主产于四川犍为、沐川、崇州及双流，福建武平、龙岩，广东佛山、花县、番禺，江西铅山等地。此外，广西、湖北、陕西、台湾、云南等地亦产。

【采制】 秋冬两季采收，以冬至前后采收质量较好。挖出根茎后，洗净泥土，煮或蒸至透心，晒至八九成干，置竹笼或撞筐内撞去外皮及毛须，晒干即成。

【商品特征】 呈纺锤形或圆柱形，略弯曲，有的具指状分枝。表面棕黄色，有环节。质坚实，断面深黄棕色，气香，味辛微苦。嚼之唾液被染成黄色。

【商品规格】 商品分为川姜黄、建姜黄、广东长形或圆形姜黄、片姜黄等。

【品质要求】 均以色黄、干燥、无杂质者为佳。习以四川、广东产者为佳。本品含挥发油不得少于 5.0%，姜黄素不得少于 0.09%；水分不得过 16.0%；总灰分不得过 7.0%；醇溶性浸出物不得少于 12.0%。

【包装贮藏】 以麻袋装。置阴凉干燥处保存。

【性味功效】 性温，味辛、苦。破血行气，通经止痛。

厚 朴
MAGNOLIAE OFFICINALIS CORTEX

本品为木兰科植物厚朴 *Magnolia officinalis* Rehd. et Wils. 或凹叶厚朴 *Magonlia officinalis* Rehd. et Wils. var. *biloba* Rehd. et Wils. 的干燥树皮。始载于《神农本草经》，列为中品。野生与栽培均有。因其木质朴而皮厚，故名。为常用中药。

【产地】 主产于四川都江堰、彭州、荥经、雅安、乐山、广元、青川、平武、通江、南江，湖北利川、恩施、建始，浙江庆元、景宁、云和、龙泉，福建浦城、松溪，湖南道县、江华等地。以四川、湖北的量大质优。此外，江西、广西、甘肃、陕西等地亦产。

【采制】 4～6 月剥取 15 年以上的树皮直接阴干。其中干皮应入沸水中微煮，取出堆放发汗，待内表面变成紫褐色或棕褐色时，再蒸软卷成筒状，晒干或低温炕干即成。

【商品特征】 呈卷筒状或不规则条片状，表面灰棕色或灰褐色，具类圆形突起的皮孔。内表面紫棕色或紫褐色，显油性。断面用扩大镜观察，有亮星。气香，味辛微苦。

【商品规格】 商品按产区分为川朴（四川、湖北、陕西等）、温朴（浙江、福建）、潜山朴、湖南朴等。以川朴质优，称"紫油厚朴"。其规格有根朴、筒朴、脑朴（靴朴）和枝朴等。筒朴分1～4等，根朴、枝朴分统装和1～2等。其规格等级标准为：

1. 川筒朴

一等：单或双卷筒，两端平齐。表面黄棕色，有细密纵纹，内表面紫棕色，平滑，划之显油痕。断面外侧黄棕色，内侧紫棕色，油润而纤维少。气香，味苦辛。筒长40厘米，不超过43厘米，重500克以上。

二等：筒长40厘米，不超过43厘米，重200克以上，余同一等。

三等：筒长40厘米，重不小于100克，余同一等。

四等：凡不符合以上等级者及其碎片、枝朴，不分长短大小，均属此等。

2. 温筒朴

一等：半筒状或双卷筒状，两端平齐。表面灰棕色或灰褐色，有纵皱纹。内表面深紫色或紫棕色，平滑，质坚硬，断面外侧灰褐色，内侧紫棕色，颗粒状。气香，味苦辛，筒长40厘米，重800克以上。

二等：筒长40厘米，重500克以上，余同一等。

三等：筒长40厘米，重200克以上，余同一等。

四等：凡不符合以上等级的，以及碎片、枝朴，不分长短大小，均属此等。

3. 蔸朴

一等：为靠近根部的干皮和根皮，呈靴筒形。大小不一。表面粗糙，灰棕色或灰褐色，内表面深紫色，下端喇叭状，纤维性不明显。气香，味苦辛。块长70厘米以上，重2000克以上。

二等：块长70厘米以上，重2000克以下，余同一等。

三等：块长70厘米，重500克以上。余同一等。

4. 耳朴统货

为靠近根部的干皮。呈块片状或多呈耳状半筒形，大小不一。表面灰棕色或灰褐色，内表面淡紫色，断面紫棕色，油润，纤维少。气香，味苦辛。

5. 根朴

一等：呈长条卷筒形，表面土黄色或灰褐色，内表面深紫色。质韧，断面油润。气香，味苦辛。条长70厘米，重400克以上。

二等：长短不分，单条重400克以下。余同一等。

出口商品按品质优劣分等出售。

【品质要求】 均以皮厚肉细，内表面色紫褐，油性足，断面有小亮星，香气浓者为佳。习以四川、湖北产者质量优。本品含厚朴酚与和厚朴酚的总量不得少于2.0%；水分不得过15.0%；总灰分不得过7.0%，酸不溶性灰分不得过3.0%。

【产销行情】 全国年均生产约3500吨，纯购约3000吨，纯销约2200吨，供应出口约100吨。其中浙江纯购约1000吨，福建约400吨，湖北约250吨，四川约250吨，广东约200吨，其他地区约500吨。厚朴为大宗商品，历来质优者畅销偏紧，质次者充滞市场。同时本品规格复杂，产地较多，价格悬殊；伪品不断出现，故在商品交易中应特别注意真伪优劣的鉴别。

【包装贮藏】 打捆或麻袋装。本品易失油润干枯，散失香气，应置阴凉、避风、干燥处贮存。注意防潮、防热和避光。

【性味功效】 性温，味苦、辛。燥湿消痰，下气除满。

【附注】 厚朴属于国家重点保护的野生植物药材品种。

独 活
ANGELICAE PUBESCENTIS RADIX

本品为伞形科植物重齿毛当归 *Angelica pubescens* Maxim. f. *biserrata* Shan et Yuan 的干燥根。商品称为川独活（肉独活）。始载于《神农本草经》，列为上品。古代独活、羌活不分，至唐代《药性本草》始将二者分列。野生、栽培均有。由于此茎独立直上，不为风摇，故名。为常用中药。

【别名】 川独活、肉独活。

【产地】 川独活主产于重庆奉节、巫溪、巫山，四川平武，湖北巴东、长阳、鹤峰、五峰、兴山、神农架、房山、竹山、竹溪，陕西安康地区等。此外，甘肃岷县、天水等地也有栽培。本品以四川、重庆产者量大质优。

【采制】 春初或秋末挖取根部，除去地上茎叶、须根及泥沙，烘至半干，堆置2～3天，发软后，再烘至全干。烘时严格控制温度，一般以30℃～40℃为宜，否则易散失香气，影响质量。

【商品特征】 外形似当归，但根头较粗短，色略深，气闷浊，麻味明显。

【商品规格】 商品为统货。

【品质要求】 均以根条粗壮，质坚实，油润，香气浓者为佳。本品含蛇床子素不得少于0.50%，含二氢欧山芹醇当归酸酯不得少于0.080%；水分不得过10.0%；总灰分不得过8.0%，酸不溶性灰分不得过3.0%。

【产销行情】 全国年均生产约3000吨，纯购约2700吨，纯销约2500吨。其中四川年均纯购约500吨，甘肃约250吨，湖北约180吨，浙江约150吨，贵州约100吨，其他地区800～1000吨。

【包装贮藏】 麻袋包装。本品易虫蛀、发霉、泛油，除置阴凉干燥处贮存外，要常检查，定期晾晒。

【性味功效】 性微温，味辛、苦。祛风除湿，通痹止痛。

莪 术
CURCUMAE RHIZOMA

本品为姜科植物蓬莪术 *Curcuma phaeocaulis* Val.、广西莪术 *Curcuma kwangsiensis* S. G. Lee et C. F. Liang 或温郁金 *Curcuma wenyujin* Y. H. Chen et C. Ling 的干燥根茎。商品依次称蓬莪术、桂莪术（毛莪术）和温莪术。原名蓬莪术，始载于《药性论》。栽培与野生均有。为常用中药。

【别名】 文术。

【产地】 蓬莪术主产于四川双流、新津、崇州，福建建阳、安乐等地；温莪术主产于浙江瑞安、温州等地；桂莪术主产于广西上思、贵县、横县、大新、邕宁等地。

【采制】　秋、冬两季采收。以冬至前后采者质量较佳。挖出后除去茎叶、泥土，取根茎煮或蒸透心为度，取出晒干，放入筐内撞去毛须，筛去杂质即可。

【商品特征】　圆锥形或卵圆形，灰黄色至深棕色，有节纹。体重质坚，断面角质状，筋脉点散在，内皮层环纹明显，气香，味微苦辛。

【商品规格】　商品上按来源和产地不同分为蓬莪术、温莪术和桂莪术3种。习以产于广西贵县的质量最佳，除内销外，还供出口。

【品质要求】　均以个大，质坚实，断面淡绿色者为优。本品含挥发油不得少于1.5％；用分光光度法测定，在242纳米波长处有最大吸收，吸光度不得低于0.45；水分不得过14.0％；总灰分不得过7.0％，酸不溶性灰分不得过2.0％；醇溶性浸出物不得少于7.0％。

【包装贮藏】　用编织袋或麻袋装。置干燥处保存。本品易虫蛀、发霉。为防虫，入夏前晾晒。

【性味功效】　性温，味辛、苦。行气破血，消积止痛。

续　断
DIPSACI RADIX

本品为川续断科植物川续断 *Dipsacus asper* Wall. ex Henry 的干燥根。始载于《神农本草经》，列为上品。野生和栽培均有。由于本品功能续接已断的筋骨，故名。为常用中药。

【别名】　川续断、六汗。

【产地】　主产于四川木里、盐源、西昌、德昌、会理、泸定，重庆涪陵，湖北鹤峰，湖南桑植，贵州毕节等地。此外，云南、陕西等省亦产。以四川、重庆、湖北产量大、质量好。

【采制】　秋季采挖，除去根头、须根及泥土，用微火烘至半干，堆置"发汗"至内心变绿时，再烘至全干。加工干燥时，不宜日晒，否则质硬、色白，影响质量。

【商品特征】　呈类圆柱形，表面黄褐色或灰褐色，有扭曲纵纹，质较软，断面绿色或棕褐色，味苦。

【商品规格】　商品按其长短粗细分为1～4等。

【品质要求】　均以条粗、质软、断面带墨绿色者为佳。本品含川续断皂苷 VI（$C_{47}H_{76}O_{18}$）不得少于2.0％；水分不得过10.0％；总灰分不得过12.0％，酸不溶性灰分不得过3.0％；水溶性浸出物不得少于45.0％。

【包装贮藏】　以竹篓或麻袋装。置干燥处保存。本品易虫蛀、发霉，但不宜日晒。应常检查，及时摊晾至干。

【性味功效】　性微温，味苦、辛。补肝肾，强筋骨，续折伤，止崩漏。

银　耳
TREMELLA

本品为银耳科真菌银耳 *Tremella fuciformis* Berk 的干燥子实体。原包括在木耳之中，始载于《神农本草经》，列为中品。《本草从新》载有白木耳，即今之银耳。多为栽培。因本品外形似耳而色白，故名。为少常用中药。

【别名】　白木耳。

【产地】　主产于四川通江、万源、南江、巴中、平武、宣汉、青川，贵州等地。此外，福建、江苏、浙江、湖北、陕西等地亦产。

【采制】 4～9月采收，以5月和8月为盛产期，或者以成熟度而定，没有固定的采收期。采时宜在早、晚或阴雨天进行。用竹刀将银耳割下，去掉耳根发黄部分，用水漂洗，拣去杂质，晒干或烘干，烘烤温度为40℃～60℃。

【商品特征】 呈团花状，由不规则的条片卷缩而成。全体黄白色或黄褐色，微有光泽。质硬脆，水泡有黏滑感。

【商品规格】 商品中按质量差异，分等内销或出口。

【品质要求】 均以朵大，色黄白，体轻，发头大，易煮烂者为佳。习以四川通江产者品质最优，特称"通江银耳"。注意鉴别硫磺熏者闻之具有酸味。

【包装贮藏】 多用塑料袋封装后，装于硬纸板箱内。本品易吸潮发霉、变色，也易破碎。故应置于阴凉干燥处保存或冷藏。并注意防潮、防压、避光。

【性味功效】 性平，味甘、淡。滋阴润肺，益气养胃，生津润燥。

黄 柏
PHELLODENRI CHINENSIS CORTEX

本品为芸香科植物黄皮树 *Phellodendron chinense* Schneid. 的干燥树皮。习称"川黄柏"。原名蘖木，始载于《神农本草经》，列为上品。野生和栽培均有。为常用中药。

【别名】 川黄柏。

【产地】 主产于四川荥经、洪雅、绵阳、通江、南江、都江堰、茂县、南充，贵州毕节、遵义、安顺、兴义，陕西凤县、洋县、雒南、安康、紫阳，湖北竹溪、崇阳，云南昭通、腾冲等地。以四川、贵州的产量大。

【采制】 立夏到夏至采收。用利刀将10年左右树龄的树横向割分若干段，再纵向割裂，将皮剥下。将树皮晒至半干，压平后刮净粗皮显黄色为度，再用竹刷刷去皮削，晒干。

【商品特征】 呈板片状或浅槽状，表面黄褐色或黄棕色，内表面暗黄色或淡棕色，质较硬，断面纤维性，呈裂片状分层。味极苦，嚼之发粘。

【商品规格】 商品川黄柏分为1～2个等级，其规格等级标准为：

川黄柏

一等：呈平块状，去净粗皮，表面黄褐色或黄棕色，内表面暗黄色或淡棕色，体轻，质较硬，断面鲜黄色，味极苦。长40厘米以上，宽15厘米以上。

二等：树皮呈卷筒状或板片状，长宽大小不分，厚度不得低于0.2厘米，间有枝皮，余同一等。

【品质要求】 以色鲜黄，粗皮去净，皮厚，皮张均匀，纹细，体洁者为佳。以四川、贵州黄柏质量最佳。本品含小檗碱以盐酸小檗碱计不得少于3.0%；含黄柏碱以盐酸黄柏碱不得少于0.34%；水分不得过12.0%；总灰分不得过8.0%；醇溶性浸出物不得少于14.0%。

【产销行情】 全国年均产量约1300吨，纯购约1000吨，纯销约1000吨，供应出口约80吨。其中四川约200吨，湖北约150吨，湖南约120吨，陕西约50吨，其他地区约200吨。

【包装贮藏】 打捆，以篾席包装。本品易虫蛀、发霉、变色，应置干燥通风处，避光保存。

【性味功效】 性寒，味苦。清热燥湿，泻火除蒸，解毒疗疮。

【附注】 黄柏属于国家重点保护的野生植物药材品种。

黄　连
COPTIDIS RHIZOMA

本品为毛茛科植物黄连 *Coptis chinensis* Franch、三角叶黄连 *Coptis deltoidea* C. Y. Cheng et Hsiao 或云连 *Coptis teeta* Wall. 的干燥根茎。商品依次称为"味连"、"雅连"和"云连"。始载于《神农本草经》，列为上品。多为栽培。因其根茎呈连珠状而色黄，故名。为常用中药。

【别名】 川连。

【产地】 味连主产于重庆石柱、南川，湖北来凤、恩施、建始、利川、宣恩等地者名"南岸连"，产量较大；主产于重庆城口、巫山、巫溪，湖北房县、巴东、竹溪等地者习称"北岸连"，产量不如南岸连，但质量好。现在四川的峨眉、洪雅、彭州也大量种植。陕西、湖南、贵州、甘肃亦产。

雅连主于四川峨眉、洪雅、乐山、雷波等地。

云连主产于云南德钦、维西、腾冲、碧江等地。

【采制】 味连：栽培5～6年后即可采收。一般在10～11月下雪前采挖。挖起根茎后，除去地上部分及泥土，然后用烘干法干燥。应注意烘时温度应慢慢升高，每隔半小时翻动1次，烘至最小根茎干脆时即可取出，按大小分档，再分别烘，每隔3～5分钟应翻动1次，温度比初烘时高一些，但也需缓缓升高，防止烘焦。取出前几分钟，可增加温度，并不断翻动。然后取出撞去须根及灰渣，即得。

雅连的采制方法同味连。

云连秋季采挖根茎，除去茎叶及泥土，晒干或烘干后，撞去须根，筛去灰渣，用水喷，使其表面湿润，晒干即得。

【商品特征】 呈鸡爪形（味连）或鼓锤状（雅连）或弯曲的细柱形（云连）。表面黄褐色，粗糙，有过桥。质硬，断面深黄色或黄棕色，味极苦。

【商品规格】 商品因产地和来源不同，分为味连（鸡爪连）、雅连、云连三类。各分1～2等。其规格等级标准为：

1. 味连

一等：多聚成鸡爪形，少有单枝，表面黄褐色，间有过桥，但长不超2厘米。体肥壮坚实，易折断，断面金黄色或黄色。味极苦。无短于1.5厘米的碎节、残茎。

二等：条较一等瘦小，有过桥，但长不超过2厘米，间有碎节、碎渣、焦枯，余同一等。

2. 雅连

一等：单枝，圆柱形，略弯曲，粗壮，过桥少，长不得超过2.5厘米，质坚硬，表面黄褐色，断面金黄色，味极苦。

二等：条较一等瘦小，过桥较多，间有碎节、毛须、焦枯。余同一等。

3. 云连

一等：单枝，圆柱形，微弯曲，顶端有褐绿色鳞片，残叶。条粗壮，质坚实，直径在0.3厘米以上。表面黄棕色，断面金黄色，味极苦。

二等：条较瘦小，间有过桥。表面金黄色。直径在0.3厘米以下。余同一等。

本品出口，按其品质优劣分等出售。

【品质要求】　味连和雅连以身干、粗壮、连珠形、无残茎毛须，体重质坚，断面色红黄者为佳；云连以身干、条细坚实，曲节多，须根少，色黄绿者为佳。味连以盐酸小檗碱计，含小檗碱不得少于5.5％，表小檗碱不得少于0.80％，黄连碱不得少于1.6％，巴马汀不得少于1.5％；水分不得过14.0％；总灰分不得过5.0％；醇溶性浸出物不得少于15.0％。

【产销行情】　全国年均生产700～900吨，纯购约750吨，纯销约700吨，供应出口约40吨，其中湖北纯购约240吨，四川约350吨，云南约10吨，陕西约15吨，甘肃约5吨，广东约20吨，湖南约40吨，其他地区约60吨。

【包装贮藏】　以篓篓或麻袋包装，置干燥通风处保存。本品不易虫蛀，但易发霉，故贮存时应保持干燥。

【性味功效】　性寒、味苦。清热燥湿，泻火解毒。

【附注】　商品除上述几种外，还有：

1. 野连

为毛茛科植物峨眉野连（凤尾连）*Coptis omeiensis*（Cen）C. Y. Cheng 的根茎。野生，主产于峨眉山一带。产量极小，市场上少见。不同于上述几种黄连，根茎粗短，微弯曲似蚕，带有叶柄。质量最优。

2. 黄连

属于国家重点保护的野生植物药材品种。

麝　香
MOSCHUS

本品为鹿科动物林麝 *Moschus berezovskii* Flerov、马麝 *Moschus sifanicus* Przewalski 或原麝 *Moschus moschiferus* Linnaeus 成熟雄体香囊中的干燥分泌物。始载于《神农本草经》，列为上品。过去均为野生，现已有家养。李时珍谓：麝之香气远射，故名之麝。为常用中药。

【别名】　寸香、元寸。

【产地】　麝是一种分布于温带及亚寒带的高山动物，大多生长在海拔1000～4500米的高原地带。按产地不同，分为川麝香、西麝香和口麝香。

川麝香主产于四川都江堰、阿坝州的松潘、茂县、汶川、理县、凉山州西昌，贵州东北部，云南横断山脉、丽江地区、中甸、维西、腾冲、大理、贡山及西藏等地。

西麝香主产于陕西秦岭山脉如汉中、安康、石泉等地，甘肃祁连山、夏河、文县、武都、两当、武威、酒泉、永昌，青海大通、湟源等地。

口麝香主产于内蒙古及东北兴安岭等地。

此外，安徽大别山、霍山山区，河南伏牛山，山西阳城、晋城，湖北、湖南等地亦产。同时四川都江堰、马尔康、理县，陕西镇平、安徽佛子岭等地有养殖。

【采制】　家养的麝采用"活体取香"法取香，取出后去除杂质，阴干或置干燥器内密闭干燥。

【商品特征】　散香（麝香仁）呈颗粒状或粉末状，棕黄色或紫黑色，疏松油润，搓之成团，轻揉即散。火烧起泡如珠，香气浓烈四溢，无火焰、火星，无明显毛焦臭气，灰烬白色。

【商品规格】 净香（麝香仁、散香）统货：去净外壳的净香仁。呈颗粒状和粉末状。颗粒状者表面光滑、油润，黑褐色；粉末状者棕黄、紫红或棕褐色，间有银皮（内层皮膜，呈小块的薄膜状）和短毛。香气浓厚，味微苦辛。无杂质、霉变。

【品质要求】 以颗粒色紫黑、粉末色棕褐、质柔、油润、香气浓烈者为佳。本品含麝香酮不得少于 2.0%；干燥失重不得过 35.0%；总灰分不得过 6.5%。

【包装贮藏】 壳麝香可置小铁盒内。净香仁置小口瓷瓶盛装，以蜡密封，布包裹。本品易发霉和散失香气，应置阴凉干燥处，密闭、防潮、避光、防蛀保存。壳麝香置当归中保存较好。有条件最好冷藏。

【性味功效】 性温，味辛。开窍醒神，活血通经，消肿止痛。

【附注】 麝香属国家重点保护的野生动物药材品种。

本产区其他道地药材

品 名	来 源	主要道地产区
川木通	毛茛科植物小木通 *Clematis armandii* Franch. 或绣球藤 *C. Montana* Buch.-Ham. 的干燥藤茎	都江堰、彭州、雷波、天全；理县、康定、泸定
川明参	伞形科植物川明参 *Chuanminshcn violaceum* Sheh et Shan 的干燥根	苍溪、巴中、金堂
川射干	鸢尾科植物鸢尾 *Iris tectorum* Maxim. 的干燥根茎	绵阳、甘孜、阿坝
川楝子	楝科植物川楝 *Melia toosendan* Sieb. et Zucc. 的干燥果实	宜宾、达州、泸州
甘松	败酱科植物甘松 *Nardostachus jatamansi* DC. 的根及根茎	四川、甘肃、青海等
石菖蒲	天南星科植物石菖蒲 *Acorus tatarinowii* Schott 的干燥根茎	雅安、荥经、洪雅
仙茅	石蒜科植物仙茅 *Curculigo orchioides* Gaerth. 的干燥根茎	宜宾、三台、遂宁
补骨脂	豆科植物补骨脂 *Psoralea corylifolia* L. 的干燥成熟果实	江津、合川、西昌
使君子	使君子科植物使君子 *Quisqualis indica* L. 的干燥种子	合川、宜宾、眉山
金钱草	报春花科植物过路黄 *Lysimachia christinae* Hance 的干燥全草	井研、乐山、青神
桃仁	蔷薇科植物桃 *Prunus persica* （L.） Batsch 和山桃 *Prunus davidiana* （Carr.） Franch. 的干燥成熟种子	三台、叙永、宜宾
桑椹	桑科植物桑 *Morus alba* L. 的干燥果穗	南充、合川、涪陵
常山	虎耳草科植物黄常山 *Dichroa febrifuga* Lour. 的干燥根	川南、湖北、贵州
鱼腥草	三白草科植物蕺菜 *Houttuynia cordata* Thunb. 的地上部分	雅安、荥经、天全

自学指导

【重点难点】

1. 川药产区的自然环境条件。

2. 重点药物川贝母、川芎、冬虫夏草、白芷、附子、丹参的道地产地、规格等级、贮藏养护等。

3. 川牛膝、川木香、川黄柏、羌活、独活、桃仁的贮藏养护方法。

【复习思考题】

1. 川药产区的自然环境条件特点是什么？

2. 试述川贝母、冬虫夏草、附子、川芎、白芷、厚朴、黄柏的道地产区及商品规格等级标准。

3. 试述川贝母、冬虫夏草、川芎、川乌、川牛膝、白芷、厚朴、独活、羌活、黄柏、桃仁、川明参等药材商品各自在贮藏养护中的注意事项。

第二章　广　药

【目的要求】

1. 掌握重点药物肉桂、砂仁、金钱白花蛇、蛤蚧的道地产地、规格等级、贮藏养护等。

2. 熟悉广药产区的自然环境条件；熟悉巴戟天、石斛、地龙、广陈皮、广藿香、广金钱草、化橘红、石决明、青蒿、珍珠、穿心莲、益智仁、佛手、鸡血藤、槟榔、高良姜、海马的道地产地、规格等级；熟悉广藿香、巴戟天、石斛、地龙、海马、槟榔的贮藏养护方法。

3. 了解土茯苓、红大戟、红豆蔻、肉豆蔻、牡蛎、金樱子、罗汉果、荜澄茄、降香、青皮、骨碎补、草豆蔻、钩藤、海桐皮、桑寄生、桂枝、樟脑、胡椒、海龙、大风子、青果等的道地产地；了解广药产区的地理位置；了解广药产区药材商品的产销行情。

【自学时数】

4 学时。

凡以两广、海南为主要产区或集散地的大宗商品药材均称为广药。

本地区位于东经 $104°29'\sim119°59'$，北纬 $3°28'\sim26°23'$ 之间。北邻贵州、湖南、江西，东连福建，南临南海，西与云南、越南接壤。该地区气候温暖，雨量充沛，土壤为强酸性，植被覆盖良好，典型植被是常绿的热带雨林-季雨林和亚热带季风常绿阔叶林，适宜于热带、亚热带药用动植物的生长。本区生物种类丰富，高等植物就有 7000 种以上，药用植物5000 种，药用动物近 300 种。

桂南地区，东边有六万大山，西边有十万大山，海拔 1000 米，年平均气温 22℃，≥10℃的年积温达 7500℃，年降雨量达 1800～3000 毫米，全年几乎无霜。这种气候环境对鸡血藤、山豆根、肉桂、石斛、广金钱草、桂莪术、三七等药材的生长极为有利。

珠江流域，属于亚热带湿润季风气候。年平均气温在 20℃～25℃ 之间，年积温在6000℃左右，年降雨量 1500～2000 毫米，相对湿度 80%。此地区的气候条件主要适宜于广藿香、砂仁、高良姜、广防己、化橘红等的栽培。

海南岛，按纬度论地处于热带，但由于中部有海拔 1000 米以上的高山，把岛分为南北两种不同的气候，降雨量甚大。要求湿、热、少风的槟榔等药用植物主要栽培于海南南部。

本区主产的药材有：广东高要、德庆的巴戟天、广地龙、广豆根；广东新会的广陈皮；广东高要和海南万宁的广藿香、广金钱草、肉桂；广东阳春、阳江的砂仁；广西百色和广东汕头的金钱白花蛇；广西龙津、大新的蛤蚧；化州的化橘红；广西合浦的珍珠、穿心莲、益智仁、佛手、鸡血藤；广东阳江、潮汕的海马；海南的槟榔、高良姜。

广金钱草
DESMODII STYRACIFOLII HERBA

本品为豆科植物广金钱草 *Desmodium styracifolium* （Osb.） Merr. 的干燥地上部分。因主产于两广地区，为与金钱草区别，故名。

【别名】　铜钱草、落地金钱。

【产地】　主产于广东遂溪、饶平、云浮、吴川、阳春、阳江、博罗、河源、平远、揭阳、汕头、五华、东莞、惠来、顺德、普宁、惠州，广西的玉林、金秀、北海、桂平，海南的万宁、临高等。福建、湖南、云南省部分地区也有产出。

【采制】　夏秋二季采割，除去杂质，晒干。

【商品特征】　茎呈圆柱形，密被黄色短柔毛。叶互生，小叶 1 或 3，圆形或矩圆形，先端微凹，基部心形或钝圆，全缘；上表面无毛，下表面具灰白色紧贴的绒毛。

【商品规格】　统货，不分等级。

【品质要求】　以叶多，色绿者为佳；本品含夏佛塔苷（$C_{26}H_{28}O_{14}$）不得少于 0.13%；水分不得过 12.0%；总灰分不得过 11.0%；酸不溶性灰分不得过 5.0%；水溶性浸出物不得少于 5.0%。

【包装贮藏】　竹席或麻袋包装，置干燥处贮藏。

【性味功效】　性凉，味甘、淡。利湿退黄，利尿通淋。

广藿香
POGOSTEMONIS HERBA

本品为唇形科植物广藿香 *Pogostemon cablin* （Blanco） Benth. 的干燥地上部分。始载于《嘉祐本草》。野生与栽培均有。豆叶曰藿，其叶似之，香气浓厚，主产广东，故名广藿香。为常用中药。

【产地】　主产于广东石牌、高要、湛江、肇庆、徐闻、吴川、海康、廉江、电白，海南万宁、屯昌、琼山、琼海。

【采制】　5～6 月，枝叶繁茂时采收。除去根，日晒两天，堆起，用草席覆盖两天，摊开再晒，晒至全干。

【商品特征】　茎多曲折，叶较少；茎部上方下圆，多分枝，均被毛茸；断面有白色髓心，香气特异，味微苦。

【商品规格】　因产地不同分石牌广藿香、海南广藿香和高要广藿香，均为统货。

规格等级标准为：

1. 石牌香

统货。除净根，枝叶相连，老茎多呈圆形，茎节较密；嫩枝略呈方形，密被毛茸。断面白色，髓心较小。叶面灰黄色，叶背灰绿色。气纯香；叶微苦而凉。散叶不超过 10%。

2. 高要香

统货。枝干较细，嫩枝方形，髓心较大。气清香，味微苦而凉。散叶不超过 15%。余者同石牌香。

3. 海南香

统货。枝干粗大，近方形，茎节密；嫩枝方形，具稀疏毛茸。断面髓心较大，叶片灰绿色，较厚。香气浓，味微苦而凉。散叶不超过 20%。余者同石牌香。

【品质要求】　均以茎枝粗壮、色青绿、叶多、香气浓者为佳；本品含百秋李醇（$C_{15}H_{26}O$）不得少于 0.10%；含杂质不得过 2.0%；水分不得过 14.0%；总灰分不得过 11.0%；酸不溶性灰分不得过 4.0%；叶不得少于 20%。

【产销行情】　全国年均生产 4000～5000 吨，纯购约 3000 吨，纯销 2500 吨，供应出口 130～150 吨。其中广东年均纯购约 1000 吨，江苏约 2000 吨，浙江约 450 吨，云南约 150 吨，四川约 600 吨，辽宁约 150 吨，其他地区约 400 吨。

【包装贮藏】　竹席或麻袋包装，或按不同规格捆压成把，用竹席或草席封装。本品易散失气味，受潮易霉变，应置阴凉干燥处保存，并防光照和风吹，以免气味散失，且不宜贮藏过久。

【性味功效】　性微温，味辛。芳香化湿，和中止呕，发表解暑。

山豆根

SOPHORAE TONKINENSIS RADIX ET RHIZOMA

本品为豆科植物越南槐 *Sophora tonkinensis* Gagnep. 的干燥根及根茎。始载于《开宝本草》，均为野生，因其蔓如大豆，多产于两广，故又名"广豆根"。为较常用中药。

【别名】　广豆根、南豆根。

【产地】　主产于广西百色、田阳、凌乐、大新、那坡、靖西、德保、田林、龙州、武鸣、凤山、南丹，及广东、江西、贵州、云南等地。

【采制】　9～10 月采收。将根及根茎挖出后，除残茎、泥沙及须根，晒干即可。

【商品特征】　根茎下着生数条根，皮色灰褐，皮孔横生，质地坚硬，断面淡黄棕色。具豆腥气，味极苦。

【商品规格】　商品为统货。

【品质要求】　以质硬难折断，断面略平坦，浅褐色，具豆腥气，味极苦，粗长条匀者为佳；本品含苦参碱（$C_{15}H_{24}N_2O$）和氧化苦参碱（$C_{15}H_{24}N_2O_2$）的总量不得少于 0.70%；水分不得过 10.0%；总灰分不得过 6.0%；醇溶性浸出物不得少于 15.0%。

【包装贮藏】　席包或竹篓装，置干燥处，防霉、防蛀。

【性味功效】　性寒，味苦，有毒。清热解毒，消肿利咽。

化橘红

CITRI GRANDIS EXOCARPIUM

本品为芸香科植物化州柚 *Citrus grandis* 'Tomentosa' 或柚 *Citrus grandis*（L.）Osbeck 的未成熟或近成熟的干燥外层果皮。前者习称"毛橘红"；后者称"光橘红"。

【别名】　橘红、化红。

【产地】　主产于广东化州、廉江、电白、海康、信宜、遂溪等县，广西柳州、桂林等地。以广东化州产者为佳。

【采制】　夏季果实未成熟时采收，置沸水中略烫后，将果皮割成 5～7 瓣，除去果瓤和部分中果皮，压制成型，干燥。

【商品特征】　外表绿色或绿黄色，内表面淡黄色，具点状或短线状突起。气香，味苦、微涩。

【商品规格】 果皮被有细密茸毛的称"毛橘红"。表面无毛的称为"光橘红"。毛橘红根据果皮上柔毛的密集程度及加工方法分为"正毛七爪"、"副毛七爪"等品级。"正毛"者柔毛密集，果皮青绿，为上品。光橘红均为统货，一般不分等级，根据表面颜色不同分为"光青"及"光黄"，或根据切割瓣数不同，分为"光七爪"或"光五爪"。

由于果实采取时间不同，如采取未成熟果实，外表皮青绿色，称"绿毛七爪"；采取近成熟果实，外表皮呈黄色，称"黄毛七爪"；如将未成熟较小的果实切成 6 裂，基部相连，不去内果皮，将尖头折进，压平，烘干，每 10 片扎成 1 把，称"毛六爪"，此为毛橘红中之次品，为统货。

光青、光黄、大五爪及尖化红加工所裁剪下的边料亦作药用，商品称为"橘红边"。

【品质要求】 正毛七爪、副毛七爪以毛绒细密、色青、果皮薄者为佳。光青七爪以色黄、果皮厚薄均匀者为佳；本品含柚皮苷（$C_{27}H_{32}O_{14}$）不得少于 3.5%。水分不得过 11.0%，总灰分不得过 5.0%。

【包装贮藏】 置阴凉干燥处，防蛀。

【性味功效】 性温，味辛、苦。理气宽中，燥湿化痰。

巴 戟 天
MORINDAE OFFICINALIS RADIX

本品为茜草科植物巴戟天 *Morinda officinalis* How 的干燥根。始载于《神农本草经》，列为上品，野生与栽培均有。为常用中药。

【别名】 广巴戟、巴戟。

【产地】 主产于广东高要、德庆、郁南、禄步、五华、新丰、广宁、紫金，广西百色、平乐、贺县、苍梧、凭祥、钦州、上思，福建平和、永安、南靖等地。以广东的德庆、郁南县的栽培巴戟天的品质最优。

【采制】 全年均可采挖。栽培后一般 5~10 年后才可采收。采收后先洗净泥沙，除去须根，晒至六七成干，轻轻捶扁，将粗条者切成 9~13 厘米的段，中细者切成 6~10 厘米的段，晒干。

【商品特征】 形似鸡肠，稍扁，结节状，木心相连。肉厚色紫，木心小，味甜、略涩。水试之，水显淡蓝紫色。

【商品规格】 商品为统货。

【品质要求】 以条大、粗壮、肉厚色紫、木心细者为佳；本品含耐斯糖（$C_{24}H_{42}O_{21}$）不得少于 2.0%；水分不得过 15.0%；总灰分不得过 6.0%；水溶性浸出物不得少于 50.0%。

【产销行情】 年均生产约 450 吨，纯购约 300 吨，纯销约 300 吨。其中广东年均纯购约 200 吨，广西约 60 吨，福建约 50 吨。

【包装贮藏】 麻袋或木箱装。本品易虫蛀、发霉、泛油，应置阴凉干燥处保存。入夏为防霉蛀、泛油，可晾晒干燥，也可用药物熏蒸（但不能用硫磺熏）。

【性味功效】 性微温，味甘、辛。补肾阳，强筋骨，祛风湿。

石　决　明
HALIOTIDIS CONCHA

本品为鲍科动物杂色鲍 *Haliotis diversicolor* Reeve、皱纹盘鲍 *Haliotis discus hannai* Ino、羊鲍 *Haliotis ovina* Gmelin、澳洲鲍 *Haliotis ruber*（Leach）、耳鲍 *Haliotis asinina* Linnaeus 或白鲍 *Haliotis laevigata*（Donovan）等动物的贝壳。始载于《名医别录》，野生与家养均有。因本品附石而生长，功为去翳明目，故名。为常用中药。

【别名】　鲍鱼壳。

【产地】　杂色鲍主产于广东雷州、徐闻、湛江、阳江、新会、台山，福建平潭、漳浦，以及越南、澳大利亚、印度尼西亚、菲律宾、日本等地。

皱纹盘鲍主产于辽宁大连，山东长山，江苏，以及朝鲜、日本等地。

羊鲍主产于台湾、海南，以及澳大利亚、印度尼西亚、菲律宾等地。

澳洲鲍主产于澳大利亚、新西兰。

耳鲍主产于台湾、海南。国外多从印度尼西亚进口。

【采制】　夏秋间捕捉，捕捉后剥去肉，取其贝壳，洗净粘附的杂质，晒干即可。

【商品特征】　石决明来源有六种之多，有大有小。商品上分为光底和毛底两类：

1. 光底石决明

个中等，耳状，壳面无石灰层，纹理清楚，孔 6～9，孔口与壳面平。内面光滑有珍珠光泽。

2. 毛底石决明

个大，壳面有石灰层，纹理不清，孔口多高于壳面。余同光底石决明。

【商品规格】　商品按来源分光底石决明和毛底石决明两种；按产地分真海决（主产于广东、海南岛等地）、关海决（主产于东北及山东渤海等地）、大洋石决明（主产于山东）。一般不分等级。

【品质要求】　均以体形中等大小、壳厚、无破碎、无臭、无残肉、九孔或七孔者为佳；本品含碳酸钙（$CaCO_3$）不得少于 93.0%。

【产销行情】　全国年均生产约 550 吨，进口年均 50～80 吨，最高年约 1000 吨，纯购约 500 吨，纯销 600 吨。其中广东年均纯购约 160 吨，山东约 100 吨，福建约 50 吨，辽宁约 100 吨，其他地区约 100 吨。

【包装储藏】　麻袋或竹篓包装，防尘。

【性味功效】　性寒，味咸。平肝潜阳，清肝明目。

地　龙
PHERETIMA

本品为钜蚓科动物参环毛蚓 *Pheretima aspergillum*（E. Perrier）、通俗环毛蚓 *P. vulgaris* Chen、威廉环毛蚓 *P. guillelmi*（Michaelsen）或栉盲环毛蚓 *P. pectinifera* Michaelsen 的干燥体。前一种习称"广地龙"，后三种习称"沪地龙"。始载于《神农本草经》，列为下品。野生与人工养殖均有。为常用中药。

【别名】　蚯蚓、地龙干。

【产地】　广地龙主产于广东湛江、茂名、阳江、江门、佛山、惠州、河源等地以及广西的玉林、钦州、百色、梧州、北海等近河边的地方。湖南、四川、福建及台湾等省也有分布。以广东产最好，为道地药材。沪地龙主产于上海奉贤、南汇、松江等郊区各县以及江苏。

【采制】　广地龙春季至秋季捕捉，沪地龙夏季捕捉。捕捉后及时剖开腹部，洗去内脏及泥沙，晒开或低温干燥即可。

【商品特征】

1. 广地龙

条片性、棕红色、具环节、白颈明显，肉较厚，气腥、味微咸。

2. 沪地龙

体小、肉薄、灰棕色、无白颈、常带泥土。

【商品规格】　一般不分等级，均为统货。

【品质要求】　以条大肥满，肉厚者为佳；本品杂质不得过 6%；水分不得过 12.0%；总灰分不得过 10.0%；酸不溶性灰分不得过 5.0%；水溶性浸出物不得少于 16.0%；重金属不得过百万分之三十。

【产销行情】　全国年均生产约 2000 吨，纯购约 1500 吨，纯销 1300～1500 吨，供应出口约 30 吨。

【包装贮藏】　木箱或硬纸箱包装。本品易虫蛀、发霉，应密封，置干燥通风处保存。少量药材可与花椒同放用以防蛀。

【性味功效】　性寒，味咸。清热定惊，通络，平喘，利尿。

肉　桂

CINNAMOMI CORTEX

本品为樟科植物肉桂 *Cinnamomum cassia* Presl 的干燥树皮。始载于《神农本草经》，列为上品。野生与家种均有。因其色似肉，故名。为常用中药。

【别名】　桂皮、玉桂、牡桂。

【产地】　主产于广西桂平、容县、平南、大瑶山、上思、宁明、贵县，广东广义、德兴、信宜、钦县、防城、高要、罗定等地。广东、广西产量占全国的 95% 以上。国外主产于越南、印度、老挝、印度尼西亚。以广西产量最大。

【采制】　9～10 月份采收。采收时选取适龄的肉桂树，按一定的长、阔度剥下树皮，放于阴凉处，按各种规格修整，或置于木制的"桂夹"内压制成型，阴干或先放置阴凉处 2～3 天，于弱光下晒干。根据采收加工方法的不同，有如下加工品：

1. 桂通

为剥取栽培 5～6 年后幼树的干皮或粗枝皮，或老树枝皮，不经压制，自然卷曲成筒状，长 30 厘米，直径 2～3 厘米。

2. 企边桂

为剥取 10 年生以上的干皮，将两端削成斜面，突出桂心，夹在木制的凹凸板中间，压成两侧向内卷曲的浅槽状。长 40 厘米，宽 6～10 厘米。

3. 板桂

剥取老树最下部近地面的干皮，夹在木制的桂夹内，晒至 9 成干，经纵横堆叠，加压，约 1 个月完全干燥，成为扁平板状。

4. 桂碎

为桂皮加工中的碎块，多供香料用。

5. 桂心

即刮去外皮者。

【商品规格】　肉桂商品分为企边桂、板桂、桂通、桂心、桂碎五个规格，以企边桂质最优。其规格等级标准为：

1. 企边桂

呈两侧向内卷曲的浅槽状，两端成斜面而露出桂心，外表面灰棕色，有细皱纹及横向突起的皮孔；内表皮红棕色，较平滑，用指甲刻划可见油痕；质硬脆，断面外侧呈棕色较粗糙，内侧红棕色而油润，中间有 1 条黄棕色的线纹。气香、味甜而辛辣。长约 40 厘米，宽 6～10 厘米。

2. 桂通

双卷筒或单卷筒。长约 30 厘米，直径 2～3 厘米，余者同上。

3. 板桂

呈扁平的板状。表面略粗糙，有的可见灰白色地衣斑。

4. 桂碎

为加工桂皮过程中的碎块，大小不等，余者同桂通。

5. 桂心

为刮去外皮者，表面红棕色。

【品质要求】　以大小整齐，外形美观，皮细而坚实，质厚而沉重，断面紫红色，油性足，香气浓厚，辛辣味大，嚼之无渣者为佳；本品含桂皮醛（C_9H_8O）不得少于 1.5％；挥发油不得少于 1.2％（毫升/克）；水分不得过 15.0％；总灰分不得过 5.0％。

【产销行情】　全国年均生产约 1000 吨，纯购 700～900 吨，进口约 5 吨，纯销约 1000 吨，其中广西纯购约 600 吨，广东约 100 吨。

【包装贮藏】　一般板桂用木箱装，上等货用铁箱或铁盒装。本品易失油润、干枯，应密封置阴凉处贮存。如有条件最好冷藏。

【性味功效】　性大热，味辛、甘。补火助阳，引火归元，祛寒止痛，温通经脉。

【附注】

1. 黄瑶桂

原系大瑶山区所产之野桂制成，或为屯县家桂制成，主销福建、浙江等省。

2. 进口桂

分为清化桂、企边桂、桂楠、夹桂、筒桂五个规格，以清化桂质量最优。

（1）清化桂　系越南清化野生，皮质细薄，有青白色大型花斑（地衣斑），饱含紫油，经久不干，肉腻滑如玉，故称"清化玉桂"，为桂类佳品。其加工方法多将平板状之皮两边拗拢，名为"企边"；横撑竹片如梯子状，两头用刀扦去外皮，露出桂心长 1 厘米左右，称"杆口"，全体长 30～45 厘米，宽 4～7 厘米，每条重 60～120 克。

（2）企边桂　产越南中坼、会安，多系家种，形状与清化桂相似，质量稍次。皮厚体重，表面较平坦，皮孔圆而小，内面及断面发乌，油足、香气浓。分为 1～4 等。

（3）桂楠　企边桂剔下的次桂，皮纹粗，多残破，油性稍淡。

（4）夹桂　体重皮厚，一般为"大板桂"。

以上四种属"平板类",统称玉桂。

(5)筒桂 又称"安桂"。用枝皮卷成筒状,长 30～40 厘米,用篾扎成圆把,每把重 400～450 克,以品质分"三品桂"(12 支、16 支、20 支各 6 把合装 1 箱),"30 枝油桂"、"30 枝把桂"等。

佛 手
CITRI SARCODACTYLIS FRUCTUS

本品为芸香科植物佛手 *Citrus medica* L. var. *sarcodactylis* Swingle 的干燥果实。始载于《图经本草》。其实状如人手,故名。为较常用中药。

【别名】 佛手柑、金佛手、广佛手。

【产地】 主产于广东肇庆、高要、新丰、增城、番禺、清远、佛冈、连平、五华、兴宁、翁源、阳山、乳源、英德、台山、信宜、高州、梅县等,广西玉林、凌乐、灌阳,浙江金华。此外福建福安、莆田,四川合江,云南易门、宾川等地亦产。

【采制】 秋季果实尚未变黄或变黄时采摘。晾数天,待大部分水分蒸发后,纵切成薄片,晒干或低温干燥。

【商品特征】 形状大小不一,有的成指状分枝,常皱缩或卷曲。外表面橙黄色、黄绿色或棕绿色,密布凹陷的窝点,有时可见细皱纹。内表面类白色,散有黄色点状或纵横交错的维管束。质柔软,气芳香。

【商品规格】 为统货。

【品质要求】 以片大、皮黄肉白,香气浓者为佳;本品含橙皮苷($C_{28}H_{34}O_{15}$)不得少于 0.030%;水分不得过 15.0%,醇溶性浸出物不得少于 10.0%。

【包装贮藏】 置阴凉干燥处,防霉,防蛀。

【性味功效】 性温,味辛、苦、酸。疏肝理气,和胃止痛,燥湿化痰。

【附注】 产区广东标准为:

1. 佛手片

纵刨薄片,有指状分裂,边缘黄绿色或橙黄色,全片,白色或淡黄白色,无霉点或黑斑点,质柔润。气香,味微苦,片厚不超过 2 毫米,无虫蛀、霉变。

2. 等外佛手片

纵刨薄片,有指状分裂,边缘黄绿色或橙黄色,表面灰白色或棕黄色,带有轻微霉或黑斑,质柔润,气香、味微苦,片厚不超过 2 毫米,无虫蛀、霉变。

陈 皮
CITRI RETICULATAE PERICARPIUM

本品为芸香科植物橘 *Citrus reticulata* Blanco 及其栽培变种的干燥成熟果皮。原名橘柚,始载于《神农本草经》,列为上品。多为栽培。因习惯以陈者入药为佳,故名陈皮。为常用中药。

【别名】 橘皮。

【产地】 广陈皮主产于广东新会、广东近郊、四会、江门等地,品质最佳,但产量小。陈皮主产于重庆江津、綦江、合川、江北,四川简阳等地,产量较大。此外福建漳州,浙江温州、黄岩、台州、衢县,江西及湖南等地所产都较为著名,其他各地所产均为土陈皮。商品以广东新会等地所产者质量最佳。

【采制】 9～11 月果实成熟，剥取果皮，阴干或通风干燥，广陈皮剥取多剖成 3～4 瓣。

【商品特征】

1. 广陈皮

常三瓣相连，翻卷，外表棕红，内色白，对光视之油室大，质较柔软。气香，味辛、苦。

2. 陈皮（橘皮）

不规则块片，不翻卷，外皮橙红，内色黄白，对光视之，油室大小不均，质稍硬而脆。气香，味辛、苦。

【商品规格】 商品分为广陈皮和陈皮两种。一般为一、二、三等。

规格等级标准为：

1. 广陈皮

一等：剖成三至四瓣。裂瓣多向外反卷。表面橙红色或棕紫色，显皱缩，油室明显。内表面白色，略显海绵状，质柔。片张较厚，断面不齐。气清香浓郁，味微辛。不甚苦。

二等：剖成三至四瓣或不规则片张，片张较薄。其余同一等。

三等：皮薄而片小，表面红色或带有青皮，其余同二等。

2. 陈皮

一等：呈不规则片状，片张较大。表面橙红色或红黄色，有无数凹入的油点，对光视清晰。内表面黄白色。质较硬而脆。易折断。气香味辛苦。

二等：片张较小，间有破块。表面黄褐色或黄红色、暗绿色。内表面类白色或灰黄色，较松泡。其余同一等。

【品质要求】 以瓣大，大小整齐，外皮深红色，内面白色，肉厚油性大，香气浓郁者为佳；本品含橙皮苷（$C_{28}H_{34}O_{15}$）不得少于 3.5％；水分不得过 13.0％。

【产销行情】 全国年均生产约 10000 吨，纯购约 5500 吨，纯销 4500～5000 吨，供应出口约 100 吨。其中广东年均纯购约 1600 吨，四川约 200 吨，浙江约 400 吨，湖南约 300 吨，其他地区约 350 吨。

【包装贮藏】 麻袋或竹篓装。本品受潮易虫蛀、发霉，受热易走失气味。应防潮、防热，置阴凉干燥处保存。如发现包内发热，应摊晾，忌暴晒，以免有损香味。

【性味功效】 性温，味苦、辛。理气健脾，燥湿化痰。

鸡 血 藤

SPATHOLOBL CAULIS

本品为豆科植物密花豆 *Spatholobus suberectus* Dunn 的干燥藤茎。始载于《植物名实图考》。均为野生。因其藤汁红如鸡血，故名。为较常用中药。

【产地】 主产于广西平乐、装鸣、临桂，云南禄功、武定等地。此外，广东、江西亦产。

【采制】 9～10 月采割全藤，切成长约 30 厘米的段，或劈成片块，晒干即成。

【商品特征】 形扁、心偏，切面呈半圆环，环环有血圈。气微、味涩。

【商品规格】 商品一般为统货，不分等级。

【品质要求】 以中等条粗如竹竿，略有纵棱、质硬，色棕红、刀切处具红黑色汁痕者为佳。

【产销行情】　全国年均生产约 4000 吨，纯购约 3000 吨，纯销约 2000 吨。其中广西纯购约 700 吨，云南约 550 吨，广东约 600 吨，江西约 300 吨，其他地区纯购约 800 吨。鸡血藤近年来药理有新的发现，疗效显著，用量不断增加，市场上多年平销，有时稍紧，价格比较稳定。

【包装贮藏】　原药材以竹篓装，切片以麻袋装。置阴凉干燥处保存。

【性味功效】　性温，味苦、甘、涩。活血补血，通经活络，强筋健骨。

金钱白花蛇
BUNGARUS PARVUS

本品为眼镜蛇科动物银环蛇 *Bungarus multicinctus* Blyth 的幼蛇干燥体。野生与家养均有。因身有白色环状花纹得名，为常用中药。

【别名】　白花蛇、小白花蛇。

【产地】　主产于广西百色、田东、都安、龙津，广东揭阳、普宁、南雄、饶平、信宜、阳江、新会、增城、惠来，江西余江、临川、波阳、弋阳、南康等地。以广东、广西产者著名。

【采制】　夏秋两季捕捉后，吊起拔去毒牙，剖腹去内脏，洗净，放入酒精中浸 3 天，以头为中心盘成圆形，尾含于口中，用竹签横穿固定，晒干或烘干。

【商品特征】　幼蛇盘成饼状，如古钱大，黑体白环，白环背部只有一鳞宽，向腹部增宽。肛下尾鳞单行。背鳞在扩大镜下观察呈六角形。

【商品规格】　商品分大条、中条、小条三种规格。

【品质要求】　以头尾齐全，有花斑纹，有光泽者为佳。一般认为小条最好。本品醇溶性浸出物不得少于 15.0%。

【产销行情】　全国年均生产约 120 万条，纯购约 60 万条，纯销约 50 万条，供应出口约 10 万条。其中广东、广西、湖北产品供应全国并有出口。

【包装贮藏】　置石灰缸内，宜在 30℃ 以下保存，防虫蛀。

【性味功效】　性温，味甘，咸，有毒。祛风，通络，止痉。

【附注】　金钱白花蛇属于国家重点保护的野生动物药材品种。

青　蒿
ARTEMISIAE ANNUAE HERBA

本品为菊科植物黄花蒿 *Artemisia annua* L. 的干燥地上部分。始载于《神农本草经》，列为下品。多为野生。其茎叶深青，故名。为较常用中药。

【别名】　黄花蒿。

【产地】　主产广东各地，以粤北地区产较多，尤以连县、阳山、英德等县产量大。重庆酉阳，海南，广西，湖北汉阳、孝感、咸宁，浙江永嘉、乐清、兰溪，江苏苏州、常熟，安徽芜湖、安庆、滁县等地，均有出产。

【采制】　夏季开花前，割取地上部分，或立秋后割取花枝部分，晒干或阴干即成。

【商品特征】　多切成段，叶细裂，暗绿色。茎具纵棱，黄绿色，切口中部有白色髓心。香气特异，味苦，有清凉感。

【商品规格】 统货。

【品质要求】 以身干、色青绿、未开花、香气浓郁者为佳；本品水分不得过 14.0%，总灰分不得过 8.0%，醇溶性浸出物不得少于 1.9%。

【包装贮藏】 竹席、麻袋或塑料袋装。置阴凉干燥处保存。注意防热、防潮、防气味散失。

【性味功效】 性寒，味苦、辛。清虚热，除骨蒸，解暑热，截疟，退黄。

砂 仁
AMOMI FRUCTUS

本品为姜科植物阳春砂 *Amomum villosum* Lour.、绿壳砂 *Amomum villosum* Lour. var. *xanthioides* T. L. Wu et Senjen 或海南砂 *Amomum longiligulare* T. L. Wu. 的干燥成熟果实。原名缩砂密，始载于《开宝本草》。药用种仁，其形如砂，故名。多为栽培。为常用中药。

【产地】 阳春砂主产于广东阳春、阳江、高州、信宜、广宁、封开、罗定、茂名、恩平、徐闻等县，以广东阳春、高州、信宜产量大，最为著名，为道地产区。绿壳砂主产于云南西双版纳、临沧、文山、景洪，另在越南、缅甸、泰国有大量产出。海南砂主产于海南登迈、崖县，广西博白、陆川等地。习惯认为产于广东阳春县的阳春砂仁品质最优。

【采制】 8～9月果实成熟时采收，将果穗放于筛中或竹席上用微火烘至半干时，趁热喷冷水1次，令其骤然收缩，使果皮与种子紧密结合，保存时不易发霉。也可将果实直接晒干而成。

【商品特征】

1. 阳春砂 绿壳砂

为椭圆形或卵圆形，有不明显的三棱，棕褐色，密生刺状突起。果皮薄而软。种子集结成团，具三钝棱，中有白色隔膜，将种子团分成3瓣。气芳香而浓烈，味辛凉、微苦。

2. 海南砂

为长椭圆形或卵圆形，有明显的三棱，被片状、分枝的软刺。果皮厚而硬。种子团较小，气味稍淡。

【商品规格】 商品上砂仁分国产砂仁和进口砂仁两类。国产砂仁主要有阳春砂、海南砂、绿壳砂。阳春砂为统货，不分等级；海南砂、绿壳砂因加工不同分壳砂、砂壳和净砂三种规格，壳砂、砂壳为统货，净砂分一等、二等。进口砂仁分砂头王、原砂仁、壳砂仁、砂壳。均为统货。规格等级标准如下：

1. 阳春砂

统货，干货。呈圆椭形或卵形，有不明显的三棱。表面红棕色或棕褐色。密生刺状突起，种子成团，具白色隔膜；分成三室。子粒饱满，棕褐色，有细皱纹。气芳香浓厚，味辛凉微苦。果柄不超过2厘米，间有瘦瘪果。无果枝、杂质、霉变。

2. 绿壳砂

统货，干货，呈棱状长圆形。果皮表面淡红棕色或棕褐色，有小柔刺。体质轻泡，种子团较小，间有瘦瘪果。无果枝、杂质、霉变。

3. 海南砂

统货，干货。呈三棱状的长圆形。表面棕褐色，有多数小柔刺。体质沉重。种子分三室集结成团，籽粒饱满。种子呈多角形。灰褐色。气芳香。味辛凉而辣。无空壳、果柄、杂质、霉变。

净砂 一等：干货。为除去外果皮的种子团，呈钝三棱状的椭圆形或卵形，分成三瓣。每瓣约有种子十数粒，子粒饱满，表面灰褐色，破开后，内部灰白色。味辛凉微辣。种子团完整。每 50 克 150 粒以内。无糖子、果壳、杂质、霉变。

二等：干货。形状气味与一等相同，唯种子团较小而瘪瘦。每 50 克 150 粒以外，间有糖子。无果壳、杂质、霉变。

砂壳：统货。干货。为砂仁剥下的果皮。呈瓢形或压缩成片状。表面红棕色、棕褐色或绿褐色，有许多短柔刺；内表面光洁，色泽较淡。气微、味淡、无杂质、霉变。

备注：净吵、砂壳是指海南砂、绿壳砂的加工品，执行同一规格标准。

【品质要求】 以个大、坚实、仁饱满、香气浓者为佳；本品含乙酸龙脑酯（$C_{12}H_{20}O_2$）不得少于 0.90%；水分不得过 15.0%；阳春砂、绿壳砂种子团含挥发油不得少于 3.0%（毫升/克），海南砂种子团含挥发油不得少于 1.0%（毫升/克）。

【产销行情】 全国年均生产 280～300 吨，纯购约 260 吨，纯销约 800 吨，也有一定量出口。其中广东年均纯购约 200 吨，广西约 20 吨，云南约 20 吨，其他地区约 40 吨；进口砂仁年均约 900 吨。

【包装贮藏】 用木箱或纸箱装。本品易泛油，走失香气，应密闭，置阴凉干燥处保存。忌暴晒和受热，以免泛油、散粒和走失香气。

【性味功效】 性温，味辛。化湿开胃，温脾止泻，理气安胎。

珍 珠
MARGARITA

本品为珍珠贝科动物马氏珍珠贝 *Pteria martensii* (Dunker)、蚌科动物三角帆蚌 *Hyriopsis cumingii* (Lea) 或褶纹冠蚌 *Cristaria plicata* (Leach) 等双壳类动物受刺激形成的珍珠。始载于《开宝本草》。野生与家养均有。因其美观形圆，故名珍珠。为少常用中药。

【产地】 海水珍珠药材主产于广西合浦，广东廉江，海南，台湾等沿海地区。以合浦所产量大质优，有"南珠"之称。国外产于日本、印度、澳大利亚、斯里兰卡、墨西哥等地。

淡水珍珠药材主产于江苏武进，浙江宁波、金华、诸暨，湖南益阳、常德，安徽芜湖、宣城、南陵、当涂。

【采制】 天然珍珠，全年可采，以 12 月为多。从海中捞起珠蚌，剖取珍珠，洗净即可。淡水养珠，在接种后养殖 1 年以上，即可采收，但以养殖两年采收的珍珠质量较佳。采收时节以秋末为好。

【商品特征】

1. 海珠（天然珍珠）

体小如珠，形状有圆形和其他形状，玉白色，具彩光（俗称珍珠光泽），质坚硬，破断面显层纹，荧光为蓝紫色。

2. 湖珠（淡水珍珠）

形状如上，粉红色，多有奇形。荧光为亮黄绿色。药用珍珠多为形状不规则品，圆形者多作装饰品。

【商品规格】 商品规格很多。进口分老港七毛至二毛，新港七毛至二毛、濂珠，新老珠、老光珠，玉身，新港花珠，老港花珠、粗花等规格。

国内又分为淡水 1～4 等，海水 1～4 等；珍珠层混装、粉 1×10；白龙珍珠广西产分甲、乙、丙，打眼一号、二号、三号；高德一号、二号、三号；珍珠层广西一、二级；珍珠胚广西一、二级。

【品质要求】 以纯净、质坚，有彩光，破面有层纹者为佳。以广西的产品最著名。

【包装贮藏】 软纸包好，置玻璃瓶或瓷瓶内；或以绸布包好置木盒或铁盒内保存。

【性味功效】 性寒，味甘、咸。安神定惊，明目消翳，解毒生肌，润肤祛斑。

穿 心 莲
ANDROGRAPHIS HERBA

本品为爵床科植物穿心莲 *Andrographis paniculata*（Burm. f.）Nees 的干燥地上部分。野生与栽培均有。因叶对生无柄，似茎从叶中穿过，故名。为较常用中药。

【别名】 一见喜。

【产地】 主产于广东饶平、澄海、潮州、河源、吴川等市，广西、福建等省区。云南、四川、江西、江苏等省也有栽培。

【采制】 秋初茎叶茂盛时采收。割取地上部分晒干、捆把即可。一般选晴天将穿心莲齐地割取，洗净，晒至茎秆发脆足干即可。

【商品特征】 茎方、叶对生，分枝多，全身青绿色。叶为披针形，味极苦。

【商品规格】 统货。

【品质要求】 以身干、无杂质、色绿、味极苦者为佳；本品含穿心莲内酯（$C_{20}H_{30}O_5$）和脱水穿心莲内酯（$C_{20}H_{28}O_4$）的总量不得少于 0.80%；叶不得少于 30%；醇溶性浸出物不得少于 8.0%。

【产销行情】 全国年均生产约 10000 吨，纯购约 5000 吨，纯销约 4500 吨。本品多为中成药原料，由于需求量不稳定，生产无计划，故时缺时多，价格无悬殊变化，但资源丰富，一般不会出现脱销现象。

【包装贮藏】 竹席或麻袋装。置干燥通风处保存。防潮、防光、防热。

【性味功效】 性寒，味苦。清热解毒，凉血，消肿。

高 良 姜
ALPINIAE OFFICINARUM RHIZOMA

本品为姜科植物高良姜 *Alpinia officinarum* Hance 的干燥根茎。始载于《名医别录》，列为中品。多为野生。因主产于广东徐闻地区，过去属高良郡，形似姜，故名高良姜。为较常用中药。

【别名】 良姜、小良姜。

【产地】 主产于广东徐闻、海康、遂溪、陵水、屯昌、东莞，广西陆川、傅白，海南陵水、琼海，云南的文山、思茅、红河、西双版纳等地。在江西、福建、台湾等地亦有少量分布。以广东雷州半岛徐闻、海康，种植面积大，产量高，质优，为道地产区。

【采制】 夏末初秋间挖取 4～6 年生的根茎，洗净，除去须根及地上茎，剥去残留鳞片，切成长 5～7 厘米的段节，晒干。

【商品特征】 姜形分枝、棕红色，节间短，体实，切面粉红色，粉质足，环纹明显，散生筋脉点。味麻辣。

【商品规格】　商品按产地分为广东良姜、广西良姜、台湾良姜、海南良姜等，以广东徐闻产者为佳。

【品质要求】　以分枝少，色红棕，香气浓，味辣者为优；本品含高良姜素（$C_{15}H_{10}O_5$）不得少于 0.70％；水分不得过 16.0％；总灰分不得过 4.0％。

【包装贮藏】　以竹篓、竹筐装，置阴凉干燥处保存。

【性味功效】　性热，味辛。温胃止呕，散寒止痛。

益　智
ALPINIAE OXYPHYLLAE FRUCTUS

本品为姜科植物益智 *Alpinia oxyphylla* Miq. 的干燥成熟果实。始载于《开宝本草》。多为栽培。因其功而得名。为常用中药。

【别名】　益智仁。

【产地】　主产于海南保亭、琼中、陵水、琼海、白沙、三亚、屯昌、澄迈。此外，广东信宜、阳江，广西灵山、横县，云南西双版纳，福建南安、漳州亦产。

【采制】　夏秋间果实由绿转红时摘下，摊在地上晒干或低温干燥。

【商品特征】　椭圆形，两头略尖，灰棕色，具苦瓜纵楞，皮薄紧贴种子团。种子团三瓣。气香、味辛微苦。

【商品规格】　为统货。其规格标准为：

统货：呈椭圆形，两端略尖。表面棕色或灰棕色。有纵向隆起棱线。种子团分为三瓣。种粒红棕色或灰褐色，断面红白色、质坚硬、气香，味辛苦。果实、显油性。瘦瘪果不超过 10％。无果柄、杂质、霉变。

【品质要求】　以粒大、气味浓者为佳。本品种子含挥发油不得少于 1.0％（毫升/克）。

【产销行情】　全国年均生产约 150 吨，纯购约 150 吨，纯销约 150 吨。其中广东年均纯购约 80 吨，广西约 30 吨，福建约 20 吨。

【包装贮藏】　以麻袋装。本品易发霉，走油，应置阴凉干燥通风处保存，应防热。

【功效】　性温，味辛。暖肾固精缩尿，温脾止泻摄唾。

海　马
HIPPOCAMPUS

本品为海龙科动物线纹海马 *Hippocampus kelloggi* Jordan et Snyder、刺海马 *Hippocampus histrix* Kaup、大海马 *Hippocampus kuda* Bleeker、三斑海马 *Hippocampus trimaculatus* Leach 或小海马（海蛆）*Hippocampus japonicus* Kaup 的干燥体。始载于《本草拾遗》。野生与家养均有。因生于海，其首如马，故名海马。为较常用中药。

【别名】　水马、马头鱼。

【产地】　主产于广东海丰、惠来、电白、湛江、宝安、海康、陆丰，海南琼山、昌江，福建厦门、福鼎、同安、东山、仙游、平潭，山东烟台、青岛等地，此外辽宁、福建等沿海地区亦产。国外产于新加坡、日本、菲律宾、新加坡、马来西亚等国。

【采制】　夏秋二季捕捞。捕获后将内脏除去，晒干，或除去外部皮膜及内脏后，将尾盘卷，晒干，选择大小相似者用红线缠扎成对。

【商品特征】 马头、蛇尾、瓦楞身。三斑海马有 3 个圆形黑斑。刺海马头上有叉刺。大海马无叉刺无黑斑。小海马体小色黑。

【商品规格】 商品按其来源和形状分海马、刺海马、海蛆 3 种规格。其规格等级标准为：一等（大条）：以体弯曲、头尾齐全，体长 16～30 厘米，黄白色。

二等（中条）：头尾齐全，体长 8～15 厘米，黄白色。

三等（小条）：头尾齐全，体长 8 厘米以下者，黄白色或暗褐色。

【品质要求】 以体大、坚实、头尾齐全，色白、尾卷曲者为佳。

【包装贮藏】 用纸包好，放入木箱或纸箱内保存。本品易虫蛀、变色、应置于阴凉干燥处存放。包装内可放花椒以防虫。

【性味功效】 性温，味甘、咸。温肾壮阳，散结消肿。

蛤 蚧
GECKO

本品为壁虎科动物蛤蚧 *Gekko gecko* Linnaeus 的干燥体。始载于《开宝本草》。过去多系野生，现在大量人工养殖。李时珍谓："蛤蚧因声而名。"为常用中药。

【别名】 对蛤蚧。

【产地】 主产于广西龙津、大新、崇左、百色、容县、宜山、平乐等地，广东怀集、云浮等地。国外多来自泰国、印度尼西亚、柬埔寨、越南。

【采制】 全年均可捕捉，剖开腹部取出内脏，用干布抹净血液（不用水洗），取竹片将四肢、腹部撑开，用线把尾部固定于竹条上，以防脱落，然后用文火烘干即成。一般两只合成一对。

【商品特征】 扁平状，竹片撑。头大眼大，满口细牙，表皮银灰色，具圆形细鳞和有色斑点，四肢具五趾，趾底具吸盘。气腥，味微咸。

【商品规格】 商品多以对为单位，原应以雌雄为对，捆在一起，现多以一只长尾一只短尾配搭出售。其规格分为断尾、全尾两种。均为特装、5 对装、10 对装、20 对装、30 对装。其规格等级标准为：

特装：全尾，长 9.5 厘米以上。

5 对装：全尾，长 8.5～9.49 厘米。

10 对装：全尾，长 8.0～8.49 厘米。

20 对装：全尾，长 7.5～7.9 厘米。

30 对装：全尾，长 7.0～7.49 厘米。

出口规格要求：木箱装，每箱 50 对，按规格要求分等出售。

【品质要求】 以体大肥壮、尾全不碎者为佳。

【产销行情】 全国年均生产约 25 万对，纯购约 22 万对，纯销约 20 万对，供应出口约 5 万对。其中广西年均纯购约 7 万对，广东约 4 万对，云南约 3 万对，贵州约 4 万对，其他地区约 3 万对。

【包装贮藏】 以木箱或铁盒包装。本品易虫蛀、发霉、泛油，应密封，置阴凉干燥处保存。为防虫，可在梅雨季前用文火反复烘干，再重新放入箱内，在箱内可放一些花椒、吴茱萸等拌存同贮。

【性味功效】 性平，味咸。补肺益肾，纳气定喘，助阳益精。

【附注】　蛤蚧为国家重点保护的野生动物药材品种。

槟　榔
ARECAE SEMEN

本品为棕榈科植物槟榔 *Areca catechu* L. 的干燥成熟种子。始载于《名医别录》。均为栽培。过去多为进口，现我国亚热带地区亦产。本品南方有作果品招待客人食用的习惯，宾与郎皆贵客之称，故名。为常用中药。

【别名】　大白、大腹子。

【产地】　主产于台湾，海南琼海、万宁、屯昌、琼中、陵水、保亭，云南元江、河口、金平，以及福建、广东等地。以海南省产者最著名。

【采制】　春末至秋初采收成熟果实，用水煮后低温烘干，剥去果皮，取出种子即可。外皮系大腹皮（大腹毛）。

【商品特征】　形如鸡心或扁圆形。具斜行下陷的网状花纹，破断面有大理石样花纹（称槟榔纹），味涩。

【商品规格】　商品分为一、二等。其规格等级标准为：

一等：扁圆形或圆锥形。表面淡黄色或棕黄色。质坚实。断面有灰白色或红棕色交错的大理石样花纹。味涩微苦，每千克 160 个以内。

二等：间有破碎、枯心不超过 5%，轻度虫蛀不超过 3%。其余同一等。

【品质要求】　以个大、体重、质坚、无破裂者为佳；本品含槟榔碱（$C_8H_{13}NO_2$）不得少于 0.2%；水分不得过 10.0%。

【产销行情】　全国年均生产约 300 吨，纯购约 280 吨，纯销约 450 吨。其中广东年均纯购约 150 吨，云南 70～80 吨，福建约 40 吨，其他地区约 40 吨，进口约 200 吨。槟榔为常用中药，但用量并不大，20 世纪 70 年代市场偏紧。

【包装贮藏】　用草席或麻袋包装。本品易虫蛀，破碎后更甚。应防潮、置干燥通风处保存。注意防蛀。

【功效】　性温，味苦、辛。杀虫，消积，行气、利水，截疟。

本产区其他道地药材

品　名	来　源	主要道地产区
八角茴香	木兰科植物八角茴香 *Illicium verum* Hook. f. 的干燥成熟果实	广东、广西、云南等地
土茯苓	百合科植物光叶菝葜 *Smilar glabra* Roxb. 的干燥根茎	广东、湖南、湖北、浙江、四川、安徽等
红大戟	茜草科植物红大戟 *Knoxia valerianoides* Thorel et Pitard 的干燥块根	广西、广东、云南等
红豆蔻	姜科植物大高良姜 *Alpininia galangal* Willd. 的干燥成熟果实	广西、广东、云南等
肉豆蔻	肉豆蔻科植物肉豆蔻 *Myristica fragrans* Houtt. 的干燥种仁	广东、广西、海南、台湾、云南、福建等

续表

品　名	来　源	主要道地产区
牡蛎	牡蛎科动物牡蛎 *Ostrea gigas* Thunberg、大连湾牡蛎 *Ostrea talienwhanensia* Crosse 或近江牡蛎 *Ostrea rivularis* Gould 的贝壳	广东、福建、辽宁、浙江等
金樱子	蔷薇科植物金樱子 *Rosa laevigata* Michx. 的干燥成熟果实	广东、江西、浙江等
罗汉果	葫芦科植物罗汉果 *Siraitia grosvenoroo*（Swingle）C. Jeffrey ex A. M. Lu et Z. Y. Zhang 的干燥成熟果实	广西桂林
荜澄茄	樟科植物山鸡椒 *Litsea cubeba*（Lour.）Pers. 的干燥成熟果实	广西、浙江、江苏、安徽等长江流域以南各地
降香	豆科植物降香檀 *Dalbergia odorifera* T. Chen 的树干和根的干燥心材	主产于海南，福建、云南、广西亦产
青皮	芸香科植物橘 *Citrus reticulate* Blanco 及其栽培变种的干燥幼果或未成熟果实的果皮	广西、福建、浙江、陕西等
青果	橄榄科植物橄榄 *Canarium album* Raeusch. 的干燥成熟果实	广东、广西、福建、四川、云南等
骨碎补	水龙骨科植物槲蕨 *Drynaria fortunei*（Kunze）J. Sm 的干燥根茎	广东、四川、湖北、江西、陕西、福建等
草豆蔻	姜科植物草豆蔻 *Alpinia katsumadai* Hayata 的干燥近成熟种子	广东、海南、云南、广西等
钩藤	茜草科植物钩藤 *Uncaria rhynchophylla*（Miq.）Miq. ex Havil.、大叶钩藤 *Uncaria macrophylla* Wall、毛钩藤 *Uncaria hirsute* Havil、华钩藤 *Uncaria sinensis*（Oliv.）Havil 或无柄果钩藤 *Uncaria sessilifructus* Roxb. 的干燥带钩茎枝	广西、江西、湖南、浙江、福建、安徽、广东等
胡椒	胡椒科植物胡椒 *Piper nigrum* L. 的干燥近成熟或成熟果实	主产海南省，广东、广西亦产
桂枝	樟科植物肉桂 *Cinnamomum cassia* Presl 的干燥嫩枝	广东高要、罗定、德庆、防城等，广西平南、宁明、大新等
海龙	海龙科动物刁海龙 *Solenognathus hardwickii*（Gray）、拟海龙 *Syngnathoides biaculeatus*（Bloch）或尖海龙 *Syngnathus* Linnaeus 的干燥体	广东惠阳、宝安、阳江以及福建、台湾等
海桐皮	豆科植物海桐 *Erythrina indica* Lam. ［E. *variegata* L. var. *orientalis*（L.）Merr.］的树皮和根皮	广西、云南、福建、湖北等
桑寄生	桑寄生科植物桑寄生 *Taxillus chinensis*（DC.）Danser 的干燥带叶茎枝	广东三水、南海、顺德、中山，广西容县、苍梧等
樟脑	樟科植物樟 *Cinnamomum camphora*（L.）Presl 树干、树枝或根的提取物	台湾、江西、福建、广东、四川、云南、广西等

自学指导

【重点难点】

1. 广药产区的自然环境条件。
2. 肉桂、砂仁、珍珠、金钱白花蛇的道地产地、商品规格。
3. 肉桂、砂仁、蛤蚧、海马、海龙、青皮、荜澄茄、桂枝、樟脑、胡椒、八角茴香等药材商品各自在贮藏养护中的注意事项。

【复习思考题】

1. 广药产区的自然环境条件特点是什么？
2. 试述肉桂、砂仁、珍珠、金钱白花蛇的道地产地、商品规格。
3. 试述肉桂、砂仁、蛤蚧、海马、海龙、青皮、荜澄茄、桂枝、樟脑、胡椒、八角茴香等药材商品各自在贮藏养护中的注意事项。

第三章 云 药

【目的要求】

1. 掌握重点药物三七、木香、茯苓的道地产地、规格等级、贮藏养护。掌握诃子、苏木、重楼、珠子参的贮藏养护方法。

2. 熟悉云药产区的自然环境条件；熟悉木蝴蝶、诃子、苏木、草果、余甘子、香橼、重楼、珠子参的道地产地、规格等级；熟悉草果、香橼的贮藏养护方法。

3. 了解儿茶、竹黄、竹节参、芒果核、荜茇、萝芙木、雪上一枝蒿、琥珀、雷丸的道地产地；了解云药产区的地理位置。

【自学时数】

3 学时。

凡以云南及西藏南部为主要产区或集散地的大宗商品药材，均称为云药。

云南地处我国南部边疆，跨云贵高原西南部，位于东经 97°32′～106°12′，北纬 21°8′～29°15′。北邻四川、西藏，东连贵州、广西，南接越南、老挝，西与缅甸交界。云南位于云岭以南，故名云南，古为滇，故简称滇。

云南全省海拔相差很大，最高点为滇藏交界的德钦县怒山山脉梅里雪山主峰卡瓦博格峰，海拔 6740 米；最低是在与越南交界的河口县境内南溪河与元江汇合处，海拔仅 76.4 米。高低相差达 6000 多米。全省主要河流有金沙江、澜沧江、怒江、南盘江、元江、独龙江、大盈江、瑞丽江等。

云南气候类型丰富多样，有北热带、南亚热带、中亚热带、北亚热带、南温带、中温带和高原气候区共 7 个气候类型。因此，有"一山分四季，十里不同天"的"立体气候"特点。年平均气温 4℃～24℃之间，多数地区平均 15℃，平均积温 3000℃～7000℃。年平均降雨量为 600～2300 毫米。地理及气候条件十分复杂，主要包括滇南和滇北两大区。

滇西北为横断山区，介于澜沧江与金沙江之间的云岭山脉，峰峦坝谷，地形多样。以丽江地区为例，玉龙雪山主峰高达 5596 米，与穿过的江河河面之间高低差在 2000～3000 米以上。土地分为寒冻高山土地带、亚高山土地带、中山土地带和河谷土地带。药材的生长随山川形势及海拔高度而异，垂直变化明显。海拔 2000～2500 米的平坝区，年平均气温 11℃以上，平均积温 3000℃以上，无霜期 200 多天，适宜云茯苓、云木香等生长。雪线以上地区亦盛产冬虫夏草等药材。在不同海拔高度和环境，还有多种道地药材生长。

滇南由于哀牢山、云贵高原山地和青藏高原阻挡了北来的冷空气，冻害不易发生，又无台风影响，是我国少有的静风区。全年只有干、湿季之分，但旱季雾多露重，实际是干而不旱，有利于药材的生长，出产诃子、槟榔、儿茶等。阳春砂仁也已在此种植成功并大面积推广。最南端的勐腊县，海拔 700 米以下的地区，为无霜区，最冷月平均气温在 15℃ 以上，平均积温 7500℃ 以上，适宜胡椒、肉桂等的栽培。

处于滇南、滇北之间的文山、思茅地区以盛产三七闻名于世。

此外，西藏的江南——察隅、墨脱等地，海拔 600～800 米，成为从北极到海南岛植被类型的缩影。在 800 米以下，年平均气温在 20℃ 以上，平均积温 6500℃，且处于喜马拉雅山迎风坡，年降雨量高达 2000 毫米，与西双版纳相似。

云南主产的药材有三七、木香、茯苓、诃子、苏木、重楼、珠子参、木蝴蝶、余甘子、香橼、儿茶、琥珀等。

三 七

NOTOGINSENG RADIX ET RHIZOMA

本品为五加科植物三七 *Panax notoginseng* (Burk.) F. H. Chen 的干燥根和根茎。始载于《本草纲目》。多为栽培。因其播种后 3～7 年挖采而且每株长三个叶柄，每个叶柄生七个叶片，故名三七。为常用中药。

【别名】 田七、金不换。

【产地】 主产于云南文山、砚山、广南、马关、西畴、邱北、富宁，广西靖西、睦边、百色等地。

【采制】 种植三年以后即可采收，秋季开花前挖取，除茎叶、杂质，剪下芦头、侧根及须根，曝晒至半干，反复揉搓，以后反复边晒边搓，直至全干，放入麻袋内撞至表面光滑即得。按个头大小分档，如每 500 克在 20 个以内者称为 20 头，40 个以内者称为 40 头。剪下的芦头称"剪口"，较粗支根称"筋条"，细小支根及须根称"绒根"。

【商品特征】 瘤头、身短、铜皮、铁心，体重质坚，击碎后皮部与木部常分离，先苦后甜。

【商品规格】 商品按每 500 克的头数分等，如每 500 克有 20 头、30 头、40 头、60 头、80 头、120 头、160 头、200 头等。此外，尚有"大二外"、"小二外"、"无数头"、筋条、剪口，共 13 个等级。

1. 春三七

一等：呈圆锥形或圆柱形。表面灰黄色或黄褐色。质坚实、体重。断面灰褐色。味苦微甜。每 500 克在 20 头以内。长不超过 6 厘米。

二等：每 500 克在 30 头以内。其余同一等。

三等：每 500 克在 40 头以内，长不超过 5 厘米。其余同一等。

四等：每 500 克在 60 头以内，长不超过 4 厘米。其余同一等。

五等：每 500 克在 80 头以内，长不超过 3 厘米。其余同一等。

六等：每 500 克在 120 头以内，长不超过 2.5 厘米。其余同一等。

七等：每 500 克在 160 头以内，长不超过 2 厘米。其余同一等。

八等：每 500 克在 200 头以内，其余同七等。

九等（大二外）：每 500 克在 250 头以内，长不超过 1.5 厘米。其余同一等。

十等（小二外）：每 500 克在 300 头以内，其余同九等。

十一等（无数头）：每 500 克在 450 头以内，其余同十等。

十二等（筋条）：间有从主根上剪下的细支根（筋条）。不分春、冬七，每 500 克在 450～600 头以内，支根上端直径不低于 0.8 厘米，下端直径不低于 0.5 厘米。其余同十一等。

十三等（剪口）：不分春、冬七，主要是三七的芦头（羊肠头）及糊七（内部未烤焦的）。

此外，三七细小支根及须根，商品上称绒根。

2. 冬三七

各等头数与春三七相同。冬三七的表面多灰黄色，有皱纹或抽沟（拉槽）。不饱满，体稍轻，断面黄绿色。

【品质要求】　均以个大、体重、质坚、表面光滑、断面灰绿色或黄绿色者为佳；本品含人参皂苷 Rg_1（$C_{42}H_{72}O_{14}$）、人参皂苷 Rb_1（$C_{54}H_{92}O_{23}$）及三七皂苷 R_1（$C_{47}H_{80}O_{18}$）的总量不得少于 5.0%；水分不得过 14.0%；总灰分不得过 6.0%；酸不溶性灰分不得过 3.0%；醇溶性浸出物不得少于 16.0%。

【产销行情】　全国年生产 6000～8000 吨，纯购约 8000 吨，纯销约 8000 吨。供应出口约 300 吨。

【包装贮藏】　用硬纸盒或木箱包装，内衬防潮纸。置于阴凉干燥处密封保存。在贮存过程中应注意检查，如发现受潮应及时晾晒；若发霉可晾晒后撞刷去之；为防蛀，少量药材可与冰片同贮。

【性味功效】　性温，味甘、微苦。散瘀止血，消肿定痛。

木 香

AUKLANDIAE RADIX

本品为菊科植物木香 *Aucklandia lappa* Decne. 的干燥根。始载于《神农本草经》，列为上品。多为栽培。木香本名蜜香，因气香如蜜，后讹为木香。为常用中药。

【别名】　云木香、广木香。

【产地】　主产于云南丽江地区和迪庆州。国外主产于印度、缅甸等。

【采制】　一般于霜降前采挖种植 2～3 年的根，除去茎叶、须根及泥土，切成 6～12 厘米长的短条，粗大者剖为 2～4 块，晒干或阴干（猛火烘易出油而影响质量），干燥后撞去粗皮，如需切片，则先闷透，切后晾干。

【商品特征】　短节状、枯骨形，灰棕色，表面可见菱形网纹，体重质坚，断面菊花心，油性大、香气浓，味苦辛。

【商品规格】　商品云木香分一、二等，其规格等级标准为：

一等：干货，呈圆柱形或半圆柱形。表面棕黄色或灰棕色。体实。断面黄棕色或黄绿色，具油性。气香浓，味苦而辣。根条均匀，长 8～12 厘米，最细的一端直径在 2 厘米以上。不空、不泡、不朽。无芦头、根尾、焦枯、油条、杂质、虫蛀、霉变。

二等：干货，呈不规则的条状或块状。表面棕黄色或灰棕色。体实。断面黄棕色或黄绿色。具油性。气香浓，味苦而辣。长 3～10 厘米，最细的一端直径在 0.8 厘米以上。间有根头根尾、碎节、破块。无须根、枯焦、杂质、虫蛀、霉变。

【品质要求】　均以根粗壮均匀，体重坚实，香气浓郁、油性足、无须根者为佳；本品含木香烃内酯（$C_{15}H_{20}O_2$）和去氢木香内酯（$C_{15}H_{18}O_2$）的总量不得少于 1.8%；总灰分不得过 4.0%。

【产销行情】 全国年生产约 4500 吨，纯购约 4000 吨，纯销约 2500 吨。供应出口约 300 吨。其中云南年均纯购约 1000 吨，四川约 800 吨，陕西约 80 吨，湖北约 100 吨，其他地区约 2000 吨。

【包装贮藏】 用麻袋或竹篓装，内衬笋壳包装以防潮。本品易虫蛀、发霉、泛油，应置阴凉干燥处保存。若受潮，应马上晾晒。

【性味功效】 性温，味辛、苦。行气止痛，健脾消食。

木 蝴 蝶
OROXYLI SEMEN

本品为紫葳科植物木蝴蝶 *Oroxylum indicum*（L.）Vent. 的干燥成熟种子。始载于《滇南本草》。商品主要来源于野生资源。因形略似蝴蝶形而得名。为较常用中药。

【别名】 千张纸、玉蝴蝶、云故纸。

【产地】 主产于云南普洱、耿马、景洪、元江、马关、富宁、保山、双江、孟腊、屏边、泸西，广西邕宁、武鸣、凭祥、崇左、龙州、南丹、巴马、平南、钦州、百色、那坡、田阳、靖西、都安，贵州紫云、罗甸、兴义、贞丰等地。

【采制】 秋冬二季采收成熟果实，曝晒至果实开裂，撕开果荚，取出种子，及时晒干或烘干。

【商品特征】 蝶形薄片，除基部外三面延长成宽大菲薄的翅，翅半透明，有绢丝样光泽，上有放射状纹理。体轻，剥去种皮，可见一层薄膜状的胚乳紧裹于子叶之外。

【商品规格】 本品为统货。

【品质要求】 以身干、张大、无皱片、色白、翼柔软如绸者为佳；本品水分不得过 6.0%；醇溶性浸出物不得少于 20.0%。

【包装贮藏】 竹篓或麻袋装。置通风干燥处。本品受潮则易发霉或生黑色斑点。

【性味功效】 性凉，味苦、甘。清肺利咽，疏肝和胃。

诃 子
CHEBULAE FRUCTUS

本品为使君子科植物诃子 *Termuinalia chebula* Retz. 或绒毛诃子 *Termuinalia chebula* Retz. var. *tomentella* Kurt. 的干燥成熟果实。原名诃黎勒，始载于《唐本草》。多为野生。过去均系进口，译名诃黎勒，后缩名为诃子。为少常用中药。

【别名】 诃黎勒。

【产地】 诃子主产于云南永德、龙陵、镇康、施甸、昌宁、耿马、双江、保山、泸水、潞西、瑞丽、凤庆、景东；广东广州市郊及增城；广西南宁市邕县。绒毛诃子主产于云南承德、镇康、龙陵、瑞金等地。此外，国外主产于印度、缅甸等国。

【采制】 秋末冬初采收成熟的果实，用沸水烫 5 分钟，然后晒干即可。晾晒时注意不宜过多翻动，否则易由黄色变黑，表面不光滑。

【商品特征】 呈椭圆形，两头略尖，黄棕色，具皱纹和 5 条纵棱，核果，种子一枚。味酸涩后甜。

【商品规格】 按外形大小分为一、二等。其等级标准为：

一等：直径在 1.5 厘米 以上。

二等：直径在 1.5 厘米以下。

【品质要求】 以肉质肥厚、坚实、个大、表面黄棕色，有光泽，味酸涩者为佳；本品水分不得过 13.0%；总灰分不得过 5.0%；水溶性浸出物不得少于 30.0%。

【包装贮藏】 木箱包装。本品易吸潮发霉、生虫、应置于干燥处保存。

【性味功效】 性平，味苦、酸、涩。涩肠止泻，敛肺止咳，降火利咽。

【附注】 诃子为国家重点保护的野生植物药材品种。

苏 木
SAPPAN LIGNUM

本品为豆科植物苏木 *Caesalpinia sappan* L. 的干燥心材。原名苏枋木，始载于《南方草木状》，野生与家种均有。李时珍："海岛有苏方国，其地产此木，故名，今人呼为苏木尔。"为较常用中药。

【别名】 苏方木、苏枋木。

【产地】 产于云南景东、元江、西双版纳、红河、保山、临沧、麻栗坡、马关、丽江，广西百色、隆安、龙津，广东、海南和台湾等地。国外产于印度尼西亚苏门答腊、马来西亚及泰国等。

【采制】 多于秋季采伐，除去粗皮及边材，取其黄红色或红棕色的心材，晒干。

【商品特征】 条块状，黄红色至棕红色，可见红黄相间的纵向条纹，表面有刀削痕，断面年轮纹明显。水试：水液红色，加酸变黄，加碱变红。

【商品规格】 商品为统货。

【品质要求】 以粗大质重，色红黄者为佳；本品含巴西苏木素（$C_{16}H_{14}O_5$）不得少于 0.50%，（土）原苏木素 B（$C_{16}H_{16}O_5$）不得少于 0.50%；水分不得过 12.0%；醇溶性浸出物不得少于 7.0%。

【产销行情】 全国年均生产约 120 吨，纯购约 120 吨，纯销约 120 吨。

【包装贮藏】 竹篓或麻袋装。置于干燥通风处保存。

【性味功效】 性平，味甘、咸。活血祛瘀，消肿止痛。

余 甘 子
PHYLLANTHI FRUCTUS

本品为大戟科植物余甘子 *Phyllanthus emblica* L. 的干燥成熟果实。余甘子又称庵摩勒。始载于《唐本草》。均为野生或半野生。为云南、西藏地区的常用中药。

【产地】 云南大部分地区均产；福建莆田、惠安、安溪、南安、泉州、同安、长泰，广东普宁、潮阳，广西西南和西北部，贵州贞丰、罗甸、普安、六枝、安龙、兴龙，四川攀枝花、凉山等地亦产。

【采制】 冬季至次春果实成熟时采收，除去杂质，干燥。

【商品特征】 扁球形，表面棕褐色至墨绿色，具不明显的 6 棱，味酸涩，回味甜。

【商品规格】 本品为统货。

【品质要求】 以个大、肉厚、回甜味浓者为佳；本品含没食子酸（$C_7H_6O_5$）不得少于 1.2%；水分不得过 13.0%；总灰分不得过 5.0%；水溶性浸出物不得少于 30.0%。

【包装贮藏】　竹篓或麻袋装。置阴凉干燥处。

【性味功效】　性凉，味甘、酸、涩。清热凉血，消食健胃，生津止咳。

草 果
TSAOKO FRUCTUS

本品为姜科植物草果 *Amomum tsao-ko* Crevost et Lemaire. 的干燥成熟果实。始载于《本草衍义》。《本草纲目》收于豆蔻项下。多为栽培。为少常用中药。

【产地】　主产于云南金平、元阳、河口、屏边、绿春、马关、西畴、富宁、麻栗坡、盈江、潞西、陇州；广西靖西、那坡、贵州罗甸等地。国外越南亦产。

【采制】　10～11月采收，果实即将成熟时，摘取果实，晒干即成。过迟则果实开裂，种子散出，影响质量。

【商品特征】　呈三棱状椭圆形，灰棕色至红棕色，满布纵棱线。种子团三瓣，种子粒大。有特异香气，味辛辣。

【商品规格】　本品为统货。

【品质要求】　以个大、饱满、质硬、表面红棕色、内色白、香气浓、味辛辣者为佳；本品种子团含挥发油不得少于 1.4%；水分不得过 15.0%；总灰分不得过 8.0%。

【产销行情】　全国年均生产 1500～1600 吨，纯购约 1000 吨，纯销约 1000 吨。其中云南年均纯购约 500 吨，广西约 250 吨，贵州约 200 吨。

【包装贮藏】　麻袋或木箱包装。本品易泛油，应防潮，置阴凉干燥处保存。

【性味功效】　性温，味辛。燥湿温中，截疟除痰。

茯 苓
PORIA

本品为多孔菌科真菌茯苓 *Poria cocos*（Schw.）Wolf 的干燥菌核。始载于《神农本草经》列为上品。栽培和野生均有，以栽培产量大。李时珍说茯苓又名茯灵，为松之神灵之气伏结而成，故名。为常用中药。

【别名】　云苓、云茯苓。

【产地】　野生品主产于云南丽江、维西、中甸、福贡、云龙、剑川、腾冲、禄劝、武定、富民、宣威等地，家种品主产于云南楚雄州、昆明市和曲靖地区，维西、丽江亦有种植。安徽金寨、霍山、岳西、太湖，湖北罗田、英山、麻城，河南新县、固始，四川西昌、攀枝花等地亦有种植。栽培者以湖北、安徽产量大，野生者以云南产者质量最优，称"云苓"。

【采制】　野生茯苓常在7月至次年3月到松林中采挖。人工栽培茯苓于接种后第二年7～9月采挖。鲜茯苓去净泥沙，堆置"发汗"，摊晾，再"发汗"3～4次，阴干，称为"茯苓个"；鲜茯苓去皮后切片，为"茯苓片"；切成方形或长方形块者为"茯苓块"；中有松根者为"茯神"；去茯苓皮后，有的内部显淡红色者为"赤茯苓"；切去赤茯苓后的白色部分为"白茯苓"。

【商品特征】　球形、块状或片状，表面棕褐色，粗糙。体重、质坚。岔口白色糊状，嚼之粘牙。味淡。遇碘试液不变黑。

【商品规格】

1. 个苓

一等：呈不规则圆球形或块状。表面黑褐色或棕褐色。体坚实、皮细。断面白色。味淡。大小圆扁不分。无杂质、霉变。

二等：呈不规则圆球形或块状。表面黑褐色或棕色。体轻泡、皮粗、质松。断面白色至黄赤色。味淡。间有皮沙、水锈、破伤。无杂质、霉变。

2. 白苓片

一等：为茯苓去净外皮，切成薄片。白色或灰白色。质细。厚度每厘米 7 片，片面长宽不得小于 3 厘米。无杂质、霉变。

二等：为茯苓去净外皮，切成薄片。白色或灰白色。质细。厚度每厘米 5 片，片面长宽不得小于 3 厘米。无杂质、霉变。

3. 白苓块

统货：为茯苓去净外皮切成扁平方块。白色或灰白色。厚度 0.4～0.6 厘米，长度 4～5 厘米，边缘苓块，可不成方形。间有 1.5 厘米以上的碎块。无杂质、霉变。

4. 赤苓块

统货：为茯苓去净外皮切成扁平方块。赤黄色。厚度 0.4～0.6 厘米，长度 4～5 厘米，边缘苓块，可不成方形。间有 1.5 厘米以上的碎块。无杂质、霉变。

5. 茯神块

统货：为茯苓去净外皮切成扁平方形块。色泽不分，每块含有松木心。厚度 0.4～0.6 厘米，长宽 4～5 厘米。木心直径不超过 1.5 厘米。边缘苓块，可不成方形。间有 1.5 厘米以上的碎块，无杂质、霉变。

6. 骰方

统货：干货。为茯苓去净外皮切成立方形块。白色。质坚实。长、宽、厚在 1 厘米以内，均匀整齐。间有不规则的碎块，但不超过 10%。无粉末、杂质、霉变。

7. 白碎苓

统货：干货。为加工茯苓时的白色或灰白色的大小碎块或碎屑，均属此等。无粉末、杂质、虫蛀、霉变。

8. 赤碎苓

统货：干货。为加工茯苓时的赤黄色大小碎块或碎屑，均属此等。无粉末、杂质、虫蛀、霉变。

9. 茯神木

统货：干货。为茯苓中间生长的松木，多为弯曲不直的松根，似朽木状。色泽不分，毛松体轻。每根周围必须带有三分之二的茯苓肉。木杆直径最大不超过 2.5 厘米。无杂质、霉变。

【品质要求】 茯苓个以体重、坚实、外皮棕褐、无裂隙、断面色白细腻，嚼之黏性强者为佳，茯苓块以块状不碎，色洁白者为佳；本品含水分不得过 18.0%；总灰分不得过 2.0%；醇溶性浸出物不得少于 2.5%。

【产销行情】 全国年产量高约 25000 吨，最低为 2500 吨，纯购年平均约 7000 吨，纯销约 7000 吨，供应出口约 800 吨。其中广东年均纯购约 1500 吨，安徽约 1000 吨，湖南约 700 吨，广西约 500 吨，湖北约 700 吨，云南约 600 吨，浙江约 500 吨，四川约 450 吨，其他地区约 1000 吨。

【包装贮藏】 茯苓块、茯神块用木箱装。本品易虫蛀、发霉、变色，应密闭，置于阴凉干燥处保存。不宜暴晒，以免变色和起裂纹，为防虫蛀可用药物熏蒸或用气调养护。

【性味功效】 性平，味甘、淡。利水渗湿，健脾，宁心。

香 橼
CITRI FRUCTUS

本品为芸香科植物枸橼 *Citrus medica* L. 或香圆 *Citrus wilsonii* Tanaka 的干燥成熟果实。始载于《名医别录》，列于豆蔻项下，《图经本草》才将香橼与豆蔻分别记载。商品主要分枸橼和香圆两种，均为栽培。因其果实气香而形圆，故名。为较常用中药。

【别名】 香圆、陈香橼。

【产地】 枸橼主产于云南宾川、永平、漾濞、双柏、临沧、思茅，四川合江、金堂、温江、重庆，以及广东等地。

香圆主产于浙江桐乡、龙游、峡县、慈溪，江苏苏州、南通、常州、泰州，以及福建等地。

【采制】 8～9 月摘取成熟果实，晒干，或趁鲜剖成二瓣或将果实切成薄片，除去种子及瓤，晒干。

【商品特征】 香橼多加工成片。肉厚、瓤囊小，中柱大，味微甜而苦辛者为枸橼；肉薄、瓤囊大，中柱小，味酸而苦者为香圆。

【商品规格】 商品由于产地及来源不同，分为枸橼和香圆两种，不分等级，商品有个和片两种规格。

【品质要求】 香橼片以色黄白、气香浓者为佳；香橼个以个大，皮粗，色黑绿、质坚、香气浓者为佳；本品含柚皮苷（$C_{27}H_{32}O_{14}$）不得少于 2.5%。

【包装贮藏】 麻袋装，切片宜箱装。本品易虫蛀、发霉、变色、走失香气。应密闭，置阴凉干燥处保存。一般切片更易变质。少量药材可置石灰缸内贮存。

【性味功效】 性温，味苦、辛、酸。疏肝理气，宽中，化痰。

重 楼
PARIDIS RHIZOMA

本品为百合科植物云南重楼 *Paris polyphylla* Smith var. *yunnanensis*（Franch.）Hand.-Mazz. 或七叶一枝花 *Paris polyphylla* Smith var. *chinensis*（Franch.）Hara 的干燥根茎。原名蚤休，始载于《神农本草经》，列为下品。均为野生。李时珍说：一茎独上，茎当叶心。叶绿似芍药，凡叶二三层，故名。为少常用中药。

【别名】 蚤休、草河车、七叶一枝花。

【产地】 主产于云南、四川、广西、陕西、江西、贵州等省。

【采制】 秋季茎叶刚枯萎时采挖。挖取后，去掉残茎及泥土，晒干，搓去须根后再晒干即可。

【商品特征】 呈结节状扁圆柱形，黄褐色，上有半月形凹窝，下有须根痕。体重、质轻。断面白色粉性。味微苦辛。

【商品规格】 不分等级，均为统货。

【品质要求】　以身干、根条粗大，质坚实，断面色白、粉性足者为佳；本品含重楼皂苷 I （$C_{44}H_{70}O_{16}$），重楼皂苷 II （$C_{51}H_{82}O_{20}$），重楼皂苷 VI （$C_{39}H_{62}O_{13}$）和重楼皂苷 VII （$C_{51}H_{82}O_{21}$）的总量不得少于 0.60%；水分不得过 12.0%；总灰分不得过 6.0%；酸不溶性灰分不得过 3.0%。

【包装贮藏】　竹篓装或麻袋装。置阴凉干燥处保存。

【性味功效】　性微寒，味苦；有小毒。清热解毒，消肿止痛，凉肝定惊。

【附注】　重楼为国家重点保护的野生植物药材品种。

珠 子 参
PANACIS MAJORIS RHIZOMA

本品为五加科植物珠子参 *Panax japonicus* C. A. Mey. var. *major* （Burk.） C. Y. Wu et K. M. Feng 或羽叶三七 *Panax japonicus* C. A. Mey. var. *bipinnatifidus* （Seem.） C. Y. Wu et K. M. Feng 的干燥根茎。原名珠参，始载于《本草纲目拾遗》。野生与家种均有。因其形似珠，故名。为云南、西藏地区的常用中药。

【别名】　钮子七、扣子七、疙瘩七。

【产地】　主产于云南丽江、迪庆、怒江、大理、楚雄、昭通等地。此外甘肃、陕西、四川、湖北、贵州等省亦产。

【采制】　秋末采挖根茎，除去外皮及须根，干燥；或蒸透后晒干。

【商品特征】　扁球形，圆锥形或不规则形，偶呈连珠状。表面棕黄色或黄褐色，质坚硬，断面淡黄白色，具粉性，味微苦。

【商品规格】　本品为统货。

【品质要求】　直接干燥品以质坚硬、块大、色黄白，节间短者为佳，蒸品以色红棕、透明、角质者为佳；本品含竹节参皂苷 IVa （$C_{42}H_{66}O_{14}$）不得少于 3.0%；水分不得过 14.0%；总灰分不得过 7.0%。

【包装贮藏】　用竹篓或麻袋装。置于干燥处保存。本品易受潮、虫蛀，防虫可用氯化苦或磷化铝熏。

【性味功效】　性微寒，味甘、苦。补肺养阴，祛瘀止痛，止血。

本产区其他道地药材

品　名	来　源	主要道地产区
儿茶	豆科植物儿茶 *Acacia catechu* （L. f） Willd. 的去皮枝、干的干燥煎膏	云南西双版纳傣族自治州
竹黄	禾本科植物青皮竹 *Bambusa textilis* Mcclure. 或华思劳竹 *Schizostachyum chinense* Rendle 等茎秆内的分泌物干燥后的块状物	浙江等南方各省区
竹节参	五加科植物竹节参 *Panax japonicus* C. A. Mey. 的干燥根茎	陕西、甘肃、安徽、浙江等
芒果核	漆树科植物杧果 *Mangifera indica* L. 的干燥果核	福建、广东、海南、广西、云南、台湾
荜茇	为胡椒科植物荜茇 *Piper longum* L. 的干燥近成熟或成熟果穗	云南东南至西南部

续表

品　名	来　源	主要道地产区
萝芙木	夹竹桃科植物萝芙木 *Rauvolfia verticillata*（Lour.）Baill. 及云南萝芙木 *R. yunnanensis* Tsiang 的干燥根	云南、广东、广西
雷丸	白蘑科真菌雷丸 *Omphalia lapidescens* Schroet. 的干燥菌核	云南、四川、贵州、湖北、广西
琥珀	为古代松科松属植物的树脂埋藏地下经年久转化而成	云南腾冲
雪上一枝蒿	本品为毛茛科植物短柄乌头 *Aconitum brachypodum* Diels 的干燥块根	云南东川、会泽、寻甸、曲靖、陆良、富源、宣威

自学指导

【重点难点】

1. 重点药物三七、木香、茯苓的道地产地、规格等级、贮藏养护。
2. 掌握诃子、苏木、重楼、珠子参的贮藏养护方法。
3. 熟悉云药产区的自然环境条件。

【复习思考题】

1. 云药产区的自然环境条件特点是什么?
2. 试述三七、木香、茯苓的道地产地、商品规格。
3. 试述木香、草果、香橼、荜茇、雪上一枝蒿等药材商品各自在贮藏养护中的注意事项。

第四章 贵 药

【目的要求】

1. 掌握重点药物天麻、杜仲、吴茱萸的道地产地、规格等级、贮藏养护等。

2. 熟悉贵药产区的自然环境条件；熟悉天冬、白及、冰片、猪苓、通草、黄精、朱砂、石斛的道地产地、规格等级、贮藏养护。

3. 了解五倍子、南沙参、天南星、雄黄等的道地产地；了解贵药产区的地理位置及药材商品的产销行情。

【自学时数】

3 学时。

以贵州为主要产区或集散地的大宗商品药材均称为贵药。

贵州在我国的西南部，地处云贵高原东南部，位于东经 103°37′~109°32′，北纬 240°13′~29°13′。北邻四川、重庆，东连湖南，西接云南，南与广西交界。

贵州地貌属于中国西部高原山地，境内地势西高东低，由中部向北、东、南三面倾斜，平均海拔在 1100 米左右。贵州高原山地居多，素有"八山一水一分田"之说。全省地貌可概括分为高原山地、丘陵和盆地三种基本类型，其中 92.5% 的面积为山地和丘陵。境内地形崎岖，山脉众多，重峦叠峰，绵延纵横，山高谷深。北部有大娄山，主峰仙人山海拔1795 米，为贵州高原的北界；东北部有武陵山，主峰梵净山高 2572 米，为乌江和沅江的分水岭。西部与云南交界处有蒙山，属此山脉的赫章县珠市乡韭菜坪海拔 2900 米，为贵州境内最高点；而黔东南州黎平县地坪乡水口河出省界处，海拔为 137 米，为境内最低处；中部有苗岭横亘，为长江水系和珠江水系的分水岭。贵州岩溶地貌发育非常典型，喀斯特（出露）面积 109084 平方千米，境内岩溶分布广泛，生态类型齐全，地域分异明显，构成一种峰丛、洼地、溶丘、槽谷等特殊的岩溶生态系统。

贵州属中亚热带东部湿润季风气候区，年均气温 12℃~18℃，夏季平均气温 22℃~25℃，最热月为 7 月；冬季平均气温 3℃~6℃，最冷月为 1 月。贵州的水资源十分丰富，省内 80% 以上的地区年均降水量为 1000~1400 毫米，总的分布趋势是南部多于北部，东部多于西部。寒暖气流在此相遇，不易消散，形成连绵小雨，为我国阴雨天气最多的地区。年平均日照在 1200~1700 小时，日照率达 25%~40%。

由于贵州纬度较低，海拔较高，有明显的高原性季风特点。具有冬无严寒，夏无酷暑，雨量充沛，春秋天气多变等特点。贵药多生长在地形崎岖的高原、山岭、河谷、丘陵和盆地，尤以苗岭、梵净山、大娄山区为多。主要道地药材有天麻、杜仲、吴茱萸、半夏、南沙参、山慈菇、白及、黄柏、天冬、何首乌、金银花、淫羊藿、五倍子、黔党参、桔梗、射干、冰片（艾片）、金果榄、猪苓、通草、黄精、石斛、朱砂、雄黄等。

天 冬
ASPARAGI RADIX

本品为百合科植物天冬 *Asparagus cochinchinensis* （Lour.） Merr. 的干燥块根。始载于《神农本草经》，列为上品。多为野生，现已有栽培。李时珍说草之茂为门，俗作门。此草蔓茂，而功同麦冬，故曰天门冬。为较常用中药。

【别名】 明天冬、天门冬。

【产地】 主产于贵州仁怀、湄潭、赤水、望漠、瓮安，重庆酉阳、彭水、涪陵，四川古蔺、泸州、乐山，广西百色、罗城，浙江平阳、景宁，云南巍山、宾川，湖南东安、祁阳。此外陕西、甘肃、安徽、湖北、河南、江西亦产。以贵州产量大，品质佳。

【采制】 秋、冬两季采收。以冬季采者浆足、水分少，质量佳。采收后洗净泥土，除去茎基及须根，煮或蒸至透心，趁热剥去外皮，用水洗净，烘至以手握之不粘即可。

【商品特征】 呈长纺锤形，略弯曲。表面黄白色或淡黄棕色，半透明，肉质带黏，断面中柱明显。

【商品规格】 各地所产天冬，按根条粗细分为 1～3 等，具体标准为：

一等：干货。呈长纺锤形，去净外皮。表面黄白色或淡棕黄色，半透明，条肥大，具糖质。断面黄白色，角质状，中央有白色中柱（白心）。气微，味甜微苦。中部直径 1.2 厘米以上。无硬皮、杂质、虫蛀、霉变。

二等：间有纵沟纹。中部直径 0.8 厘米以上。间有未剥净硬皮，但不得超过 5%。无杂质、虫蛀、霉变。其余同一等。

三等：表面红棕色或红褐色，断面红棕色。中部直径 0.5 厘米以上。稍有未去净硬皮，但不得超过 15%。其余同二等。

【品质要求】 以身干、条粗壮、色黄白、半透明、无外皮残留者为佳。本品水分不得过16.0%；总灰分不得过 5.0%；醇溶性浸出物不得少于 80.0%。

【产销行情】 全国每年纯购约 2000 吨，纯销约 1800 吨，其中贵州每年纯购约 500 吨，广西纯购约 200 吨，浙江纯购约 150 吨，河南纯购约 150 吨，其他地区纯购约 800 吨。

【包装贮藏】 一般用麻袋或编织袋包装。本品易生霉、生虫、走油，应置阴凉干燥处密封保存，注意防霉、防蛀、防走油。

【性味功效】 性寒，味甘、苦。养阴润燥，清肺生津。

天 麻
GASTRODIAE RHIZOMA

本品为兰科植物天麻 *Gastrodia elata* Bl. 的干燥块茎。始载于《神农本草经》，列为上品。过去全为野生，现多为栽培。

【别名】 明天麻、赤箭。

【产地】 主产于贵州大方、威宁、赫章、毕节、贵阳、遵义、正安、湄潭、务川、德江、桐梓，四川平武、宜宾、乐山、凉山、雅安、通江、广元、茂县、汶川，重庆城口、巫溪、巫山，云南昭通、彝良、镇雄，陕西汉中、宁强、勉县、南郑、城固，湖北恩施、利川等地。河南、甘肃、吉林等地亦产。

【采制】　在立冬后至次年清明前挖取地下块茎。冬季或春初采挖者，习称"冬麻"，体重饱满质优；春季或夏季采挖者，习称"春麻"。挖出块茎后，洗净泥土，除去地上茎，擦去粗皮，浸入明矾水中，半小时后捞出，蒸至无白心为度，取出晾至半干，再晒干或烘干。

【商品特征】　长扁圆形或椭圆形，上端有的具"鹦哥嘴"或"红小辫"（冬麻）；有的具残留茎基（春麻），下端有"肚脐眼"，体表有点状环纹。质坚实，断面角质样。

【规格等级】　商品按产地分贵天麻（贵州产）、川天麻（四川产）、云天麻（云南产）、西天麻（陕西产）和杂路天麻。按采收时间分冬麻和春麻，通常均分 4 个等级。其规格等级标准为：

一等：干货。呈长椭圆形。扁缩弯曲，去净粗栓皮，表面黄白色，有横环纹，顶端有残留茎基或红黄色的枯芽。末端有圆盘状的凹脐形疤痕。质坚实、半透明。断面角质，牙白色。味甘微辛。每千克 26 支以内，无空心、杂质、虫蛀、霉变。

二等：每千克 46 支以内，余同一等。

三等：断面牙白色或棕黄色稍有空心。每千克 90 支以内，大小均匀。余同二等。

四等：每千克 90 支以外。凡不符合一、二、三等的碎块、空心及未去皮者均属此等。

【品质要求】　以个大、色黄白、质坚实沉重、断面半透明、有光泽、无空心者为佳。本品含天麻素不得少于 0.20％；水分不得过 15.0％；总灰分不得过 4.5％；醇溶性浸出物不得少于 10.0％。

【产销行情】　近年来天麻人工培植成功，产量大增，全国每年纯购约 3000 吨，纯销约 3000 吨，供应出口约 120 吨。其中贵州年均纯购约 100 吨，四川约 150 吨，陕西约 200 吨，湖北约 100 吨，供求基本平衡。

【包装贮藏】　可用塑料编织袋内衬聚乙烯薄膜的复合包装袋或瓦楞纸箱内衬防潮纸包装。本品易虫蛀、发霉，应置干燥、通风处保存，避光、防蛀。为防霉、蛀，在夏季应经常检查翻晒。

【性味功效】　性平，味甘。息风止痉，平抑肝阳，祛风通络。

石　斛
DENDROBII CAULIS

本品为兰科植物金钗石斛 *Dendrobium nobile* Lindl.、鼓槌石斛 *Dendrobium chrysotoxum* Lindl. 或流苏石斛 *Dendrobium fimbriatum* Hook 的栽培品及其同属植物近似种的新鲜或干燥茎。始载于《神农本草经》，列为上品。原多为野生，现多栽培。为常用中药。

【别名】　黄草、枫斗。

【产地】　主产于贵州罗甸、兴仁、安顺、都匀，广西靖田、凌乐、田林、睦边，广东，四川凉山、甘孜、雅安，安徽霍山，云南砚山、巍山、师宗等地。

【采制】　全年均可采收。鲜用者除去根和泥沙；干用者采收后，除去杂质，用开水略烫或烘软，再边搓边烘干，至叶鞘搓净，干燥。

【商品特征】　鲜石斛：呈圆柱形或扁圆柱形，长约 30 厘米，直径 0.4～1.2 厘米。表面黄绿色，光滑或有纵皱纹，节明显，色较深，节上有膜质叶鞘。肉质多汁，易折断。气微，味微苦而回甜，嚼之有黏性。

1. 金钗石斛

呈扁圆柱形，长 20～40 厘米，直径 0.4～0.6 厘米，节间长 2.5～3 厘米。表面金黄色或黄中带绿色，有深纵沟。质硬而脆，断面较平坦而疏松。气微，味苦。

2. 鼓槌石斛

呈粗纺缍形，中间直径 1～3 厘米，具 3～7 节。表面光滑，金黄色，有明显凸起的棱。质轻面松脆，断面海绵状。气微，味淡，嚼之有黏性。

3. 流苏石斛等

呈长圆柱形，长 20～150 厘米，直径 0.4～1.2 厘米，节明显，节间长 2～6 厘米。表面黄色或暗黄色，有深纵槽。质疏松，断面平坦或纤维性。味淡或微苦，嚼之有黏性。

【商品规格】　商品分鲜石斛和干石斛。全国各地石斛商品因植物品种及加工方式不同，规格十分复杂且不统一。

【品质要求】　鲜石斛以色青绿、肥满多汁、嚼之发黏者为佳。干品以色金黄、质柔者为优。金钗石斛含石斛碱不得少于 0.40%；鼓槌石斛含毛兰素不得少于 0.030%；干石斛水分不得过 12.0%；干石斛总灰分不得过 5.0%。

【产销行情】　全国年均生产 700～800 吨，纯购约 600 吨，纯销 500～550 吨，供应出口约 40 吨，其中广西纯销约 70 吨，四川约 200 吨，贵州约 100 吨，安徽约 80 吨，云南约 40 吨，其他地区约 50 吨。

【包装贮藏】　干货用纸包好，以木盒或铁盒包装；鲜品可栽于湿沙内保存，或置于阴凉潮湿处，防冻。干品受潮易发霉，应密闭，置干燥处保存，防潮。

【性味功效】　性微寒，味甘。益胃生津，滋阴清热。

【附注】　石斛属于国家重点保护的野生植物药材品种。近年来石斛因野生资源破坏严重，商品供求趋紧，价格上扬。现各地有栽培药材上市。另石斛为多基源品种，各产地的加工规格与方法不同，常有伪品出现，应注意鉴别。

白　及
BLETILLAE RHIZOMA

本品为兰科植物白及 *Bletilla striata* (Thunb.) Reichb. f. 的干燥块茎。始载于《神农本草经》，列为下品。多为野生。李时珍谓："其根白色，连及而生故曰白及。"

【产地】　主产于贵州安龙、兴义、普安、晴隆、安顺、都匀、独山、关岭、镇远、罗甸、望漠、沿河、印江、松桃，四川内江、温江、绵阳，湖南大康、桑植，湖北咸宁、鹤峰、始康，安徽池州、徽州，河南灵宝、栾川，浙江临海、淳安，陕西渭南等地及云南、江西、甘肃、江苏、广西等省区。以贵州产量最多，质量亦好。

【采制】　夏、秋二季采挖。除去茎叶及须根，洗净泥沙，置沸水中煮或蒸至无白心，晒至半干，除去外皮。晒干。亦可于鲜时纵切成片，直接晒干。

【商品特征】　呈菱角状或不规则扁圆形，上有圆状茎痕，周围有同心环纹。表面黄白色，略透明，质坚韧，嚼之发黏。

【商品规格】　商品为统货。

【品质要求】　以个大、饱满、坚实、色白、半透明者为佳。本品水分不得过 15.0%；总灰分不得过 5.0%。

【产销行情】　白及资源量急剧减少。目前，只有贵州、云南、四川尚能为市场提供货源。年产销量为 200～300 吨。

【包装贮藏】 置通风干燥处保存，注意防潮、防霉变、防虫蛀。

【性味功效】 性微寒。味苦、甘、涩。收敛止血，消肿生肌。

【附注】 白及已列入世界濒危植物保护品种。

朱 砂
CINNABARIS

本品为硫化物矿物辰砂族辰砂。原名丹砂。始载于《神农本草经》，列为上品。本品色红，形如泥砂，故名朱砂。昔以湖南辰州（今沅陵）为集散地，故又有辰砂之称。

【别名】 丹砂、辰砂。

【产地】 主产于贵州铜仁、万山、猴子坪、册享，湖南新晃、凤凰，四川酉阳、麻旺场、普海场，云南马关、西畴、漾鼻、保山、普洱。此外广西等省区亦产。

【采制】 挖出矿石后，选取纯净者，用磁铁吸尽含铁杂质，再用水淘去杂石和泥沙。

【商品特征】 本品为粒状或块状集合体，呈颗粒状或块片状。鲜红色或暗红色，条痕红色至褐红色，具光泽。体重，质脆。

【商品规格】 商品按其性状分为朱宝砂、镜面砂、豆瓣砂。

1. 朱宝砂

呈细小颗粒或粉末状，色红明亮，有闪烁的光泽，触之不染手。

2. 镜面砂

呈不规则板片状、斜方形或长条形，大小厚薄不一，色红而鲜艳，光亮如镜面而微透明。

3. 豆瓣砂

块状较大，方圆形或多角形，颜色发暗或呈灰褐色，不易碎。

出口商品分贡朱砂、朱宝砂、朱砂粉等规格分别出售。

【品质要求】 各种商品均以色鲜红、有光泽、明亮、体重、质脆者为佳。本品含硫化汞（HgS）不得少于96.0%。

【产销行情】 全国年产约400吨，年纯购约150吨，纯销约100吨，供应出口数约50吨。其中四川纯购约30吨，云南约25吨，湖南约50吨，贵州等其他地区纯购约30吨。

【包装贮藏】 用硬纸盒装，或用纸包后封装于木箱内。置干燥处保存，注意防潮。

【性味功效】 性微寒，味甘，有毒。清心镇惊，安神，明目，解毒。

【附注】 目前商品上称为辰砂的，系人工合成品，又称"平口砂"及"灵砂"，是以水银、硫磺为原料，经加热升华而成。本品含硫化汞（HgS）为99.0%以上。

冰 片
L-BORNEOLUM

本品为菊科植物艾纳香 Blumea balsamifera DC. 的新鲜叶经提取加工制成的结晶。称为"艾片"。始载于《本草拾遗》，其色白莹如冰，故名。为常用中药。

【别名】 艾片、梅片。

【产地】 主产于贵州罗甸，广西桂林，海南等地。

【采制】 叶全年可采，以秋季（9～10月）采的质量较好，采后晒干。将鲜叶入蒸笼中加热使之升华，得灰白色粉末状物（艾粉）。经压榨去油，炼成块状结晶，再劈削成颗粒状或片状（艾片）。

【商品特征】 呈透明或半透明片状结晶，色青白，质稍硬，手捻不易碎，气清凉而特异，味清凉。

【商品规格】 商品规格分大梅、二梅。

【品质要求】 以香气纯正，色青白，无杂质者为佳。

【产销行情】 全国年均生产各种冰片 40～60 吨，纯购约 40 吨，纯销约 45 吨。其中贵州年均生产艾片约 10 吨。

【包装贮藏】 纸包后外加玻璃纸封，放入塑料袋内，置铁桶中密封。本品易挥发，易燃烧，应密封，避光，置阴凉干燥处保存。

【性味功效】 性温，味辛、苦。辟秽，通窍，祛翳。

【附注】 除上述艾片外，市场上还有天然冰片、龙脑冰片和机制冰片出售。天然冰片为樟科植物樟 *Cinnamomum camphora* （L.）Presl 的新鲜枝、叶经提取加工制成。龙脑冰片为龙脑香科植物龙脑香 *Dryobaaanops aromatica* Gaertn. f. 的树脂加工而成，主产印度尼西亚的苏门答腊等地。机制冰片系用樟脑、松节油等化学方法合成的加工品，称"合成龙脑"，主要在上海、天津、北京、广州等地制造。

杜 仲
EUCOMMIAE CORTEX

本品为杜仲科植物杜仲 *Eucommia ulmoides* Oliv. 的干燥树皮。始载于《神农本草经》，列为上品。野生与栽培均有。昔有姓杜名仲之人常服此得道的传说，故名。为常用中药。

【别名】 丝棉皮。

【产地】 主产于贵州遵义、正安、湄潭、贵阳、息烽、惠水、紫云、安顺、毕节、赤水、习水、仁怀、印江，四川广元、青川、平武、绵阳、达州、万州，陕西镇坪、安康、西乡、宁强、凤翔、旬阳、汉中、安康，湖南慈利、桑植、常德、吉首，湖北襄阳、宜昌、恩施、十堰，河南嵩县、栾川、洛宁、卢氏、南阳，云南水善、镇雄。此外，江西、甘肃等省亦产。

【采制】 4～6 月选取生长 10 年以上的植株，剥取树皮，刮去粗皮，堆置"发汗"至内皮呈紫褐色，晒干。

【商品特征】 呈板片状或两边稍向内卷，外表面粗糙，内表面紫褐色，断面有细密、银白色、富弹性的橡胶丝相连，一般可拉至 1 厘米左右或以上才断。

【商品规格】 商品分特等、一等、二等、三等四个等级，等级标准为：

特等：呈平板状，两端平齐，去净粗皮。表面呈灰褐色，内表面紫褐色，质脆。折断处有银白色胶丝相连，味微苦。整张长 70～80 厘米，宽 50 厘米以上，厚 7 毫米以上。碎块不超过 10%。无卷形、杂质、霉变。

一等：整张长 40 厘米以上，宽 40 厘米以上，厚 5 毫米以上。碎块不超过 10%，余同特等。

二等：呈板片状或卷筒状，内表皮青紫色。整张长 40 厘米以上，宽 30 厘米以上，厚 3 毫米以上。碎片不超过 10%，余同一等。

三等：凡不符合特等及一、二等标准，厚度最薄不得小于 2 毫米，包括枝皮、根皮、碎块，均属此等。

【品质要求】 以皮厚、块大、去净粗皮、内表面暗紫色、断面银白色橡胶丝多者为佳；本品含松脂醇二葡萄糖苷不得少于 0.10%；水分不得过 13.0%；总灰分不得过 10.0%；醇溶性浸出物不得少于 11.0%。

【产销行情】 全国年均生产约 3000 吨，纯购约 600～3000 吨（一般约 1200 吨），纯销年均约 1000 吨，供应出口 160～180 吨。其中四川纯购 300～400 吨，湖北约 300 吨，陕西最高约 550 吨（一般约 200 吨），贵州约 100 吨，湖南约 150 吨，广东 180～200 吨，河南约 100 吨，其他地区约 100 吨。

【包装贮藏】 打捆。本品易发霉，应置干燥通风处保存。

【性味功效】 性温，味甘。补肝肾，强筋骨，安胎。

【附注】 杜仲属于国家重点保护的野生植物药材品种。

吴茱萸
EVODIAE FRUCTUS

本品为芸香科植物吴茱萸 *Euodia rutaecarpa* （Juss.）Benth.、石虎 *E. rutaecarpa* （Juss.）Benth. *var. officinalis* （Dode）Huang 及疏毛吴茱萸 *E. rutaecarpa* （Juss.）Benth. *var. bodinieri* （Dode）Huang 的干燥未成熟果实。始载于《神农本草经》，列为中品。多为栽培。陈藏器曰"南北总有，入药以吴地者为好"，故名。为常用中药。

【别名】 吴芋、米辣子、气辣子。

【产地】 吴茱萸主产于贵州铜仁、松桃、印江、德江、沿河、江口、镇远、施秉、余庆；湖南常德、新晃、永顺、大庸；广西陵乐、田林；云南昭通、腾冲；四川彭山；重庆铜梁、江津；陕西安康、汉中；浙江建德、临安等地；以贵州、湖南、广西产量大，质量好，在国内外享有声誉。石虎主要分布于贵州、四川、广西、湖北、湖南、浙江及江西。疏毛吴茱萸主要分布于贵州、广西、江西、湖南及广东。

【采制】 9～11 月果实呈绿色或微黄绿色且尚未开裂时采收，将果枝剪下，晒干或低温干燥，除去枝、叶、果梗等杂质。

【商品特征】 呈细小五角状扁球形，表面绿黑色，基部果梗上密被毛茸，气芳香浓郁，味辛辣而苦。

【商品规格】 商品上分为大粒吴萸、小粒吴萸两种规格。其规格等级标准为：

大粒统货：呈五棱扁球形。表面黑褐色，有瘤状突出成凹陷的油点。顶端具 5 瓣，多裂口，气芳香浓郁，味辛辣。

小粒统货：呈圆球形，裂瓣不明显，多闭口，饱满。表面绿色或灰绿色。香气较淡，味辛辣。

【品质要求】 均以饱满、色绿、香气浓郁者为佳。本品含吴茱萸碱或吴茱萸次碱的总量不得少于 0.15%；含柠檬苦素不得少于 0.90%；杂质不得过 7%；水分不得过 15.0%；总灰分不得过 10.0%；醇溶性浸出物不得少于 30.0%。

【产销行情】 全国一般年均生产 400～600 吨，纯购约 500 吨；纯销约 450 吨，供应出口 20～30 吨。其中贵州纯购约 180 吨，湖南约 55 吨，广西约 130 吨，云南约 70 吨，四川约 100 吨，陕西约 50 吨。

【包装贮藏】 用塑料编织袋内衬聚乙烯薄膜的复合包装袋或瓦楞纸箱内衬防潮纸包装。本品易泛油，散失气味，宜置阴凉干燥处保存，注意防热。

【性味功效】　性热，味辛、苦，有小毒。散寒止痛，降逆止呕，助阳止泻。

【附注】　吴茱萸野生资源量小，呈零星分布。商品大粒者系吴茱萸的果实；小粒者多为石虎及疏毛吴茱萸的果实。

通　草
TETRAPANACIS MEDULLA

本品为五加科植物通脱木 *Tetrapanax papyrifer*（Hook.）K. Koch. 的干燥茎髓。原名通脱木，始载于《神农本草经》，列为中品。多为野生。凡小便不通、水肿闭而不行，乳汁不畅，用之即通，故名通草。为常用中药。

【别名】　通脱木、大通草。

【产地】　主产于贵州铜仁、镇远、贵定、都匀、兴义，四川达州、兴文，广西河池、南丹、天峨、凤山、乐业，云南永平、漾鼻、云龙、昭通、思茅、普洱、保山、腾冲，陕西旬阳、安康、蓝田，湖南湘西、常德、黔阳、衡阳，湖北恩施、襄阳、宜昌，河南南阳、洛阳，台湾新竹等地。

【采制】　秋季割取茎，削去顶叶部分，切成 60 厘米长的段，趁鲜用细木棍顶出茎髓，理直后晒干即"通草棍"。根据商品的需要，将通草棍用特制的利刀切成薄片即"片通"；将小的通草棍切成丝条即为"丝通"。

【商品特征】　通草棍：呈圆柱形，色洁白，有光泽，具纵棱，体轻质松泡，有弹性，纵剖面隔膜呈梯状排列。

片通（方通）：多呈方形薄片，白色或黄白色，半透明、有光泽，状如白纸。

丝通：呈细条形，状如白色纸条。余者同片通。

【商品规格】　商品因加工方法不同有通草棍、片通、丝通等规格，其规格等级标准如下：

通草棍：呈圆柱形，长短不等，直径 0.3～2.5 厘米。色洁白、体轻泡，有弹性。

片通：呈方形薄片，0.6～8 平方厘米，厚约 0.1 厘米，微透明，平滑而洁白，形似纸质而软。

丝通：呈不整齐的细长片状。微透明，平滑、色洁白，形似白纸细条。

【品质要求】　以条粗、色白洁、有弹性者为佳。本品水分不得过 16.0％；总灰分不得过 8.0％。

【包装贮藏】　打捆，以草席包装。本品受潮易变色，应置干燥通风处保存。

【性味功效】　性微寒，味甘、淡。清热利尿，通气下乳。

黄　精
POLYGONATI RHIZOMA

本品为百合科植物黄精 *Polygonatum sibiricum* Red.、多花黄精 *Polygonatum cyrtonenma* Hua 或滇黄精 *Polygonatum kingianum* Coll. et Hemsl. 的干燥根茎。多为野生。商品按药材性状不同，习称"鸡头黄精"、"姜形黄精"、"大黄精"。始载于《名医别录》。为常用中药。

【产地】　姜形黄精主产于贵州遵义、毕节、安顺，湖南安化、沅陵、黔阳，四川内江，重庆江津，湖北黄冈、孝感，安徽芜湖、六安，浙江瑞安、平阳等地，以贵州、湖南产量大而质优。

　　鸡头黄精主产于河北遵化、迁安、承德，内蒙古武川、卓资、凉城、包头。此外东北、河南、山东、山西、陕西等省亦产。

　　滇黄精主产于贵州罗甸、兴义、贞丰、关岭，云南曲靖、大姚，广西靖西、德保、隆林、乐业等地。

　　【采制】　春、秋两季采收，以秋季采者质佳。除去地上部分及须根，洗净泥土，置沸水中略烫或蒸至透心，即捞出晒至半干后，反复搓揉并曝晒，晒至柔软并透明时，再晒干即成。

　　【商品特征】　鸡头黄精：鸡头形，表面黄白色至黄棕色，半透明。有圆形疤痕和波状环节，断面有黄白色筋脉点。味甜，嚼之发黏。

　　1. 姜形黄精

　　外形似姜，表面疣状突起明显，余者同鸡头黄精。

　　2. 大黄精

　　形大肉厚，结节状或连珠状，每一结节有圆形疤痕。余者同鸡头黄精。

　　【商品规格】　商品因性状不同分为鸡头黄精、姜形黄精、大黄精三种。

　　【品质要求】　均以块大、肥白，断面透明者为佳，以姜形黄精质量优。熟黄精以色黑、块大、油性大者为优。本品含黄精多糖以无水葡萄糖计不得少于 7.0％；水分不得过18.0％；总灰分不得过 4.0％；醇溶性浸出物不得少于 45.0％。

　　【产销行情】　全国年均生产约 3800 吨，纯购约 3000 吨，纯销约 3000 吨，供应出口约300 吨，贵州纯购约 200 吨，四川约 700 吨，河北约 500 吨，河南约 350 吨，其他地区约1700 吨。黄精近年来功效有新的发现，用量不断增加。

　　【包装贮藏】　用麻袋或塑料编织袋内衬聚乙烯薄膜的复合包装袋包装，置干燥通风处保存。本品易虫蛀、发霉。须经常检查，进行晾晒。

　　【性味功效】　性平，味甘。补气养阴，健脾，润肺，益肾。

猪　苓
POLYPORUS

　　本品为多孔菌科真菌猪苓 *Polyporus umbellatus* （Pers.）Fries 的干燥菌核。始载于《神农本草经》，列为中品。多为野生，现有家种。陶弘景谓"其形黑似猪屎"故名。为常用中药。

　　【产地】　主产于贵州遵义、习水、德江、印江、赫章、威宁，四川北川、旺苍，陕西凤县、周至、宝鸡、太白、沔县、洋县、石泉、镇安、商县，云南维西、中甸、丽江、大理、凤庆，河南嵩县、栾川、卢氏，山西阳曲、文水、交城、霍汾、沁县、宁武，河北赞皇、平山、武安、涉县、兴隆、丰宁、青龙。此外内蒙古、吉林、青海、宁夏等地亦产。以陕西、云南产量大。

　　【采制】　春、秋二季采挖，除去泥沙，干燥。

　　【商品特征】　呈不规则条块状，表面灰黑色或棕黑色，有瘤状突起。断面类白色或黄白色。体轻，入水不沉。

　　【商品规格】　商品分 1～3 等或统装。

　　【品质要求】　以个大、外皮乌黑光润，断面色白，体较重者为佳。本品含麦角甾醇不得少于 0.070%；水分不得过 14.0%；总灰分不得过 12.0%；酸不溶性灰分不得过 5.0%。

【产销行情】　全国年均生产约 3500 吨，纯购约 2500 吨，纯销 2300 吨，供应出口约 100 吨。其中陕西纯购约 400 吨，云南约 300 吨，河南约 150 吨，河北约 120 吨，四川约 300 吨，甘肃纯购约 150 吨，山西约 150 吨，浙江约 100 吨，其他地区约 750 吨。本品为常用中药，销售一般良好。

【包装贮藏】　用麻袋、编织袋包装。本品受潮易虫蛀，置通风干燥处保存。入夏前可用氯化苦或磷化铝熏。

【性味功效】　性平，味甘、淡。利水渗湿。

本产区其他道地药材

品　名	来　源	主要道地产区
山慈菇	兰科植物杜鹃兰 Cremastra appendiculata（D. Don）Makino、独蒜兰 Pleione bulbocodioides（Franch.）Rolfe 和云南独蒜兰 P. yunnanensis Rolfe 的干燥假鳞茎	黔东南州、遵义地区
天南星	天南星科植物天南星 Arisaema erubescens（Wall.）Schott.、异叶天南星 Arisaema aheterophyllum Bl. 的块茎	毕节地区、黔西南州
五倍子	漆树科植物盐肤木 Rhus chinensis Mill.、青麸杨 Rhus potaninii Maxim.、红麸杨 Rhus punjabensis Stew. var. sinica（Diles）Rehd. et Wils. 叶上的由五倍子蚜虫 Melaphis chinensis（Bell）Baker 寄生而形成的虫瘿	遵义、毕节地区
南沙参	桔梗科植物轮叶沙参 Adenophora tetraphylla（Thunb.）Fisch. 的根	铜仁、遵义地区、黔东南州、黔南州
娑罗子	七叶树科植物天师栗 Aesculus wilsonii Rehd. 的干燥成熟种子	黔东南州、贵阳市、毕节地区
雄黄	硫化物类矿物雄黄族雄黄，主含二硫化二砷（As_2S_2）	铜仁地区、黔西南州

自学指导

【重点难点】

　　1. 重点药物天麻、杜仲、吴茱萸的道地产地、规格等级、贮藏养护。

　　2. 贵药产区的自然环境条件。

　　3. 天冬、白及、冰片、猪苓、通草、黄精、朱砂、石斛的道地产地、规格等级、贮藏养护。

【复习思考题】

1. 贵药产区的自然环境条件特点是什么？
2. 试述天麻、杜仲、朱砂、吴茱萸的道地产地、商品规格。
3. 试述天麻、吴茱萸、黄精、南沙参、天冬等药材商品各自在贮藏养护中的注意事项。

第五章 怀 药

【目的要求】

1. 掌握重点药物山药、牛膝、金银花、地黄的道地产地、规格等级、贮藏养护；红花、全蝎、连翘、辛夷、何首乌、旋覆花、款冬花的贮藏养护。

2. 熟悉怀药产区的自然环境条件；熟悉红花、全蝎、连翘、辛夷、何首乌、旋覆花、款冬花的道地产地、规格等级。

3. 了解千金子、白附子的道地产地；了解怀药产区的地理位置；了解怀药产区药材商品的产销行情。

【自学时数】

3 学时。

凡以河南为主要产区或集散地的大宗商品药材均称为怀药。

河南地处黄河下游，位于东经 110°22′～116°38′，北纬 31°23′～36°22′之间。北邻山西，东连山东、安徽，南接湖北，西与陕西交界。大部分地区在黄河以南，故名河南。

河南地势西高东低，北、西、南三面有太行山、伏牛山、桐柏山、大别山四大山脉环绕，间有零星盆地，中部和东部为辽阔的黄淮大平原。境内有黄河、淮河、卫河、汉水四大水系，大小河道 1500 多条。

我国南北的天然分界线——秦岭与淮河横贯中部，将河南自然地划分为气候、土壤、植被显著不同的两大区。北部和中部属于温带，四季分明。海拔 200～300 米。气候特点为冬长寒而少雨雪，春短干旱而多风沙，夏炎热而多雨，秋晴朗而日照长，年平均气温为 14.0℃，夏季高温可达 44.0℃，冬季最低温可达－20℃，年平均积温 4600℃，年平均降雨量为 600～700 毫米，这些气候条件对喜气候温和、土层深厚肥沃的地黄、牛膝、山药等怀药的生长十分有利。南部属于北亚热带，水热资源比北部丰富。伏牛山区和桐柏山区的气候环境，则适宜喜温暖、土壤疏松、肥沃的辛夷、款冬花等多种药材的生长。

山 药
DIOSCOREAE RHIZOMA

本品为薯蓣科植物薯蓣 *Dioscorea opposita* Thunb. 的干燥根茎。始载于《神农本草经》，列为上品。栽培与野生均有。山药原名薯蓣，唐代宗名预，避讳改为薯药，宋英宗又讳署，改为山药。为常用中药。

【别名】 怀山药、淮山药。

【产地】 主产于河南温县、武陟、博爱、沁阳、孟州，此外山西、河北、陕西、甘肃、广东、福建、浙江、江西、湖南、云南、四川等地亦产。以河南产量最大，质量优，为著名的"四大怀药"之一。

【采制】 冬季茎叶枯萎后采挖。切去芦头，除去外皮和须根，晒干，即为"毛山药"、"毛条"；或选择肥大顺直的毛山药，置清水中，浸至无干心，闷透，用木板搓成圆柱状，切齐两端，晒干，打光，习称"光山药"、"光条"。

【商品特征】

1. 毛山药

略呈圆柱形、弯曲，表面黄白色，有纵沟皱纹，两头不整齐，具粉性，味淡，微酸，嚼之发黏。

2. 光山药

呈圆柱形，两头整齐，粗细均匀，挺直，全体洁白、光滑圆润，粉性足。

【商品规格】 商品按加工方法不同分为光山药、毛山药两个规格，其规格等级标准为：

1. 光山药

一等：呈圆柱形，条匀挺直，光滑圆润，两头平齐，内外均为白色。质坚实，粉性足。味淡。长 15 厘米以上，直径 2.3 厘米以上，无裂痕、空心。

二等：长 13 厘米以上，直径 1.7 厘米以上，余同一等。

三等：长 10 厘米以上，直径 1 厘米以上，余同一等。

四等：长短不分，间有碎块，直径 0.8 厘米以上，余同一等。

2. 毛山药

一等：略弯曲稍扁，有顺纹或抽沟，去净外皮，内外均为白色或黄白色，粉性味淡，长 15 厘米以上，中部围粗 10 厘米以上。

二等：长 10 厘米以上，中部围粗 6 厘米以上，余同一等。

三等：长 7 厘米以上，中部围粗 3 厘米以上，余同一等。

3. 出口山药按其粗细、长短、重量分等出售。

【品质要求】 均以条粗、质坚实、粉性足、颜色洁白者为佳；本品水分不得过 16.0%；总灰分不得过 4.0%；水溶性浸出物不得少于 7.0%。

【产销行情】 年均生产约 12000 吨，纯购约 5000 吨，纯销约 4500 吨，供应出口约 1200 吨。其中河南年均纯购约 500 吨，广东约 800 吨，福建约 400 吨，河北约 300 吨，湖南约 300 吨，广西约 500 吨。河南年均出口约 70 吨，河北约 40 吨。

【包装贮藏】 木箱包装，每箱 50～100 千克，箱内衬以桐油纸，密封防潮。本品易霉蛀、变色、碎断。应晒干后装箱密封，置于干燥通风处，货垛四周以麻袋盖好。梅雨季节勤检查与防护。如发现发霉，可取出日晒或微火烘烤，用毛刷将霉刷去；也可用温水稍洗，晾至干燥。

【性味功效】 性平，味甘。补脾养胃，生津益肺，补肾涩精。

牛　膝

ACHYRANTHIS BIDENTATAE RADIX

本品为苋科多年生植物牛膝 Achyranthes bidentata Bl. 的干燥根。始载于《神农本草经》，列为上品。野生与栽培均有。因其茎有节似牛膝，主产河南怀庆，故名。为常用中药。

【别名】 怀牛膝。

【产地】 主产于河南武陟、温县、孟州、博爱、沁阳、辉县等地，河北、山西、山东、江苏及辽宁等省也有生产。以河南所产为道地，质量最好。

【采制】 立冬至小雪间采收，栽培者一般于播种当年采收。除去地上茎、须根及泥沙，捆成小把，晒至干皱后，将顶端切齐，晒干即可。

【商品特征】 细长圆条形，土黄色，陈货色较深。断面角质，可见筋脉点。微甜稍带苦涩。

【商品规格】 商品按粗细分为头肥（一等）、二肥（二等）、平条（三等）三个等级。其等级标准是：

头肥：呈长条圆柱形。长 50 厘米以上，中部直径 0.6 厘米以上，根条均匀、无冻条、油条、破条。

二肥：长 35 厘米以上，中部直径 0.4 厘米以上。其余同一等。

平条：长短不分，中部直径 0.4 厘米以下，不小于 0.2 厘米，间有冻条、油条、破条。

【品质要求】 均以身干、皮细、肉肥、条长、色灰黄、味甘者为佳；本品水分不得过 15.0%；总灰分不得过 9.0%；醇溶性浸出物不得少于 6.5%；含 β-蜕皮甾酮（$C_{27}H_{44}O_7$）不得少于 0.030%。

【产销行情】 全国年均生产约 3000 吨，纯购约 2500 吨，纯销 2300 吨，供应出口约 100 吨。其中河南年均纯购约 1500 吨，河北约 100 吨，山东约 100 吨，其他地区约 800 吨。

【包装贮藏】 用木箱包装，置阴凉通风处，防潮、防热。本品受潮后色变红甚至发黑，容易生虫，受热易泛油。常在装箱时，箱内衬以防潮纸，晒干后再装箱。如受潮不宜烘干，最后用石灰吸潮。

【性味功效】 性平，味苦、甘、酸。逐瘀通经，补肝肾，强筋骨，利尿通淋，引血下行。

地 黄

REHMANNIAE RADIX

本品为玄参科植物地黄 *Rehmannia glutinosa* Libosch. 的新鲜或干燥块根。始载于《神农本草经》，列为上品。均系栽培。地，沉之意，鲜者色黄，故名。大明曰："生者以水浸验之……沉者名地黄。"为常用中药。

【产地】 主产河南温县、孟州、博爱、武陟、沁阳（怀庆），习称"怀庆地黄"，为河南"四大怀药"之一。辽宁、河北、山东、浙江也有栽培。以河南所产为道地药材。

【采制】 秋季采挖，除去芦头及须根，洗净，鲜用者习称"鲜生地"；将鲜生地徐徐烘焙，至内部变黑，约八成干，捏成团块，习称"生地"；生地经蒸、酒炙后的炮制品为"熟地"。

【商品特征】

1. 鲜生地

似甘薯，红黄色，断面可见橘红色油点。

2. 生地

块状根，表面灰白色和灰褐色，体重质柔，断面色黑带黄褐，有油性，味微甜。

3. 熟地

形似生地，色黑乌亮发黏，味甜。

【商品规格】 商品生地按每千克头数多少分为五等和下路规格。熟地为统货。鲜生地以粗壮、色红黄者为佳。

规格等级标准为：

生地

一等：呈纺锤形或条形圆根，体重质柔润，表面灰白色或灰褐色，断面黑褐色或黄褐色，有油性，味微甜。每千克 16 支以内，无芦头、老母、生心、焦枯。

二等：每千克 32 支以内。其余同一等。

三等：每千克 60 支以内。其余同一等。

四等：每千克 100 支以内。其余同一等。

五等：每千克 100 支以外，油性差，最小直径 1 厘米以上。其余同一等。

【品质要求】 以块大、体重、断面乌黑者为佳；本品水分不得过 15.0%；总灰分不得过 8.0%；酸不溶性灰分不得过 3.0%；水溶性浸出物不得少于 65.0%；含梓醇（$C_{15}H_{22}O_{10}$）不得少于 0.20%；毛蕊花糖苷（$C_{29}H_{36}O_{15}$）不得少于 0.020%。

【产销行情】 全国年均生产约 20000 吨，纯购约 14000 吨，纯销约 12000 吨。出口约 1000 吨。其中河南年均纯购约 3500 吨，山西约 3000 吨，陕西约 1000 吨，广东约 1000 吨，湖南约 300 吨，湖北约 550 吨，其他地区约 4000 吨。

【包装贮藏】 鲜生地埋于砂中，防冻防腐；生地用竹篓或麻袋包装，应置于干燥通风处保存。熟地可置于衬有防潮油纸的木箱内。

【性味功效】 鲜生地：性寒，味甘、苦。清热生津，凉血，止血。生地：性寒，味甘。清热凉血，养阴生津。熟地：性微温，味甘。补血滋阴，益精填髓。

红 花
CARTHAMI FLOS

本品为菊科植物红花 *Carthamus tinctorius* L. 的干燥花。原名红蓝花，始载于《开宝本草》。均为栽培。因其花红，故名红花。为常用中药。

【别名】 草红花、红蓝花。

【产地】 主产于河南延津、封丘、卫辉、原阳、武陟、温县，四川简阳、遂宁、南充等地。浙江、新疆、江苏、云南及其他地区均有栽培。以四川、河南产量最大，以怀红花（河南沁阳）、杜红花（浙江宁波压塞堰）为优。

【采制】 5～6 月间花正开放、花瓣由黄变红时，于晴天晨露未干时摘取管状花（勿伤子房），注意勿采过嫩或过老者，过嫩成品色发黄，过老花色发黑，干枯无油性、质次。将摘得的花晾干，晒干或烘干。

【商品特征】 本品为不带子房的管状花，丝状、红黄色，冠内有黄色聚药雄蕊，气香、味微苦辛。水试：水染成金黄色，花不褪色。

【商品规格】 商品按产地分为怀红花（河南产）、杜红花（浙江）、川红花（四川）、金红花（江苏）、云红花（云南）。各地红花均分为一、二等货。

其规格等级标准为：

一等：管状花皱缩弯曲，成团或散在。表面深红、鲜红色，微带淡黄色。质柔软。有香气。味微苦。

二等：表面浅红、暗红或黄色。其余同一等。

【品质要求】 以花瓣长、色红黄、鲜艳，质柔软者为佳；本品含羟基红花黄色素 A（$C_{27}H_{30}O_{15}$）不得少于 1.0%；山奈素（$C_{15}H_{10}O_6$）不得少于 0.050%；杂质不得过 2%；水分不得过 13.0%；总灰分不得过 15.0%；酸不溶性灰分不得过 5.0%；红色素吸光度不得低于 0.20；水溶性浸出物不得少于 30.0%。

【产销行情】 全国年均生产约 1500 吨，纯购约 1400 吨，纯销约 1300 吨，供应出口约 200 吨。其中四川年均纯购约 500 吨，供应出口约 70 吨，新疆约 400 吨，河南约 100 吨，江苏约 80 吨，云南约 80 吨。

【包装贮藏】 晒干放缸瓮内或箱内，置干燥处，防霉蛀、变色。

【性味功效】 性温，味辛。活血通经，散瘀止痛。

全 蝎
SCORPIO

本品为钳蝎科动物东亚钳蝎 *Buthus martensii* Karsch 的干燥体。始载于《开宝本草》。野生与饲养均有。蝎乃毒虫，用尾者曰全蝎梢，用全体者为全蝎。为常用中药。

【别名】 全虫。

【产地】 主产于河南南阳、鹿邑、禹州，山东益都。安徽、湖北、浙江、江苏等省亦产。以山东产量最大。以河南所产质最优，尤以禹州狼岗所产最著名，有"狼岗伏全虫"之称。

【采制】 清明至立夏捕捉，质较佳。夏、秋间亦可捕捉，除去泥沙，置沸水或盐水中，煮至身挺腹硬，背脊抽沟，捞出。阴干。沸水煮者，称为淡水蝎。用沸盐水煮者，称盐水蝎。

【商品特征】 体扁似蜻蜓，通身有环节。钳、螯肢各 1 对，足 4 对。尾端毒刺尖钩状。背面棕褐色，腹面黄棕色。气腥味咸。

【商品规格】 商品按加工方法不同分为淡水蝎、盐水蝎两种。按产地又分为会全虫（河南禹州）、东全虫（山东）两种。均为统装。

【品质要求】 以身干、色黄、完整、腹中无杂质，盐霜少者为佳；本品醇溶性浸出物不得少于 20.0%。

【产销行情】 全国年均生产约 800 吨，纯购约 750 吨，纯销约 700 吨，供应出口 60～80 吨。其中河南年均纯购约 180 吨，山东约 250 吨，安徽约 80 吨，湖北约 50 吨，浙江约 45 吨，江苏约 30 吨，其他地区约 160 吨。

【包装贮藏】 木箱装，内衬防潮油纸，密封。本品易虫蛀、发霉、变色。应置阴凉干燥处保存。为防蛀，箱内可撒放一些花椒。

【性味功效】 性平，味辛，有毒。息风镇痉，通络止痛，攻毒散结。

连 翘
FORSYTHIAE FRUCTUS

本品为木犀科植物连翘 *Forsythia suspensa*（Thunb.） Vahl 的干燥果实。始载于《神农本草经》，列为下品。多为野生，亦有栽培。因其实似莲作房，翘出众草，故名。为常用中药。

【产地】　主产于河南灵宝、洛宁、卢氏、沁阳、辉县、嵩县，此外山西、陕西、山东、湖北、河北、甘肃等地亦产。

【采制】　秋季果实初熟尚带绿色时采收，除去杂质，蒸熟，晒干，习称"青翘"；果实熟透时采收，晒干，除去杂质，习称"老翘"。

【商品特征】　卵圆形，稍扁。顶端锐尖，外表有苦瓜棱，两面有一纵沟纹。青翘不开裂，绿褐色，内有种子多数。老翘瓣片状，内无种子，黄棕色。味苦。

【商品规格】　商品分青翘和老翘（黄翘）两种规格，均为统货。

【品质要求】　青翘以色黑绿、不裂口者为佳。黄翘（老翘）以色黄、壳厚、无种子，纯净者为佳；杂质青翘不得过 3％；老翘不得过 9％；水分不得过 10.0％；总灰分不得过 4.0％；醇溶性浸出物青翘不得少于 30.0％；老翘不得少于 16.0％；含连翘苷（$C_{27}H_{34}O_{11}$）不得少于 0.15％；含连翘酯苷 A（$C_{29}H_{36}O_{15}$）不得少于 0.25％。

【产销行情】　全国丰年一般年均产约 12000 吨，纯购年均约 4000 吨，纯销年均约 3600 吨，出口在 10 吨以下。其中河南年均纯购约 1100 吨，山西约 1350 吨，陕西约 800 吨，山东约 360 吨，湖北约 250 吨，其他地区约 250 吨。

【包装贮藏】　麻袋或篓席包装。本品易受潮发霉、虫蛀，应置干燥处保存。

【性味功效】　性微寒，味苦。清热解毒，消肿散结，疏散风热。

【附注】　连翘为国家重点保护的野生植物药材品种。

辛　夷
MAGNOLIAE FLOS

本品为木兰科植物望春花 *Magnolia biondii* Pamp.、玉兰 *Magnolia denudata* Desr. 或武当玉兰 *Magnolia sprengeri* Pamp. 的干燥花蕾。始载于《神农本草经》，列为上品。野生与栽培均有。李时珍谓"夷者荑也，其苞初生如荑而味辛"。故名辛夷。为常用中药。

【别名】　木笔花、辛夷花。

【产地】　主产于河南栾川、嵩县、南召、卢氏、洛宁，四川绵阳、梓潼、青川。此外，安徽、陕西、湖北等地亦产，以河南、四川产量大，质较好。

【采制】　冬末春初花未开放时摘花蕾，除去枝梗，晒至半干，堆起待内部发热再拿出晒干即可。注意要及时采收，过晚花半开或全开即失去药用价值。

【商品特征】

1. 望春花

体小似毛笔头，苞片 2～3 层，外表具银灰色长毛，有绢丝光泽，内表面紫棕色，无毛。萼片 3，线形，花瓣 6。气香，味辛辣。

2. 玉兰

体形大小同望春花蕾，唯毛色黄棕色，较稀，无绢丝光泽。

3. 武当玉兰

体形大似桃，外表长毛，有丝光。花瓣 9～12。余同前。

【商品规格】　商品按产地分有会春花（产于河南）、安春花（产于安徽）、杜春花（产于浙江），按大小为一、二等级。习惯认为河南的会春花质量最佳。

【品质要求】　均以花完整，内瓣紧密，色灰绿鲜艳光亮，香气浓者为佳；本品水分不得过 18.0％；含挥发油不得少于 1.0％（毫升/克）；含木兰脂素（$C_{23}H_{28}O_7$）不得少于 0.40％。

【产销行情】　全国年均生产约 2700 吨，纯购约 1600 吨，纯销约 1500 吨，供应出口约 300 吨。其中河南年均纯购约 450 吨，四川约 300 吨，陕西约 200 吨，安徽约 200 吨，湖南约 150 吨，湖北约 120 吨，其他地区约 200 吨。

【包装贮藏】　席包或竹篓装。出口用木箱装。置阴凉干燥处保存，霉蛀多从内心开始，故在检查时应看内心有无变化。

【性味功效】　性温、味辛。散风寒，通鼻窍。

何 首 乌
POLYGONI MULTIFLORI RADIX

本品为蓼科植物何首乌 *Polygonum multiflorum* Thunb. 的干燥块根。始载于《开宝本草》。多为野生。汉武帝时，有人常服此物能乌发，后人隐其名，故名何首乌。为常用中药。

【产地】　主产于河南嵩县、卢氏，广东德庆，湖北、广西、贵州、四川、江苏等省区。以河南、广东所产为道地。

【采制】　秋、冬二季茎叶枯萎时采收。生长年限越长质越优。将挖取的根洗净，切去两端，个大切片，干燥。

制首乌：将生首乌片或块蒸至透心，用黑豆汁拌匀，再置锅内，炖至汁液吸尽并显棕色，干燥。

【商品特征】　块根纺锤形，皮色红棕光滑，切面黄棕色、粉性，具云锦状花纹。味微苦而涩。醇浸液有亮蓝色荧光。

【商品规格】　商品因加工不同分为生首乌和制首乌。规格分首乌王（每个 200 克以上）、提首乌（每个 100 克以上）和统首乌。

【品质要求】　均以身干、无空心、木心、个大、质坚显粉性者为佳；本品含 2,3,5,4'-四羟基二苯乙烯-2-O-β-D-葡萄糖苷（$C_{20}H_{22}O_9$）不得少于 1.0%；结合蒽醌以大黄素（$C_{15}H_{10}O_5$）和大黄素甲醚（$C_{16}H_{12}O_5$）的总量计，不得少于 0.10%；水分不得过 10.0%；总灰分不得过 5.0%。

【产销行情】　全国年均生产约 1800 吨，纯购约 1800 吨，纯销约 1750 吨。供应出口约 30～40 吨。其中河南年均纯购约 100 吨，四川约 400 吨，广东约 350 吨，广西约 300 吨，湖北约 120 吨，贵州约 100 吨，山西约 80 吨，其他地区约 400 吨。

【包装贮藏】　麻袋、草席包装。本品易虫蛀、发霉，应置干燥处保存。

【性味功效】　性微温，味苦、甘、涩。生首乌解毒，消痈，截疟，润肠通便；制首乌补肝肾，益精血，乌须发，强筋骨，化浊降脂。

金 银 花
LONICERAE JAPONICAE FLOS

本品为忍冬科植物忍冬 *Lonicera japonica* Thunb. 的干燥花蕾或带初开的花。始载于《本草纲目》。野生或栽培均有。李时珍谓"花初开者，蕊瓣俱色白；经二三日，则色变黄。新旧相参，黄白相映，故呼金银花"。为常用中药。

【别名】　忍冬花、双花。

【产地】　主产于河南新密、登封、巩义、荥阳，山东平邑、费县、苍山、沂水、蒙阴等地，多为栽培品。其他如广西、安徽、浙江、陕西、四川、贵州等地均有野生。以河南所产质量优，山东的产量大。

【采制】 5～6月，晴天早上露水未干时，采摘青白色未开放的花蕾，根据品质优次，分别摊在席上晾晒，注意不要过多翻动，否则易变黑。晒至九成干，拣净枝叶即可。忌在烈日下曝晒。

【商品特征】 花蕾呈棒状，上粗下细，淡黄色，密生柔毛，气清香。开放花朵上端二唇形，可见雄蕊与柱头。

【商品规格】 商品按产地可分为密银花（即南银花，主产于河南新密）、济银花（即东银花，主产于山东济南）、山银花（即土银花，为其他各地所产）。除山银花分一、二等外，其他均分一至四等。其规格等级标准为：

1. 密银花

一等：花蕾呈棒状，上粗下细，略弯曲。表面绿白色，花冠厚质稍硬，握之有顶手感。气清香，味甘微苦。无开放花朵，破裂花蕾及黄条不超过5%。无黑条、黑头、枝叶、杂质、虫蛀、霉变。

二等：花蕾呈棒状，上粗下细，略弯曲。表面绿白色，花冠厚质硬，握之有顶手感。气清香，味甘微苦。开放花朵不超过5%，黑头，破裂花蕾及黄条不超过10%。无黑条、枝叶、杂质、虫蛀、霉变。

三等：花蕾呈棒状，上粗下细，略弯曲。气清香，味甘微苦。开放花朵、黑条、不超过30%。无枝叶、杂质、虫蛀、霉变。

四等：花蕾或开放花朵兼有。色泽不分。枝叶不超过3%。无杂质、虫蛀、霉变。

2. 济银花

一等：花蕾呈棒状、肥壮、上粗下细，略弯曲。表面黄、白、青色。气清香、味甘微苦。开放花朵不超过5%。无嫩蕾、黑头、枝叶、杂质、虫蛀、霉变。

二等：花蕾呈棒状，花蕾较瘦，上粗下细，略弯曲。表面黄、白、青色。气清香，味甘微苦。开放花朵不超过15%，黑头不超过3%。无枝叶、杂质、虫蛀、霉变。

三等：花蕾呈棒状，上粗下细，略弯曲。花蕾瘦小。外表黄、白、青色。气清香，味甘微苦。开放花朵不超过25%，黑头不超过15%，枝叶不超过1%。无杂质、虫蛀、霉变。

四等：花蕾或开放的花朵兼有。色泽不分，枝叶不超过3%。无杂质、虫蛀、霉变。

3. 山银花

一等：花蕾呈棒状，上粗下细，略弯曲，花蕾长瘦。表面黄白色或青白色。气清香，味淡微苦。开放花朵不超过20%。无梗叶、杂质、虫蛀、霉变。

二等：花蕾或开放的花朵兼有。色泽不分。枝叶不超过10%。无杂质、虫蛀、霉变。

【品质要求】 均以花蕾多、完整、色淡、气清香者为佳；本品含绿原酸（$C_{16}H_{18}O_9$）不得少于1.5%；含木犀草苷（$C_{21}H_{20}O_{11}$）不得少于0.050%；水分不得过12.0%；总灰分不得过10.0%；酸不溶性灰分不得过3.0%；铅不得过百万分之五；镉不得过千万分之三；砷不得过百万分之二；汞不得过千万分之二；铜不得过百万分之二十。

【产销行情】 全国年均产约5000吨，纯购约4000吨，纯销约3500吨，供应出口约200吨。其中山东年均纯购约1000吨，河南约300吨，四川约500吨，湖南约400吨，湖北约300吨，广东约600吨，广西约350吨，江西约200吨，贵州约200吨，陕西约150吨，其他地区约200吨。

【包装贮藏】 木箱或硬纸箱装，内衬防潮纸包装。本品易虫蛀、发霉、变色，置阴凉处密封保存。

【性味功效】　性寒，味甘。清热解毒，疏散风热。

旋覆花
INULAE FLOS

本品为菊科植物旋覆花 *Inula japonica* Thunb. 或欧亚旋覆花 *Inula britannica* L. 的干燥头状花序。始载于《神农本草经》，列为下品。均为野生。因其"花绿繁茂，圆而覆下，故名旋覆"。为常用中药。

【产地】　全国大部分地区均产。主产于河南信阳、洛阳、南阳、禹州、嵩县、栾川、卢氏、洛宁，江苏南通、启东，浙江等地。以河南产量最大，江苏、浙江品质佳。

【采制】　夏、秋季节当花开放时，摘取头状花序，除去枝叶、晒干。

【商品特征】　头状花序扁球形，舌状、管状花黄色，总苞四层覆瓦状排列，花易脱散。质轻味微苦。

【商品规格】　商品为统装。

【品质要求】　均以朵大、完整、金黄色、有白绒毛、无枝梗者为佳。

【包装贮藏】　麻袋或纸箱装。置干燥处保存，防潮。

【性味功效】　性微温，味苦、辛、咸。降气，消痰，行水，止呕。

款冬花
FARFARAE FLOS

本品为菊科植物款冬 *Tussilago farfara* L. 的干燥花蕾。始载于《神农本草经》，列为中品。野生与栽培均有。多为栽培品。因其至冬而开花，故名款冬花。为常用中药。

【产地】　主产于河南嵩县、卢氏、栾川，陕西榆林、神木、凤县，甘肃灵台、泾川、天水，山西兴县、临县、静乐。此外，河北、青海、四川等地均产。以河南产量最大，甘肃灵台、陕西榆林质最优，习称"灵台冬花"。

【采制】　12月或地冻前当花尚未出土时，挖出花蕾，去净花梗、泥土，阴干或烘干。

【商品特征】　花序未开、棒状、多为"连三朵"，紫红花。折断或撕裂后均有蛛丝絮状毛茸，嚼之如棉絮。味微苦辛。

【商品规格】　商品有紫花、黄花两种，以紫花为优。分一、二等级。其等级标准为：

一等：呈长圆形，单生或2~3个基部连生，苞片鱼鳞状，花蕾肥大，个头均匀，色泽鲜艳。表面紫红或粉红色、体轻，撕开可见絮状毛茸。气微香，味微苦，黑头不超过3%，花柄长不超过0.5厘米。无开头，枝杆。

二等：个头瘦小，不均匀，表面紫褐色或暗紫色，间有绿、白色。开头、黑头均不超过10%，花柄长不超过1厘米。其余同一等。

【品质要求】　均以蕾大、肥壮、色紫红鲜艳、花梗短者为佳；本品醇溶性浸出物不得少于20.0%；含款冬酮（$C_{23}H_{34}O_5$）不得少于0.070%。

【产销行情】　全国年均产约3000吨，纯购约2000吨，纯销约1600吨，供应出口约200吨。其中河南年均纯购约400吨，甘肃约400吨，山西约260吨，四川约150吨，河北约150吨，内蒙古约100吨，新疆约100吨，其他地区约200吨。

【包装贮藏】　木箱或硬纸箱包装。本品易虫蛀、发霉、变色，应置干燥处保存。箱内放木炭防潮。

【性味功效】 性温，味辛、微苦。润肺下气，止咳化痰。

本产区其他道地药材

品　名	来　源	主要道地产区
千金子	大戟科植物续随子 *Euphorbia lathyris* L. 的干燥成熟种子	河南禹州、温县，孟州
白附子	天南星科植物独角莲 *Typhonium giganteum* Engl. 的干燥块茎	河南禹州

自学指导

【重点难点】

1. 重点药物山药、牛膝、金银花、地黄的道地产地、规格等级、贮藏养护。
2. 红花、全蝎、连翘、辛夷、何首乌、旋覆花、款冬花的贮藏养护。
3. 怀药产区的自然环境条件。

【复习思考题】

1. 怀药产区的自然环境条件特点是什么？
2. 试述山药、牛膝、金银花的商品规格、道地产地。
3. 试述山药、牛膝、金银花、地黄、红花、全蝎、旋覆花、款冬花、白附子等药材商品各自在贮藏中的注意事项。

第六章　浙　药

【目的要求】

1. 掌握重点药物白术、白芍、麦冬、浙贝母的道地产地、规格等级、贮藏养护等项；掌握山茱萸、乌药、玄参、延胡索的贮藏养护方法。

2. 熟悉浙药产区的自然环境条件；熟悉山茱萸、乌药、玄参、延胡索的道地产地、规格等级；熟悉蜈蚣的贮藏养护方法。

3. 了解女贞子、白前、绵草薢、桑叶、僵蚕、覆盆子等的道地产地；了解浙药产区的地理位置；了解浙药产区药材商品的产销行情。

【自学时数】

4 学时。

凡以浙江为主要产区或集散地的大宗商品药材，均称为浙药。

浙江位于东经 118°01′～123°08′，北纬 27°01′～31°10′。北与上海、江苏省为邻，东濒东海，西与安徽、江西接界，南与福建毗连，大陆海岸线全长约 2000 千米。

浙江山多地少，有"七山一水二分地"之说。南部、西部和西北部山岭连绵，丘陵起伏；东北部河湖密布，平原坦荡，土地肥沃。地势自西南而东北向下倾斜。境内主要山脉都作西南向东北走向，自南而北可分为三支：南支有调宫山、南雁荡山、北雁荡山、括苍山；中支有仙霞岭、天台山、四明山、会稽山；北支有天目山、千里岗、龙门山等。这些山脉的主峰大多超过海拔 1000 米。龙泉县的黄茅尖，高 1921 米，为全省最高峰。

浙江港湾众多，岛屿罗列，大小岛屿有 2100 多个。

浙江地处亚热带，冬、夏为季风盛期，天气晴朗，冬寒夏热，风力冬强夏弱。在春、秋季风交替时期则分别出现梅雨或阴雨天气的低温期。年均日照数为 1800～2000 小时；年平均气温 15℃～18℃。年降雨量为 1200～1800 毫米，台风雨高山区比沿海多。风压从海上向陆上急剧减少，年平均总云量 6.4～7.7 成，年平均雾日数 10～90 天，雷暴日数全年 30～70 天，年平均积温 4900℃～5700℃。这些气候条件在北部平原地区和南部丘陵山地之间，在东南沿海和西北内陆之间呈过渡性变化，形成了不同的药材生产环境。如白术、白芍、浙贝母等"浙八味"基本上分布在宁（波）、绍（兴）平原和北部太湖流域，尤以鄞县、磐安、嵊州、杭州、金华、东阳等处为著名产地；浙南及沿海的气候环境则适宜喜温暖湿润的温郁金、乌梅等浙药的生长。

浙江主产的药材有白术、白芷、白芍、杭菊、麦冬、温郁金、延胡索、浙贝母、浙玄参、山茱萸、温厚朴、乌药、蜈蚣、海马等。

女贞子
LIGUSTRI LUCIDI FRUCTUS

本品为木犀科植物女贞 *Ligustrum lucidum* Ait. 的干燥成熟果实。始载于《神农本草经》，列为上品。野生和栽培均有。李时珍谓："此木凌冬青翠，有贞守之操，故以女贞状之"，故名女贞子。为常用中药。

【别名】 女贞实、冬青子。

【产地】 主产于浙江金华，江苏淮阳、镇江，湖南衡阳、邵东、东安，福建浦城、莆田、闽候，广西桂林、柳州，江西萍乡及四川、河南等地均产。

【采制】 10～12 月果实成熟时采收。将果摘下，除去枝叶，蒸后晒干或直接晒干。

【商品特征】 呈卵形、椭圆形或肾形。表面灰黑色或紫黑色，皱缩不平。果核木质，黄棕色，有纵棱纹。破开后种子通常为 1 粒，肾形，紫黑色，油性。味甘、微苦而涩。

【商品规格】 商品女贞子一般不分等级，均系统货。

【品质要求】 以粒大、饱满、色灰黑、质坚实者为佳。本品含女贞苷不得少于 0.70%；杂质不得过 3.0%；水分不得过 8.0%；总灰分不得过 5.5%。

【包装贮藏】 席装或麻袋包装。本品易发霉，应置干燥通风处保存。若受潮湿，应摊晾，翻晒。

【性味功效】 性平，味甘、苦。补肝肾，强腰膝。

山茱萸
CORNI FRUCTUS

本品为山茱萸科植物山茱萸 *Cornus officinalis* Sieb. et Zucc. 的干燥成熟果肉。始载于《神农本草经》，列为中品。野生、家种均有。山茱萸又名枣皮，因形得名。为常用中药。

【别名】 枣皮、萸肉、山萸肉。

【产地】 产于浙江淳安、昌化，河南南召、嵩县、西峡、内乡、济源、安徽、石埭。此外陕西、山西、四川等省亦有生产。以浙江淳安产的品质优，以河南产量大。

【采制】 秋季霜降采收。采后置竹篓内，用炭火烘焙或置沸水中略烫后，及时除去果核，将果肉烘干或晒干。

【商品特征】 不规则片状或囊状，长 1～1.5 厘米，宽 0.5～1 厘米。表面紫红色或紫黑色，皱缩，有光泽。肉质柔软，偶见果核长椭圆形，有纵棱纹。味酸、涩、微苦。

【商品规格】 商品多为统货。

【品质要求】 以块大、肉厚质柔软、色紫红、无核者为佳。含核量不得超过 3%。本品含马钱苷不得少于 0.60%；杂质不得过 3.0%；水分不得过 16.0%；总灰分不得过 6.0%；酸不溶性灰分不得过 0.5%；

【产销行情】 全国年均产 450～1000 吨，纯购约 800 吨，纯销 700～800 吨，供应出口约 20 吨。其中浙江每年纯购约 80 吨，河南约 350 吨，湖北约 160 吨，广东约 40 吨，陕西约 55 吨，四川 15 吨，安徽约 30 吨，湖南约 10 吨。其他地区约 50 吨。山茱萸产地较少，生长周期长，是多种中成药的原料药。

【包装贮藏】 木箱或麻袋装。本品易虫蛀、发霉，置阴凉干燥处保存，不宜过度日晒或风吹，以免干枯丧失油润。

【性味功效】　性微温，味酸、涩。补肝益肾，涩精敛汗。

【附注】　山茱萸为国家重点保护的野生植物。

乌　药

LINDERAE RADIX

本品为樟科植物乌药 *Lindera aggregata* （Sims） Kosterm 的干燥块根。始载于《本草拾遗》。多为野生。为常用中药。

【别名】　台乌。

【产地】　主产于浙江金华地区，湖南邵东、涟源、邵阳等地。此外湖北、安徽、广州、四川、云南等省亦产。以浙江天台所产量大而质优，故有"台乌"之称。

【采制】　冬季采收，洗净晒干，即为商品"乌药个"；刮去栓皮或不刮栓皮，切成厚 1～2 毫米横切片，晒干或烘干即为商品"乌药片"。

【商品特征】

1. 乌药个

呈微弯曲的纺锤形或连珠状，长 6～15 厘米，直径 1～3 厘米。表面黄褐色或黄棕色，有纵皱纹及稀疏的细根痕。质坚硬。微有香气。

2. 乌药片

呈圆片状，片面黄白色或淡黄棕色，有环纹和放射纹。微有香气。

【商品规格】　商品分为乌药个与乌药片两种，均为统货。

【品质要求】　质嫩、断面白色、香气浓者为佳。本品含乌药醚内酯不得少于 0.030%，含去甲异波尔定不得少于 0.40%；水分不得过 11.0%；总灰分不得过 4.0%；酸不溶性灰分不得过 2.0%。

【包装贮藏】　用麻袋或木箱装。置阴凉干燥处保存。

【性味功效】　性温，味辛。行气止痛，散寒温肾。

【附注】　过去将浙江天台山所产乌药称为"台乌药"，认为质量最佳，实际上，凡浙江产者均为台乌药。将湖北、湖南等省所产乌药称为"衡州乌药"，实际上与浙江产者无甚区别。

乌梢蛇

ZAOCYS

本品为游蛇科动物乌梢蛇 *Zaocys dhumnades* （Cantor） 去内脏的干燥体。始载于《药性论》，均为野生。因体色乌黑，故名。为少常用中药。

【别名】　乌蛇、乌风蛇、黑乌蛇。

【产地】　主产于浙江嘉兴、瑞安、景宁、丽水、青田等县。此外，江苏、贵州、湖北等地亦产。

【采制】　4～10 月间捕捉。捕得后，将其杀死，剖腹去内脏，盘成圆形，用火熏烤，熏时多翻动，至表面略呈黑色为度，再晒干或烘干。

【商品特征】　呈圆盘状，盘径约 16 厘米。表面绿黑色或黑褐色，头扁圆如龟头，背鳞 14～16 行，背中央 2～4 行鳞片强烈起棱，形成两条纵贯全体的黑线。脊部高耸成屋脊状，俗称"剑脊"，尾部细长，具烟熏气。

【商品规格】 商品按加工方法不同分盘蛇和蛇棍两种，均为统货。

【品质要求】 头尾齐全，肉色黄白，体坚实者为佳。醇溶性浸出物不得少于12.0%。

【包装贮藏】 木箱装。本品易虫蛀、泛油，应密封，置阴凉干燥处保存。少量药材与花椒共贮可防蛀。注意防鼠害。

【性味功效】 性平，味甘。祛风通络，镇痉止痛。

【附注】 乌梢蛇为国家重点保护的野生动物。

玄 参

SCROPHULARIAE RADIX

本品为玄参科植物玄参 *Scrophularia ningpoensis* Hemsl. 的干燥根。始载于《神农本草经》，列为中品。现南北各省均有栽培。李时珍说："玄，黑色也，其茎微似参。"故名玄参。为常用中药。

【别名】 元参、黑参。

【产地】 主产于浙江东阳、磐安、杭州、笕桥、临海、义乌、富阳、桐笋等地。此外四川、陕西、贵州、湖南、湖北、江西、河北等省亦产。以浙江产量大，质量优，销全国并出口。

【采制】 10～11月间采收，除去茎叶及泥土，剥脱子芽（供留种栽培用），根部晒至半干且内部色变黑时，堆放发汗后，再晒干或烘干。

【商品特征】 略呈羊角状，长6～20厘米，直径1～3厘米。表面灰黄色或灰褐色，有纵皱沟纹。断面乌黑色，微有光泽。味甘、微苦。用水浸泡，水液呈墨黑色。

【商品规格】 商品规格分细皮玄参（质优）和粗皮玄参两种。各分为一、二、三等。其等级标准为：

一等：呈类纺锤形或条形。表面灰褐色，有纵纹及抽沟。质坚韧。断面黑褐色或黄褐色，味甘微苦咸。每千克36支以内，支头均匀。无芦头、空泡、杂质。

二等：每千克72支以内。其余同一等。

三等：每千克72支以外，每支最小在5克以上。间有破块。无芦头、杂质。其余同一等。

出口商品以每千克的支数和质量标准分等销售。

【品质要求】 以肥大、皮细、体糯质实、断面发乌而油润者为佳，个小质松、皮粗、断面色灰褐者质次。本品含哈巴苷和哈巴俄苷的总量不得少于0.45%；水分不得过16.0%；总灰分不得过5.0%；酸不溶性灰分不得过2.0%。

【产销行情】 全国年均生产约3000吨，纯购约2000吨，纯销约2500吨，供应出口50～70吨。其中四川每年纯购约300吨，河南约150吨，浙江约500吨，湖南约200吨，湖北约150吨，陕西约150吨，其他地区约600吨。玄参主要为家种，由于计划控制不周，常有紧缺和滞销现象。

【包装贮藏】 用麻袋或篾包包装。本品易虫蛀、发霉，应置干燥通风处保存。

【性味功效】 性寒，味苦、咸。滋阴降火，凉血解毒。

白 术

ATRACTYLODIS MACROCEPHALAE RHIZOMA

本品为菊科植物白术 *Atractylodes macrocephala* Koidz 的干燥根茎。为常用中药。始载于《神农本草经》，列为上品，当时未分白术和苍术，而统称为术，后来陶弘景才将二者分开，其所述与今商品相符。多为栽培。因其根干枝叶之形像篆文"术"字，根内白色，故名白术。为常用中药。

【别名】 浙术、冬白术。

【产地】 主产于浙江嵊州、东阳、昌化、仙居，安徽黄山、宁国、歙县，湖南平江、衡阳，此外湖北、江西、四川等省亦产。以浙江产量大，质量优，销全国，并出口。

【采制】 霜降前后地上部分枯黄后采挖，除去茎叶及泥土，烘干或晒干，再除去须根即可，烘干者称"烘术"，晒干者称"生晒术"，亦称"冬术"。

【商品特征】 呈肥厚团块，具瘤状突起，形似"鸡腿"或"如意"状，长 3～13 厘米，直径 1.5～7 厘米。表面灰黄色或灰棕色。质坚硬不易折断，断面不平坦，黄白色至淡棕色，有棕黄色的点状油室散在；烘干者断面角质样，色较深或有裂隙。气清香，味甘微辛。

【商品规格】 商品因产地及加工方法不同，有浙江术、平江术、江西术、徽术等。浙江术又分杭术、子术、于术、冬术等。分个子货和饮片两种。等级按个数多少分 1～4 等。其等级标准：

一等：呈不规则团块状，体形完整。表面灰棕色或黄棕色。断面黄白色或灰白色。味甘微辛苦。每千克 40 只以内，无焦枯、油个、虚泡。

二等：每千克 100 只以内，其余同一等。

三等：每千克 200 只以内，其余同一等。

四等：体形不计，但需全体是肉（包括武子、花子）。每千克 200 只以外，间有程度不严重的破碎、油个、焦枯、虚泡。其余同一等。

【品质要求】 个子货以个大、体重（俗称"如意头"），断面色黄白，有黄色放射纹理，外皮细、香气浓，甜味浓而辣味少者为佳。本品含水分不得过 15.0%；总灰分不得过 5.0%。

【产销行情】 全国年均生产约 8000 吨，纯购约 5600 吨，供应出口约 120 吨。其中浙江每年纯购约 4000 吨，湖北约 500 吨，湖南约 400 吨，四川约 150 吨，安徽约 200 吨，河南约 100 吨，其他地区约 200 吨。白术系家种，由于价格的杠杆作用，生产起伏较大。

【包装贮藏】 以竹篓、麻袋包装。每件 50～75 千克。本品易虫蛀、发霉、泛油，置阴凉干燥处保存。为防霉蛀，可烘干。用气调养护。若发现生霉，应马上处理，平铺晾干，趁热擦去霉迹。本品含油质，不宜久藏，以防止泛油和色泽变黑而影响质量。切制的切片可入坛或石灰缸内贮藏。

【性味功效】 性温，味甘、苦。益气健脾，燥湿和中。

【附注】

1. 花子

指瘤状疙瘩积聚在白术的主体上，占表面积 30% 以上者。

2. 武子

指白术体形，呈二叉以上者（包括二叉）。

白 芍

PAEONIAE RADIX ALBA

本品为毛茛科芍药 *Paeonia lactiflora* Pall. 的干燥根。始载于《神农本草经》，列为中品。多为栽培。李时珍说因其花叶犹绰约，绰约乃美好，故得此名。为常用中药。

【别名】 芍药、杭芍。

【产地】 主产于浙江东阳、磐安，四川中江，安徽亳州、涡阳等地。此外贵州、山东、云南、湖南、河南、山西、甘肃等省亦产。浙江产者品质最佳，因集散地在杭州，故称"杭白芍"；安徽产者名"亳白芍"，产量最大；四川产者习称"川白芍"，产量次之；陕西"宝鸡白芍"产量小，质次之。

【采制】 栽培3～4年后的夏、秋两季采挖，洗净，除去头尾及须根，刮去外皮，置沸水中煮至透心，立即捞出放入冷水浸泡，取出晒干。

【商品特征】

1. 杭白芍

形圆条直，两端平齐。表面棕红色，光滑细腻，体重质坚，断面类白色。

2. 川白芍

与上种不同的是条短而弯，两端不齐，头大尾细。表面细腻光润，断面带粉性。

3. 亳白芍

不同于上两种的是条细，顶有芦头，体轻质松，断面粉性小。

【商品规格】 商品中曾经分杭白芍、川白芍、亳白芍、宝鸡白芍等规格。现行商品分杭白芍、白芍两种规格，按大小粗细分等。杭白芍分1～7等，白芍（包括川白芍、亳白芍）分1～4等。其规格等级标准：

1. 杭白芍

一等：呈圆柱形，条直，两端切平。表面棕红色或微黄色。质坚体重。断面米黄色。味微苦酸。长8厘米以上，中部直径2.2厘米以上。无枯芍、芦头、栓皮、空心。

二等：长8厘米以上，中部直径1.8厘米以上，其余同一等。

三等：长8厘米以上，中部直径1.5厘米以上，其余同一等。

四等：长7厘米以上，中部直径1.2厘米以上，其余同一等。

五等：长7厘米以上，中部直径0.9厘米以上，其余同一等。

六等：长短不分，中部直径0.8厘米以上，其余同一等。

七等：长短不分，中部直径0.5厘米以上，间有夹生、伤疤，其余同一等。

2. 白芍（包括川白芍、亳白芍）

一等：呈圆柱形，直或稍弯，去净栓皮，两端整齐。表面类白色或淡红棕色，质坚实，体重。断面类白色或白色。味微苦酸。长8厘米以上，中部直径1.7厘米以上。无芦头、麻花点、破皮、裂口、夹生。

二等：长6厘米以上，中部直径1.3厘米以上，间有麻花点。其余同一等。

三等：长4厘米以上，中部直径0.8厘米以上，间有麻花点。其余同一等。

四等：表面类白色或淡红棕色。断面类白色或白色。长短粗细不分，兼有夹生、破皮、麻花点、碎节或未去栓皮。

白芍出口按质量的优劣分等出售。

【品质要求】　以根条粗长、均匀、质坚实、粉性足，皮色整洁，无白心或裂痕者为佳。本品含芍药苷不得少于 1.6%；水分不得过 14.0%；总灰分不得过 4.0%。铅不得过百万分之五；镉不得过千万分之三；砷不得过百万分之二；汞不得过千万分之二；铜不得过百万分之二十。

【产销行情】　全国年均产约 3200 吨，纯购约 2500 吨，纯销约 1500 吨，供应出口 500～700 吨，其中安徽年均纯购约 1200 吨，四川纯购约 400 吨，浙江约 250 吨，湖南约 150 吨，其他地区约 500 吨。白芍商品历史上有过紧缺和积压现象。

【包装贮藏】　本品易虫蛀，应置阴凉干燥处保存。在贮藏中应注意经常检查，发现受潮及时晾晒。为防虫蛀，或用气调方法贮存。

【性味功效】　性微寒，味酸、苦。养血柔肝，缓急止痛。

白 前
CYNANCHUMI STAUNTONII RHIZOMA ET RADIX

本品为萝藦科植物柳叶白前 *Cynanchum stauntonii* （Decne.）Schltr. ex Levl. 或芫花叶白前 *Cynanchum glaucescens* （Decne.）Hand.-Mazz. 的干燥根茎及根。始载于《名医别录》，均为野生。为较常用中药。

【别名】　竹叶白前、鹅管白前。

【产地】　主产于浙江富阳、新登、阗谿，安徽蚌埠等地。此外福建、江西、湖南、湖北、广西等省区亦产。

【采制】　八月份采收，挖出全株，割去地上部分，洗净泥土，晒干即为"白前"；如将节部的须根除去而留用根茎则为"鹅管白前"；如以全株洗净晒干入药者则为"草白前"。

【商品特征】

1. 柳叶白前（鹅管白前）

根茎呈细长圆柱形，微弯曲，有分枝。表面黄白色或黄棕色。节间长。断面中空，根粗而少。

2. 芫花叶白前（白前）

不同于上种的是根茎粗短，表面灰绿色或灰黄色。节间短，根细而多。

【商品规格】　商品按其来源分为柳叶白前和芫花叶白前两种，按其加工不同分为白前、鹅管白前和草白前三种。一般不分等级，均为统货。

【品质要求】　以根茎粗壮，断面色粉白，粉性足者为佳。

【包装贮藏】　晒干后打捆，用篾席包装。本品受潮易霉蛀，应置干燥通风处保存。

【性味功效】　性微温，味辛、苦。化痰止咳，降气平喘。

延 胡 索
CORYDALIS RHIZOMA

本品为罂粟科植物延胡索 *Corydalis yanhusuo* W. T. Wang 的干燥块茎。始载于《开宝本草》。多为栽培。本品原名玄胡索，后因避宋真宗名讳而改玄为延。为常用中药。

【别名】　元胡、玄胡。

【产地】　主产于浙江东阳、磐安、永康、缙云等地，现今湖北、湖南、江苏有大面积栽培，其他地区也有引种栽培，其中以浙江东阳、磐安种植面积大，产量多，销全国各地，并有出口。

【采制】　5～7月份植株全枯萎后5～7天采挖，采挖后洗净泥土，置沸水中略煮3～6分钟，至块茎内部中心有芝麻样小白点为度，立即捞起晒干。

【商品特征】　呈不规则扁球形，直径0.5～1.5厘米。表面灰黄色或黄棕色，具网纹。质硬脆，断面色黄，味苦。

【商品规格】　延胡索商品分为一、二等，其等级标准：

一等：呈不规则的扁球形；表面黄棕色或灰黄色，多皱缩。质硬而脆。断面黄褐色，有蜡样光泽。味苦微辛。每50克45粒以内。

二等：每50克45粒以外。其余同一等。

【品质要求】　以个大饱满、质坚硬而脆、断面黄色发亮、角质，有蜡样光泽者为佳。个小、质松、断面色灰黄、中心有白色者为次。本品含延胡索乙素不得少于0.050%；水分不得过15.0%；总灰分不得过4.0%。

【产销行情】　全国年产约5600吨，纯购约4500吨，纯销约4300吨，供应出口45～55吨。其中浙江年均纯购约2500吨，湖北约400吨，湖南约270吨，江苏约350吨，其他地区约1000吨。新中国成立以来，延胡索曾几度出现脱销和积压情况。

【包装贮藏】　用麻袋装。本品易虫蛀、发霉、变色，应置干燥通风处保存。

【性味功效】　性温，味苦、辛。行气止痛，活血散瘀。

麦　冬
OPHIOPOGONIS RADIX

本品为百合科植物麦冬 *Ophiopogon japonicus* （L. f) Ker-Gawl. 的干燥块根。始载于《神农本草经》，列为中品。多为栽培。李时珍说，麦须曰门，此草根似麦而有须，其叶如韭，凌冬不凋，故曰之麦冬。为常用中药。

【别名】　寸冬、麦门冬。

【产地】　主产于浙江慈溪、杭州、余姚、浒山、块墩、萧山，四川绵阳三台等地区。此外，贵州、广西、福建等省区也产。浙江、四川、广西产量大。

【采制】　浙江于栽培后第三年立夏时采挖，四川于栽培第二年清明后采挖，野麦冬多在清明后采挖。采挖后先洗净块根，然后晒至干燥，也可用微火（40℃～50℃）烘干，撞去须根。

【商品特征】

1. 浙麦冬

呈纺锤形，表面黄白色，半透明。质柔软，断面中柱细小，嚼之发黏。

2. 川麦冬

不同于上种的是外形粗短，大小不一。表面乳白色，微有光泽。

【商品规格】　商品分浙麦冬、川麦冬两种。浙麦冬、川麦冬按大小各分为一、二、三等。其规格等级标准：

1. 浙麦冬

一等：纺锤形，半透明。表面黄白色。质柔韧，断面牙白色，有木质心。味微甜，嚼之有黏性。每50克150粒以内，无须根。

二等：每50克190粒以内，其余同一等。

三等：每 50 克 190 粒以外，最小不低于麦粒大。油粒、烂头不过 10%。其余同一等。

2. 川麦冬

一等：纺锤形，半透明。表面淡白色。断面牙白色，木质心细软，味微甜，嚼之少黏性。每 50 克 190 粒以内。

二等：每 50 克 300 粒以内，其余同一等。

三等：每 50 克 300 粒以外，最小不低于麦粒大。乌花、油粒不超过 10%，其余同一等。

3. 出口商品按质量标准分等出售。

【品质要求】 均以表面淡黄白色、身干，个肥大、质软、半透明、有香气、嚼之发黏者为佳。瘦子、色棕黄、嚼之黏性小者为次。本品含麦冬总皂苷以鲁斯可皂苷元计不得少于 0.12%；水分不得过 18.0%；总灰分不得过 5.0%。

【产销行情】 全国年均生产约 3500 吨，纯购约 3400 吨，供应出口 90~120 吨，其中浙江年均纯购 150~200 吨，四川约 50 吨，湖北约 1500 吨，湖南约 300 吨，广东约 250 吨，其他地区 700~800 吨。麦冬生长周期短，由于脱销与积压的交替出现，价格波动较大。

【包装贮藏】 用木箱或篾篓包装。长途运输则应在箱内衬垫厚纸或油纸，装满压紧，外封牛皮纸，隔绝空气，以免受潮后泛油发霉。本品易虫蛀、霉变，应放置阴凉通风处，防止受热受潮，否则变成红黄色和生霉。如发现身软返潮，应立即摊晒至干。为防虫蛀可用气调养护。一旦发霉可用撞刷或擦洗法除去霉迹。有的产地加工时拌入少量滑石粉，不但可使外表光滑也能起到防霉蛀和防泛油的作用。麦冬不宜长期保存。

【性味功效】 性寒，味甘、微苦。养阴生津，润肺止咳。

【附注】 除上种外，有些地方将山麦冬 *Liriope spicata* Lour. 及阔叶山麦冬 *Liriope platyphylla* Wang et Tang 的块根混充麦冬使用，本品应作山麦冬入药。后者在商品上称作大麦冬或湖北麦冬。主要区别点：山麦冬呈纺锤形，略弯曲，两端狭尖，具粗糙的纵皱纹。质柔韧，纤维性较强。大麦冬较其他麦冬大，呈圆柱形，两端钝圆，有中柱露出。表面暗黄色，不透明。

前 胡

PEUCEDANI RADIX

本品为伞形科植物白花前胡 *Peucedanum praeruptorun* Dunn 的干燥根。始载于《名医别录》。均为野生。为常用中药。

【产地】 主产于浙江淳安、临安、昌化，湖南邵阳、邵东、安化，四川都江堰、彭州。以浙江产量大、质量优。

【采制】 初冬植株枯萎后采挖，挖出根部，除去苗叶残茎，抖净泥沙，去掉须根，晒干或微火烘干即成。

【商品特征】 多呈长圆柱形，表面灰黄至黑褐色，顶端有茎痕及毛须，部分支根较多，断面放射纹明显。

【商品规格】 均为统货，不分等级。习惯认为浙江产者品质较好。

【品质要求】 以条粗壮、质柔软、断面黄白色似菊花心，香气浓者为佳。本品含白花前胡甲素不得少于 0.90%，含白花前胡乙素不得少于 0.24%；水分不得过 12.0%；总灰分不得过 8.0%；酸不溶性灰分不得过 2.0%。

【包装贮藏】 篾席包装。置阴凉干燥处保存。

【性味功效】 性微寒,味苦、辛。化痰止咳,宣散风热。

【附注】

1. 紫花前胡为伞形科植物紫花前胡 *Peucedanum decursivum* (Miq.) Maxim. 的干燥根。产浙江、江西、湖南、山东等。

2. 我国西南四川、云南、贵州等部分地区尚有毛前胡、红前胡、老前胡、全前胡等入药。

防 己

STEPHANIAE TETRANDRAE RADIX

本品为防己科植物粉防己 *Stephania tetrandra* S. Moore 的干燥根。始载于《神农本草经》,列为中品。野生、家种均有。其名防者,防御也,本品粉性较强,故名。为常用中药。

【别名】 粉防己、汉防己。

【产地】 主产于浙江衢县、兰溪、武义、建德、金华,安徽安庆地区、徽州地区。湖北、湖南、江西等地亦产。以安徽产品质优。

【采制】 秋季挖取根部,刮去外部栓皮,切成 12～26 厘米长的段。粗根再纵剖为二,晒干或烘干。

【商品特征】 外形弯曲似猪大肠,长 5～10 厘米,直径 1～5 厘米。弯曲处有横向沟纹。表面有刀削痕。断面灰白色,粉性强,有平滑粗稀的车轮纹。气微,味苦。

【商品规格】 商品防己为统货。

【品质要求】 以条匀、质坚实、粉性足者为佳;根状、粉少、多筋者质次。本品含粉防己碱和防己诺林碱的总量不得少于 1.6%;水分不得过 12.0%;总灰分不得过 4.0%。

【包装贮藏】 用竹席或麻袋装。本品易虫蛀、发霉,应防潮,置干燥通风处保存。

【性味功效】 性寒,味苦。利尿消肿,祛风止痛。

浙 贝 母

FRITILLARIAE THUNBERGII BULBUS

本品为百合科植物浙贝母 *Fritillaria thunbergii* Miq. 的干燥鳞茎。始载于《本草纲目拾遗》。多栽培。浙贝母原名象贝,因主产于浙江象山一带,故名。为常用中药。

【别名】 浙贝、象贝。

【产地】 主产于浙江鄞县、东阳、磐安、于潜,湖北板桥。此外安徽、江苏等省亦产。

【采制】 立夏前后植株枯萎后采挖、洗净,按大小分开。一般直径在 3.5 厘米以上者分成两瓣,摘出心芽,商品称"大贝";直径在 3.5 厘米以下者不分瓣,不去心芽,商品称"珠贝"。分别置于特制的木桶内,撞去表皮,每 50 千克加入熟石灰或贝壳粉 1.5～2 千克,使均匀涂布于贝母表面,吸去撞击的浆汁,晒干或烘干。

【商品特征】

1. 大贝

瓣片呈新月形(习称元宝贝),表面类白色,被白粉,味苦。

2. 珠贝

不同于上种的是呈扁球形,外有大小近等的两枚对合鳞叶,内有 2～3 枚心芽。

【商品规格】 商品中分大贝和珠贝两种。均为统货。

【品质要求】 以身干、色白、粉足、质坚、不松泡、无僵子者为佳。本品贝母素甲和贝母素乙的总量不得少于 0.080％；水分不得过 18.0％；总灰分不得过 6.0％。

【包装贮藏】 用篾篓，外套以麻袋包装。本品易虫蛀发霉，应防潮，置干燥通风处保存。

【性味功效】 性寒，味苦。清热散结，化痰止咳。

绵萆薢
DIOSCOREAE SPONGIOSAE RHIZOMA

本品为薯蓣科植物绵萆薢 *Dioscorea spongiosa* J. Q. Xi，M. Mizuno et W. L. Zhao 及福州薯蓣 *Dioscorea futschauensis* Uline ex R. Kunth 的干燥根茎。习称"绵萆薢"。始载于《神农本草经》，列为中品。皆为野生。为少常用中药。

【别名】 大萆薢。

【产地】 主产于浙江、江西、福建等省。

【采制】 秋季采挖。挖取根茎，除去茎、叶、须根，去净泥土，切成 0.5～2.5 毫米厚的片，晒干即成。

【商品特征】 外皮带黄，片面有黄棕色筋脉点，质疏松，略呈海绵状。

【商品规格】 商品有个子货和饮片之分，均为统货。

【品质要求】 以色黄白、片大较薄有弹性、完整不碎者为佳。水分不得过 11.0％；总灰分不得过 6.0％；醇溶性浸出物不得少于 15.0％。

【包装贮藏】 麻袋装。置通风干燥处保存。本品易虫蛀、发霉，须防潮湿。

【性味功效】 性平，味苦。利湿去浊，祛风除痹。

桑 叶
MORI FOLIUM

本品为桑科植物桑 *Morus alba* L. 的干燥叶。始载于《神农本草经》，列为中品。野生与栽培均有，为较常用中药。

【别名】 冬桑叶、霜桑叶。

【产地】 全国大多地区均有生产，以南方育蚕区产量较大。如浙江、安徽、江苏、四川、湖南等地。

【采制】 一般霜降后 9～10 月间采收，除去杂质，晒干或用细绳串叶成约 10 厘米厚的层叠即成。

【商品特征】 完整的叶呈卵形或宽卵形，边缘锯齿状或不规则分裂。长 8～15 厘米，宽 7～13 厘米。多带绿色。

【商品规格】 商品为统货。

【品质要求】 以叶完整，大而厚，色黄绿，质扎手者为佳。习惯以经霜者为好，称"冬桑叶"。本品含芦丁不得少于 0.10％；水分不得过 15.0％；总灰分不得过 13.0％，酸不溶性灰分不得过 4.5％。

【包装贮藏】 用席包装或竹篓装。置干燥通风处保存。

【性味功效】 性寒，味苦、甘。祛风散热，清肝明目。

菊 花

CHRYSANTHEMI FLOS

本品为菊科植物菊花 *Chrysanthemum morifolium* Ramat 的干燥头状花序。始载于《神农本草经》，列为上品。多为栽培。为常用中药。

【产地】 菊花的产地主要有：

1. 亳菊

主产于安徽亳州、涡阳及河南商丘者。

2. 药菊

主产于河南武陟、博爱者（亦称"怀菊"）；产于四川中江（亦称"川菊"）。

3. 滁菊

主产于安徽滁县。

4. 贡菊

主产于安徽歙县，浙江德清。

5. 杭菊

主产于浙江嘉兴、桐兴、吴兴，多系白菊；产于海宁者多系黄菊。

6. 济菊

主产于山东济南。

7. 祁菊

主产于河北安国。

8. 平江菊

主产于湖南平江。

以浙江、河南、安徽、四川所产为道地药材。菊花为"浙八味"、"四大怀药"之一，自古以来以"怀菊"、"杭菊"为优。延至当代，以安徽所产亳菊、滁菊最负盛名。

【采制】 9～10月当花盛开时采集。各类菊花的加工方法如下：白菊花系将花枝折下，捆成小把，倒挂阴干，然后剪下花头；滁菊花系摘取头状花序，晒至6成干时，用筛子筛，使头状花序成圆球形，再晒干；杭菊花系摘下头状花序，上蒸笼蒸后，晒干；贡菊直接由新鲜花头烘干。

【商品特征】 菊花规格虽多，但来源为一种，各地加工分晒（烘、炕）法和蒸法两类。晒（烘）菊心黄边缘花白，朵大体轻易散瓣，香气淡；蒸菊全花皆黄色，卷成团，不易散瓣，香气浓，味微苦。由于道地品种变异，各种特征见商品规格项下。

【商品规格】 菊花产区多，规格多。

1. 商品按性状不同分为白菊、滁菊、贡菊、杭菊四种。

2. 按产地不同分怀菊、亳菊、川菊、祁菊、贡菊、杭菊、滁菊、济菊、平江菊等。

3. 按加工方法不同分为烘菊、蒸菊、晒菊等。

菊花主要商品规格等级标准为：

1. 亳菊花

一等：呈圆盘或扁扇形。花朵大、瓣密、肥厚、不露心、花瓣长而宽、白色。近基部微带红色。体轻，质柔软。气清香、味甘微苦。无散朵、枝叶、杂质。

二等：花朵大小中等，色微黄。余同一等。

三等：花朵小，色黄或暗。间有散朵，叶枝不超过5％。余同一等。

2. 滁菊花

一等：呈绒球状或圆形（多为头花），朵大，色粉白，花心较大，黄色，质柔，气芳香。味甘微苦，不散瓣，无枝叶。

二等：多为二水花。朵中等。余同一等。

三等：绒球状，朵小，色次（即尾花），间有散瓣，并条。余同一等。

3. 贡菊花

一等：花头较小，圆形，花瓣密、白色。花蒂绿色，花心小，淡黄色，均匀不散朵，体轻、质柔软。气芳香，味甘微苦。

二等：圆形色白，花心淡黄色。朵均匀。余同一等。

三等：花头小，朵不均匀，间有散瓣。余同一等。

4. 药菊（怀菊、川菊等）

一等：呈圆盘或扁扇形，朵大，瓣长，肥厚。花黄白色，间有浅红或棕红花。质松而柔。气芳香、味微苦。无散朵、枝叶、杂质。

二等：朵较瘦小，色泽较暗。间有散朵。余同一等。

5. 杭白菊

一等：蒸花呈压缩状。朵大肥厚，玉白色。花心较大、黄色。气清香、味甘微苦。无霜打花、浦汤花、生花、枝叶。

二等：花朵厚、较小、心黄色。余同一等。

三等：花朵小，间有不严重的霜打花和浦汤花。其余同一等。

6. 汤菊

一等：干货。蒸花呈压缩状。朵大肥厚，色黄亮。气清香，味甘微苦。无严重的霜打花和蒲汤花、生花、枝叶、杂质、虫蛀、霉变。

二等：干货。蒸花呈压缩状。花朵小、较瘦薄、黄色。气清香，味甘微苦。间有霜打花和蒲汤花。无黑花，余同一等。

【品质要求】　以身干，色白（黄）新鲜，花朵完整不散瓣，香气浓郁，无杂质者为佳。本品含绿原酸不得少于0.20％；含木犀草苷不得少于0.080％。3,5－O－二咖啡酰基奎宁酸不得过0.70％；水分不得过15.0％。

【产销行情】　产量大小悬殊，多时约20000吨，少时约3000吨。纯购2800～3000吨，纯销约3000吨，供应出口约500吨。其中河南纯购350～400吨，广西250～300吨，河北300～350吨，江苏约200吨，四川约300吨，其他地区约300吨。菊花为常用中药，大路商品，产地较多，为我国主要出口药材之一。由于价格因素和生产上控制不力，常出现紧缺、积压现象，价格波动较大。

【包装贮藏】　纸箱或布扎捆装。本品易虫蛀、发霉、变色、失气。应置阴凉干燥处密封保存。

【功效】　性寒，味甘、苦。散风清热，解毒，明目。

【附注】　菊花的产区较多，花形各异，所编写的规格等级标准，是参照《七十六种药材商品规格标准》，结合花形不同、传统名称编写的。新产区产品，符合哪个规格，即按哪个规格标准划分。

蜈 蚣

SCOLOPENDRA

本品为蜈蚣科动物少棘巨蜈蚣 *Scolopendra subspinipes mutilans* L. Koch 的干燥体。始载于《神农本草经》，列为下品。野生与家养均有。为常用中药。

【别名】 吴公。

【产地】 全国各地均有生产，主产于浙江海宁、桐乡、嘉兴，河南信阳，湖北随州、钟祥、荆门，安徽蚌埠、滁州、寿县，江苏苏州、无锡、常州等地。

【采制】 4～6 月份捕捉。捕得后，用两端削尖的竹片、插入头尾两部，绷直晒干；或先用沸水烫过，然后晒干或烘干。50～100 条蜈蚣为一把，用竹片相捆。

【商品特征】 呈扁平长条形，头红，背黑有光泽，腹部棕黄色，两侧有足 21 对，逐节排列。

【商品规格】 商品按其大小分两等，有把装或散装。其等级标准为：

一等：为大条，长 10～16 厘米。

二等：为小条，长 10 厘米以下。

【品质要求】 虫体条大、完整、腹干瘪者为佳。本品水分不得过 15.0%；总灰分不得过 5.0%。醇溶性浸出物不得少于 20.0%。

【产销行情】 全国年平均生产约 35000 把，纯购约 30000 把，纯销约 30000 把，供应出口约 3000 把。其中浙江纯购约 5000 把，河南约 6000 把，湖北约 4000 把，安徽约 2500 把，江苏约 2000 把，其他地区约 10000 把。

【包装贮藏】 木箱或硬纸箱包装。本品易生虫、发霉、泛油，应密封，置阴凉干燥处保存。为防虫蛀，少量药材可拌放一些大蒜头，置石灰缸内，大宗商品可用氯化苦或磷化铝熏。

【性味功效】 性温、味辛。有毒。息风镇痉，攻毒散结，通络止痛。

僵 蚕

BOMBYX BATRYTICATUS

本品为蚕蛾科昆虫家蚕 *Bombyx mori* L. 的幼虫因感染（或人工接种）白僵菌 *Beauveria bassiana* (Bals.) Vuillant 而致死的干燥虫体。始载于《神农本草经》，列为中品。多为人工培养。为常用中药。

【别名】 白僵虫、僵虫、天虫。

【产地】 我国东南地区多有生产，主产于浙江吴兴、德清，江苏镇江、无锡等地，近年来四川、陕西等亦有大量生产。

【采制】 收集感染白僵菌致死的蚕，倒入石灰中拌匀，吸去水分，晒干或文火烘干，筛去灰屑即成。

【商品特征】 多呈弯曲的类圆柱形，长 2～5 厘米，直径 0.5～0.7 厘米。表面被白色粉霜。质硬脆，断面外周色白而内黑，胶口镜面，内有 4 个亮圈。

【商品规格】 商品为统货。

【品质要求】 以虫体粗、质硬、色白，头、足、体、节明显，断面光亮者为佳；表面无白色粉霜，中空者不可入药。本品杂质不得过 3%；水分不得过 13.0%；总灰分不得过

7.0%；酸不溶性灰分不得过 2.0%；醇溶性浸出物不得少于 20.0%。本品每 1000 克含黄曲霉素 B_1 不得超过 5 微克，含黄曲霉素 G_2、黄曲霉素 G_1、黄曲霉素 B_2 和黄曲霉素 B_1 的总量不得超过 10 微克。

【产销行情】 全国年平均生产约 3000 吨，纯购约 1200 吨，纯销 1000 吨，供应出口约 20 吨。其中浙江纯购约 200 吨，江苏约 350 吨，四川约 300 吨，陕西约 200 吨，其他地区约 200 吨。

【包装贮藏】 石灰缸或瓷缸内贮藏。密封后置阴凉干燥处保存，并放少量花椒共贮，以防虫蛀。

【性味功效】 性平，味咸、辛。祛风解痉，化痰散结。

覆 盆 子
RUBI FRUCTUS

本品为蔷薇科植物华东覆盆子 *Rubus chingii* Hu 的干燥果实。始载于《名医别录》，列为上品。均为野生。当之曰："子似覆盆之形，故名之。"为常用中药。

【别名】 覆盆。

【产地】 主产于浙江建德、永康、淳安、临海、青田、金华、兰溪、嵊州，湖北恩施、来凤、襄阳，福建寿宁、宁化、福鼎，四川达州、重庆万州、涪陵，陕西安康、平利、紫阳、镇巴，安徽芜湖、六安、阜阳等地。以浙江、湖北产量最大。

【采制】 立夏果近成熟时采收。采收后除净杂质，于沸水中烫 1～2 分钟，置烈日下晒干即成。

【商品特征】 多呈"牛奶头状"，由多数小坚果聚合而成。高 0.6～1.3 厘米，直径 0.5～1.2 厘米。色灰绿，有白毛，底扁平，宿萼褐色，生有棕色毛须。

【商品规格】 商品分大、小两种，均为统货。

【品质要求】 以个大、饱满、粒均匀、结实、色灰绿、无杂质者为佳。

【包装贮藏】 麻袋装。本品受潮易发霉，注意防潮，应置干燥通风处保存。若受潮应及时摊晒至干。

【性味功效】 性温，味甘、酸。益肾壮阳，固精缩尿。

本产区其他道地药材

品 名	来 源	主要道地产区
海螵蛸	乌贼科动物无针乌贼 *Sepiella maindroni de Rochebrune* 或金乌贼 *Sepia esculenta* Hoyle 的干燥内壳	主产于浙江嵊泗、定海、瑞安，江苏赣榆、新海连，广东阳江、雷东，福建浦田、平沄、漳浦等地。此外山东日照、胶县、青岛，辽宁旅大、安东、锦西等地亦产

自学指导

【重点难点】

1. 重点药物白术、白芍、麦冬、浙贝母的道地产地、规格等级、储藏养护。
2. 山茱萸、乌药、玄参、延胡索的储藏养护方法。
3. 浙药产区的自然环境条件。
4. 山茱萸、乌药、玄参、延胡索的道地产地、规格等级。

【复习思考题】

1. 浙药产区的自然环境条件特点是什么？
2. 试述"浙八味"的道地产区及其商品规格。
3. 浙药产区药材在贮藏中易变质而需要重点养护的品种有哪些？

第七章　关　药

【目的要求】

1. 掌握重点药物人参、五味子、鹿茸的道地产地、规格等级、贮藏养护等内容；掌握细辛、桔梗、平贝母、龙胆、升麻、防风、关黄柏、哈蟆油的贮藏养护方法。

2. 熟悉关药产区的自然环境条件；熟悉细辛、桔梗、平贝母、龙胆、防风、升麻、关黄柏、哈蟆油的道地产地、规格等级；熟悉穿山龙、北豆根、白头翁、地榆、牛蒡子的贮藏养护方法。

3. 了解穿山龙、北豆根、白头翁、地榆、牛蒡子等的道地产地；了解关药产区的地理位置及药材商品的产销行情。

【自学时数】

4 学时。

凡以东北三省和内蒙东部地区为主要产区或集散地的大宗商品药材，均称为关药。

本产区位于约东经 120°~135°，北纬 40°~55°之间。北邻俄罗斯，东濒日本海峡，南接河北、朝鲜，西与蒙古交界。其自然环境条件是大小兴安岭以人字形崛起在北部，东南侧有长白山脉绵延，中南部为大片平原。海拔绝大多数在 2000 米以下，故土壤垂直谱带简单，而水平分布复杂。

本地区距海较近，大陆性气候较强。其气候冬夏温差大，冬季风雪严寒，冻土深度达 2.5 米，春季多风沙（尤以西部为甚），夏季大量降水，秋季阴雨。年平均气温 0℃~8℃，大兴安岭北段年平均气温在 0℃以下，东侧极端低温可达−20℃，阴山山脉东段在−14℃以上，无霜期 90~110 天。由于两大山系相互垂直，阻挡了东来温湿气流，致使山体东西侧年平均气温相差 2℃~4℃，≥10℃的积温相差 400℃~1400℃，降雨量相差 100~200 毫米。东北全境年平均降雨量为 300~700 毫米，自东北向西南递减，迎风坡的宽甸一带多达 1223 毫米。温带针阔混交林地带，湿度大，风速低，干燥度小于 1，适宜于人参、细辛、五味子等药用植物的生长；而松嫩平原中部，辽河平原西部干燥度在 1 以上，适宜于防风、知母、龙胆等药用植物生长。

本地区植被有由东向西依次交替的特点，即红松阔叶混交林→草甸草原→草原，这意味着湿润的森林气候向干燥的草原气候过渡，药用动植物因之而异。植被的垂直分布以长白山为最典型。西部呼伦贝尔草原降雨量少，无霜期短，植物生长期仅百余天，药用植物种类分布相对较少。东南部平原丘陵地带土质肥沃，保水较好，雨季与热天同步，无霜期 120~180 天，适宜于药用动植物的栽培和养殖。

本区主产的药材有人参、鹿茸、细辛、五味子、防风、关黄柏、龙胆、桔梗、升麻、知母等。

人　参

GINSENG RADIX ET RHIZOMA

本品为五加科（Araliaceae）植物人参 *Panax ginseng* C. A. Mey. 的干燥根及根茎。始载于《神农本草经》，列为上品。极少数野生，多为栽培。人参因根如人形而得名。为常用中药。

【别名】　力参、棒槌、神草。

【产地】　野山参主产于东北长白山区、大兴安岭。园参主产于吉林抚松、集安、靖宇、安图、敦化，辽宁恒仁、宽甸、新宾、清原，黑龙江五常、尚志、宁安、东宁等地。习惯以吉林产者为道地药材。

【采制】

1. 野山参

7月下旬至9月果熟变红时易发现，采挖。挖取时不使支根及须根受伤，保持完整，晒干，称全须生晒参。

2. 园参

栽种5～6年后，于秋季（白露至秋分）采挖，洗净，为"鲜人参"或"园参水子"。鲜人参的加工品主要有：

（1）生晒参类：将鲜人参除去支根，晒干或烘干，称"生晒参"，如不除支根晒干，称"全须生晒参"，选独根无分枝的，刮去外皮干燥者称白干参。

（2）白参类：取洗净的鲜人参置沸水中浸烫3～7分钟，取出，用针将参体扎刺小孔，再浸入浓糖液中2～3次，每次10～12小时，取出干燥，称"白参"或"糖参"。

（3）红参类：取洗净的鲜人参，除去支根及根茎部的不定根，或仅除去细支根及须根，蒸3小时左右，取出晒干或烘干，称"红参"。取8～9年的鲜人参，除去支根及根茎部的不定根，蒸3小时左右，取出晒干或烘干，称"边条红参"。

（4）活性参：用真空冷冻干燥法加工人参，称"活性参"，可防止有效成分总皂苷的损失，提高产品质量。

【商品特征】

1. 野山参

芦头长，称"雁脖芦"。由于生长年限长，根茎上的芦碗堆积由疏到密，因此，野山参芦头分三段。即"马牙芦"：芦碗稀疏，形似马牙。"堆（对）花芦"：芦碗左右交错，密集四周。圆芦：芦碗已长平，呈圆柱形；不定根多呈枣核状，习称"枣核艼"。主根短，呈人字形、菱形或圆柱形，习称"灵体"或"武形"。皮细纹深、连续成环，习称"铁线纹"；支根1～2条，须根细长稀疏，质坚韧，习称"皮条须"。须根着生多数疣状突起（珍珠点）。气微香而特异，味微苦、甘。

2. 园参

芦头短，为马牙芦。不定根顺长，习称顺体艼。主根长，呈纺锤形或圆柱形，习称"笨体"或"文形"。皮细嫩，横环纹疏浅不连续。支根为2～5条，须根多、短而乱，习称"扫帚须"。珍珠点不明显。

（1）生晒参：表面灰黄色，有粗浅横纹及纵皱纹，支根 2～3 条。气特异，味微苦、甜。

（2）红参：表面红棕色，质硬而脆，断面角质样。气微香而特异，味甘、微苦。

（3）白糖参：表面淡黄白色，支根 2～3 条。全体可见加工时的点状针刺痕，味较甜。

【商品规格】　商品分山参和园参二类，以山参质量最佳。其规格等级标准为：

1. 山参

根据形体好坏、重量大小，分为八等。

一等：主根粗短呈横灵体，支根八字分开（俗称武形），五形全美（芦、芋、纹、体、须相衬）。有圆芦。芋中间丰满，形似枣核。皮紧细。主根上部横纹紧密而深，须根清疏而长，质坚韧，有明显的珍珠疙瘩。表面牙白色或黄白色，断面白色，味甜，微苦。每支重 100 克以上，芋帽不超过主根重量的 25％，无疤痕、杂质、虫蛀、霉变。

二等：每支重 55 克以上，余同一等。

三等：每支重 32.5 克以上，余同一等。

四等：每支重 20 克以上，余同一等。

五等：呈横灵体或顺体（俗称文形）。每支重 12.5 克以上，芋帽不超过主根重量的 40％，余同一等。

六等：呈横灵体、顺体、畸形体（俗称苯体），每支重 6.5 克以上，芋帽不大。余同一等。

七等：圆芦有或无，有芋或无芋。每支重 4 克以上，余同六等。

八等：每支重 2 克以上，间有芦须不全的残次品。

2. 园参

商品分为边条鲜参、普通鲜参、边条红参、普通红参、生晒参、全须生晒参、白干参、白糖参等规格。

（1）边条鲜参：

一等：鲜货，根呈长圆柱形，芦长、身长、腿长，有 2～3 个分枝，须芦齐全，体长不短于 20 厘米。浆足，丰满。每支重 125 克以上，芋帽不超过 15％。不烂，无疤痕，无水锈。

二等：体长不短于 18.3 厘米，每支重 85 克以上。余同一等。

三等：体长不短于 16.7 厘米，每支重 60 克以上，余同一等。

四等：体长不短于 15 厘米，每支重 45 克以上，余同一等。

五等：体长不短于 13.3 厘米，每支重 35 克以上。余同一等。

六等：体长不短于 13.3 厘米，每支重 25 克以上，余同一等。

七等：根呈长圆柱形，须节齐全，浆足丰满。每支重 12.5 克以上。

八等：根呈长圆柱形，不符合以上规格和缺须少芦，破断根条者，每支重 5 克以上。

（2）普通鲜参：

特等：鲜货。根呈圆柱形，有分枝，须芦齐全，浆足，每支重 100～150 克。不烂，无疤痕，无水锈。

一等：每支重 62.5 克以上，余同特等。

二等：每支重 41.5 克以上，余同特等。

三等：每支重 31.5 克以上，余同特等。

四等：每支重 25 克以上，余同特等。

五等：每支重 12.5 克以上，余同特等。

六等：每支重 5 克以上，不符合以上规格和缺须少芦折断者。

（3）边条红参：

16 支边条红参

一等：根呈长圆柱形，芦长，身长，腿长，体长 18.3 厘米以上，有分枝 2~3 个。表面棕红色或淡棕色，有光泽。上部色较淡，有皮有肉。质坚实，断面角质样。气香，味苦。每 500 克在 16 支以内，每支重 31.3 克以上。无中尾，无破痕。

二等：稍有黄皮，抽沟，干疤。无中尾。余同一等。

三等：色泽较差，有黄皮，抽沟，破疤，无中尾，余同一等。

25 支边条红参

一等：根呈长圆柱形，芦长，身长，腿长，体长 16.7 厘米以上，有分枝 2~3 个。表面棕红或淡棕色，有光泽，上部色较淡，有皮有肉。质坚实，断面角质样。气香，味苦。每 500 克在 25 支以内，每支重 20 克以上。无中尾，无黄皮，无破疤。

二等：稍有黄皮，抽沟，干疤。无中尾，无虫蛀，无霉变，无杂质。余同一等。

三等：色泽较差，有黄皮，抽沟，破疤，腿红。无中尾。余同一等。

35 支边条红参

一等：根呈圆柱形。芦长，身长，腿长，体长 15 厘米以上，有分枝 2~3 个，表面红棕色或淡棕色，有光泽。上部色较淡，有皮有肉。质坚实，断面角质样。气香，味苦。每 500 克在 35 支以内，每支重 14.3 克以上。无中尾，无黄皮，无破疤。

二等：稍有黄皮，抽沟，干疤。余同一等。

三等：色泽较差，有黄皮，抽沟，破疤。余同一等。

45 支边条红参

一等：根呈圆柱形。芦长，身长，腿长，体长 13.3 厘米以上。有分枝 2~3 个。表面棕红色或淡棕色，有光泽。上部色较浅，有皮有肉。质坚实，断面角质样。气香，味苦。每 500 克在 45 支以内，支头均匀。无中尾，无黄皮，无破疤。

二等：稍有黄皮，抽沟，干疤。余同一等。

三等：色泽较差，有黄皮，抽沟，破疤。余同一等。

55 支边条红参

一等：根呈圆柱形，芦长，身长，腿长，体长 11.7 厘米以上，有分枝 2~3 个。表面棕红色或淡红色，有光泽。上部色较淡，有皮有肉。质坚实，断面角质样。气香，味苦。每 500 克在 55 支以内，支头均匀。无中尾，无黄皮，无破疤。

二等：稍有黄皮，抽沟，干疤。余同一等。

三等：色泽较差，有黄皮，抽沟，破疤。余同一等。

80 支边条红参

一等：根呈圆柱形，芦长，身长，腿长，体长 11.7 厘米以上。表面棕红色或淡棕色，有光泽。上部色较淡，有皮有肉，质坚实，断面角质样。气香，味苦。每 500 克在 80 支以内，支头均匀。无中尾，无破疤。

二等：稍有黄皮，抽沟，干疤。余同一等。

三等：色泽较差，有黄皮，抽沟，破疤，腿红。余同一等。

小货边条红参

一等：根呈圆柱形，表面棕红色或淡棕色，有光泽。上部色较淡，有皮有肉。断面角质样。气香，味苦。支头均匀。无中尾，无黄皮，无破疤。

二等：有黄皮不超过身长的二分之一。稍有抽沟、干疤，余同一等。

三等：色泽较差，有黄皮、抽沟、破疤。余同一等。

（4）普通红参：

20 支普通红参

一等：根呈圆柱形。表面棕红色或淡棕色，有光泽。质坚实，断面角质样。气香，味苦。每 500 克在 20 支以内，每支重 25 克以上。无细腿，无破疤，无黄皮。

二等：稍有干疤，黄皮，抽沟。余同一等。

三等：色泽较差，有黄皮，干疤，抽沟。余同一等。

32 支普通红参

一等：根呈圆柱形。表面棕红色或淡棕色，有光泽。质坚实，断面角质样。气香，味苦。每 500 克在 32 支以内，每支重 15.6 克以上。无细腿，无破疤，无黄皮。

二等：稍有干疤，黄皮，抽沟。余同一等。

三等：色泽较差，有黄皮，干疤，抽沟。余同一等。

48 支普通红参

一等：根呈圆柱形，表面棕红色或淡棕色，有光泽，质坚实，断面角质样。每 500 克在 48 支以内，无细腿，无破疤，无黄皮，无虫蛀。

二等：稍有干疤、黄皮、抽沟。余同一等。

三等：色泽较差，有黄皮、干疤、抽沟。余同一等。

64 支普通红参

一等：根呈圆柱形，表面棕红色或淡棕色，有光泽，质坚实。断面角质样。气香，味苦。每 500 克在 64 支以内，支头均匀。无细腿，无破疤，无黄皮。

二等：稍有干疤、黄皮、抽沟。余同一等。

三等：色泽较差，有黄皮、干疤、抽沟。余同一等。

80 支普通红参

一等：根呈圆柱形，表面棕红色或淡棕色，有光泽。质坚实，断面角质样。气香，味苦。每 500 克在 80 支以内，支头均匀。无细腿，无破疤，无黄皮，无虫蛀。

二等：稍有干疤，黄皮，抽沟。余同一等。

三等：色泽较差，有黄皮，干疤，抽沟。余同一等。

小货普通红参

一等：根呈圆柱形，表面棕红色或淡棕色，有光泽。质坚实，断面角质样，气香，味苦。支头均匀。无细腿，无破疤，无黄皮。

二等：稍有干疤，黄皮，抽沟。余同一等。

三等：色泽较差，有黄皮，干疤，抽沟。余同一等。

（5）红直须：

一等：根须呈长条形，粗壮均匀。棕红色或橙红色，有光泽，呈半透明状。断面角质。气香，味苦。长 13.3 厘米以上。无干浆，无毛须。

二等：长 13.3 厘米以下，最短不低于 8.3 厘米。余同一等。

（6）红混须：

统货。根须呈长条形或弯曲状。棕红色或橙红色，有光泽，半透明。断面角质样。气香，味苦。须条长短不分，其中直须占 50％ 以上。无碎末，无杂质。

（7）红弯须：

统货。根须呈条形弯曲状，粗细不均。橙红色或棕黄色，有光泽，呈半透明状。不碎。气香，味苦。

（8）全须生晒参：

一等：根呈圆柱形，有分枝。体轻有抽沟，芦须全，有艼帽。表面黄白色或较深，断面黄白色。气香，味苦。每以重 10 克以上，绑尾或不绑。

二等：每支重 7.5 克以上，余同一等。

三等：每支重 5 克以上，余同一等。

四等：大小支不分，芦须不全，间有折断。余同一等。

（9）生晒参：

一等：根呈圆柱形。体轻有抽沟，去净艼须。表面黄白色，断面黄白色。气香，味苦。每 500 克在 60 支以内。无破疤。

二等：每 500 克在 80 支以内，余同一等。

三等：每 500 克在 100 支以内，余同一等。

四等：体轻有抽沟、死皮，每 500 克在 130 支以内，余同一等。

五等：体轻有抽沟、死皮，每 500 克在 130 支以外，余同一等。

（10）白干参：

一等：根呈圆柱形，皮细，表面色白，芦小。质充实，肥壮，去净支根。断面白色。气香，味苦。每 500 克在 60 支以内，支条均匀。无抽沟，皱皮，无水锈，无杂质，无虫蛀，无霉变。

二等：每 500 克在 80 支以内，余同一等。

三等：稍有抽沟、水锈。每 500 克在 100 支以外。余同一等。

（11）皮尾参：

统货。根呈圆柱形，条状，无分枝，去净细须。表面灰棕色，断面黄白色。气香，味苦。

（12）干浆参：

统货。根呈圆柱形。体质轻泡，瘪瘦多抽沟。表面棕黄色或黄白色。味苦。

（13）白直须：

一等：根须呈条状，有光泽。表面、断面均黄白色。气香，味苦。长 13.3 厘米以上，条大小均匀。无水锈。

二等：长 13.3 厘米以下，最短不低于 8.3 厘米，余同一等。

（14）白混须：

统货。根须呈长条形或弯曲状。表面、断面均黄白色。气香，味苦。须条长短不分，其中直须占 50％ 以上。无碎末，无杂质，无虫蛀，无霉变。

（15）白糖参：

一等：根呈圆柱形，芦须齐全，体充实，支条均匀。表面、断面均白色。味甜，微苦。不返糖，无浮糖。

二等：表面黄白色，断面白色，大小不分。余同一等。

（16）轻糖直须：

一等：根须呈长条形，红棕色或棕黄色，半透明，粗条均匀，质充实，味甘微苦。长13.3厘米以上。无返糖，无皱皮，无干浆。

二等：条不均匀，长13.3厘米以下。不返糖。

【品质要求】　生晒参以条粗、皮细、纹深、质硬、完整者为佳；红参以身长、条粗、皮细、色棕红、无黄皮、无破疤、质硬、完整者为佳；白参（糖参）以条粗、皮细、淡黄白色、质硬、完整者为佳。本品人参皂苷 Rg_1 和人参皂苷 Re 的总量不得少于 0.30%，人参皂苷 Rb_1 含量不得少于 0.20%；水分不得过 12.0%；总灰分不得过 5.0%。

【产销行情】　全国近年年均生产量约 1500 吨，纯购约 1000 吨，纯销约 900 吨，供应出口约 200 吨。其中每年吉林纯购 700 余吨，辽宁约 150 吨，黑龙江约 130 吨。

【包装贮藏】　干货用木箱包装，内垫防潮纸，再用棉花填实，放少量细辛加盖封紧。本品易虫蛀、受潮发霉，应置阴凉干燥处密封保存。防潮、防蛀、防霉。

【性味功效】　性温，味甘、微苦。大补元气，复脉固脱，补脾益肺，生津养血，安神益智。

【附注】

1. 籽种山参

为山参的种子，经人工种植于林中后而自然长成者。

2. 池底参

为未取尽的园参，又称"园参稔"，在原参畦中在自然条件下生长多年后挖取者。

3. 移山参

为采挖山参时，将发现的小形参移植妥善地方种植，待以后接近长成时挖取，或将园参小者移到山林中任其自然生长，待接近成熟时挖出。

4. 石柱参

主产于辽宁省宽甸县石柱村，故名。

5. 朝鲜人参

商品分高丽参（别直参）、朝鲜白参。

6. 日本人参（又称"东洋参"）

人参为国家重点保护的野生植物药材品种。

五味子

SCHISANDRAE CHINENSIS FRUCTUS

本品为木兰科（Magnoliaceae）植物五味子 *Schisandra chinensis* （Turcz.）Baill. 的干燥成熟果实。药材习称"北五味子"。始载于《神农本草经》，列为上品。因其果肉甘、酸，核辛、苦，都有咸味，故名。为常用中药。

【别名】　辽五味子、北五味子。

【产地】　北五味子主产于辽宁本溪、凤城、桓仁、新滨、宽甸，吉林桦甸、蛟河、抚松、柳河、临江、延边、通化，黑龙江阿城、宁安、虎林等地。以辽宁产品质量最佳，故有辽五味之称。

【采制】　多在霜降后采收，此时果实老熟定浆，质量好，将果实摘下，拣净果枝和杂质，晒干即可。

【商品特征】　呈不规则球形或扁球形，表面红色、紫红色或暗红色，皱缩，显油性。果皮肉质柔软，内含种子1～2粒。种子肾形，表面光滑。果肉味酸。种子破碎后，有香气，味辛辣而微苦。

【商品规格】　北五味子按果实表面颜色和干瘪粒的多少分为两个等级。其等级标准为：

一等：呈不规则球形或椭圆形。表面紫红色或红褐色，皱缩，肉厚，质柔润。果肉味酸，种子有香气。干瘪粒不超过2%。无杂质。

二等：表面黑红、暗红或淡红色，皱缩，肉较薄。干瘪粒不超过20%。余同一等。

【品质要求】　以个大、色紫红、肉厚、柔润光泽、气味浓者为佳。本品含五味子醇甲（$C_{24}H_{32}O_7$）不得少于0.40%；水分不得过16.0%；总灰分不得过7.0%。

【市场行情】　全国每年生产约8500余吨，纯购约5800余吨，纯销约5000余吨，供出口约120吨。五味子市场供过于求，但无大的积压。

【包装贮藏】　以麻袋或塑料编织袋包装。本品易吸湿返潮，霉变，应置于阴凉通风干燥处保存，但不可干燥过度，以免失润干枯。

【性味功能】　性温，味酸、甘。收敛固涩，益气生津，补肾宁心。

【附注】　南五味子　为华中五味子 *Schisandra sphenanthera* Rehd. et Wils. 的干燥成熟果实。主产于陕西、湖北、山西、河南、云南等地。呈不规则球形，表面棕红色红色或暗棕色，皮薄肉瘦。内含种子1～2粒，种子肾形，较北五味子种子略小。表面略呈颗粒状。商品为统货，干瘪粒不超过10%。

升　麻
CIMICIFUGAE RHIZOMA

本品为毛茛科植物大三叶升麻 *Cimicifuga heracleifolia* Kom.、兴安升麻 *Cimicifuga dahurica*（Turcz.）Maxim. 或升麻 *Cimicifuga foetida* L. 的干燥根茎。商品依次称为关升麻、北升麻和川升麻。始载于名医别录。因其叶似麻，其性上升，故名。为常用中药。

【别名】　绿升麻、黑升麻。

【产地】　关升麻主产于辽宁、吉林、黑龙江。川升麻主产于四川、陕西、青海。北升麻主产于黑龙江、河北、山西、内蒙古。

【采制】　春秋两季采挖其地下根茎，除去泥沙及地上茎叶，晒至须根干时，用火燎净，晒干。

【商品特征】　为不规则结节状，皮黑，肉黄色或带绿。体轻，质坚硬，切片呈丝瓜网状。气微，味微苦而涩。

【商品规格】　商品规格按产地分为关升麻、北升麻和川升麻。均为统货。

【品质要求】　以个大、外皮绿黑、无细根、断面深绿色者为佳。本品含异阿魏酸不得少于0.10%；水分不得过13.0%；总灰分不得过8.0%，酸不溶性灰分不得过4.0%；醇溶性浸出物不得少于17.0%。

【产销行情】　全国年均纯购约1500吨，纯销约1500吨，其中辽宁约100吨，黑龙江约300吨，河南约200吨，陕西约300吨，四川约500吨，其他地区约200余吨。

【包装贮藏】　以席包装。本品易虫蛀、发霉，应置干燥通风处保存。

【性味功能】　味苦，性微寒，味辛、微甘。发表透疹，清热解毒，升举阳气。

龙 胆
GENTIANAE RADIX ET RHIZOMA

为龙胆科植物龙胆 *Gentiana scabra* Bge. 、三花龙胆 *Gentiana triflora* Pall. 、条叶龙胆 *Gentiana manshurica* Kitag. 或滇龙胆 *Gentiana rigescens* Franch. 的干燥根及根茎。前3种习称"龙胆"，后1种习称"坚龙胆"。始载于《神农本草经》，列为中品。因其叶如龙葵，味苦如胆，故名。为常用中药。

【别名】 龙胆草、胆草、苦胆草。

【产地】 龙胆主产于黑龙江齐齐哈尔、穆棱、富裕、东宁、伊春，吉林长白、永吉、蛟河、桦甸，辽宁清原、新宾、桓仁及内蒙古等地，药材又习称"关龙胆"，其产量大，质量好。坚龙胆主产于云南、四川、贵州等省，药材又习称"滇龙胆"或"川龙胆"。

【采制】 春、秋二季采挖，洗净，干燥。

【商品特征】 龙胆 根茎呈不规则的块状，根细长圆柱形，表面淡黄色或黄棕色，上部多有显著的横皱纹。质脆，易折断，断面皮部黄白色或淡黄棕色，木部色较浅，呈点状环列。味甚苦。

坚龙胆 表面黄棕色或红棕色，无横皱纹，质坚脆，易折断，断面皮部黄棕色，木部黄白色，易与皮部分离。

【商品规格】 商品分关龙胆和坚龙胆2种规格。均为统货。

【品质要求】 龙胆以根粗长、色黄或黄棕，质柔，味极苦者为佳。坚龙胆以根细长、色黄棕，味极苦者为佳。龙胆含龙胆苦苷不得少于3.0%；总灰分不得过7.0%。坚龙胆含龙胆苦苷不得少于1.5%；总灰分不得过7.0%。

【产销行情】 全国年均产约2500吨，纯购约2500吨，纯销约2300吨，出口约20吨。其中东北三省年购约1000吨，江苏300吨，浙江200吨，四川500吨，其他地区约1500吨。近年来产销不平衡，货源紧缺。

【包装贮藏】 席包装，置干燥处保存。

【性味功能】 性寒，味苦。清热燥湿，泻肝胆火。

【附注】 龙胆为国家重点保护的野生植物药材品种。

关 黄 柏
PHELLODENDRI AMURENSIS CORTEX

本品为芸香科植物黄檗 *Phellodendron amurense* Rupr. 的干燥树皮。始载于《神农本草经》，列为中品。《名医别录》释名黄檗。为常用中药。

【别名】 黄檗。

【产地】 主产辽宁营口、鞍山、丹东，吉林通化、延吉、敦化，河北张家口、承德等地。以辽宁产量大。多为栽培。

【采制】 立夏至夏至间剥取生长10~15年的树皮，除去粗皮，压成板状，晒干。

【商品特征】 呈板片状或浅槽状，外表面黄绿色或淡黄棕色，内表面黄色或黄棕色。体轻，质较硬，断而鲜黄色或黄绿色。

【商品规格】 商品为统货。

【品质要求】 以皮厚、纹细、鲜黄色、无栓皮者为佳。本品盐酸小檗碱含量不得少于

0.60%。水分不得过 11.0%，总灰分不得过 9.0%。醇溶性浸出物不得少于 17.0%。

【包装贮藏】 打捆，以篾席包装。本品易虫蛀、发霉、变色，应置干燥通风处，避光保存。

【性味功能】 味苦，性寒。清热燥湿，泻火除蒸，解毒疗疮。

防 风

SAPOSHNIKOVIAE RADIX

为伞形科植物防风 *Saposhnikovia divaricata* （Turcz.）Schischk. 的干燥根。始载于《神农本草经》，列为上品。野生或栽培。"防者，御也。其功疗风最要，故名。"为常用中药。

【别名】 关防风、东防风、西防风。

【产地】 主产于黑龙江省安达、泰康、肇州，吉林的洮安、镇赍，辽宁的铁岭等地。其中以黑龙江产量大、品质好。此外，内蒙、山西、河北亦产。野生或栽培。

【采制】 在春、秋二季植株未抽薹前挖取。已抽薹的根老质硬，称为"公防风"，不能药用。挖取后，除去茎叶、须根及泥沙，晒干。取原药材，除去杂质，洗净，润透，切厚片，干燥，为"防风片"。

【商品特征】 呈圆锥形，表面灰黄色或灰褐色。根头部具"蚯蚓头"、直须毛，体轻，质松。有特异香气，味微甜。

栽培品为长圆柱形，"蚯蚓头"不明显，毛须粗长或无，质较实，甜味重。

【商品规格】 商品按大小粗细分为 2 等。其等级标准为：

一等：呈圆柱形。表面有皱纹，顶端带有毛须。外皮黄褐色或灰黄色。质松较柔软。断面棕黄色或黄白色，中间淡黄色。味微甜。根长 15 厘米以上，芦下直径 6 毫米以上，无杂质、虫蛀、霉变。

二等：呈圆柱形，偶有分枝。表面有皱纹，顶端带有毛须。外皮黄褐色或灰黄色。质松柔软。断面棕黄色或黄白色，中间淡黄色。味微甜。芦下直径 4 毫米以上，无杂质、虫蛀、霉变。

【品质要求】 以条粗壮、外皮细而紧，断面皮部浅棕色、木部浅黄色为佳；外皮粗糙，有毛头，带梗苗者为次。本品含升麻素苷和 5 - O - 甲基维斯阿米醇苷的总量不得少于 0.24%；水分不得过 10.0%；总灰分不得过 6.5%，酸不溶性灰分不得过 1.5%；醇溶性浸出物不得少于 13.0%。

【产销行情】 包括川防风和云防风在内。全国年均生产 5500 余吨，纯购约 4000 吨，纯销约 4000 吨，供应出口约 50 吨。其中黑龙江纯购约 1700 吨，吉林 500 吨，辽宁 650 吨，四川 800 吨左右，其他地区约 400 吨。近年商品畅销，出口量增加。

【包装贮藏】 以篾席包装，本品易虫蛀、发霉。应防潮，置阴凉干燥处保存。

【性味功能】 性温，味辛、甘。解表祛风、胜湿、止痉。

【附注】 防风为国家重点保护的野生植物药材品种。

细 辛

ASARI RADIX ET RHIZOMA

为马兜铃科植物北细辛 *Asarum heterotropoides* Fr. Schmidt var. *mandshuricum* （Maxim.）

Kitag.、汉城细辛 *Asarum sieboldii* Miq. var. *seoulense* Nakai 或华细辛 *Asarum sieboldii* Miq. 的干燥根及根茎。前二种商品上习称"辽细辛"，后者称"华细辛"。始载于《神农本草经》，列为上品。野生或栽培。因其根细而辛，故名。为常用中药。

【别名】　北细辛、辽细辛。

【产地】　北细辛主产于辽宁新宾、本溪、凤城、宽甸、桓仁，吉林延边、通化、黑龙江尚志、五常等地。为野生或栽培。汉城细辛产于辽宁、吉林，产量较小。华细辛主产于陕西、四川、湖北等地，多自产自销。以东北产的"北细辛"，为道地药材，其中以辽宁产者最为著名，商品习称"辽细辛"。

【采制】　夏季果熟期或初秋连根挖取，除去泥沙，阴干。不宜水洗及日晒，以免挥发性成分含量降低而影响疗效。

【商品特征】　北细辛　根茎具短分枝，长 1～10 厘米，直径 0.2～0.4 厘米，节间长 0.2～0.3 厘米，根细长，表面灰黄色。质脆，易折断。气辛香，味辛辣、麻舌。

栽培品　根茎多分枝，长 5～15 厘米，直径 0.2～0.6 厘米，根粗长。

汉城细辛　根茎直径 0.1～0.5 厘米，节间长 0.2～1 厘米。

华细辛　根茎长 5～20 厘米，直径 0.1～0.2 厘米，气味较弱。

【商品规格】　商品按产地分为辽细辛和华细辛二种规格。辽细辛又分为野生和栽培二种规格，辽细辛为商品主流，均为统货。

【品质要求】　以根多、色灰黄、叶绿色、香气浓、味麻辣者为佳。本品含挥发油不得少于 2.0%（毫升/克），马兜铃酸Ⅰ不得少于 0.001%；含杂质不得过 1%；水分不得过 10.0%；总灰分不得过 12.0%，酸不溶性灰分不得过 5.0%；醇溶性浸出物不得少于 9.0%。

【产销行情】　全国年均生产约 700 吨，纯购约 650 吨，纯销约 600 吨，供应出口约 50 吨。其中吉林纯购约 100 吨，陕西约 150 吨，辽宁约 150 吨，黑龙江约 100 吨，四川约 50 吨，其他地区约 100 吨。

【包装贮藏】　麻袋装。本品易散失气味，应置于阴凉干燥处保存。注意防风和避光。

【性味功能】　性热，味辛。祛风散寒，通窍止痛，温肺化饮。

桔　梗
PLATYCODONIS RADIX

为桔梗科植物桔梗 *Platycodon grandiflorum* (Jacq.) A. DC. 的干燥根。始载于《神农本草经》，列为下品。为常用中药。

【别名】　苦桔梗。

【产地】　全国大部分地区均产，以东北、华北产量较大，称为"北桔梗"。以华东地区质量较好，称为"南桔梗"。

【采制】　春、秋两季采挖，去净泥土，须根，趁鲜去外皮或不去外皮，晒干。

【商品特征】　呈圆锥形，顶端有芦头，其上有数个半月形的茎痕。表面白色或淡黄色，不去皮者表面黄棕色或灰棕色。质脆，断面皮部类白色，环纹棕色，木质淡黄色。气微，味微甜而后稍苦。

栽培品呈圆柱形，上端芦头短或无，气微，甜味较浓。

【商品规格】　商品一般按产地分为北桔梗和南桔梗二种规格。其规格等级标准为：

南桔梗　一等：条长顺直，去净粗皮及细梢，表面白色，体坚实。断面皮部色白，木部以淡黄色，味甘苦辛。上部直径 1.4 厘米以上，长 14 厘米以上。

二等：上部直径 1 厘米以上，长 12 厘米以上。余同一等。

三等：上部直径不低于 0.5 厘米，长 7 厘米以上。余同一等。

北桔梗　统货。大小长短不分，上部直径不低于 0.5 厘米。

【品质要求】　以条粗长、色白、质坚实、断面白肉黄心、味苦者为佳。本品含桔梗皂苷不得少于 0.10%；水分不得过 15.0%；总灰分不得过 6.0%；醇溶性浸出物不得少于 17.0%。

【产销行情】　历年来全国产量畸形发展，多时达 60000 吨，少时只有 5000 吨。年纯购约 6500 吨，纯销约 4000 吨，供应出口约 70 吨。其中四川每年购约 500 吨，山东约 450 吨，内蒙古约 1000 吨，辽宁约 380 吨，黑龙江约 600 吨，吉林约 250 吨，安徽约 400 吨，河南约 300 吨，河北约 250 吨。其他地区约 1000 吨。

【包装贮藏】　席包包装。置干燥通风处保存。本品易虫蛀、发霉，应防潮、防蛀。

【性味功能】　性平，味苦、辛。宣肺，利咽，祛痰，排脓。

鹿　茸
CERVI CORNU PANTOTRICHUM

为鹿科动物梅花鹿 *Cervus nippon* Temminck 或马鹿 *Cervus elaphus* Linnaceus 的雄鹿未骨化密生茸毛的幼角。前者习称"花鹿茸"（黄毛茸），后者习称"马鹿茸"（青毛茸）。始载于《神农本草经》，列为上品。鹿茸之初生者含血未成骨时，如草之嫩芽，故名鹿茸。为常用中药。

【产地】　花鹿茸主产于吉林双阳、东丰、伊通等，辽宁的西丰、盖州等。此外，河北、北京、天津亦产。马鹿茸主产于黑龙江宁安、内蒙鄂伦春旗。此外，新疆、青海、甘肃、四川等地亦产。销全国各地，并有出口。

【采制】　分锯茸和砍茸两种方法。锯茸：雄鹿从第三年开始锯茸，每年采 1～2 次。第一次在清明后 45～50 天，习称"头茬茸"，第二次约在立秋前后，习称"二茬茸"。每年采一次者约在 7 月下旬。将茸锯下后，伤口敷上止血药。锯下的茸立即加工，先将血液抽去，固定后，置沸水中反复炸 3～4 次，每次 15～20 秒钟，使茸内血排尽，至锯口冒白沫，散出蛋黄气味为止。然后晾干。次日再烫数次，风干或烘烤干即成排血鹿茸。若将锯口向上，不使血液流失，马上封口、加工处理，用沸水煮炸，然后烘烤，每天 1 次，至第 5 天，隔一天煮炸烘烤，至八成干时，间隔时间延长，以干透为度，即为带血茸。

砍茸：将老鹿、病鹿、残鹿杀死，再将鹿茸连同脑盖一同砍下，刮净残肉，将脑皮绷紧，进行烫炸等加工，阴干。

【商品特征】

1. 花鹿茸

呈圆柱状分枝，具有一个分枝者，习称"二杠"，主枝习称"大挺"。离锯口约 1 厘米处分出侧枝，习称"门桩"。外皮红棕色，表面密生红黄色或棕黄色细茸毛，锯口黄白色，中部密布细孔。具二个分枝者，习称"三岔"，气微腥，味微咸。

2. 马鹿茸

较花鹿茸粗大，分枝较多，侧枝一个者，习称"单门"，二个者习称"莲花"，三个者，习称"三岔"，四个者，习称"四岔"或更多，按产地分为东马鹿茸和西马鹿茸。

(1) 东马鹿茸：茸体粗壮，大挺下部有棱筋及疙瘩。外皮灰黑色，茸毛灰褐色或灰黄色。气微腥，味咸。质优。

(2) 西马鹿茸：茸体瘦长，表面有棱，多抽缩干瘪，皮深灰色，茸毛粗长、灰色或黑灰色，气腥臭，味咸。质次。

【商品规格】 商品分为梅花鹿和马鹿茸两大类。其规格等级标准为：

1. 梅花鹿茸

商品分二杠锯茸和三岔锯茸等两个规格。

二杠锯茸：

一等：要求干货，大挺、门桩相称，短粗嫩壮，顶头钝圆，锯口黄白色，无骨化圈，不拧嘴，不抽沟，不破皮，不悬皮，不乌皮，不存折，不臭，每支重 85 克以上。

二等：存折不超过一处，虎口以下稍显棱纹。每支重 65 克以上。余同一等。

三等：枝干较瘦，兼有悬皮、乌皮、破皮不露茸。存折不超过二处，虎口以下有棱纹。每枝重 45 克以上。余同一等。

四等：兼有独挺、怪角。凡不符合一、二、三等者，均属此等。

三岔锯茸：

一等：要求干货，挺圆茸质松嫩，嘴头饱满。不拧嘴，不抽沟，不臭，不乌皮（黑皮茸除外），不破皮，不存折。下部稍有纵棱筋。骨豆不超过茸长的 30%。每支重 250g 以上。

二等：不乌皮（黑皮茸除外），不抽沟，不破皮，存折不超过一处，突起纵棱长不超过 2 厘米，骨豆不超过茸长的 40%。每支重 200 克以上。余同一等。

三等：条杆稍瘦，稍有破皮不露茸，不悬皮，存折不超过二处，纵棱筋，骨豆较多，每支重 150 克以上。余同一等。

四等：体畸形成怪角，顶端不窜尖，皮毛色灰暗。凡不符合一、二、三等者，均属此等。

2. 马鹿茸

商品分锯茸和锯血茸两个规格。

锯血茸（带血锯茸）：

一等（A 级）：要求干货，不骨化。茸内充分含血，分布均匀。肥嫩上冲的莲花、三岔茸。不偏头，不抽沟，不破皮，不畸形。主枝及嘴头无折伤。茸头饱满，不空，不瘦。每支重 500 克以上。

二等（B 级）：不足一等的莲花、三岔茸及肥嫩的四岔、人字茸。不破皮，不畸形，无存折，茸头不空不瘦。茸内充分含血。每枝重 300 克以上。

三等（C 级）：不足一、二等的莲花、三岔茸、四岔茸及肥嫩的畸形茸，无存折，茸内充分含血。每支重 250 克以上。

锯茸（排血锯茸）：

除茸内不含血外，一、二、三等的要求与锯血茸相同。

【品质要求】 花鹿茸以粗壮、挺圆、顶端丰满，毛细柔软、色红黄，皮色红棕，有油润光泽者为佳。马鹿以饱满、体轻、毛色灰褐、下部无棱线者为佳。本品含水量均不得超过 18.0%。

【产销行情】 全国年生产约 40000 千克，纯购约 37000 千克，纯销约 35000 千克，供应出口年均在 7000 千克。其中黑龙江年均约 7500 千克，吉林约 5000 千克，辽宁约 2000 千克，新疆约 4000 千克，广东约 4000 千克，内蒙古约 1800 千克，山西约 1200 千克，北京约 1200 千克，四川约 1000 千克，青海约 1200 千克，陕西约 800 千克，其他地区约 6000 千克。鹿茸为珍贵药材，近几年销路较畅，价格回升。

【包装贮藏】 以木箱或硬纸箱包装，最好用樟木箱。本品易生虫，应密闭，置阴凉干燥处保存。为防虫，可在箱内放些樟脑丸（樟脑丸需先用纸包好），不但可防虫蛀，还有利保持药材色泽，也可喷白酒防虫，或与细辛同贮。

【性味功能】 性温，味甘、咸。温肾壮阳，生精益血，补髓健骨。

【附注】 商品鉴别术语解释：

1. 鹿茸

（1）拧嘴：指鹿茸大挺初分枝岔时，顶端嘴头扭曲不正者。

（2）抽沟：鹿茸大挺不饱满，抽缩成沟形者。

（3）悬皮：虎口处皮茸分离，用手敲击有空洞感。花鹿茸一、二等中有破皮悬皮等不符合规定者，均酌情降等。

（4）乌皮：花鹿茸因受加工影响，部分皮变成乌黑色。

（5）存折：鹿茸内部已折断，而表皮未开裂，但有痕迹。一等花鹿茸门桩存折者降为二等；大挺存折者降为三等。

（6）独挺：即未分岔的独角鹿茸，多为二年幼鹿的"初生茸"。

（7）怪角：是指一切违背本种鹿茸的固有形态，呈现不规则形状的鹿茸。

（8）窜尖：鹿茸渐老时，大挺顶端破皮窜出瘦小的角。

2. 鹿筋

为鹿四肢的筋腱。将鹿的四肢割下，除掉肌肉和骨骼，但保留蹄部，以便鉴别。筋条细长呈金黄色，有光泽而透明。

马鹿筋长 40～60 厘米，直径 1.5～2 厘米，上端带有肉质，下部带有半圆形黑色蹄甲 2 个，亦有带四个小块蹄甲者，蹄甲处略带皮，有棕色或浅棕色短毛。有时候上端不带肉质，下端不带蹄甲仅带两个旋蹄者，称明鹿筋。

花鹿筋较细短，上端不带肉质。

以透明、有光泽、金黄色者为佳。

3. 鹿鞭（鹿肾）

为雄鹿的阴茎和睾丸部分。割下后，除去残肉和油质，风干。呈长条形，马鹿鞭长35～55 厘米，直径 3.5～4.5 厘米；花鹿鞭长约 14 厘米，直径 2.0～3.6 厘米。表面棕色，有纵向皱沟，顶端一丛生棕色毛，中段带睾丸 2 枚。

4. 鹿胎

为鹿未出生的胎儿。已具鹿形，干燥后呈棕红色，气微腥，味淡。以幼小无毛者为佳。

5. 鹿尾

为鹿的尾巴，杀鹿时自尾部割下，去掉尾毛和表皮，或不去皮毛，阴干，马鹿尾较肥大，去毛者形似猪舌，长 15 厘米左右，宽约 5 厘米。上端切制成三角形，下端钝圆形，中部扁圆形。表面紫黑色，滑净有光泽，常有少数纵形皱沟。切断面尾骨黄色，皮肉紫褐色，气腥，味淡。带毛者形状略同，唯有棕黄色或灰白色尾毛。马鹿尾则较细瘦。花鹿尾则更细瘦干瘪，呈圆锥形，品质最次。以粗壮肥厚，不带毛，色紫黑光亮，无臭味者为佳。

6. 鹿角

为鹿科动物马鹿或梅花鹿 *Temminck* 雄鹿已骨化的角或锯茸后翌年春季脱落的角基。分别称"马鹿角"、"花鹿角"、"鹿角脱盘"。退角多在春季自然脱落。拾取，除去泥沙，风干。

(1) 马鹿角：呈分枝状，通常分成 4～6 枝，主枝弯，基部具盘样突起，习称"珍珠盘"。表面灰褐色或灰黄色，有光泽，角尖平滑，中、下部常具有疣状突起，习称"骨钉"，并具有纵棱。质坚硬，断面外圈骨质，灰白色或微带淡褐色，中部多呈灰褐色，具蜂窝状孔。无臭，味微咸

(2) 梅花鹿角：通常分成 3～4 枝，侧枝多向两旁伸展，第一枝与珍珠盘相距较近，主枝末端分成两小枝。表面黄棕色或灰棕色，枝端灰白色。枝端以下具明显骨钉，骨钉断续排成纵棱，顶部灰白色或灰黄色，有光泽。质坚硬，断面周围白色，中央灰色，具蜂窝状细孔，气无，味微咸。

(3) 鹿角脱盘：呈盔状或扁盔状，表面灰褐色或灰黄色，有光泽，中部具蜂窝状细孔，底面平，蜂窝状，多呈黄白色或黄棕色。质坚硬，断面外圈骨质，灰白色，中部类白色，无臭，味微咸。

7. 鹿角胶

为鹿角经水煎熬，浓缩制成的固体胶，将鹿角锯成长 6～10 厘米的段，浸泡至水清，分次水煎，滤过，合并滤液（或加少量明矾细粉），静置，滤取胶液，用文火浓缩（或加适量豆油、冰糖、黄酒）至稠膏状，冷凝，切块，阴干。本品呈扁方块，黄棕色，半透明，有的上部有黄白色泡沫层。质脆，易碎，断面光亮。气微，味微甜。以切片整齐、平坦、光滑、棕黄色、半透明、无臭气者为佳。

8. 鹿角霜

为鹿角熬胶后余下的角块，大小不一。表面灰白色，显粉性，常具纵棱，偶见灰白色或灰棕色斑点。体轻，质酥，断面外层较致密，白色或灰白色。气微，味淡，嚼之有粘牙感。以色白、体轻、质酥者为佳。

梅花鹿为国家重点保护的野生动物药材品种。

哈 蟆 油

RANAE OVIDUCTUS

为蛙科动物中国林蛙 *Rana temporaria chensinensis* David 雌蛙的干燥输卵管。始载于《神农本草经》，列为下品。形似脂膏而得名。为常用中药。

【别名】　哈士蟆油。

【产地】　主产吉林通化、桦甸、抚松，辽宁清源、新滨、本溪，黑龙江等地。

【采制】　10 月捕捉雌蛙，用麻绳穿口额，悬挂风干；剖腹前，用热水浸润后，立即捞出，放入麻袋闷一夜，次日剖开腹部，轻轻将输卵管取出，放通风处，阴干。

【商品特征】　呈不规则块状，弯曲而重叠。表面黄白色，呈脂肪样光泽，在温水中浸泡体积可膨胀 10～15 倍。气腥，味微甘，嚼之有黏滑感。

【商品规格】　商品分为四个等级。其等级标准为：

一等：为黄白色，块大整齐，有光泽，无皮、筋、肉等其他杂物。

二等：黄而不黑，皮、筋、肉等其他杂物不超过 1%。

三等：杂物不超过 5%。

四等：不符合一、二、三等者、但杂物不超过 10%。

【品质要求】 以块大、肥厚、黄白色、有光泽，无皮膜、无血筋者为佳。本品膨胀度不得低于55。

【产销行情】 全国年均生产60～70吨，纯购约40吨，纯销约40吨，供应出口约10吨。其中吉林纯购约18吨，黑龙江约4吨，辽宁约5吨，其他地区约10吨。本品为珍贵药材，近年来用量增大。

【包装贮藏】 铁盒或木箱包装。本品易虫蛀、发霉、泛油，应置阴凉干燥处保存。

【性味功能】 性平，味甘、咸。补肾益精，养阴润肺。

【附注】 哈蟆油为国家重点保护的野生动物药材品种。

本产区其他道地药材

品 名	来 源	主要道地产区
平贝母	为百合科植物平贝母 *Fritillaria ussuriensis* Maxim. 的干燥鳞茎	吉林、黑龙江、辽宁等省
地榆	为蔷薇科植物地榆 *Sanguisorba officinalis* L. 或长叶地榆 *S. officinalis* L. var. longifolia（Bert.）Yu et Li 的干燥根	地榆主产辽宁、吉林、黑龙江。长叶地榆主产安徽、浙江、江西等
白鲜皮	为芸香科植物白鲜 *Dictamnus dasycarpus* Turcz. 的干燥根	辽宁及吉林、黑龙江
牛蒡子	为菊科植物牛蒡 *Arctium lappa* L. 的干燥成熟果实	辽宁、吉林、黑龙江及浙江
白头翁	为蔷薇科植物白头翁 *Pulsatilla chinensis*（Bge.）Rege 的干燥根	辽宁、吉林、黑龙江等省

自学指导

【重点难点】

1. 重点药物人参、五味子、鹿茸的道地产地、规格等级、贮藏养护。
2. 细辛、桔梗、平贝母、龙胆、升麻、防风、关黄柏、蛤蟆油的贮藏养护方法。
3. 熟悉关药产区的自然环境条件。

【复习思考题】

1. 关药产区的自然环境条件特点是什么？
2. 试述人参常见的商品规格及其贮藏养护条件。
3. 试述鹿茸常见的商品规格及其贮藏养护条件。
4. 试述细辛、防风、关黄柏等药材商品各自的贮藏养护条件。

第八章　北　药

【目的要求】

1. 掌握重点药物西洋参、党参、柴胡、黄芩、黄芪的道地产区、规格等级、贮藏养护。

2. 熟悉五灵脂、甘草、北沙参、肉苁蓉、远志、赤芍、阿胶、板蓝根、苦杏仁、知母、柏子仁、菟丝子、麻黄、葶苈子、紫菀、酸枣仁的道地产区、规格等级、贮藏养护等。

3. 了解北药产区的自然环境条件；了解大枣、山楂、小茴香、马勃、马兜铃、王不留行、甘遂、瓜蒌、地肤子、地骨皮、苦参、香加皮、香附、拳参、蛇床子、苍耳子、槐花、滑石、蝉蜕、漏芦、赭石的道地产区等。

【自学时数】

4 学时。

凡以华北大部分省区为主要产区或集散地的大宗商品药材均称为北药。

北药产区的地理范围主要包括河北、山东、山西及内蒙中部地区。本区位于东经110°～120°，北纬 35°～42°之间。北邻外蒙、辽宁，东濒渤海，南接河南、江苏，西与陕西交界。本产区的自然地理环境极为复杂，从地貌上看，大致可分为山东半岛、华北平原、燕山-太行山和阴山山地四区。

山东半岛春季升温急剧，3～6 月温度上升而水量匮乏，云量少，日照强，风力大，气候干。年平均气温 12℃～14℃，积温 4000℃～5000℃，年降雨量 500～600 毫米，夏季多雨而秋凉早，这样的生态环境有利于银花、香附的栽培和全蝎的养殖。

华北平原年平均气温 11.8℃，降雨量 630～640 毫米，无霜期约 200 天，为典型的温带大陆性气候。土壤为山地森林土、褐土等多种。但植被破坏严重，盖度很低，药用动植物主要分布在海拔 1200 米以下，如祁白芷、知母、大枣等。

内蒙古中部海拔多在 1300 米以下，亦为温带大陆性季风气候，年平均气温 3℃～8℃，降雨量 200～400 毫米，风多，干旱严重。大于或等于 10℃积温年平均为 3000℃，日照强，阳光充足，土壤种类多样。阴山山地亦为药用动植物的重点生长点。

本地区主产的药材有北沙参、北山楂、济银花、潞党参、连翘、远志、黄芪、黄芩、麻黄、赤芍、阿胶、五灵脂等。

五 灵 脂
TROGOPTERORI FAECES

本品为鼯鼠科动物复齿鼯鼠 *Trogpterus xanthipes* Milne-Edwards 的干燥粪便。始载于

《开宝本草》。均为野生。因其似凝脂而受五行之灵气，故名。为常用中药。

【别名】　灵脂、寒号鸟粪。

【产地】　主产于太行山秦岭一带，如山西高午、左权、平顺、黎城、沁源、陵川、阳城、武乡、翼城、五台、灵川，河北房山、宛平、昌平，河南林县等地。

【采制】　全年可采，但以春、秋季为多，春季采者为佳。采得后，去除杂质，按形状分为"灵脂块"和"灵脂米"两类。

【商品特征】　灵脂块：呈凝膏状团块。外表黑棕或红棕色，表面常粘附有粒状长椭圆形灵脂米，显纤维性。气腥臭。

灵脂米：长椭圆形颗粒。外表红棕或米棕色，常附短细纤维。体轻、质松，断面绿色，纤维性。气微。

【商品规格】　分为灵脂块（糖灵脂、血灵脂）与灵脂米两种规格，均为统货。

【品质要求】　灵脂块以黑色、糖心润泽、油性大、有光泽，其中夹有豆粒状者为佳。灵脂米以纯净、有光泽、体轻、断面黄绿色者为佳。一般认为灵脂块质量好。

【产销行情】　全国年均生产约700吨，纯购约450吨，纯销约300吨，供出口约20吨。其中山西纯购50～70吨，河北约30吨、河南约50吨。

【包装贮藏】　麻袋装。本品易融化、结块，应置于干燥处保存，防止受潮。

【性味功效】　性温，味咸、甘。活血，化瘀，止痛。

甘　草

GLYCYRRHIZAE RADIX ET RHIZOMA

本品为豆科植物甘草 *Glycyrrhiza uralensis* Fisch.、胀果甘草 *Glycyrrhiza inflate* Bat. 或光果甘草 *Glycyrrhiza glabra* L. 的干燥根和根茎。始载于《神农本草经》，列为上品。属于国家二级保护野生中药材，目前多为栽培品。因其味甘，故名。为常用中药。

【别名】　甜草、国老。

【产地】　主产于西北、东北和华北地区。以内蒙古西部及陕西、甘肃、宁夏、青海、新疆等地产者为优质草，习称"西草"，尤以内蒙鄂尔多斯市、巴彦淖尔盟产者为道地药材。产于内蒙古东部及东北三省、河北、山西等地者，习称"东草"。

【采制】　春、秋两季均可采收，以春季采收者为佳。采收后趁鲜切去茎基、幼芽、支根和须根，洗净，按根粗细，分出主根和侧根，家种甘草一般在3～4年后就可采收。

【商品特征】　呈长圆柱形。表面红棕色至灰褐色，有横长的皮孔。质坚实，断面纤维性，有裂隙，富粉性、味甜而特殊。

【商品规格】　商品分为皮草和粉草两大类，目前皮草按产地主要分为西草和东草两类。

西草规格分为：大草、条草、毛草、草节、疙瘩头；东草规格分为：条草和毛草。其规格等级标准为：

1. 西草

（1）大草：统货。呈圆柱形。表面红棕色、黄棕色或灰棕色，皮细紧，有纵纹，斩去头尾，切口整齐。质坚实、体重。断面黄白色、粉性足，味甜。长25～50厘米，顶端直径2.5～4厘米，黑心草不超过总重量的5％。

（2）条草：

一等：呈圆柱形，单支顺直。表面红棕色或灰棕色，皮细紧，有纵皱纹，斩去头尾，口面整齐。质坚实、体重。断面黄白色、粉性足，味甜。长 25～50 厘米，顶端直径 1.5 厘米以上，间有黑心。

二等：顶端直径 1 厘米以上。其余同一等。

三等：顶端直径 0.7 厘米以上。其余同一等。

（3）毛草：统货。呈弯曲圆柱形的小草，去净残茎，不分长短。表面红棕色、棕黄色、灰棕色。断面黄白色，味甜。顶端直径 0.5 厘米以上。

（4）草节：

一等：呈圆柱形，单支条。表面红棕色、棕黄色或灰棕色，皮细，有纵纹。质坚实、体重。断面黄白色、粉性足，味甜。长 6 厘米以上，顶端直径 1.5 厘米以上。无须根、疙瘩头、杂质、虫蛀、霉变。

二等：顶端直径 0.7 厘米以上。其余同一等。

疙瘩头统货：系加工条草时砍下的根头，呈疙瘩状。去净残茎及须根。表面棕黄色或灰黄色。断面黄白色，味甜。大小长短不分，间有黑心。

2. 东草

（1）条草：

一等：呈圆柱形，上粗下细。表面紫红色或灰褐色，皮粗糙。不斩头尾。质松、体轻。断面黄白色，有粉性。长 60 厘米以上，芦下 3 厘米处直径 1.5 厘米以上，间有 5％ 20 厘米以上的草头。

二等：质松，长 50 厘米以上，芦下 3 厘米处直径 1 厘米以上。其余同一等。

三等：间有弯曲分叉的细根。长 40 厘米以上，芦下 3 厘米处直径 0.5 厘米以上。其余同一等。

（2）毛草：统货。呈弯曲圆柱形的小草，去净残茎，间有疙瘩头。表面紫红色或灰褐色。质松体轻。断面黄白色，味甜。不分长短，芦下直径 0.5 厘米以上。

【品质要求】　以上均以外皮细紧、色红棕、质坚实，断面黄白色，粉性足者为佳。外皮粗糙、灰棕色、质松、粉性小，断面深黄色者质次；外皮棕黑色、质坚实，断面棕黄色，味苦者称苦甘草，不可入药。粉甘草较带皮甘草为佳。本品含甘草苷不得少于 0.50％；含甘草酸不得少于 2.0％；水分不得过 12.0％；总灰分不得过 7.0％；酸不溶性灰分不得过 2.0％。有机氯农药残留量 六六六（总 BHC）不得过千万分之二，滴滴涕（DDT）不得过千万分之二，五氯硝基苯（PCNB）不得过千万分之一。照铅、镉、砷、汞、铜测定法测定，铅不得过百万分之五；镉不得过千万分之三；砷不得过百万分之二；汞不得过千万分之二；铜不得过百万分之二十。

【产销行情】　全国年均生产约 18000 吨，纯购约 19000 吨，纯销约 17000 吨，供应出口约 3600 吨。其中内蒙古自治区每年纯购约 3400 吨，新疆约 12000 吨，宁夏约 2000 吨，甘肃约 2000 吨，陕西约 700 吨，山西约 500 吨，其他地区约 1000 吨。甘草用量大，也是我国主要出口药材之一。

【包装贮藏】　扎捆成长方形，外加席包。本品极易虫蛀、发霉，应置于干燥通风处保存。

【性味功效】　性平、味甘。补脾益气，清热解毒，祛痰止咳，缓急止痛，调和药性。

【附注】　甘草为国家重点保护的野生植物药材品种。

北 沙 参
GLEHNIAE RADIX

本品为伞形科植物珊瑚菜 *Glehnia littoralis* Fr. Schmidt ex Miq. 的干燥根。原名沙参，始载于《神农本草经》，后分为南北沙参二药。多为栽培。北沙参之名见于《本经逢原》，因其形似人参，白色，宜于沙地生长，故而得名。为常用中药。

【别名】 莱阳沙参、辽沙参、条沙参。

【产地】 主产于山东莱阳、伞平、蓬莱、劳山，河北定县、安国等地。

【采制】 栽培 2 年后采收。7～8 月挖出根部，去掉秧苗，须根，洗去泥土，置沸水中烫后去皮。烫时时间不可过长，否则干后色发黑。去皮后晒干，削去粗糙部分，然后捆把，即成。

【商品特征】 单条或少分枝，表面淡黄白色，粗糙。质脆，断面皮部浅黄白色，木部黄色。气特异，味微甘。

【商品规格】 商品分三等，其等级标准为：

一等：呈细长条柱形，去净栓皮。表面黄白色，质坚而脆。断面皮部淡黄白色，有黄色木心。微有香气，味微甘。条长 34 厘米以上，上中部直径 0.3～0.6 厘米，无芦头、细尾、油条、虫蛀、霉变。

二等：条长 23 厘米以上，其余同一等。

三等：条长 22 厘米以下，粗细不分，间有破碎。其余同二等。

【品质要求】 均以条细长、均匀、质坚、白色去净皮者为佳。

【产销行情】 全国年均产约 3600 吨，纯购约 2700 吨，纯销约 3000 吨，供应出口 50～70 吨。其中山东年纯购约 1200 吨、河北约 500 吨，其他地区约 2000 吨。

【包装贮藏】 筐装或纸箱装。置干燥通风处保存，应防潮。

【性味功效】 性微寒，味甘、微苦。养阴清肺，益胃生津。不宜与藜芦同用。

西 洋 参
PANACIS QUINQUEFOLII RADIX

本品为五加科植物西洋参 *Panax quinquefolium* L. 的干燥根。均系栽培品。因原产美国（旧称花旗国）而得名花旗参。

【别名】 花旗参。

【产地】 原产美国北部和加拿大南部，以威斯康辛州为主。我国东北、华北、西北等地引种栽培成功。

【采制】 秋季采挖，挖出根后，去地上部分及泥土，去芦头、侧根及须根，洗净，晒干或低温干燥。

【商品特征】 呈纺锤形、圆柱形或圆锥形。表面浅黄褐色或黄白色，可见横向环纹及线状皮孔，支根多已折断。体重，质坚，不易折断，断面平坦，浅黄白色，略显粉性，皮部可见黄棕色点状树脂道，形成层环纹棕黄色，气微而特异。

【商品规格】 按产地不同，分为进口和国产西洋参。按大小形状的不同，又可分为长支、短支、小圆粒、小泡参等。

【品质要求】 均以条匀、质硬、体轻、表面横纹紧密、气清香、味浓者为佳。本品含人

参皂苷 Rg_1、人参皂苷 Re 和人参皂苷 Rb_1 的总量不得少于 2.0%；水分不得过 13.0%；总灰分不得过 5.0%；醇溶性浸出物不得少于 30.0%；铅不得过百万分之五；镉不得过千万分之三；砷不得过百万分之二；汞不得过千万分之二；铜不得过百万分之二十。

【包装贮藏】 置阴凉干燥处，密闭，防蛀。

【性味功效】 性凉，味甘、微苦。补气养阴，清热生津。不宜与藜芦同用。

肉 苁 蓉
CISTANCHES HERBA

本品为列当科植物肉苁蓉 *Cistanche deserticola* Y. C. Ma 或管花肉苁蓉 *Cistanche tubulosa* (Schrenk) Wight 的带鳞叶的干燥肉质茎。始载于《神农本草经》，列为上品。多野生于沙漠地带。因补而不竣，有从容和缓和作用，且肉质，故名。为较常用中药。

【别名】 苁蓉、大芸。

【产地】 主产于内蒙古巴盟阿拉善旗、乌兰察布盟及河套地区，新疆戈滩、奇台、阿勒泰，甘肃张掖地区、永昌、山丹、高台，青海共和、兴海等地。以内蒙古阿拉善旗产量最大。

【采制】 春秋二季采收，以四月产者质优。春季采收肉质茎，除去残茎，半埋于砂土中，待过盛夏晒干的称"甜苁蓉"。秋季采者，因水分多，不易晒干，为防烂掉，便投入盐湖中 1～3 年后取出晒干称为"咸苁蓉"。

【商品特征】

1. 甜苁蓉（淡苁蓉）

呈扁圆柱形，稍弯曲。表面棕褐色或灰棕色，密被鳞片，覆瓦状排列。体重质硬，断面棕褐色，有淡棕色点状维管束排列成波状环纹。气微，味甜、微苦。

2. 咸苁蓉

表面黑褐色，附有较多盐霜，质柔润，断面黑色至绿黑色，显油润光泽。味咸。

【商品规格】 有淡苁蓉和咸苁蓉两种规格。均为统货，均要求去净干梢，枯心者不超过 10%。

【品质要求】 淡苁蓉以个大、身肥、鳞细，颜色灰褐色至黑褐色，油性大，茎肉质而软者为佳。咸苁蓉以色黑质糯，细鳞粗条，体扁圆者为佳。习惯以内蒙古产者为优。

【产销行情】 全国年均产约 7000 吨，纯购约 4000 吨，纯销约 3500 吨，出口约 120 吨。其中内蒙古纯购约 1200 吨，新疆约 1000 吨，甘肃约 500 吨，青海约 300 吨，其他地区约 1000 吨。近年销量增加，出口量增大。

【包装贮藏】 麻袋或木箱装。本品易虫蛀、发霉，应置干燥通风处密封贮存。

【性味功效】 性温，味甘、咸。补肾阳，益精血，润肠通便。

【附注】 肉苁蓉为国家重点保护的野生植物药材品种。

远 志
POLYGALAE RADIX

本品为远志科植物远志 *Polygala tenuifolia* Willd. 或卵叶远志 *Polygala sibirica* L. 的干燥根。始载于《神农本草经》，列为上品。家种、野生均有。因远志能益智强志，故名。为常用中药。

【别名】　小草、志筒。

【产地】　主产于山西阳高、闻喜、榆次、芮城、万荣，陕西韩城、大荔、华阴、缓德、咸阳，河南巩县、嵩县、卢氏、伊川，河北唐县、完县、涞源、新乐、正定、张家口及承德地区。此外，山东、内蒙古、东北三省亦产。

【采制】　春季生苗前、秋季苗枯后采挖。以秋季采者质佳。挖出后，去掉残茎、须根及泥沙，晒至二三成干时，放在平板上搓至皮肉与木心分离，抽出木心，晒干。亦可采后放置1～2天，待水分稍干而皮皱时，抽去木心晒干，此为"远志筒"。如不能抽心者，可将皮肉锤开，去掉木心，此为"远志肉"。未抽心者称"远志棍"。

【商品特征】　远志肉或远志筒：根皮呈双卷筒状，略弯曲。表面灰黄色至灰棕色，有较密而深陷的横皱纹、纵皱纹及裂纹，质硬而脆，断面平坦。气微，味苦、微辛，嚼之有刺喉感。

远志棍：呈圆柱形，稍弯曲。断面皮部棕黄色，木部黄白色，皮部易与木部分离。

【商品规格】　规格等级标准为：

1. 远志筒

一等：呈筒状，表面浅棕色或灰黄色，全体有较深的横皱纹，皮细肉厚，质脆易断，断面黄白色。气特殊，味苦微辛。长7厘米，中部直径0.5厘米以上。

二等：长5厘米，中部直径0.3厘米以上。其余同一等。

2. 远志肉为统货。

【品质要求】　以筒粗长、肉厚、去净木心者为佳。本品含细叶远志皂苷不得少于2.0%，含远志酮Ⅲ不得少于0.15%，含3,6′-二芥子酰基蔗糖不得少于0.50%；水分不得过12.0%；总灰分不得过6.0%；醇溶性浸出物不得少于30.0%。

【产销行情】　全国年均产约3200吨，纯购约3000吨，纯销约3000吨，出口20～50吨。其中山西纯购约500吨，陕西约320吨，河南约150吨，河北约200吨，山东约100吨，辽宁约100吨，吉林约70吨，其他地区约1300吨。

【包装贮藏】　远志筒以木箱装、远志肉以麻袋或纸箱装。本品易受潮发霉，应置干燥通风处保存。

【性味功效】　性温，味苦、辛。安神益智，祛痰，消肿。

赤　芍
PAEONIAE RADIX RUBRA

本品为毛莨科植物芍药 *Paeonia lactiflora* Pall. 或川赤芍 *Paeonia veitchii* Lynch 的干燥根。原名芍药，始载于《神农本草经》，列为中品。野生、家种均有。因似白芍而色赤，故名赤芍。为常用中药。

【别名】　赤芍药。

【产地】　主产于内蒙古多伦，河北滦平、围场及东北等地。此外，山西、甘肃、青海等地有产。川赤芍主产于四川。

【采制】　春秋两季采收。以秋季产者为好。将根挖出，去掉根茎及须根，洗净泥土，晾至半干，打捆理直，再翻晒至干即可。

【商品特征】　呈圆柱形而稍弯曲。表面棕褐色，有横长的皮孔，有的外皮易脱落。质硬而脆，断面粉白色或粉红色，皮部窄，木部有放射状纹理。气微香，味微苦、酸涩。

【商品规格】　商品分 1～2 等，等级标准为：

一等：呈圆柱形，稍弯曲，表面有纵沟或皱纹，皮较粗糙。表面暗棕色或紫褐色。体轻质脆。断面粉白色或粉红色，有放射状纹理，粉性足。气特异，味微苦酸。长 16 厘米以上，两端粗细均匀，中部直径 1.2 厘米以上。无疙瘩头、空心及须根。

二等：长 15.9 厘米以下，中部直径 0.5 厘米以上。无疙瘩头、空心及须根。

【品质要求】　以条粗长、断面粉白色，粉性大者为佳。以内蒙古多伦所产的质量最优。本品含芍药苷不得少于 1.8%。

【包装贮藏】　麻袋装，置干燥通风处。

【性味功效】　性微寒，味苦。清热凉血，散瘀止痛。

阿　胶
ASINI CORII COLLA

本品为马科动物驴 *Equus asinus* L. 的皮经煎煮、浓缩制成的固体胶块。始载于《神农本草经》，列为上品。因出产于东阿，故名阿胶。

【产地】　主产于山东、浙江等地。此外，上海、北京、天津、辽宁、河北等省市亦产。以山东东阿县所产为道地药材。

【采制】　将驴皮漂泡，去毛，切成小块，再漂泡洗净，分次水煎，滤过，合并滤液，用文火浓缩（加适量黄酒、冰糖、豆油）至稠膏状，冷凝，切块，阴干。

【商品特征】　呈长方形块、方形块或丁块。棕色至黑褐色，有光泽。质硬而脆，断面光亮，碎块对光透视呈棕色半透明状。气微，味微甘。

【商品规格】　有长方形和方形两种。

【品质要求】　以色乌黑、光亮、透明、无腥气者为佳。本品含 L-羟脯氨酸不得少于 8.0%；甘氨酸不得少于 18.0%；丙氨酸不得少于 7.0%；L-羟脯氨酸不得少于 10.0%。

【包装贮藏】　纸盒包装，每盒 500 克，木箱装运。放阴凉干燥处，密闭保存，防高热熔化，防干燥崩裂。

【性味功效】　性平，味甘。补血滋阴，润燥，止血。

【附注】

1. 现有用猪皮制成的胶块称"新阿胶"作阿胶代用品。市有售牛皮胶称"黄明胶"和杂皮胶等。可用对光试法予以鉴别。

2. 几种胶块的鉴别：对光视之，阿胶半透明，黄棕色，碎断面光亮。新阿胶则微透明或不透明，淡棕色，碎断面不光亮。黄明胶则微透明，淡黄色，碎断面不光亮。杂皮胶半透明、棕黄色，碎断面不光亮。

板蓝根
ISATIDIS RADIX

本品为十字花科植物菘蓝 *Isatis indigotica* Fort. 的干燥根。原名蓝。始载于《神农本草经》，列为上品。多为栽培。为常用中药。

【别名】　菘蓝根、北板蓝根。

【产地】　主产于河北安国，江苏南通、如皋等地。此外安徽、河南、浙江、山东、山西、陕西、广西等地亦产。

【采制】 一般在秋季11月初采挖，去净叶和泥土，晒至七成干时，捆成小把，再晒干。

【商品特征】 呈圆柱形。表面灰黄色或淡棕黄色。根头略膨大，可见暗绿色或暗棕色轮状排列的叶柄残基和密集的疣状突起。体实，质略软，断面皮部黄白色，木部黄色。气微，味微甜后苦涩。

【商品规格】 等级标准为：

一等：根呈圆柱形、头部略大，中间凹陷，边有柄痕，偶有分支。质实而脆，表面灰黄或淡棕色，有纵皱纹。断面外部黄白色，中心黄色。气微，味微甜后苦涩。长17厘米以上，芦下2厘米处直径1厘米以上。

二等：芦下2厘米处直径0.5厘米以上。余同一等。

【品质要求】 均以条长、粗大、体实者为佳。本品含（R, S）-告依春不得少于0.030%；水分不得过15.0%；总灰分不得过9.0%；酸不溶性灰分不得过2.0%。

【产销行情】 全国年均生产约2000吨，纯销约1800吨，出口20～25吨。其中河北每年纯购约750吨，江苏约340吨，安徽约200吨，河南约150吨，山东约100吨，山西约150吨，广西约100吨，浙江约150吨。本品用量大，市场较为畅销，但尚未见脱销。

【包装贮藏】 捆成小把，席装或麻袋装。易虫蛀、发霉，应置干燥通风处保存。

【性味功效】 性寒，味苦。清热解毒，凉血利咽。

苦 杏 仁
ARMENIACAE SEMEN AMARUM

本品为蔷薇科植物山杏 *Prunus armeniaca* L. var. *ansu* Maxim、西伯利亚杏 *Prunus sibirica* L.、东北杏 *Prunus mandshurica*（Maxim）Koehne 或杏 *Prunus armeniaca* L. 的干燥成熟种子。始载于《名医别录》。野生和栽培均有。李时珍谓："杏字篆写象子在木枝之形，用其果仁，故名杏仁。"为常用中药。

【产地】 我国大部分地区均产。主产于北方各省，以内蒙古东部、辽宁、河北等地产量最大。

【采制】 夏季或秋季果实成熟后采收，去除果肉，击破果核，取出种子，晒干即得。不可火烘，否则易走油而失效。另法是收集果核，置通风处使其自然干燥，经过伏天后，击碎果核取出种子阴干。后种方法加工质量为好。

【商品特征】 呈扁心形。表面黄棕色至深棕色，肥厚，左右边不对称，尖端一侧有短线形种脐，圆端合点处向上具多数深棕色的脉纹。种皮薄，子叶2，乳白色，富油性。气微，味苦。

【商品规格】 商品有魁杏仁（又名白皮），府杏仁或京杏仁（又名红皮）两种规格，各按大小肥瘦分为一、二、三等。

【品质要求】 以粒大、饱满、个完整者为佳。本品含苦杏仁苷不得少于3.0%；过氧化值不得过0.11。

【产销行情】 全国年均产9000～12000吨。纯购约5000吨，纯销4000～5000吨，出口约700吨。其中河北约500吨，内蒙古约450吨，辽宁约350吨，吉林约200吨，其他地区约3500吨。

【包装贮藏】 麻袋或木箱装。本品易虫蛀、发霉、泛油，应置阴凉干燥处保存。夏季注意防虫蛀，以免影响品质和色泽。

【性味功效】　性温，味苦。有小毒。降气止咳平喘，润肠通便。

知　母
ANEMARRHENAE RHIZOMA

本品为百合科植物知母 *Anemarrhena asphodeloides* Bge. 的干燥根茎。始载于《神农本草经》，列为中品。均为野生。其宿根之旁，初生子根，状如蚔虻之状，故谓之蚔母，讹为知母。为常用中药。

【别名】　蚔母。

【产地】　主产于河北山区，山西河津，陕西黄陵、榆林，内蒙敖汗等地。此外甘肃、河南、山东、辽宁、黑龙江等地区亦产。以河北易县产者质量最好，称"西陵知母"。

【采制】　秋季采收的质量好。挖取根茎，剪去地上部分及须根，去掉泥土后晒干者称"毛知母"。鲜时剥去或刮去外皮晒干者称"知母肉"（光知母）。以挖取生长三年以上者质量为优。

【商品特征】

1. 毛知母

呈长条状。顶端有浅黄色的叶痕及茎痕，习称"金包头"。上面有一凹沟，具环状节，节上密生黄棕色的残存叶基，由两侧向根茎上方生长；下面有凹陷或突起的点状根痕。质硬，易折断，断面黄白色。气微，味微甜、略苦，嚼之带黏性。

2. 光知母

外皮已除去，表面黄白色或淡黄棕色，有扭曲的纵沟，有的可见叶痕及根痕。

【商品规格】　分为毛知母和光知母两种规格，均为统货。

【品质要求】　以条粗、质硬、断面黄白色者为优。习惯认为河北、山西产品质佳。本品含知母皂苷 II B 不得少于 3.0%；水分不得过 12.0%；总灰分不得过 9.0%；酸不溶性灰分不得过 4.0%。

【产销行情】　全国年均产约 3800 吨，纯购约 3500 吨，纯销约 3000 吨，出口约 40 吨。其中河北纯购约 800 吨，山西约 650 吨，陕西约 200 吨，河南 100～720 吨，其他地区约 1500 吨。

【包装贮藏】　用席包装。本品含黏液质，易吸潮、发霉、变色，应置干燥通风处保存。

【性味功效】　性寒，味苦、甘。清热泻火，滋阴润燥。

柏 子 仁
PLATYCLADI SEMEN

本品为柏科植物侧柏 *Platycladus orientalis* （L.）Franco 的干燥成熟种仁。原名柏实，始载于《神农本草经》，列为上品。野生与栽培均有。为常用中药。

【产地】　主产于山东济宁、菏泽、泰安、莱芜，辽宁朝阳、凌源，河南许昌、信阳、南阳、开封、洛阳，河北安国等地。

【采制】　冬季种子成熟后采收，先将柏树周围铺好布单或席，打下种子，晒干，去净外壳杂质，称"壳柏子仁"，再用石磨反复磨去外壳，取净仁，称"柏子仁"。

柏子仁霜：取净柏子仁，碾碎、蒸热，用压榨机榨去油即得。

【商品特征】

1. 柏子仁

呈长卵形或长椭圆形。表面黄白色或淡黄棕色，外包膜质内种皮，顶端略尖，有深褐色小点，基部钝圆。质软，富油性。气微香，味淡。

2. 柏子仁霜

呈均匀、疏松的淡黄色粉末，微显油性，气微香。

【商品规格】 分为柏子仁和柏子仁霜两种规格。均为统货。

【品质要求】 以子仁粗、饱满、黄白色、油性大而不泛油，无皮壳杂质者为佳。本品酸值不得过 40.0；羰基值不得过 30.0；过氧化值不得过 0.26。

【产销行情】 全国年均产约 1500 吨，纯购约 1500 吨，纯销约 1400 吨，出口约 30 吨。其中山东年均纯购约 300 吨，辽宁约 250 吨，河南约 100 吨，河北约 250 吨，其他地区约 500 吨。

【包装贮藏】 麻袋或塑料编织袋装。本品易虫蛀、发霉、泛油，应密闭。置阴凉干燥处保存。防热、防潮。若将柏子仁与滑石粉混合存放（每 100 千克柏子仁用 10～15 千克滑石粉或明矾粉），可防泛油。

【性味功效】 性平，味甘。养心安神，润肠通便，止汗。

党　参

CODONOPSIS RADIX

本品为桔梗科植物党参 *Codonopsis pilosula* （Franch. ） Nannf. 、素花党参 *Codonopsis pilosula* Nannf. var. *modesta* （Nannf. ） L. T. Shen 或川党参 *Codonopsis tangshen* Oliv. 的干燥根。党参之名始见于《本草从新》。野生和家种均有。因本品原产上党，形似人参，故名。为常用中药。

【产地】 西党主产甘肃文县、岷县、舟曲、武都、临潭，四川九寨沟、平武、松潘、若尔盖，陕西汉中、安康、商雒，山西五台山等地。

东党主产于黑龙江五常、尚志、宾县，吉林延边州、通化，辽宁凤城、宽甸等地。

条党主产于四川九寨沟，湖北恩施、利川及与陕西接壤的地区。

潞党主产于山西平顺、长治、壶关、晋城，河南新乡、栾川、嵩县。

白党主产于贵州毕节、安顺二地区，云南昭通、丽江、大理，四川凉山、西昌等地。

【采制】 秋季 9 月间采收 3 年生以上者，洗净泥土，按大小分别用绳穿起，晒至半干，用手或木板搓揉，使木部与皮部紧贴饱满柔软，然后再晒，再搓，反复 3～4 次，最后晒干即成。

【商品特征】 呈长圆柱形。表面黄棕色或灰黄色，顶端具"狮子盘头"，上部有横环纹，下部多有分枝，支根脱落处常有黑褐色胶状物。质较软，断面皮部黄白色，木部淡黄色。有特殊的香气，味微甜。

【商品规格】 商品主要分西党、东党、潞党、条党、白党。西党和东党多为野生品，潞党、条党、白党多为栽培品。其规格等级标准分别为：

1. 西党

一等：长圆柱形，头大尾小，上部多皱纹。外皮粗松，表面米黄色或灰褐色，断面黄白色，有放射状纹理。糖质多，味甜。芦下直径 1.5 厘米以上。

二等：芦下直径 1.0 厘米以上。其余同一等。

三等：芦下直径 0.6 厘米以上，油条不超过 15%。其余同一等。

2. 条党

一等：圆柱形，头上茎痕较少而小，条较长，上端横纹有或无，下端有纵皱纹，表面糙米色，断面白色或黄白色，有放射状纹理。有糖质，味甜。芦下直径 1.2 厘米以上。

二等：芦下直径 0.8 厘米以上。其余同一等。

三等：芦下直径 0.5 厘米以上，油条不超过 10%。其余同一等。

3. 潞党

一等：呈圆柱形，芦头较小，表面黄褐色或灰黄色，体饱满而柔润。断面棕黄或黄白色，糖质多，味甜。芦下直径 1.0 厘米以上。

二等：芦下直径 0.8 厘米以上。其余同一等。

三等：芦下直径 0.4 厘米以上，油条不超过 10%。其余同一等。

4. 东党

一等：呈圆柱形或圆锥形，芦头较大、芦下具横纹。体较松而质泡。表面土黄色或灰黄色，粗糙。断面黄白色，中心淡黄色，显裂隙，味甜。长 20 厘米以上，芦下直径 1.0 厘米以上。

二等：长 20 厘米以下，芦下直径 0.5 厘米以上。其余同一等。

5. 白党

一等：呈圆柱形或圆锥形，具芦头，表面黄白色或灰白色，体较硬。断面黄白色，糖质少，味微甜。芦下直径 1.0 厘米以上。

二等：芦下直径 0.5 厘米以上。间有油条、短节。其余同一等。

【品质要求】　均以条粗壮、质柔润、外皮细、断面有菊花心，味甜，嚼之无渣者为佳；一般认为潞党品质最优。本品的醇溶性浸出物不得少于 55.0%；水分不得过 16.0%；总灰分不得过 5.0%。

【产销行情】　党参为现代中医最常用的中药之一，至今有数百年的药用历史。党参全国年均生产约 12000 吨，纯购约 8000 吨，纯销约 9000 吨，供应出口年均在 700～800 吨，本品既是传统的大路商品，又是传统的大宗出口商品。党参药食两用，不仅医疗用量大，而且又是保健食品和保健美容的重要原料。目前，党参的主流商品几乎全部是栽培品，属于能够满足市场需求的品种。

【包装贮藏】　散放或扎成小把，用竹席、竹篓或木箱内衬防潮纸包装，置干燥通风处保存。本品含糖质，易虫蛀、发霉、泛油，在贮藏过程中应勤检查，发现回软立即复晒干燥。

【性味功效】　性平，味甘。健脾益肺，养血生津。

柴　胡

BUPLEURI RADIX

本品来源于伞形科植物柴胡 *Bupleurum chinense* DC. 或狭叶柴胡 *Bupleurum scorzonerifolium* Willd. 的干燥根。始载于《神农本草经》，列为上品。多野生，近年来有家种。原名茈胡，李时珍谓："茈胡生山中，嫩则可茹，老则采而为柴，……而根名柴胡也"。为常用中药。

【别名】　茈胡。

【产地】 商品按性状不同分为北柴胡和南柴胡两类。有的地区使用多种柴胡。北柴胡主产于我国北部地区的河北、河南、辽宁、黑龙江、吉林、陕西等省，此外内蒙古、山西、甘肃亦产。南柴胡主产于湖北、四川、安徽、黑龙江、吉林等省。

【采制】 春、秋两季采挖，家种的于播种后生长两年即可采挖。挖取根部，除去茎苗、泥土，晒干即可。

【商品特征】 北柴胡呈圆柱形或长圆锥形。根头膨大，茎基多，有分枝。表面黑褐色或浅棕色。质硬而韧，断面纤维性，皮部浅棕色，木部黄白色。气微香、味微苦。

南柴胡：呈圆锥形，根较细。顶端有多数细毛状叶基，分枝少。表面红棕色或黑棕色，近根头部有密集环纹。质稍软，断面略平坦。具败油气。

【商品规格】 分为南北柴胡两个规格。均为统货。

【品质要求】 均以条粗坚实，气味浓者为佳。北柴胡含柴胡皂苷 a 和柴胡皂苷 d 的总量不得少于 0.30%；水分不得过 10.0%；总灰分不得过 8.0%；酸不溶性灰分不得过 3.0%。

【产销行情】 全国年均产约 7500 吨，纯购约 5000 吨，纯销约 5000 吨，出口约 100 吨。其中河南年纯购约 1200 吨，河北约 1000 吨，山西约 450 吨，辽宁约 350 吨，黑龙江约 200 吨，陕西约 700 吨，甘肃约 500 吨，安徽约 150 吨，其他地区约 300 吨。

【包装贮藏】 麻袋或席包装，置干燥阴凉处保存。

【性味功效】 性微寒，味苦、辛。疏散退热，疏肝解郁，升举阳气。

【附注】 另有一种大叶柴胡 *Bupleurum longiradiatum* Turcz. 的根，有毒，不可当柴胡入药。主要以根表面密生环节的特征加以区别。

黄 芩

SCUTELLARIAE RADIX

本品为唇形科植物黄芩 *Scutellaria baicalensis* Georgi 的干燥根。始载于《神农本草经》，列为中品。多为野生，现已有栽培。芩，文作菳，谓其色黄，故名黄芩。为常用中药。

【别名】 黄金茶根。

【产地】 主产于河北承德、围仿、青龙、平泉、保定，山西汾阳、恶城，内蒙古宁城、扎鲁特旗、多伦、武川，陕西韩城、邻阳，以及东北各省。河南、山东、云南、贵州等地亦产。习惯以河北承德产者为最佳，称"热河黄芩"。

【采制】 春、秋二季采收。以生长三四年者采收较为合适。年限不够形体太小，质量差，年限太长则空心较大。将根挖出，去掉地上部分及泥土，堆放一二天，待其外表粗皮稍干，装入特制筐内，撞去粗皮，边撞边晒，待撞净后晒至全干。

【商品特征】

1. 条芩（子芩）

呈圆锥形，扭曲。表面棕黄色至深黄色，上部较粗糙，有扭曲的纵皱纹或不规则的网纹。质硬而脆，断面黄色，中心红棕色。气微，味苦。受潮易变绿色。

2. 枯芩

断面中心呈枯朽状或中空，暗棕色或棕黑色。余同条芩。

【商品规格】 商品分为条芩和枯芩两种规格。

1. 条芩

一等：呈圆锥形。上部皮较粗糙，有明显的网纹及扭曲的皱纹；下部皮细有顺纹或皱纹。表面黄色或浅黄色，质坚脆、断面深黄色，上端中央间有黄绿色或棕褐色的枯心。气微、味苦。条长 10 厘米以上，中部直径 1 厘米以上，去净粗皮。

二等：条长 4 厘米以上，中部直径 1 厘米以下，但不小于 0.4 厘米，去净粗皮。

2. 枯芩

统货，包括中空的枯芩和块片碎芩，破断的尾芩，表面黄色或浅黄色。质坚脆。断面黄色。气微，味苦。无粗皮、茎芦、碎渣。

【品质要求】　均以条长、质坚实、色黄者为佳。本品黄芩苷含量不得少于 9.0%；水分不得过 12.0%；总灰分不得过 6.0%。

【产销行情】　全国年均产约 3000 吨，纯购约 2400 吨，纯销约 2500 吨，出口约 60 吨。其中河北年均纯购约 350 吨，山西约 280 吨，内蒙古约 150 吨，陕西约 200 吨，山东约 150 吨，河南约 80 吨，黑龙江约 300 吨，辽宁约 100 吨，吉林约 100 吨，其他地区约 800 吨。

【包装贮藏】　席包装，置干燥通风处。本品受潮易发霉变色，应注意防潮。

【性味功效】　性寒，味苦。清热燥湿，泻火解毒，止血安胎。

黄　芪
ASTRAGALI RADIX

本品为豆科植物蒙古黄芪 *Astragalus membranceus*（Fisch.）Bge. var. *mongholicus*（Bge.）Hsiao 或膜荚黄芪 *Astragalus membranaceus*（Fisch.）Bge. 的干燥根。始载于《神农本草经》，列为上品。野生与栽培均有。李时珍曰："耆者长也，黄耆色黄，为补药之长，故名黄耆。""芪"是"耆"的简写。为常用中药。

【别名】　箭芪、绵芪。

【产地】　主产于山西浑源、繁峙、应县、代县、广灵，黑龙江宁安、依兰，内蒙古武川、卓资，甘肃岷县、岩昌、武都。此外河北、陕西、吉林、辽宁等地亦产。

【采制】　栽培品在播种后 4～5 年，从秋季落叶到霜降，或春季解冻后萌芽前均可采挖。但以生长 6～7 年者质量最好。将根挖出后，去净须根及芦头，根头空心部分不得超过 2 厘米。晒至六七成干，捆成 5 千克左右的把，架起再晒至全干即可。

【商品特征】　呈圆柱形，有的分枝，上端较粗。表面淡黄棕色或淡棕褐色。质硬而韧，断面纤维性强，显粉性，皮部黄白色，木部淡黄色，有放射状纹理和裂隙。气微，味微甜，有豆腥味。

【商品规格】　不同产地和不同加工方法的黄芪通常分为四个等级。

特等：呈圆柱形的单条，斩去疙瘩头或喇叭头，顶端间有空心，表面灰白色或淡褐色。质硬而韧。断面外层白色，中间淡黄色或黄色，有粉性。味甘，有生豆气。长 70 厘米以上，上中部直径 2 厘米以上、末端直径不小于 0.6 厘米。无须根、老皮、虫蛀、霉变。

一等：长 50 厘米以上，上中部直径 1.5 厘米以上，末端直径不小于 0.5 厘米。其余同特等。

二等：长 40 厘米以上，上中部直径 1 厘米以上，末端直径不小于 0.4 厘米，间有老皮。余同一等。

三等：不分长短，上中部直径 0.77 厘米以上，末端直径不小于 0.3 厘米，间有破短节子。余同二等。

【品质要求】　以条粗长，独支无权，外皮光，皱纹少，质坚而绵，断面色黄白，粉性足、味甜者为佳。本品含黄芪甲苷不得少于 0.040%，含毛蕊异黄酮葡萄糖苷不得少于 0.020%；水分不得过 10.0%；总灰分不得过 5.0%；六六六（总 BHC）不得过千万分之二，滴滴涕（DDT）不得过千万分之二，五氯硝基苯（PCNB）不得过千万分之一。

【产销行情】 全国年均产约 12000 吨，纯购 8000～9000 吨，纯销约 7000 吨；出口约 550 吨。其中甘肃每年纯购约 1300 吨，四川约 1000 吨，山东约 1200 吨，内蒙古约 1100 吨，山西约 500 吨，陕西约 800 吨，河北约 400 吨，河南约 300 吨，广东约 200 吨，其他地区约 400 吨。

【包装贮藏】 竹席、木箱、麻袋包装，置干燥通风处保存。因黄芪易受潮霉变并极易生虫，有的虽然外层干燥，中间已受潮变软，若发现两端发白，就是受潮发霉现象；黄芪生虫常在裂缝或伤痕内空隙处，在敲打时，凡虫蛀的一般较易折断。如从外表发现蛀口，往往内部已被蛀得很厉害了，所以应勤检查，发现虫霉时必须及时晾晒或熏硫以养护。

【性味功效】 性微温，味甘。补气升阳，固表止汗，利水消肿，生津养血，行滞通痹，托毒排脓，敛疮生肌。

菟 丝 子
CUSCUTAE SEMEN

本品为旋花科植物南方菟丝子 *Cuscuta australis* R. Br. 或菟丝子 *Cuscuta chinensis* Lam. 的干燥成熟种子。始载于《神农本草经》，列为上品。多为野生。为常用中药。

【别名】 土丝子、吐丝子。

【产地】 全国各地均有生产，主产于山东惠民、聊城、莱阳，河北沧县、大城、青县，天津郊区，山西垣曲、绛县、五台、浮山，辽宁海城、盖平，河南南阳、洛阳，江苏徐州、淮阳，此外黑龙江、内蒙古等地亦产。

【采制】 8～9 月间采收。种子成熟时连寄主一起割下，晒干，打下种子，筛去杂质、土屑而成。

【商品特征】 呈类球，直径 0.1～0.2 厘米。表面灰棕色至棕褐色，粗糙，种脐线形或扁圆形。质坚实，不易以指甲压碎。气微，味淡。

【商品规格】 商品菟丝子不分等级，为统货。

【品质要求】 以粒饱满、质坚实、无杂质者为佳。本品含金丝桃苷不得少于 0.10%；水分不得过 10.0%；总灰分不得过 10.0%；酸不溶性灰分不得过 4.0%。

【产销行情】 全国年均生产约 4000 吨，纯购约 2800 吨，纯销约 3000 吨。供应出口平均约 200 吨。其中山东纯购约 700 吨，河北约 1000 吨，山西约 350 吨，辽宁约 200 吨，河南约 180 吨，江苏约 100 吨。

【包装贮藏】 麻袋或塑料编织袋装。本品易生虫，应置干燥通风处保存。保管中，注意防潮和防鼠害。

【性味功效】 性平，味辛、甘苦。补益肝肾，固精缩尿，安胎，明目，止泻。

麻 黄
EPHEDRAE HERBA

本品为麻黄科植物草麻黄 *Ephedra sinica* Stapf、中麻黄 *Ephedra intermedia* Schrenk et C. A. Mey. 或木贼麻黄 *Ephedra equisetina* Bge. 的干燥草质茎。始载于《神农本草经》，

列为中品。为野生。因其味麻而色黄，故名。为常用中药。

【别名】 麻黄草。

【产地】 主产于河北蔚县、怀安、围场，山西大同、浑源、山阳。此外，新疆、内蒙古等地亦产。

【采制】 秋季采收。割取草质茎，先晾7～8天，再晒至全干。一般剪成长2～3厘米长的小段，或捆成小把，即可。

【商品特征】

1. 草麻黄

少分枝，节上有膜质鳞叶，裂片2（稀3），反曲，断面略呈纤维性，周边黄绿色，髓部红棕色。气微香，味涩、微苦。

2. 中麻黄

多分枝，膜质鳞叶裂片3（稀2），断面髓部呈三角状圆形。

3. 木贼麻黄

较多分枝，膜质鳞叶裂片2（稀3），先端多不反曲，基部棕红色至棕黑色。

【商品规格】 商品按来源分为草麻黄、中麻黄和木贼麻黄3种，为统货。

【品质要求】 以茎色淡绿或黄绿、内心色红棕、手拉不脱节、味苦涩者为佳。以山西所产的质最优。本品含盐酸麻黄碱和盐酸伪麻黄碱的总量不得少于0.80％；杂质不得过5.0％；水分不得过9.0％；总灰分不得过10.0％。

【包装贮藏】 竹席、麻袋和木箱包装。本品易发霉、变色，应密封，置干燥通风处避光保存。

【性味功效】 性温，味辛、微苦。发汗散寒，宣肺平喘，利水消肿。

葶苈子
DESCURAINIAE SEMEN LEPIDII SEMEN

本品为十字花科植物播娘蒿 *Descurainia sophia* （L.） Webb. ex Prantl. 或独行菜 *Lepidium apetalum* Willd. 的干燥成熟种子。前者习称"南葶苈子"，后者习称"北葶苈子"。始载于《神农本草经》，列为下品。均为野生。因其性滑利而得名。为常用中药。

【别名】 葶苈。

【产地】 南葶苈子主产于江苏邳县、淮阴、南通，山东聊城，安徽滁县、嘉山。此外，河南、山西、陕西、浙江等省亦产。

北葶苈子主产于河北沧县、保定、承德，北京郊区，辽宁海城、风城，内蒙古乌兰浩特。此外，吉林、山西、甘肃等省亦产。

【采制】 5～6月间采收。果实成熟后割取地上部分，晒干，打下种子，去净泥沙、杂质，即可。

【商品特征】

1. 南葶苈子

呈长圆形而略扁。表面棕色或红棕色，微有光泽，具纵沟2条，其中1条较明显。一端钝圆，另一端微凹或较平截，种脐类白色，位于凹入端或平截处。遇水有黏滑感。

2. 北葶苈子

呈扁卵形。一端钝圆，另一端尖而微凹，种脐位于凹入端。味微辛辣，黏性较强。

【商品规格】 商品分北葶苈子和南葶苈子两种，均为统货。

【品质要求】 均以粒饱满、表面色红棕、有光泽、黏性强者为佳。南葶苈子含槲皮素-3-O-β-D-葡萄糖-7-O-β-D-龙胆双糖苷不得少于 0.075%；水分不得过 9.0%；总灰分不得过 8.0%；酸不溶性灰分不得过 3.0%；南葶苈子膨胀度不得低于 3，北葶苈子膨胀度不得低于 12。

【包装贮藏】 布袋或塑料编织袋装，或装入缸内保存。本品受潮易黏结成块、生虫，应注意防潮，若受潮或黏结，应摊晒干燥，置于干燥处存放。

【性味功效】 性大寒，味辛、苦。泻肺平喘，行水消肿。

紫 菀
ASTERIS RADIX ET RHIZOMA

本品为菊科植物紫菀 *Aster tataricus* L. f. 的干燥根及根茎。始载于《神农本草经》，列为中品。多为栽培。李时珍谓："其根色紫而柔宛，故名。"为常用中药。

【产地】 主产河北安国、定县，安徽亳州、鹿邑等地。此外，河南、黑龙江、山西等省亦产。

【采制】 秋季地上部分枯萎后或春季发芽前采收。挖出后，除净茎叶及泥土，稍晾 1～2 天后，将根编成辫状，干燥后即成。

【商品特征】 根茎呈不规则块状，多数细根簇生于根茎上，多编成辫状。表面紫红色或灰红色，。

【商品规格】 商品紫菀为统货。

【品质要求】 均以根长、色紫红、质柔韧者为佳。以河北安国、安徽亳州产者质优。本品含紫菀酮不得少于 0.15%；水分不得过 15.0%；总灰分不得过 15.0%；酸不溶性灰分不得过 8.0%；

【包装贮藏】 以竹席包装。置阴凉干燥处保存。本品受潮易虫蛀、发霉、泛油。应勤检查。

【性味功效】 性温，味辛、苦。润肺下气，祛痰止咳。

酸 枣 仁
ZIZIPHI SPINOSAE SEMEN

本品为鼠李科植物酸枣 *Ziziphus jujuba* Mill. var. *spinosa* (Bunge) Hu ex H. F. Chou 的干燥成熟种子。始载于《神农本草经》，列为上品。多为野生，为常用中药。

【别名】 枣仁。

【产地】 主产河北邢台、内丘、邯郸、承德，陕西延安、黄陵、铜川、宜川，辽宁海城、凤城、凌原、绥中，河南登封、密县、嵩县、洛宁等地。以河北邢台产量最大。

【采制】 秋季采收。果实变红时采下果实，沤烂果肉，用水淘净，净果核晒干，打碎，再置水中，种子漂浮水面，捞出晒干即可。

【商品特征】 呈扁圆形或扁椭圆形。表面紫红色或紫褐色，平滑有光泽。一面较平坦，中间或有 1 条隆起的纵线纹。

【商品规格】 按产地不同分为顺枣仁和东枣仁两种，均分为一、二等。其规格等级标准为：

一等：呈扁圆形或扁椭圆形，饱满。表面深红色或紫褐色，有光泽。断面内仁深黄色，有油性。味甘淡。核壳不超过 2%。碎仁不超过 5%。无黑仁、杂质、虫蛀、霉变。

二等：呈扁圆形或扁椭圆形，较瘦。表面深红色或棕黄色，断面内仁浅黄色，有油性，味甘淡。核壳不超过 5%，碎仁不超过 10%。无杂质、虫蛀、霉变。

【品质要求】　均以粒大、饱满、外皮色紫红、光滑油润、种仁色黄白、无核壳者为佳，以顺枣仁为最优。本品含酸枣仁皂苷 A 不得少于 0.030%；含斯皮诺素不得少于 0.080%；杂质（核壳等）不得超过 5%；水分不得过 9.0%；总灰分不得过 7.0%。

【产销行情】　全国年均生产约 2400 吨，纯购约 1800 吨，纯销约 1400 吨，供应出口 50～80 吨。其中河北纯购约 500 吨，山东约 350 吨，河南约 330 吨，云南约 350 吨，陕西约 160 吨，辽宁约 130 吨，山西约 110 吨。

【包装贮藏】　麻袋装。本品易虫蛀、发霉，注意防潮，宜置于阴凉干燥处保存。为防虫蛀，可用氯化苦或磷化铝熏。在保管中，还应防鼠害。

【性味功效】　性平，味甘、酸。养心补肝，宁心安神，敛汗，生津。

本产区其他道地药材

品　名	来　源	主要道地产区
马勃	灰包科真菌脱皮马勃 *Lasiosphaera fenzlii* Reich.、大马勃 *Calvatia gigantea* (Batsch ex Pers.) Lloyd 或紫色马勃 *Calvatia lilacina* (Mont. et Berk.) Lloyd 的干燥子实体	主产于辽宁昌图、新宾、宽甸、凤城、本溪、海城、凌原，内蒙古突泉、库伦，安徽滁县、嘉山。其中以辽宁、内蒙古、安徽产量较大
大枣	鼠李科植物枣 *Ziziphus jujube* Mill. 的干燥成熟果实	主产于河南、山东；河北、四川、山西、贵州亦有产。其中以山东产量大，河南质量佳
山楂	蔷薇科植物山里红 *Crataegus pinnatifida* Bge. var. *major* N. E. Br. 或山楂 *Crataegus pinnatifida* Bge 的干燥成熟果实，习称"北山楂"	主产于山东临朐、沂水、安丘，河北唐山、保定等地，其中以山东临朐、沂水两地产量大，质量最佳
小茴香	伞形科植物茴香 *Foeniculum vulgare* Mill. 的干燥成熟果实	主产于内蒙古、山西等地。其中以山西产量大，内蒙古质量优
王不留行	石竹科植物麦蓝菜 *Vaccaria segetalis* (Neck.) Garcke 的干燥成熟种子	主产于河北邢台、保定，辽宁、山东、黑龙江、山西、湖北等地。其中以河北产量最大
瓜蒌	葫芦科植物栝楼 *Trichosanthes kirilowii* Maxim. 或双边栝楼 *Trichosanthes rosthormii* Harms 的干燥成熟果实	主产于山东长清、肥城，安徽亳州、涡阳、宿县、阜阳，河南伊川、嵩县、温县、武陟、商丘、安阳等地
地肤子	藜科植物地肤 *Kochia scoparia* (L.) Schrad. 的干燥成熟果实	主产于河北保定、承德、沧县，北京通县，天津郊区，山西平遥、榆次，河南郑州、禹县、新乡，山东曲阜、菏泽等
地骨皮	茄科植物枸杞 *Lycium chinensis* Mill. 或宁夏枸杞 *Lycium barbarum* L. 的干燥根皮	主产于山西平遥、晋城，河南禹州、郑州、荥阳等地。其中以山西、河南产量最大

续表

品　名	来　源	主要道地产区
苍耳子	菊科植物苍耳 *Xanthium sibiricum* Patr. 的干燥成熟带总苞的果实	主产于山东荣成、文登、菏泽，江西宜春，湖北黄冈、孝感，江苏苏州、徐州等地
苦参	豆科植物苦参 *Sophora flavescens* Ait. 的干燥根	全国各地均产
香加皮	萝藦科植物杠柳 *Periploca sepium* Bge. 的干燥根皮	主产于山西忻定、灵邱、繁寺、榆次、长治、阳泉，河南南阳，河北涞阳、易县、龙关、涿县、蔚县等地。其中以山西、河南产量最大
香附	莎草科植物莎草 *Cyperus rotundus* L. 的干燥根茎	主产于山东泰安、郯城、莒南、日照、临沂等地。此外河南、山西、湖南、湖北、江苏、浙江等省亦产。以山东产者质优，有"东香附"之称
拳参	蓼科植物拳参 *Polygonum bistorta* L. 的干燥根茎	主产于华北、西北及山东、江苏、湖北等地，河南亦产
蛇床子	伞形科植物蛇床 *Cnidium monnieri*（L.）Cuss. 的干燥成熟果实	主产于河北保定、邯郸、沧县，山东沾化，浙江金华、兰溪
槐花	豆科植物槐 *Sophora japonica* L. 的干燥花及花蕾，前者称"槐花"、后者称"槐米"	主产于河北石家庄、邯郸、定县、沧州、天津、北京郊区，山东茌平、寿张、邹平、济南、泰安等地。其中以河北，河南，山东产量较大
滑石	硅酸盐类矿物滑石，习称"硬滑石"	主产辽宁本溪、宽甸、海城，山东莱阳、栖霞、掖县，江西鹰沄。此外，四川、云南、广东、河北等省均产
蝉蜕	蝉科昆虫黑蚱 *Cryptotympana pustulata* Fabrcius. 及同属他种蝉的若虫羽化时脱落的皮壳	全国各地均产。其中以山东、河北产量最大
漏芦	菊科植物祁州漏芦 *Rhaponticum uniflorum*（L.）DC. 的干燥根，习称祁州漏芦	主产河北唐山、迁安，辽宁绥中、朝阳，山西榆次。此外，陕西、山东、吉林、黑龙江等地亦产，其中以河北产量最大
赭石	氧化物类矿物刚玉族赤铁矿	主产于山西雁门山、代县、五台、宁武、交城、孟县等地，河北、河南、山东、湖南、四川等地

自学指导

【重点难点】

1. 重点药物西洋参、党参、柴胡、黄芩、黄芪的道地产区、规格等级、贮藏养护。
2. 五灵脂、甘草、北沙参、肉苁蓉、远志、赤芍、阿胶、板蓝根、苦杏仁、知母、柏子仁、菟丝子、麻黄、葶苈子、紫菀、酸枣仁的道地产区、规格等级、贮藏养护。

【复习思考题】

1. 北药产区的自然环境条件特点是什么？
2. 试述党参、黄芪、甘草的商品规格等级标准。
3. 试述党参、黄芪、甘草、北沙参、板蓝根、苦杏仁、柏子仁、紫菀等药材商品各自在贮藏养护中的注意事项。

第九章 西 药

【目的要求】

1. 掌握重点药物大黄、当归、秦艽、枸杞的道地产地、产收加工、规格等级、包装贮藏；掌握牛黄、茵陈、锁阳、藁本的贮藏养护方法。

2. 熟悉西药产区的自然环境条件；熟悉牛黄、沙苑子、茵陈、淫羊藿、秦皮、银柴胡、紫草、锁阳、藁本的道地产地。

3. 了解茜草、硼砂、绞股蓝的道地产地，了解西药产区的地理位置。

【自学时数】

4 学时。

凡以西安以西广大地区为主要产区或集散地的大宗商品药材均为西药。

西药产区的地理范围主要包括陕西、宁夏、新疆、甘肃、青海及内蒙古西部等地区。本地区位于东经 74°～111°15′，北纬 31°41′～48°。北邻俄罗斯、外蒙，东连河南、山西，南接西藏、四川，西与阿富汗、巴基斯坦、印度交界。春秋战国时大部分地区为秦国治地，古称为秦地，西药亦称为秦药（如秦皮、秦归、秦艽等）。西药的地理范围广泛，地形、气候复杂。

陕甘宁区有"八百里秦川"、秦岭和六盘山——贺兰山等不同自然生态环境。渭河沿岸地势平坦，常称"八百里秦川"，土壤肥沃，气候温和，是栽培西药（秦药）的良好基地。秦岭南坡的汉中盆地和陇南山区为西药（秦药）的传统产地。年平均气温 12℃～15℃，气候垂直变化大，海拔 2000～2500 米处温凉阴湿，适宜当归、党参的生长。汉中、安康、商南等地柑橘、樟等亚热带药用植物亦能生长良好。秦岭主峰太白山，海拔 3676 米，适宜于太白贝母等药材的生长。秦岭北坡，年平均气温 7℃～12℃，适宜于秦皮、秦艽的生长。六盘山区，年平均气温 5℃以上，年降雨量为 550～660 毫米。银川一般黄灌区气候干而土壤不旱，地势高而不寒，水源多而能排，是宁夏枸杞、银柴胡等药材的传统生产基地。

河西走廊以西，是我国最干旱的地区。但周围高山覆盖着现代冰川和永久积雪，是天然的"固体水库"，故有森林、灌丛、草原、绿洲存在，这一带的气候环境适宜于秦艽、羌活、大黄、甘草、贝母、虫草、肉苁蓉、麝香、马鹿等的生长和养殖。天山横亘于新疆中部，主峰海拔 5445 米，在海拔 2000～2500 毫米范围内降雨量可达 600～800 毫米。北疆年平均气温 2.5℃～8℃，无霜期约为 130 天；南疆平均气温 10℃～12℃。在阿尔泰山、天山、昆仑山、阿尔金山等巨大山系之间的温带荒漠区，年平均气温 10℃左右。年降雨量一般低于 200 毫米，冷热变化剧烈，风大沙多。由于外界条件和生物界相互依存和选择的结果，使新疆这种地形、土壤、气候相互联系的多样性和复杂性而盛产甘草、紫草、阿魏、肉苁蓉、麻黄、马鹿茸等多种特产药材。

本区主产的药材有大黄、当归、甘草、党参、牛黄、阿魏、枸杞、银柴胡、紫草、沙苑子、秦皮、秦艽等。

大　黄
RHEI RADIX ET RHIZOMA

本品为蓼科植物掌叶大黄 *Rheum palmatum* L.、唐古特大黄 *Rheum tanguticum* Maxim. ex Balf. 或药用大黄 *Rheum officinale* Baill. 的干燥根及根茎。始载于《神农本草经》，列为下品。野生与家种均有。本品因根粗大，其色黄，故名大黄。为常用中药。

【别名】　川军、生军、将军。

【产地】　主产于甘肃岷县、文县、礼县、临夏、武威，青海同仁、同德、贵德，四川阿坝、甘孜、雅安，以及西藏昌都、那曲地区。此外陕西、湖北、新疆、河南等地亦产。

【采制】　选择生长 3 年以上的植株于 9～10 月地上部分枯黄时，或 4～5 月大黄未发芽前采收，除去泥土，用瓷片刮去粗皮及顶芽，按各种规格要求及大黄根茎大小横切成片或纵切成瓣，或加工成卵圆形或圆柱形，粗根可切成适当长度的节，用细线串起，悬挂屋檐下或棚内透风处阴干。或将大黄匀摊在熏架上以微火烘至快干时改用急火，直烘到干足为止。

【商品特征】　呈类圆柱形或瓣块片状，表面黄棕色至红棕色，有白色网纹，质坚实，断面浅红棕色或棕色，具环纹和放射纹理，髓部有星点或散在颗粒。气清香，味苦微涩。粉末升华有黄色结晶，在紫外灯下显棕色至红棕色荧光。

【商品规格】　商品以不同产地分为西大黄、南大黄、雅黄。过去西大黄又分为西宁大黄、铨水大黄；西宁大黄又分凉州大黄、河州大黄、岷县大黄；铨水大黄又分文县大黄、清水大黄、庄浪大黄等。现西大黄分蛋片吉、苏吉、水根、原大黄等规格。其规格等级标准为：

1. 西大黄

蛋片吉：

一等：去净粗皮，纵切成瓣。表面黄棕色，体重质坚。断面淡红棕色或黄棕色，具放射状纹理及明显环纹，红肉白筋。髓部有星点环列或散在颗粒。气清香，味苦微涩。每千克 8 个以内，糠心不超过 15%。

二等：每千克在 12 个以内，其余同一等。

三等：每千克在 18 个以内，其余同一等。

苏吉：

一等：去净粗皮，横切成段，呈不规则圆柱形。表面黄棕色，体重质坚。断面淡红棕色或黄棕色，具放射状纹理及明显环纹，肉红白筋。髓部有星点环列或散在颗粒。气清香，味苦微涩。每千克 20 个以内，糠心不超过 15%。

二等：去净粗皮，横切成段，成不规则圆柱形。每千克 30 个以内，其余同一等。

三等：每千克在 40 个以内，其余同二等。

水根：

为统货。为主根尾部及支根的加工品，呈长条状。表面棕色及黄褐色，间有未去净的栓皮，体重质坚。断面淡红色或黄褐色，具放射状纹理。气清香，味苦微涩。长短不限，间有闷茬，小头直径不小于 1.3 厘米。

原大黄：

为统货。去粗皮，纵切或横切成瓣、段或片，大小不分。表面黄褐色，断面具放射状纹理及明显环纹。髓部有星点或散在颗粒。气清香，味微涩。中部直径在 2 厘米以上，糠心不超过 15%。

2. 雅黄

一等：切成不规则的块状，似马蹄形。去净粗皮，表面黄色或黄褐色，体重质坚。断面黄色或棕褐色。气微香，味苦。每只 150 克至 250 克。

二等：体质轻泡，质松。断面黄褐色，每只 100～200 克。其余同一等。

三等：大小不分，间有直径 3.5 厘米以上的根黄。

3. 南大黄

一等：横切成段，去净粗皮，表面黄褐色。体结实。断面黄色或黄绿色，气微香，味涩而苦。长 7 厘米以上，直径 5 厘米以上。

二等：横切成段，体质轻松。大小不分，间有水根。最小头直径 1.2 厘米以上，其余同一等。

4. 大黄出口商品根据质量的要求，分等出售。

【品质要求】 以上均以外表黄棕色，锦纹及星点明显，体重、质坚实、有油性、气清香、味苦而不涩，嚼之发黏者为佳。一般以西宁大黄为好。本品含大黄素、大黄酚、大黄素甲醚、大黄酸、芦荟大黄素的总量不得少于 1.5%；总灰分不得超过 10.0%；水溶性浸出物不得少于 25.0%；干燥失重不得过 15%。

【产销行情】 全国年均生产约 2500 吨，纯购约 2200 吨，纯销 2000 吨，供应出口约 50吨。其中甘肃年均纯购约 500 吨，四川约 400 吨，青海约 200 吨，陕西约 200 吨，河南约200 吨，其他地区约 500 吨。大黄产地较多，但部分地区所产非正品大黄，还有伪品出现。

【包装贮藏】 本品极易虫蛀，变色，应防潮，宜置干燥通风处保存。若受潮湿，色泽发黑，易发生虫蛀。在日光或空气的影响下，色泽变暗，品质变劣，故应密封，避光存放。为防蛀，入夏前大黄片可置石灰缸内，密封，以防潮和霉蛀，不易多晒，久晒，以防变色。

【性味功效】 性寒，味苦。泻火通便，破积消滞，活血化瘀，解毒消肿。

牛 黄
BOVIS CALCULUS

本品为牛科动物牛 *Bos Taurus domesticus* Gmelin 的干燥胆囊结石或胆管结石。始载于《神农本草经》，列为上品。因形如鸡子黄，故名。为常用中药。

【别名】 丑宝、丑黄。

【产地】 全国各地屠宰场均有采收，主产于北京，河北，天津，新疆乌鲁木齐、伊犁，西藏昌都，青海，内蒙包头、呼和浩特，河南洛阳、南阳，广西百色，甘肃岷县、卓尼，陕西西安、宝鸡，江苏南京，上海等地，以西北、西南、东北等地产量较大，销往全国。国外主产于印度、加拿大、阿根廷、乌拉圭等地。

【采制】 全年均可采收。在宰牛时注意牛的胆囊、胆管及肝管中有无结石，发现有牛黄应立即取出，用卫生纸包好，放入灯芯草或丝通草内阴干，切忌风吹日晒，以防碎裂或变色，影响质量。

【商品特征】 呈球形、三角形或不规则管、片状。表面金黄色至棕褐色（乌金衣），体轻，质脆，断面黄色，有层纹。气清香，味苦回甜，有清凉感。水液能染指挂甲呈黄色。

【商品规格】 商品以产地不同分为西牛黄、京牛黄、东牛黄、金山牛黄、印度牛黄。按出处和形状不同分为胆黄和管黄两种。其等级标准为：

一等：成卵形、类球形或三角形。表面金黄色或黄褐色，有光泽。质松脆。断面棕黄色或金黄色，有自然形成纹理。气清香、味微苦后甜。大小不分，间有碎块。

二等：呈管状或块片状，表面黄褐色或棕褐色。断面棕褐色。其余同一等。

【品质要求】 商品以表面有光泽而细腻，体轻而质松，断面层纹薄而整齐，无白膜，嚼之不粘牙，味先苦而后甜，气清香而有清凉感者为佳。本品含胆酸不得少于 4.0%；含胆红素（$C_{33}H_{36}N_4O_6$）不得少于 35.0%；含水分不得过 9.0%。

【产销行情】 本品为珍贵稀有药物之一。长期以来市场紧张。全国每年纯购约 300 千克，纯销约 350 千克，每年进口约 100 千克。其中北京每年纯购约 50 千克，天津约 60 千克，上海约 70 千克，四川约 40 千克。

【包装贮藏】 用玻璃纸包好，或装入干燥的玻璃瓶中，密闭，置于干燥处保存。本品属贵重药材应专柜存放。

【性味功效】 性凉，味苦、甘。清心开窍，熄风定惊，清热解毒。

【附注】 市售品除天然牛黄外，一般成药多用人工合成牛黄。人工牛黄是由牛、猪胆的胆酸、胆甾醇、胆红素、无机盐组成。多成土黄色疏松的粉末，也有制成不规则球形或方形的，水溶液亦能"挂甲"，气微清香而略腥，味微甘而苦，入口无清凉感。功能同天然牛黄，但作用弱。

当 归
ANGELICEA SINENSIS RADIX

本品为伞形科植物当归 *Angelica sinensis* （Oliv.）Diels 的干燥根。始载于《神农本草经》，列为中品。均为家种。当归能使气血各有所归，故名当归。为常用中药。

【别名】 岷归、秦归。

【产地】 主产于甘肃岷县、武都、漳县、成县、两当、舟曲、西和、渭源、文县、甘谷等地。此外云南、陕西、四川、湖北亦产。其中以岷县产量最大，质量亦佳。

【采制】 于 10 月上旬，叶发黄时采收。采收后去净泥土，茎叶，放置，待水分稍蒸发后根变软时，捆成小把，上棚架上，用火炕，注意翻动，以使色泽均匀，全部干度达 70%～80%时，可以停火，干后下棚。当归不宜太阳晒，否则易枯梗如柴，也不宜用煤炭火炕，以免影响色泽和质量。

当归加工时根据根部形态和大小分为四种规格，即加工成全归、归身、归头、归尾四种。

【商品特征】 主根成短圆柱形，下生数条扭曲的支根。表面黄棕色至深黑色。质柔韧，断面色浅，有棕色油点。气清香，味甜微苦麻。

【商品规格】 当归商品规格过去甚多，如葫首归、各档箱归、十支五、十五支五、通底归、常行归、如意归、原来归等。现已简化，只分以下规格或混装。其规格等级标准为：

1. 全归

一等：上部主根圆柱形，下部有多条支根，根梢不细于 0.2 厘米。表面棕黄色或黄褐色。断面黄白色或淡黄色，具油性。气芳香，味甘微苦，每千克 40 支以内。

二等：每千克在 70 支以内，其余同一等。

三等：每千克在 110 支以内，其余同一等。

四等：每千克在 110 支以外，其余同一等。

五等（常行归）：凡不符合以上分等的小货，全归占 30%，腿渣占 70%，具油性。其余同一等。

2. 归头

一等：纯主根，成长圆形或拳状。表面棕黄或黄褐色。断面黄白色或淡黄色，具油性。每千克 40 支以内。

二等：每千克在 80 支以内，其余同一等。

三等：每千克在 120 支以内，其余同一等。

四等：每千克在 160 支以内，其余同一等。

出口当归按规格等级标准要求分等出售。

【品质要求】 以上均以主根粗长，油润，外皮色黄棕断面色黄白，气味浓厚者为佳；主根短小，支根多，断面色红棕，气味较弱者质次；柴性大，干枯油润差或断面呈绿褐色者不可供药用。本品挥发油含量不得少于 0.40%（毫升/克）；水分不得超过 15.0%；总灰分不得超过 7.0%，酸不溶性灰分不得超过 2.0%；醇溶性浸出物不得少于 45.0%。

【产销行情】 全国年均生产约 20000 吨，纯购约 13000 吨，纯销 8000 吨，供应出口约 1000 吨。其中甘肃年均纯购 6000～8000 吨，云南约 600 吨，四川约 760 吨，陕西约 200 吨，其他地区约 4000 吨。当归为常用中药，大路商品，除甘草外，为中药最大使用量。近年来曾几度出现脱销现象。

【包装贮藏】 以竹篓、纸箱加衬防潮纸包装。本品易虫蛀、发霉和泛油，宜置阴凉干燥处密封保存。本品不宜贮放过久，以免降低质量。

【性味功效】 性温，味甘、辛。补血活血，润燥滑肠，调经止痛。

沙 苑 子
ASTRAGALI COMPLANATI SEMEN

本品为豆科植物扁茎黄芪 *Astragalus complanatus* R. Br. 的干燥成熟种子。原名蒺藜，始载于《神农本草经》，列为上品。多为家种。为常用中药。

【别名】 沙苑蒺藜、潼蒺藜。

【产地】 主产于陕西大荔、渭南、兴平，安徽亳州。此外，河北、山西、内蒙古等地均有生产。

【采制】 秋末冬初种子成熟时采收。连茎割取晒干，然后脱粒，去净杂质，再晒干即成。

【商品特征】

1. 潼蒺藜

粒圆，肾脏形，色如古铜，质软，开水泡后有芳香气。

2. 亳蒺藜

形细瘦、质硬，开水泡后无芳香气。

【商品规格】 商品分潼蒺藜和亳蒺藜两种规格，不分等级。

【品质要求】　均以身干、粒大饱满，绿褐色或灰褐色，无杂质者为佳。本品含水分不得过 13.0%；总灰分不得过 5.0%。

【包装贮藏】　麻袋装。置通风干燥处保存。

【性味功效】　性温，味甘。益肾固精，补肝明目。

枸 杞 子
LYCII FRUCTUS

本品为茄科植物宁夏枸杞 *Lycium barbarum* L. 的干燥成熟果实。始载于《神农本草经》，列为上品。野生和家种均有。李时珍谓："枸杞二树名。此物刺如枸之刺，茎如杞之条，故兼名之。"为常用中药。

【别名】　宁夏枸杞。

【产地】　主产于宁夏自治区中宁、中卫、灵武，甘肃张掖、民勤，内蒙古，新疆等地。

【采制】　7～8 月间采收。果实成熟时采下果实，去掉果柄，置竹席放阴凉处，待皮皱后，再暴晒至外皮干燥。在加工过程中不宜用手翻动，以免变黑，影响质量。

【商品特征】　呈纺锤形或椭圆形，表面鲜红色或暗红色。质软滋润。种子扁平肾形，黄色。味纯甜。

【商品规格】　宁夏枸杞商品分 1～5 等，其等级标准为：

一等：呈椭圆形或长卵圆形。果皮鲜紫红或红色，糖质多。质柔软滋润，味甜，每 50 克在 370 粒内。

二等：果皮鲜红或紫红色。每 50 克在 580 粒内，其余同一等。

三等：果皮红褐色或淡红色。糖质较少，每 50 克在 900 粒内，其余同一等。

四等：每 50 克在 1100 粒内，油果不超过 15%，其余同三等。

五等：色泽深浅不一，每 50 克在 1100 粒以外，破子、油果不超过 30%，其余同四等。

枸杞出口商品按等级标准要求，分别出售。

【品质要求】　以粒大、色红、肉厚、籽少、质软润、味甜者为佳。本品含水分不得超过 13.0%；总灰分不得超过 5.0%。

【产销行情】　全国一般年均生产约 3600 吨，纯购 1800～2500 吨，纯销 2200 吨，供应出口 180～200 吨。其中河北年均纯购 400～500 吨，广东约 300 吨，宁夏约 220 吨，内蒙古约 250 吨，陕西约 150 吨，甘肃约 30 吨，山东约 100 吨，其他地区约 1000 吨。枸杞为大路商品，也是许多中成药、营养饮料不可缺少的原料。

【包装贮藏】　木箱或硬纸箱内衬防潮油纸包装。本品极易虫蛀、霉变、泛油、变色，应密封，置于阴凉干燥处保存。注意防热防蛀，少量商品，可在晒干后每 0.5～1 千克为包，贮于石灰缸内，或置于缸内再喷白酒，可防霉蛀。大宗商品可用氯化苦或磷化铝熏。如有条件最好冷藏。在保管中，应防鼠害。

【性味功效】　性平，味甘。补肾滋阴，养肝明目。

【附注】

1. 津枸杞

主产于天津，河北等地。商品特征为味甜而微酸，皮薄肉瘦。商品分 1～3 等。一等：呈类纺锤形，略扁。果皮鲜红或深红色。果肉柔软。味微酸。每 50 克在 600 粒内。无油果、黑果。二等：每 50 克在 800 粒以内，油果不超过 10%。无黑果，其余同一等。三等：果皮紫红色或淡红色，深浅不一，每50克在800粒以外，包括油果、无黑果，其余同二等。

2. 土枸杞

主产于河南，其特征为粒小、肉薄、味微甜，质量最次。

茵 陈
ARTEMISIAE SCOPARIAE HERBA

本品为菊科植物茵陈蒿 *Artemisia capillaris* Thunb. 或滨蒿 *Artemisia scoparia* Waldst. et Kit 的干燥地上部分。始载于《神农本草经》，列为上品。多为野生。因本品经冬不死，以旧苗而生，故名。为常用中药。

【别名】 茵陈蒿。

【产地】 主产于陕西三原、铜川，安徽滁县、安庆，江西都昌，湖北黄岗、孝感，河南郑州、予西，河北安国，天津，江苏江宁、句容、江浦，浙江浦江、兰溪等地。以陕西产者质量佳，习称"西茵陈"。以安徽、湖北、江苏产者量最大。

【采制】 春季幼苗高6～10厘米时采收或秋季花蕾长成至花初开时采割。采取全株后，除去老茎、杂质、泥土，晒干或阴干即成。春季采收的习称"绵茵陈"，秋季采割的称"花茵陈"。

【商品特征】 呈卷缩棉团状，灰白色或灰绿色，密被白色茸毛，绵软如绒。完整的叶展开多为二至三回羽状深裂，裂片线形，全缘。

【商品规格】 商品有西茵陈和绵茵陈之分。

【品质要求】 均以质嫩、绵软、色灰白、香气浓者为佳。习惯认为西茵陈质佳，产于陕西三原的质量最优。绵茵陈含绿原酸（$C_{16}H_{18}O_9$）不得少于0.50%；花茵陈含滨蒿内酯（$C_{11}H_{10}O_4$）不得少于0.20%；水分不得过12.0%；绵茵陈水溶性浸出物不得少于25.0%。

【产销行情】 茵陈产地很广，全国年均纯购约8000吨，纯销约7500吨，供应出口约200吨。其中陕西纯购约600吨，安徽约1000吨，江西约550吨，河南约800吨，江苏约400吨，河北约500吨，湖北约800吨，其他地区约2500吨。茵陈为常用中药，用量较大。

【包装贮藏】 用麻袋或竹席装。本品易发霉、易散失香气，应置阴凉干燥处保存。注意防潮、避光、避风。贮藏时间不宜过长，否则色变黄，香气散失、影响药效。

【性味功效】 性微寒，味苦、辛。清热除湿，利胆退黄。

茜 草
RUBIAE RADIX ET RHIZOMA

本品为茜草科植物茜草 *Rubia cordifolia* L. 的干燥根及根茎。始载于《神农本草经》，原名茜根，列为上品。均为野生。茜者西也，本品多产于西方，故名。为常用中药。

【产地】 主产于陕西渭南，河南嵩县，安徽六安、芜湖。河北、江苏、江西、甘肃、辽宁、广东、广西、四川等省区亦产。以陕西渭南、河南嵩县产量大而且质优。

【采制】 8～10月间采收。采收后除去茎苗、洗净泥土，晒干即成。

【商品特征】 根茎呈结节状，下生多数细圆柱形的根。表面红棕色或暗棕色。质脆，断面红黄色，有多数细孔。

【商品规格】 商品按粗细分为1～3等或为统货。等级标准为：

一等：外皮褐色，内红色，心淡黄色，根长 15～20 厘米，粗 7 毫米以上。

二等：根长 10～15 厘米，粗 5 毫米以上，余同一等。

三等：根长 10 厘米以下，粗 4 毫米以上，余同一等。

【品质要求】 以上均以条粗长、外皮色红棕、断面色红黄者为佳。本品含大叶茜草素（$C_{17}H_{15}O_4$）不得少于 0.40%，羟基茜草素（$C_{14}H_8O_5$）不得少于 0.10%；水分不得过 12.0%；总灰分不得过 15.0%；酸不溶性灰分不得过 5.0%；醇溶性浸出物不得少于 9.0%。

【包装贮藏】 以竹席包装。置干燥通风处保存。本品受潮易发霉，贮藏中应注意防潮。如受潮可晾晒，一旦受潮或雨淋，色泽减退，影响质量。

【性味功效】 性寒，味苦。活血化瘀，凉血止血。

【附注】 四川有将带有老茎的根茎与茜草根同等使用，商品称为茜草藤。

绞 股 蓝
GYNOSTEMMATIS PENTAPHYLLI HERBA

本品为葫芦科植物绞股蓝 *Gynostemma pentaphyllum* (Thunb.) Makiao 的干燥全草。始见于《救荒本草》，多为野生，亦有种植。为较常用中药。

【产地】 主产于陕西、安徽、浙江、江西、福建、陕西南部等省。

【采制】 8～9 月结果前割取鲜草，立即除去杂质，洗净，扎成小把，或切成小段，阴干或烘干，不宜暴晒，以免影响色泽。

【商品特征】 茎纤细，表面棕色或暗棕色，具纵沟，茎卷须两裂或不裂。叶鸟足状，5～7 枝，少数 9 枝，两面被粗毛，边缘有锯齿。常可见到球形果实。味苦。

【商品规格】 商品为统货。

【品质要求】 以体干、色绿、叶全、无杂质者为佳。

【性味功效】 性微寒，味苦，微甘。能补气生津，清热解毒，止咳祛痰。

【附注】 绞股蓝现在开发了许多保健食品。

秦 艽
GENTIANAE MACROPHYLLAE RADIX

本品为龙胆科植物秦艽 *Gantiana macrophylla* Pall.、粗茎秦艽 *Gantiana crassicaulis* Duthie ex Burk、麻花秦艽 *Gantiana straminea* Maxim.、小秦艽 *Gantiana dahurica* Fisch. 的干燥根。始载于《神农本草经》，列为中品。野生和家种均有。李时珍说，秦艽出秦中，以根作螺纹绞纠者佳，故名秦艽。为常用中药。

【产地】 主产于甘肃夏河、卓泥，青海化隆、皇源，陕西宝鸡、邻县等地。此外内蒙古、四川、云南、河北、山西等地亦产。

【采制】 秋季采收。采收后除去茎叶及泥沙，晒软时，堆放"发汗"至表面为红黄色或黄色后，再晒干。小秦艽趁鲜搓去黑皮，晒干即成。

【商品特征】 呈圆锥形或麻花状，表面灰黄色或棕黄色，有扭曲的纵沟纹。顶端有毛须。质脆，断面黄色，味苦涩。

【商品规格】 商品分秦艽、麻花秦艽、小秦。或以产地分为西秦艽、川秦艽、山秦艽。一般认为西秦艽质佳，尤以甘肃临夏、武山、陇西所产最著名。其规格等级标准为：

1. 大秦艽

一等：呈圆锥形或圆柱形，有纵皱纹，主根粗大似鸡腿，或萝卜状和牛尾状。表面灰黄色或棕色，质坚而脆，断面棕红色，中心土黄色，气特别。味苦涩。芦下直径 1.2 厘米以上。

二等：表面灰黄色或黄棕色，芦下直径 0.6～1.2 厘米。其余同一等。

2. 小秦艽

一等：圆锥形或圆柱形。常有数个分枝纠合在一起，扭曲，有纵皱纹。表面黄色或黄白色，体软疏松。断面黄白色或黄棕色。气特殊、味苦。条长 20 厘米以上，芦下直径 1 厘米以上。

二等：长短大小不分，但芦下最小直径应在 0.3 厘米以上，其余同一等。

3. 麻花秦艽

统货，常由数个小根聚集缠绕成发辫状或麻花状。全体有显著的向左扭曲的纵皱纹。表面棕褐色或黄褐色，粗糙，有裂隙而显网状纹，体软疏松。断面常有枯状，气特别，味苦涩。大小不分，但芦下直径应在 0.3 厘米以上。

【品质要求】 均以根粗大饱满色棕黄，气味浓者为佳。本品含龙胆苦苷和马钱苷酸的总量不得少于 2.5％；水分不得超过 9.0％；总灰分不得超过 8.0％，酸不溶性灰分不得超过 3.0％；醇溶性浸出物不得少于 24.0％，

【产销行情】 全国年均生产约 2000 吨，纯购约 1700 吨，纯销 1600 吨，供应出口 10～20 吨。其中甘肃年均纯购约 400 吨，四川约 350 吨，青海约 150 吨，陕西约 200 吨，内蒙古约 100 吨，云南约 120 吨，其他地区约 200 吨。

【包装贮藏】 以麻袋装。本品受潮易发霉、泛油、走失香气。为保持干燥，入夏前可复晒。本品应置阴凉干燥处保存。

【性味功效】 性平，味苦、辛。祛风湿，退虚热，舒筋骨。

【附注】 秦艽是国家重点保护的野生植物药材品种。

秦 皮

FRAXINI CORTEX

本品为木犀科（Oleaceae）植物苦枥白蜡树 *Fraxinus rhynchophyllus* Hance.、白蜡树 *Fraxinus chinensis* Roxb.、尖叶白蜡树 *Fraxinus szaboana* Lingelsh. 或宿柱白蜡树 *Fraxinus stylosa* Lingelsh. 的干燥枝皮或干皮。始载于《神农本草经》，列为下品。多为野生。因产于秦地，药用其皮，故名。为常用中药。

【别名】 梣皮、蜡树皮、秦白皮。

【产地】 主产于陕西渭南，辽宁绥中、海城、盖平、本溪，黑龙江，河南新乡、蒿县、栾川、南阳，河北阜平、承德等地。

【采制】 春秋两季采收。剥取树皮，晒干即成。

【商品特征】 成卷筒状或条块状；表面暗灰色或灰棕色，皮孔圆点状。质坚硬，味苦。水液显碧蓝色荧光。

【商品规格】 商品有枝皮与干皮之分，一般不分等级。

【品质要求】 以条长呈筒状、外皮薄而光滑者为佳。本品含秦皮甲素（$C_{15}H_{16}O_9$）和秦皮乙素（$C_9H_6O_4$）的总量不得少于 0.80％；水分不得过 7.0％；总灰分不得过 8.0％；

醇溶性浸出物不得少于 8.0%。

【包装贮藏】 用竹席包装。置阴凉干燥处保存。

【性味功效】 性微寒，味苦、涩。清热燥湿，收涩止痢，止带，明目。

银 柴 胡
STELLARIAE RADIX

本品为石竹科植物银柴胡 *Stellaria dichotoma* L. var. *lanceolata* Bge. 的干燥根。银柴胡之名始见于《本草纲目》柴胡项下。多为野生，亦有家种。因其植物似柴胡，产于银川者良，故名。为常用中药。

【产地】 主产于宁夏、陕西、山西、山东等地。

【采制】 秋后茎叶枯萎后采收。采收后除去茎苗、须根，洗净泥土，晒干即成。

【商品特征】 呈类圆柱形，表面黄白色或浅黄色，顶端具"珍珠盘"，全体有"砂眼"，质硬而脆，断面木部有黄白相间的放射纹理。

【商品规格】 本品为统货。

【品质要求】 以条粗长均匀，皮细质坚实。外皮灰黄色，断面白色，有菊花心者为佳。有黑心者质次。商品以银川产者质优。本品酸不溶性灰分不得过 5.0%；醇溶性浸出物不得少于 20.0%。

【包装贮藏】 麻袋装。置阴凉干燥处保存。

【性味功效】 性微寒，味甘。清虚热，除疳热。

淫 羊 藿
EPIMEDII FOLLIUM

本品为小檗科植物淫羊藿 *Epimedium brevicornu* Maxim. 、箭叶淫羊藿 *Epimedium sagittatum* （Sieb. et Zucc.） Maxim. 、柔毛淫羊藿 *Epimedium pubescens* Maxim. 或朝鲜淫羊藿 *Epimedium koreanum* Nakai. 的干燥叶。始载于《神农本草经》，列为上品。均为野生。因其形似藿，其功除湿壮阳，故名。为常用中药。

【别名】 淫阳藿、仙灵脾、三枝九叶草。

【产地】 主产于陕西秦岭山区商县、山阳、镇安、石泉、佛坪、太白区，山西沁源、阳帛，湖南常德、黔阳两地区，河南嵩县、栾川、卢氏、洛宁等地。

【采制】 夏、秋两季采收。叶呈鲜绿色时，割去茎叶，除去杂质，晒干或阴干即成。

【商品特征】 茎枝细小，光滑，中空。具一或二回三出复叶。叶卵形至卵状披针形，叶背多有毛，草质，叶缘有齿。

【商品规格】 商品因其来源分为大叶淫羊藿、小叶淫羊藿（朝鲜淫羊藿）、箭叶淫羊藿等规格。不分等级。

【品质要求】 以梗少、叶多、色黄绿、不碎者为佳。其中以西北所产的小叶淫羊藿质量为最好。本品含总黄酮以淫羊藿苷（$C_{33}H_{40}O_{15}$）计，不得少于 5.0%；含淫羊藿苷不得少于 0.50%；杂质不得过 3.0%；水分不得过 12.0%；总灰分不得过 8.0%；醇溶性浸出物不得少于 15.0%。

淫羊藿出口要求身干、色黄绿、叶片整齐、不碎乱，扎成小把，然后打包出售。

【包装贮藏】 用竹席包装。置通风干燥处保存。

【性味功效】 性温，味辛。补肾阳，壮筋骨，祛风湿。

紫　草
ARNEBIAE RADIX

本品为紫草科（Boraginaceae）植物新疆紫草 *Arnebia euchroma*（Royle）Johnst. 或内蒙紫草 *Arnebia guttata* Bunge 的干燥根。前者称"软紫草"，后者称"硬紫草"。始载于《神农本草经》，列为中品。均为野生。因其根呈紫色，故名。为常用中药。

【产地】 软紫草主产于新疆伊犁，甘肃武都等地。硬紫草主产于内蒙、甘肃。

【采制】 春、秋两季采收。挖取根部，除去泥沙和残茎，晒干即成。忌用水洗，以免影响质量。

【商品特征】 呈扭曲类圆柱形或圆锥形，表面紫红色或紫褐色。皮部疏松而厚，质极松软（软紫草）；皮部薄，质硬（硬紫草）。断面木心黄白色或黄色。气特异，味微苦、涩。硬紫草味涩，无苦味。

【商品规格】 商品有硬紫草（西紫草、关紫草）、软紫草（新紫草）之分。均为统货。

【品质要求】 以条粗大、色紫、皮厚者为佳。本品含 β, β'-二甲基丙烯酰阿卡宁（$C_{21}H_{22}O_6$）不得少于 0.30%；水分不得过 15.0%。

【包装贮藏】 以竹席或麻袋装，置干燥通风处保存。

【性味功效】 性寒，味苦。清热凉血，活血解毒，透疹消斑。

【附注】

1. 紫草

为国家重点保护的野生植物药材品种。

2. 硬紫草

为紫草 *Lithospermum erythrorhizon* Sieb. Et Zucc. 的干燥根。商品亦称硬紫草。其特征为：皮部薄，木部大，质硬。主产于东北。

锁　阳
CYNOMORII HERBA

本品为锁阳科植物锁阳 *Cynomorium songaricum* Rupr. 的干燥肉质茎。多为野生。因其功效为壮阳固精，故名。为较常用中药。

【产地】 主产于内蒙古的鄂尔多斯市，巴彦淖尔盟的阿拉善旗，临河等地，以鄂尔多斯市产者为佳。此外，陕西榆林、青海、甘肃、河北等省亦产。

【采制】 春、秋二季采挖，除去花序及残茎，切断，晒干或阴干。

【商品特征】 呈圆柱形略扁，表面红棕色或棕褐色，粗糙，被三角形鳞片，质坚而硬，断面浅棕色或棕褐色，有黄色三角状维管束。

【商品规格】 商品为统货。

【品质要求】 以条粗壮、体重、质硬、断面具油润者为佳。本品杂质不得过 2%；水分不得过 12.0%；总灰分不得过 14.0%；醇溶性浸出物不得少于 14.0%。

【产销行情】 销全国各地，并有出口。

【包装贮藏】 麻袋或木箱装。置于阴凉干燥处保存。本品易虫蛀、发霉，应经常注意检查。

【性味功效】 性温，味甘。补肾阳，益精血，润肠通便。

藁　本
LIGUSTICI RHIZOMA ET RADIX

本品为伞形科植物藁本 *Ligusticum sinense* Oliv. 或辽藁本 *Ligusticum jeholense* Nakai et Kitag. 的干燥根及根茎。始载于《神农本草经》，列为中品。均为野生。因根上苗下似禾藁，本乃根也，故名。为较常用中药。

【别名】 香藁本。

【产地】 藁本主产于陕西安康，四川阿坝、甘孜，重庆巫山、巫溪，湖北巴东、兴山、长阳，湖南茶陵等地。辽藁本主产于河北龙关、蔚县、承德，辽宁盖县、凤城等地。此外，山西繁峙，沁县，山东，内蒙呼伦贝盟等地亦产。

【采制】 春、秋两季采收。将根茎及根挖出后，出去茎叶及泥土，晒干或低温烘干即可。

【商品特征】 呈结节状圆柱形，表面棕褐色或暗棕色，有窝眼状茎基和多数根的残基（藁本）或弯曲的须根（辽藁本），体轻质硬。气浓香，味苦辛微麻。

【商品规格】 商品按来源不同分为藁本和辽藁本两种。均为统货。

【品质要求】 均以个大身粗，根少，质坚，香气浓者为佳。本品含阿魏酸（$C_{10}H_{10}O_4$）不得少于 0.050%；水分不得过 10.0%；总灰分不得过 15.0%；酸不溶性灰分不得过 10.0%；醇溶性浸出物不得少于 13.0%。

【包装贮藏】 席包或麻袋装。本品易虫蛀、散失气味，故应置于阴凉干燥处保存。为防虫、发霉，应经常检查，及时晾晒。

【性味功效】 性温，味辛。祛风，散寒，除湿，止痛。

硼　砂
BORAX

本品为硼砂矿石 Borax 经炼制而成的结晶体。始载于《日华子本草》。为少常用中药。

【别名】 月石。

【产地】 主产于青海柴达木盆地及阿拉善西山盐湖，西藏黑河、阿里地区、昌都。此外云南、新疆、陕西等地亦产。多在四川康定、白玉及河南洛阳、郑州等地加工。常集散于西安。

【采制】 全年可采收。采收后将矿石溶于沸水中，过滤干净，倒入缸内，在缸上放数根横棍，棍上系数条麻绳，麻绳下端吊一铁钉，使绳垂直进入容器内。冷却后在绳上及缸底都有结晶析出，取出凉干即成。结在绳上者称"月石坠"，结在缸底者称"月石块"。

【商品特征】 呈不规则的结晶体，透明或半透明，具玻璃光泽，质脆，味苦咸。水液显碱性，火烧熔化成透明玻璃球状。

【商品规格】 商品为统货。

【品质要求】 以色青白、纯洁、半透明而具玻璃光泽者为佳。

【包装贮藏】 用有色瓶或瓷坛装。本品易风化、变色，应封装，置阴凉干燥处避风、避光保存。

【性味功效】 性凉，味咸、甘。清热化痰，解毒疗疮。

本产区其他道地药材

品名	来源	主要道地产区
伊贝母	百合科植物新疆贝母 *Fritillaria walujewii* Regel 或伊犁贝母 *F. pallidiflora* Schrenk 的干燥鳞茎	主产于新疆天山、伊宁、绥宁、霍城等地
甘 遂	大戟科植物甘遂 *Euphorbia kansui* T. N. liou ex T. P. Wang 的干燥块根	主产于陕西韩城、三原，河南灵宝，山西间查、运城。此外甘肃、湖北、宁夏等地
独一味	唇形科植物独一味 *Lamiophlomis rotata*（Benth.）Kudo 的干燥地上部分	主产于甘肃、青海、四川、云南、西藏等地
雪莲花	菊科植物雪莲花 *Saussurea involucrata* Kar. et Kir. 的带花全草	新疆、青海、甘肃等地

自学指导

【重点难点】

    1. 重点药物的道地产区、规格等级、贮藏养护。

    2. 大黄、当归、秦艽、枸杞的道地产地、产收加工、规格等级、包装贮藏。

    3. 西药产区的自然环境条件。

【复习思考题】

    1. 西药产区的自然环境条件特点是什么？

    2. 试述大黄、当归、枸杞的规格等级标准。

    3. 试述大黄、当归、枸杞、藁本、伊贝母等药材商品在贮藏养护中的注意事项。

第十章 南 药

【目的要求】

1. 掌握南药产区重点中药品种牡丹皮、蕲蛇、蟾酥的道地产地、产地加工、规格等级、包装贮藏。

2. 熟悉南药产区的自然环境条件；熟悉土鳖虫、大青叶、天花粉、木瓜、太子参、玉竹、百部、决明子、苍术、龟甲、泽泻、虎杖、香薷、枳壳、枳实、栀子、射干、葛根、薄荷的道地产地、规格等级、贮藏养护方法。

3. 了解三棱、车前子、艾叶、石膏、合欢皮、百合、芡实、青黛、明党参、佩兰、荆芥、威灵仙、䗪虫、信石、莲子、桑白皮、桑螵蛸、密蒙花、蜂蜜、薤白、鳖甲的道地产地和贮藏养护方法；了解南药产区的地理位置；了解南药药材商品的产销行情。

【自学时数】

4 学时。

凡以长江中下游以南大部分省区为主要产区或集散地的大宗商品药材均称为南药。

南药产区的地理范围主要包括湖北、湖南、江苏、安徽、福建、江西、台湾等省区。本地区位于东经 $108°21'\sim121°54'$，北纬 $28°19'\sim35°8'$。北邻河南、山东，东濒东海，南接广东、广西，西与重庆、贵州交界。

湘、鄂地区春秋短、夏季长。年平均气温 16℃～17℃，积温 5000℃～6000℃，无霜期 250～280 天，年降雨量 1100～1300 毫米。盛产湘枳壳、湘莲、吴茱萸、半夏、射干、蕲蛇、龟甲等。

苏皖地区水热资源分布极不均衡，北部年平均气温 14℃以下，年降雨量约 900 毫米，南部年平均气温 15℃以上，年降雨量 1000 毫米以上。南北环境差异在药材品种上体现出来：皖北亳州、皖中滁县及霍山、皖南铜陵和宣城盛产茯苓、白芍、牡丹皮、石斛、木瓜等；苏北盛产南沙参、虎掌南星。苏南太湖流域气候湿润温和，年平均气温 15℃～17℃，积温 5000℃～5500℃；无霜期 220～240 天，年降雨量 1100～1500 毫米，盛产党参、薄荷、太子参等药材。

赣闽台地区年平均气温 18.6℃，年降雨量 1400 毫米以上。主要的药材有江西的江枳壳、栀子、蕲蛇；福建的建枳壳、泽泻、建曲；台湾的槟榔、胡椒、樟脑等。

土 鳖 虫
EUPOLYPHAGA STELEOPHAGA

本品为鳖蠊科昆虫地鳖 *Eupolyphaga sinensis* Walker 或翼地鳖 *Steleophaga plancyi* (Boleny) 的雌虫干燥体。

【别名】 地鳖虫、地鳖、土元。

【产地】 地鳖主产于江苏苏州、南通，浙江杭州、海宁，湖北襄阳，湖南双峰、涟源，河南南阳、信阳、新乡等地。翼地鳖主产于河北、北京、山东等地。

【采制】 捕捉后置沸水中烫死，晒干或烘干。

【商品特征】

1. 地鳖（苏土鳖）

呈扁平卵圆形，背面紫褐色，腹面红棕色，有光泽。质松脆，气腥臭。

2. 翼地鳖（汉土鳖）

呈长椭圆形，背面黑褐色，边缘多有黄褐色斑块和黑色小点。其余同地鳖。

【商品规格】 商品规格按来源分为地鳖、翼地鳖，按产地分为苏地鳖（江苏）、汉地鳖（河北）等规格，均为统货。

【品质要求】 以虫体完整、个头均匀、体肥、色紫褐者为佳。习惯认为江苏产品质最佳。本品杂质不得过 5%；水分不得过 10.0%；总灰分不得过 13.0%；酸不溶性灰分不得过 5.0%；水溶性浸出物不得少于 22.0%。

【包装贮藏】 木箱内衬防潮油纸包装。本品易虫蛀、发霉、变色，应置干燥通风处密闭保存。

【性味功效】 咸，寒；有小毒。破瘀血，续筋骨。

大 青 叶
ISATIDIS FOLIUM

本品为十字花科植物菘蓝 *Isatis indigotica* Fort. 的干燥叶。始载于《新修本草》。多为栽培。因其茎叶皆深青而得名。为常用中药。

【产地】 主产于江苏南通、如皋、泰州，安徽、河北、河南、四川等省亦产。

【采制】 夏、秋二季分 2~3 次采挖，除去杂质，晒干。

【商品特征】 完整的呈长椭圆状倒披针形，全缘，基部渐狭，下延至叶柄呈翼状。表面暗灰绿色。

【商品规格】 为统装。

【品质要求】 以叶大、无柄、色暗灰绿、无杂质者为佳。本品含靛玉红（$C_{16}H_{10}N_2O_2$）不得少于 0.020%；水分不得过 13.0%；醇溶性浸出物不得少于 16.0%。

【产销行情】 全国年产量约 10 吨。

【包装贮藏】 席装、圆包。本品受潮易生霉，应置干燥通风处保存。

【性味功效】 性寒，味苦。清热解毒，凉血消斑。

【附注】 商品大青叶的原植物，在各地还有如下品种，入药应加以区别。

1. 蓼蓝叶

为蓼科植物蓼蓝 *Polygonum tinctorium* Ait. 的干燥叶。具膜质叶鞘。

2. 马蓝叶

为爵床科植物马蓝 *Strobilanthes cusia*（Nees）Ktze. 的干燥叶。叶缘有细小钝锯齿。

3. 路边青

为马鞭草科植物大青 *Clerodendrum cyrtophyllum* Turcz. 的干燥叶。叶革质。

天 花 粉
TRICHOSANTHIS RADIX

本品为葫芦科植物栝楼 *Trichosanthes kirilowii* Maxim. 或双边栝楼 *Trichosanthes ros-thornii* Harms 的干燥根。始载于《神农本草经》，列为上品。野生或栽培。因其根多粉，洁白如雪，故名。为常用中药。

【别名】　栝楼根、瓜蒌根、花粉。

【产地】　主产于安徽亳州、鹿邑，河南孟州、沁阳、温县、武陟等地。此外，山东、河北、江苏、浙江、湖南、湖北、广西等地亦产。

【采制】　秋、冬二季采挖，洗净，除去外皮，切段或纵剖成瓣，干燥。

【商品特征】　呈圆柱形或块状，表面黄白色或黄棕色，质坚实，富粉性，横切面有黄色小孔，纵切面有黄色脉纹。味微苦。

【商品规格】　商品分三等，其等级标准为：

一等：干货。呈类圆柱形、纺锤形或纵切成两瓣。刮去外皮，条均匀。质坚实，体重。长 15 厘米以上，中部直径 3.5 厘米以上。表面白色或黄白色，光洁。断面白色，粉性足。味淡微苦。无黄筋、粗皮、抽沟、糠心，无杂质、虫蛀和霉变。

二等：长 15 厘米以上，中部直径 2.5 厘米以上，其余同一等。

三等：扭曲不直，中部直径不小于 1 厘米。去净外皮及须根，表面粉白色、淡黄白色或灰白色，有纵皱纹。断面灰白色，有粉性，少有筋脉。气弱，味微苦。

【品质要求】　以块大、色白、粉性足者为佳。以块小、体轻、筋多、起皱、色黄者次之。习惯认为河南安阳所产天花粉质量最佳。本品水分不得过 15.0%；总灰分不得过 5.0%；水溶性浸出物不得少于 15.0%。

【产销行情】　全国年产量约 400 吨。纯购约 350 吨，纯销约 350 吨。其中河南年均纯购约 100 吨，安徽约 150 吨，其他地区约 100 吨。

【包装贮藏】　置干燥通风处保存，防止受潮发霉。

【性味功效】　性微寒，味甘、微苦。清热泻火，生津止渴，消肿排脓。

木 瓜
CHAENOMELIS FRUCTUS

为蔷薇科植物贴梗海棠 *Chaenomeles speciosa*（Sweet）Nakai 的干燥近成熟果实。始载于《名医别录》，列为中品。多为栽培。因其鲜果似瓜形，故名。为常用中药。

【别名】　宣木瓜、皱皮木瓜。

【产地】　主产于安徽宣城、六安、涡阳，湖北资丘、恩施、宜昌、长阳，四川都江堰、彭州、广元、旺苍，浙江淳安、昌化、开化。此外，河南、陕西、山东、江苏、江西等地亦产。

【采制】　夏、秋二季果实绿黄时采收，置沸水中烫至外皮灰白色，对半纵剖，晒干。

【商品特征】 呈半长圆形，表面皱纹深，紫红色。剖面周边内卷，果肉厚，红棕色。味酸。

【商品规格】 皱皮木瓜按产地分为宣木瓜、川木瓜、资木瓜。不分等级，均为统货。

【品质要求】 以质坚实、肉厚、色紫红、味酸者为佳。本品含齐墩果酸（$C_{30}H_{48}O_3$）和熊果酸（$C_{30}H_{48}O_3$）的总量不得少于 0.50%；水分不得过 15.0%；总灰分不得过 5.0%；醇溶性浸出物不得少于 15.0%；取本品粉末 5 克，加水 50 毫升，振摇，放置 1 小时，滤过，滤液 pH 值应为 3.0～4.0。

【产销行情】 全国年产量约 1300 吨，纯购约 1200 吨，纯销约 1200 吨，出口约 15 吨。其中安徽年均纯购约 90 吨，四川约 550 吨，湖北约 100 吨，浙江约 50 吨，河南约 45 吨，陕西约 50 吨，山东约 100 吨，其他地区约 200 吨。

【包装贮藏】 麻袋或木箱装。本品易虫蛀、发霉，应置干燥通风处保存。

【性味功效】 性温，味酸。舒筋活络，和胃化湿。

【附注】 不少地区使用同属植物木瓜（榠楂）*Chaenomeles sinensis*（Thouin）Koehne 的干燥成熟果实，习称"光皮木瓜"。多呈瓣状或条状，外表面红棕色，平滑不皱，剖面平坦，果肉颗粒性。种子多数，密集。气微，味涩，微酸，嚼之有沙粒感。

太 子 参
PSEUDOSTELLARIAE RADIX

本品为石竹科植物孩儿参 *Pseudostellaria heterophylla*（Miq.）Pax ex Pax et Hoffm. 的干燥块根。始载于《本草从新》。均为栽培。李时珍谓其形似人者，故名孩儿参。为常用中药。

【产地】 主产于江苏江宁、江浦，南京及安徽、山东等省亦产。

【别名】 孩儿参。

【采制】 夏季茎叶大部分枯萎时采挖，洗净，除去须根，置沸水中略烫后晒干或直接晒干。

【商品特征】 细长稍弯曲，上端圆钝，下端细如鼠尾，表面黄白色，质坚实饱满，断面应无细小木心。

【商品规格】 分太子参和太子参须两种。

【品质要求】 以条肥润，有粉性，黄白色，无须根者为佳。本品含太子参环肽 B（$C_{40}H_{58}O_8N_8$）不得少于 0.020%；水分不得过 14.0%；总灰分不得过 4.0%；水溶性浸出物不得少于 25.0%。

【产销行情】 全国年产量约 2500 吨，纯购约 2000 吨，纯销约 2000 吨。

【包装贮藏】 麻袋装，置干燥通风处。

【性味功效】 性平，味甘、微苦。益气健脾，生津润肺。

玉 竹
POLYGONATI ODORATI RHIZOMA

本品为百合科植物玉竹 *Polugonatum odoratum*（Mill.）Druce 的干燥根茎。始载于《神农本草经》，列为上品。野生或栽培。因其叶光莹而像竹，根多节，故名。为常用中药。

【产地】 主产于湖南邵东、邵阳，河南嵩县、伊川，江苏海门、南通，浙江新昌、孝丰。此外，安徽、江西、东北等地均产。

【采制】 秋季采挖，除去须根，洗净，晒至柔软后，反复揉搓、晾晒至无硬心，晒干；或蒸透后揉至半透明，晒干。

【商品特征】 呈单一长圆柱形，略扁。表面黄白色，半透明，有环节纹。偶见圆盘状地上茎痕。味甜，嚼之发黏。

【商品规格】 商品分为关玉竹、东玉竹、南玉竹。关玉竹系东北产品；东玉竹系江苏产品，嫩黄白色，条粗，质较好；南玉竹系安徽产品，色较黄，油质。

【品质要求】 以条长肥壮，色黄白，体软味甜者为佳。本品含玉竹多糖以葡萄糖（$C_6H_{12}O_6$）计，不得少于 6.0%；水分不得过 16.0%；总灰分不得过 3.0%；醇溶性浸出物不得少于 50.0%。

【产销行情】 全国年产量约 2500 吨，纯购约 2500 吨，纯销约 2800 吨，出口约 50 吨。

【包装贮藏】 席包或麻袋装。本品含黏液质，性柔软，易吸湿、生虫、发霉、泛油，应置干燥通风处保存。

【性味功效】 性微寒，味甘。养阴润燥，生津止渴。

决 明 子
CASSIAE SEMEN

本品为豆科植物决明 *Cassia obtusefolia* L. 或小决明 *Cassia tora* L. 的干燥成熟种子。始载于《神农本草经》，列为上品。栽培与野生均有。

【别名】 草决明、马蹄决明。

【产地】 主产于四川、河南、湖北、山东、陕西、广西、安徽等省。

【采制】 秋季采收成熟果实，晒干，打下种子，除去杂质。

【商品特征】

1. 决明

略呈菱方形或短圆柱形，两端平行倾斜。表面绿棕色或暗棕色，平滑有光泽。背腹面各有 1 条突起的棱线，棱线两侧各有 1 条斜向对称而色较浅的线性凹纹。质坚硬，不易破碎。

2. 小决明

呈短圆柱形，较小，表面棱线两侧各有 1 片宽阔的浅黄棕色带。

【商品规格】 商品按来源不同分为大决明子和小决明子 2 种规格，均为统货。

【品质要求】 以颗粒均匀、饱满、色绿棕者为佳。本品含大黄酚（$C_{15}H_{10}O_4$）不得少于 0.20%，含橙黄决明素（$C_{17}H_{14}O_7$）不得少于 0.080%；水分不得过 15.0%；总灰分不得过 5.0%。

【包装贮藏】 置干燥处。

【性味功效】 性微寒，味甘、苦、咸。清热明目，润肠通便。

龟 甲
TESTUDINIS CARAPAX ET PLASTRUM

本品为龟科动物乌龟 *Chinemys reevesii*（Gray）的背甲及腹甲。始载于《神农本草经》，列为上品。野生或家养均有。为常用中药。

【产地】 主产于湖北、湖南、江西、安徽、江苏、浙江、福建、四川等省。

【采制】　全年均可捕捉，以秋、冬二季为多，捕捉后杀死，或用沸水烫死，剥取背甲和腹甲，除去残肉，晒干。

【商品特征】　外表面棕褐色或黑褐色，脊棱 3 条，颈盾 1 块，椎盾 5 块；肋盾两侧对称，各 4 块，缘盾每侧 11 块，臀盾 2 块。腹甲外表面淡黄棕色至棕黑色，盾片 12 块，每块常具紫褐色放射状纹理。前端钝圆或平截，后端具三角形缺刻，两侧残存呈翼状向斜上方弯曲的甲桥。

【商品规格】　商品分为背甲、腹甲、腹血甲、烫甲、漂龟甲等，均为统货。

【品质要求】　一般以块大、完整、洁净、无腐肉者为佳。本品水溶性浸出物不得少于4.5％。

【产销行情】　全国年产量约 550 吨，纯购约 500 吨，纯销约 400 吨，出口约 20 吨。其中浙江年均纯购约 100 吨，湖南约 120 吨，安徽约 80 吨，其他地区约 200 吨。

【包装贮藏】　置干燥处，防蛀。

【性味功效】　性微寒，味咸、甘。滋阴潜阳，益肾强骨，养血补心，固经止崩。

百　　部
STEMONAE RADIX

本品为百部科植物直立百部 Stemona sessilifolia （Miq.）Miq. 、蔓生百部 Stemona japonica （Bl.）Miq. 或对叶百部 Stemona tuberosa Lour. 的干燥块根。始载于《名医别录》，列为中品。均为野生。李时珍谓"其根多者十连属，如部伍，故名。"为常用中药。

【别名】　百部草。

【产地】　直立百部主产于安徽、江苏、湖北、浙江、山东；蔓生百部主产于浙江、江苏、安徽；对叶百部主产于湖北恩施、宜昌各县及广东、福建、四川等地。

【采制】　春、秋二季采挖，除去须根，洗净，置沸水中略烫或蒸至无白心，取出，晒干。

【商品特征】

1. 直立百部

呈细长弯曲的纺锤形，表面纵沟纹明显，黄白色或浅黄棕色。质脆，断面中柱扁缩。

2. 蔓生百部

两端较细长，表面有不规则纵横交错的皱纹，其余同直立百部。

3. 对叶百部

外形粗长，质坚实，断面中柱较大，髓心白色，其余同直立百部。

【商品规格】　分为直立百部、蔓生百部和对叶百部三种规格，各分大小两个等级。福建、贵州、河南、广西等地所产者较大，山东、江苏、四川、安徽、浙江等地所产者较小。

【品质要求】　以条肥壮，灰白色，无杂质者为佳。本品水溶性浸出物不得少于 50.0％。

【产销行情】　全国年产量约 3500 吨，纯购约 3600 吨。

【包装贮藏】　席或麻袋装。本品不易虫蛀，但受潮后易发霉，应置干燥通风处保存。

【性味功效】　甘、苦，微温。润肺下气止咳，杀虫灭虱。

苍 术
ATRACTYLODIS RHIZOMA

本品为菊科植物茅苍术 *Atractylodes lancea*（Thunb.）DC. 或北苍术 *Atractylodes chinensis*（DC.）Koidz. 的干燥根茎。前者称"茅苍术"或"南苍术"，后者称"北苍术"。始载于《神农本草经》，列为上品。均为野生。因其根干枝叶的形状像篆文"术"字，根苍黑色，故名苍术。

【别名】 茅苍术、北苍术、霜术。

【产地】 茅苍术主产于江苏句容、镇江、溧水，湖北襄阳、南漳，河南桐柏、唐河等地。浙江、安徽、江西、河北、山西、东北各省亦产。以河南桐柏、安徽太平、江苏茅山所产质量最优。北苍术主产于河北赤城、北京怀柔、山西沁源、辽宁凌原及建平、黑龙江纳河、内蒙古呼伦贝尔盟及山东、陕西等地。东北产者称"关苍术"。

【采制】 春、秋二季采挖，除去泥沙，晒干，撞去须根。

【商品特征】

1. 茅苍术

多呈单一连珠状，表面灰棕色，断面朱砂点多，久置起"白霜"，香气特异，味微甜、辛、苦。

2. 北苍术

多呈疙瘩状，常分支，质较轻泡，久置不起"白霜"，其余同茅苍术。

【商品规格】 商品按产地不同有茅苍术、北苍术之分，均为统货。其规格标准为：

1. 茅苍术

统货呈不规则连珠状，略弯曲。表面灰黑色或灰褐色。质坚，断面黄白色，有朱砂点，露出稍久，有白色毛状结晶体，气浓香，味微甜而辛。中部直径 0.8 厘米以上。

2. 北苍术

统货呈不规则疙瘩状或结节状。表面黑褐色或棕褐色。质较疏松。断面黄白色或灰白色，散有棕黄色朱砂点，气香，味微甜而辛。中部直径 1.0 厘米以上。

出口商品按等级标准分等出售。

【品质要求】 以个大，质坚实，外表色灰棕，断面色黄白，显朱砂点，有油性，放置后生白毛状结晶者为佳。本品含苍术素（$C_{13}H_{10}O$）不得少于 0.30%；水分不得过 13.0%；总灰分不得过 7.0%。

【产销行情】 全国年产量约 4000 吨，纯购约 3000 吨，纯销约 3200 吨，出口约 80 吨。其中江苏年均纯购约 540 吨，湖北约 150 吨，河南约 300 吨，浙江约 150 吨，安徽约 200 吨，山西约 170 吨，江西约 100 吨，东北三省约 1000 吨，其他地区约 200 吨。

【包装贮藏】 以方竹篓，外套单丝麻袋包装。本品易受潮、发霉、走失香气，应置阴凉干燥处保存。

【性味功效】 性温，味辛、苦。燥湿健脾，祛风散寒，明目。

牡 丹 皮
MOUTAN CORTEX

本品为毛茛科植物牡丹 *Paeonia suffruticosa* Andr. 的干燥根皮。始载于《神农本草经》，列为中品。多为栽培。李时珍谓："牡丹以色丹者为上，虽结子而根上生苗，故谓之牡丹。"药用其根皮而得名。为常用中药。

【别名】 粉丹皮、丹皮。

【产地】 主产于安徽铜陵、南陵、青阳、泾县，重庆垫江，四川都江堰、康定、泸定，甘肃榆中、舟曲、皋兰、临夏，陕西山阳、眉县、宝鸡，湖北利川、兴山、襄阳各地区，湖南邵阳、祁东、常宁、桂阳，河南洛阳，山东菏泽，贵州湄潭等地。以四川、安徽产量最大。

【采制】 栽培3～5年后即可采挖，一般在10～11月挖出根部，洗净，去掉须根，用刀纵剖，抽去木心，晒干称"原丹皮"或"连丹皮"。趁鲜用竹刀或碗片刮去外皮，抽去木心，晒干，称"刮丹皮"。

【商品特征】

1. 原丹皮

呈筒状或半卷筒状块片，外表面灰褐色或黄褐色，内表面常有白色晶体，质硬，有特殊香气，味苦涩而有麻舌感。

2. 刮丹皮

外表面浅灰黄色或粉红色，其余同原丹皮。

【商品规格】 商品按加工不同分为原丹和刮丹。按产区分有：安徽丹皮（凤丹、瑶丹，西山丹）、山东丹皮、湖南丹皮（分为白丹、五寸丹、连丹、寸丹等规格）、西丹皮（甘肃、陕西）、川丹皮（四川）、统杂丹（各地）。以安徽铜陵凤凰山所产质量最佳，习称"凤丹"。均分为1～4个等级。其规格等级标准为：

1. 凤丹

一等：呈圆筒状，条均匀微弯，两端剪平，纵形隙口紧闭，皮细肉厚，表面褐色，质硬而脆，断面粉白色，粉质足，有亮银星，香气浓，味微苦涩，长6厘米以上，中部围粗2.5厘米以上。

二等：长5厘米以上，中部围粗1.8厘米以上。其余同一等。

三等：长4厘米以上，中部围粗1厘米以上。其余同一等。

四等：凡不符合一、二、三等的细条及断枝碎片均属此等。但最小围粗不低于0.6厘米。

2. 连丹（原丹）

一等：呈圆筒状，条均匀，稍弯曲，表面灰褐色或棕褐色，栓皮脱落处呈粉棕色，质硬而脆，断面粉白或淡褐色，有粉性，有香气，味微苦涩，长6厘米以上，中部围粗2.5厘米以上，碎片不超过5%。

二等：长5厘米以上，中部围粗1.8厘米以上。其余同一等。

三等：长4厘米以上，中部围粗1厘米以上。其余同一等。

四等：凡不符合一、二、三等的细条及断支碎片均属此等。但最小围粗不低于0.6厘米。

3. 刮丹

一等：呈圆筒状，条均匀，刮去外皮，表面粉红色，在节疤、皮孔、根痕处偶有未去净的栓皮，形成棕褐色花斑，质坚硬，断面粉白色，有粉性，气香浓，味微苦涩，长6厘米以上，中部围粗2.4厘米以上，碎片不超过5%。

二等：长 5 厘米以上，中部围粗 1.7 厘米以上。其余同一等。

三等：长 4 厘米以上，中部围粗 0.9 厘米以上。其余同一等。

四等：凡不符合一、二、三等的细条及断支碎片均属此等。

4. 出口商品按等级标准分等出售。

【品质要求】　均以条粗、肉厚、断面色白、粉性足、香气浓、亮星多者为佳。本品含丹皮酚（$C_9H_{10}O_3$）不得少于 1.2%；水分不得过 13.0%；总灰分不得过 5.0%；醇溶性浸出物不得少于 15.0%。

【产销行情】　全国年产量高约 2500 吨，低约 400 吨，纯购约 1200 吨，纯销约 1700 吨，出口约 180 吨。其中四川年均纯购约 300 吨，安徽约 350 吨，湖北约 120 吨，河南约 100 吨，山东约 120 吨，湖南约 100 吨，其他地区约 150 吨。

【包装贮藏】　木箱或竹篓包装，本品易生霉、变色，应置阴凉干燥处保存。

【性味功效】　性微寒，味苦、辛。清热凉血，活血化瘀。

泽　泻
ALISMATIS RHIZOMA

本品为泽泻科植物泽泻 *Alisma orientalis* （Sam.）Juzep. 的干燥块茎。始载于《神农本草经》，列为上品。均系家种。因其功能利尿行水，如泽水之泻也，故名泽泻。为常用中药。

【别名】　建泽泻、川泽泻。

【产地】　主产于福建浦城、建阳，四川彭山、都江堰、郫县，江西广昌等地。此外，贵州安顺地区，云南祥云及新疆乌苏、阿勒泰等地亦产。以福建、四川两省所产最为著名，故有建泽泻与川泽泻之称。

【采制】　冬季茎叶开始枯萎时采挖，洗净，干燥，除去须根和粗皮。

【商品特征】

1. 建泽泻

呈椭圆形或长圆形，表面较光滑，黄白色，有不规则的横向节纹，断面细腻。

2. 川泽泻

表面较粗糙，底部周围有瘤状突起，断面有小孔，其余同建泽泻。

【商品规格】　商品分建泽泻、川泽泻、浙江泽泻和江西泽泻。一般认为建泽泻质佳，以建泽泻、川泽泻量大，使用地区广。其规格等级标准为：

1. 建泽泻

一等：呈椭圆形，撞净外皮及须根。表面黄白色，有细小突起的须根痕。质坚硬，断面浅黄白色，细腻有粉性。味甘微苦。每千克在 32 个以内。

二等：呈椭圆形或卵圆形，表面灰白色，每千克在 56 个以内，其余同一等。

三等：呈类球形，每千克在 56 个以外，最小直径不小于 2.5 厘米，间有轻微焦枯，但不超过 10%，其余同一等。

2. 川泽泻

一等：呈卵圆形，去净粗皮及须根，底部有瘤状小疙瘩。表面灰黄色。质坚硬，断面黄白色。味甘微苦。每千克在 50 个以内。

二等：每千克在 50 个以外，最小直径不小于 2 厘米。间有少量焦枯、碎块，但不超过

10%，其余同一等。

【品质要求】 以个大、质坚实、黄白色、粉性足者为佳。本品含 23－乙酰泽泻醇 B（$C_{32}H_{50}O_5$）不得少于 0.050%；水分不得过 14.0%；总灰分不得过 5.0%；醇溶性浸出物不得少于 10.0%。

【产销行情】 全国年产量约 4000 吨，纯购约 3000 吨，纯销约 2500 吨，出口约 200 吨。其中福建年均纯购约 300 吨，四川约 150 吨，其他地区约 200 吨。

【包装贮藏】 以硬竹篓装，内垫篾席或草袋包装。本品含淀粉较多，易生虫，应置通风干燥处保存，梅雨季节应及时翻晒。

【性味功效】 性寒，味甘、淡。利水渗湿，泄热，化浊降脂。

虎 杖
POLYGONI CUSPIDATI RHIZOMA ET RADIX

本品为蓼科植物虎杖 *Polygonum cuspidatum* Sieb. et Zucc. 的干燥根茎和根。始载于《名医别录》，列为中品。多为野生，也有家种。李时珍谓"杖言其茎，虎言其斑也。"故名。为常用中药。

【产地】 主产于江苏、浙江、安徽、广东、广西、四川、云南、河南、贵州等地。

【采制】 春、秋二季采挖，除去须根，洗净，趁鲜切短段或厚片，晒干。

【商品特征】 呈短圆柱形或片状，表面棕褐色，质坚硬，断面或片面棕黄色，中空（根茎）或具放射纹（根）。

【商品规格】 为统货。

【品质要求】 以根条粗而扭曲，色棕黄，质重者为佳。本品含大黄素（$C_{15}H_{10}O_5$）不得少于 0.60%，含虎杖苷（$C_{20}H_{22}O_8$）不得少于 0.15%；水分不得过 12.0%；总灰分不得过 5.0%；酸不溶性灰分不得过 1.0%；醇溶性浸出物不得少于 9.0%。

【包装贮藏】 竹篓或麻袋装。置干燥处，防霉，防蛀。

【性味功效】 性微寒，微苦。利湿退黄，清热解毒，散瘀止痛，止咳化痰。

香 薷
MOSLAE HERBA

本品为唇形科植物石香薷 *Mosla chinensis* Maxim. 或江香薷 *Mosla chinensis* 'Jiangxiangru' 的干燥地上部分。前者习称"青香薷"，后者习称"江香薷"。始载于《名医别录》，列为中品。野生与栽培均有。李时珍谓："薷本作柔，玉篇云，菜苏是也，其气香，其叶柔，故以名之。"为较常用中药。

【产地】 江香薷主产于江西宜春、萍乡、铜鼓、贵溪、于都，以及河北、河南等省，以江西产量最大。青香薷主产于广西、湖南、湖北等地，系野生。

【采制】 夏季茎叶茂盛、花盛时择晴天采割，除去杂质，阴干。

【商品特征】

1. 江香薷

茎方柱形，节间较长，基部紫红色。完整的叶多呈卵状披针形，小坚果长圆形，黑棕色，清香气浓。

2. 青香薷

较短小，分枝多，节间较短，完整的叶呈线状披针形，小坚果球形，褐色。

【商品规格】 商品按来源分为江香薷、青香薷两种，均为统货。

【品质要求】 以枝嫩、穗多、香气浓者为佳。本品含挥发油不得少于 0.60%；含麝香草酚（$C_{10}H_{14}O$）与香荆芥酚（$C_{10}H_{14}O$）的总量不得少于 0.16%；水分不得过 12.0%；总灰分不得过 8.0%。

【包装贮藏】 席装，打成方包，置阴凉干燥处，防潮，防风吹。

【性味功效】 性微温，味辛。发汗解表，化湿和中。

枳 壳
AURANTII FRUCTUS

本品为芸香科植物酸橙 *Citrus aurantium* L. 及其栽培变种的干燥未成熟果实。始载于《神农本草经》，列为中品，多为栽培。枳乃木名，壳乃果皮，故名枳壳。为常用中药。

【产地】 主产于重庆綦江、江津者，习称"川枳壳"。主产于江西清江、新淦、新喻者，习称"江枳壳"。主产于湖南沅江者，习称"湘枳壳"。此外，产于江苏苏州者，习称"苏枳壳"。产于福建闽侯、永泰者，习称"建枳壳"。

【采制】 7月果皮尚绿时采收，自中部横切为两半，晒干或低温干燥。

【商品特征】

1. 川枳壳

半球形，外表绿褐色或青绿色，有颗粒状突起，突起的顶端有凹点状油室。切面黄白色，边缘有 1～2 列油点。质坚实，气清香。素以"青皮、白口、翻盆状"为其鉴别要点。

2. 江枳壳

主要区别为外皮黑绿色或棕褐色，皮稍粗糙，肉厚瓤小。其余同上种。

3. 湘枳壳

主要区别为外皮棕褐色，皮粗糙，肉较薄，质较松，香气较淡。

4. 苏枳壳（代代花枳壳）

主要区别为扁圆形，外皮青黄色或暗绿色，基部常带果柄残基。

5. 建枳壳（绿衣枳壳）

主要区别为外皮灰绿色，密被柔毛。

【商品规格】 商品分川枳壳、江枳壳、湘枳壳、苏枳壳、建枳壳五种，均分为一、二等。习惯认为川枳壳质量最佳，江枳壳最为闻名。其等级标准为：

一等：横切对开，呈扁圆形，表面绿褐色或棕褐色，有颗粒状突起。切面黄白色或淡黄色，肉厚，瓤小。质坚硬，气清香，味苦微酸，直径 3.5 厘米以上，肉厚 0.5 厘米以上。

二等：肉薄。直径 2.5 厘米以上，肉厚 0.35 厘米以上，其余同一等。

【品质要求】 以外皮色绿褐、果肉厚、质坚硬、香气浓者为佳。本品含柚皮苷（$C_{27}H_{32}O_{14}$）不得少于 4.0%，含新橙皮苷（$C_{28}H_{34}O_{15}$）不得少于 3.0%；水分不得过 12.0%；总灰分不得过 7.0%。

【产销行情】 全国年产量约 4000 吨，纯购约 3000 吨，纯销约 3000 吨。其中四川年均纯购约 900 吨，江西约 400 吨，福建约 300 吨，浙江约 200 吨，湖南约 240 吨，其他地区约 600 吨。

【包装贮藏】 竹篓或麻袋装，置阴凉干燥处，防蛀。

【性味功效】 性微寒，味苦、辛、酸。理气宽中，行滞消胀。

枳 实
AURANTII FRUCTUS IMMATURUS

本品为芸香科植物酸橙 *Citrus aurantium* L. 及其栽培变种或甜橙 *Citrus sinensis* Osbeck 的干燥幼果。始载于《神农本草经》，列为上品，多为栽培。枳乃木名，实乃其子，故名枳实。为常用中药。

【产地】 主产于重庆綦江、江津，江西清江、新淦、新喻，江苏苏州、虎丘，福建闽侯、永泰，以及浙江、两湖、云南、贵州、台湾等地。

【采制】 5～6月收集自落的果实，除去杂质，自中部横切为两半，晒干或低温干燥，较小者直接晒干或低温干燥。

【商品特征】

1. 川枳实

多为半球形，外皮黑绿色或棕褐色，中果皮厚，占切面的2/3。

2. 江枳实

外皮棕绿色或灰绿色，大的果顶具"金钱环"。其余同上种。

3. 建枳实（绿衣枳实）

形小而有毛。其余同上两种。

【商品规格】 商品按产地分为川枳实、江枳实、建枳实三种，均分为一、二等级。其等级标准为：

一等：幼果横切两半，呈扁圆片形，隆起，表面青黑色或黑褐色，具颗粒状突起和皱纹。切面果肉黄白色，肉厚瓤小，质坚硬，气清香，味苦微酸。直径1.5～2.0厘米。

二等：呈扁圆球形，切面隆起，直径1.5厘米以下。间有未切的个子，但不得超过30%。其余同一等。

【品质要求】 均以皮青黑、肉厚白色、瓤小、体坚实、香气浓者为佳。本品含辛弗林（$C_9H_{13}NO_2$）不得少于0.30%；水分不得过15.0%；总灰分不得过7.0%；醇溶性浸出物不得少于12.0%。

【产销行情】 全国年产量约2000吨，纯购约1500吨；纯销约1500吨。其中四川年均纯购约450吨，江西约200吨，福建约150吨，浙江约100吨，湖南约120吨，其他地区约300吨。

【包装贮藏】 竹篓或麻袋装，置阴凉干燥处，防蛀。

【性味功效】 性微寒；味苦、辛、酸。破气消积，化痰散痞。

栀 子
GARDENIAE FRUCTUS

本品为茜草科植物栀子 *Gardenia jasminoides* Ellis 的干燥成熟果实。始载于《神农本草经》，列为中品。多为栽培，为常用中药。

【别名】 山栀子、山栀。

【产地】 主产于湖南衡山、衡东、涟源，四川宜宾、高县、荣县，重庆涪陵、忠县、江津，湖北咸宁、蒲圻、通山，广东连平、曲江、南雄，浙江平阳、温岭、临海，广西博白、武宣、陆川。此外，江苏、安徽、台湾、海南、云南、贵州、河南等省亦产。

【采制】　9～11 月果实成熟呈红黄色时采收，除去果梗和杂质，蒸至上气或置沸水中略烫，取出，干燥。

【商品特征】　表皮红黄色，略具光泽，有 6 条纵棱，果皮革质，种子多数，粘结成团，表面具密而细小的疣状突起。

【商品规格】　商品分两个等级。其等级标准为：

一等：呈长圆形或椭圆形，饱满。表面橙黄色或淡红色，具纵棱，顶端有宿存萼片。皮薄革质，略有光泽。破开后种子聚集成团状，橙红色、紫红色或淡红色。气微，味微酸而苦。无黑果、杂质、虫蛀、霉变。

二等：呈长圆形或椭圆形，较瘦小。表面橙黄色或暗棕色。间有破碎。其余同一等。

【品质要求】　以形圆、均匀、皮薄、饱满、内外色红、完整不碎者为佳。本品含栀子苷（$C_{17}H_{24}O_{10}$）不得少于 1.5%；水分不得过 8.5%；总灰分不得过 6.0%。

【包装贮藏】　置通风干燥处。

【性味功效】　性寒，味苦。泻火除烦，清热利湿，凉血解毒；外用消肿止痛。

射　干
BELAMCANDAE RHIZOMA

本品为鸢尾科植物射干 *Belamcanda chinensis* （L.）DC. 的干燥根茎。始载于《神农本草经》，列为下品。多为野生，也有栽培。因其茎梗疏长如射之长竿，故名。为较常用中药。

【产地】　主产于湖北、河南、江苏、安徽。此外，河南、陕西、浙江、贵州、云南等地亦产。

【采制】　春初刚发芽或秋末茎叶枯萎时采挖，除去须根和泥沙，干燥。

【商品特征】　呈不规则结节状，有分支。表面棕褐色，质硬，断面黄色，坚实。味苦，嚼后唾液变黄。

【商品规格】　均为统货。习惯认为湖北所产质坚、色黄，品质最佳，俗称"汉射干"。

【品质要求】　以身干、肥壮、肉色黄、无须根及泥土者为佳。本品含次野鸢尾黄素（$C_{20}H_{18}O_8$）不得少于 0.10%；水分不得过 10.0%；总灰分不得过 7.0%；醇溶性浸出物不得少于 18.0%。

【产销行情】　全国年产量约 1500 吨，纯购约 1500 吨，纯销约 1500 吨，出口约 100 吨。其中湖北年均纯购约 450 吨，河南约 300 吨，江苏约 150 吨，安徽约 200 吨，四川约 500 吨，其他地区约 200 吨。

【包装贮藏】　席装，置干燥处。本品受潮易虫蛀、发霉，须防潮，保持干燥。

【性味功效】　性寒，味苦。清热解毒，消痰，利咽。

莲　子
NELUMBINIS SEMEN

本品为睡莲科植物莲 *Nelumbo nucifera* Gaertn. 的干燥成熟种子。始载于《神农本草经》。均为家种。为常用中药。

【产地】　主产于湖南湘潭、湘乡、常德、汉寿、南县、沅江，福建建阳、建瓯、浦城等地。此外，江苏、浙江、江西等省亦产。

【采制】 秋季果实成熟时采割莲房，取出果实，除去果皮，干燥。

【商品特征】 呈椭圆形或卵圆形，表面浅黄棕色至红棕色，具细皱纹和脉纹。一端具乳头状突起而多有裂口。种皮薄而不易剥离。剖开后中有空隙，具绿色心芽。

【商品规格】 按产地分为湘莲米（湖南产）和建莲米（福建产）两种，均为统货。

【品质要求】 以色黄棕、粒大饱满、质坚实者为佳。本品水分不得过 14.0%；总灰分不得过 5.0%。

【产销行情】 销全国，并有出口。除药用外，大量供作副食品。

【包装贮藏】 麻袋装，置干燥处，防潮、防蛀。

【性味功效】 性平，味甘、涩。补脾止泻，止带，益肾涩精，养心安神。

葛 根
PUERARIAE LOBATAE RADIX

本品为豆科植物野葛 *Pueraria lobata*（Willd.）Ohwi 或甘葛藤 *Pueraria thomsonii* Benth. 的干燥根。前者称"野葛"，后者称"粉葛"。始载于《神农本草经》，列为中品。野生与栽培均有。因原植物藤长约数丈，药用其根，故名。为常用中药。

【别名】 甘葛根、干葛。

【产地】 野葛根在我国大部分地区有产，以湖南、河南、广东、浙江、四川为主。粉葛根多为栽培，主产于广西、广东等地，四川、云南亦产。

【采制】 秋、冬二季采挖，趁鲜切成厚片或小块，干燥。

【商品特征】

1. 野葛根

呈长方形厚片状或方块状，类白色或淡棕色，切面粗糙，纤维性强，味淡。

2. 粉葛根

呈类圆柱形或半圆柱形，横切面具同心环纹，纵切面具数条纵脉纹，体重质硬，富粉性，味微甜。

【商品规格】 分为野葛根和粉葛根两种，一般以南方地区产者粉性大，质量佳；北方地区产者粉性小，质稍差。其规格等级标准为：

1. 野葛

葛方：统货。鲜时纵横切片成 1 厘米的骰形方块。切面粉白色或淡黄色，有粉性。质坚实，气微味甘平。

葛片：统货。类圆柱形，鲜时切片成 0.6～0.8 厘米厚片。表皮多黄白色，切面粉白色或黄白色，具粉性，有较少纤维或环状纹理。质坚实，间有破碎、小片。

2. 家葛（粉葛）

一等：鲜时去皮切去两端后，纵剖两瓣，长 13～17 厘米，中部宽 5 厘米以上，全体粉白色。断面显环纹，粉性足，纤维很少。气微，味甘。

二等：鲜时剖去外皮，不剖瓣，中部直径 1.5 厘米以上，表皮黄色。断面白色，有环纹，纤维多，有粉性。气微，味甘。间有断根、破碎、小块。

【品质要求】 以片大、质坚实、色白、粉性足、纤维少者为佳。本品含葛根素（$C_{21}H_{20}O_9$）不得少于 2.4%；水分不得过 14.0%；总灰分不得过 7.0%；醇溶性浸出物不得少于 24.0%。

【包装贮藏】　竹筐、席包、木箱装，置通风干燥处，防蛀。

【性味功效】　性凉，味甘、辛。解肌退热，生津止渴，透疹，升阳止泻，通经活络，解酒毒。

蜂　蜜
MEL

本品为蜜蜂科昆虫中华蜜蜂 *Apis cerana* Fabricius 或意大利蜂 *Apis mellifera* Linnaeus 所酿的蜜。始载于《神农本草经》，列为上品。多为人工养殖，少数野生。为常用中药。

【产地】　全国大部分地区均产。以湖北、广东、河南、云南、江苏盛产。

【采制】　春至秋季采收，滤过。

【商品特征】　呈半透明带光泽的浓稠液体，白色至黄褐色，久置或遇冷有白色颗粒状结晶析出。冬季变成白色软膏状。气香，味甚甜。比重应在 1.349 以上（相当于波美 38°以上）。素以"状如清油、凝似猪脂、无异臭气味"为其鉴别要点。

【商品规格】　按采蜜地方或季节不同分为石蜜、冬蜜、秋蜜和春蜜。从石洞、大树内取出的野蜜称"石蜜"，质量最佳。现多采用混合蜜，其等级标准为：

一等：1 级 45 度、2 级 44 度、3 级 43 度、4 级 42 度、5 级 41 度、6 级 40 度、7 级 39 度、8 级 38 度、9 级 37 度、等外 36 度。

二等：级别要求同一等。

三等：级别要求同一等。

【品质要求】　以含水分少、有油性、稠如凝脂、味甜而纯正、无异臭和杂质者为佳。本品含还原糖不得少于 64.0%；

【包装贮藏】　置铁桶或坛、缸内贮存，置阴凉处。

【性味功效】　性平，味甘。补中，润燥，止痛，解毒；外用生肌敛疮。

蕲　蛇
AGKISTRODON

本品为蝰科动物五步蛇 *Agkistrodon acutus* (Güenther) 的干燥体。以白花蛇之名始载于《开宝本草》。野生与家养均有。因其背上有方胜花纹，故称为白花蛇，以蕲地产者最佳，故名蕲蛇。为较常用中药。

【产地】　主产于浙江温州、龙泉、金华地区及广东、广西等地。此外，福建、江西、湖南、湖北等地亦产。

【采制】　多于夏、秋二季捕捉，剖开蛇腹，除去内脏，洗净，用竹片撑开腹部，盘成圆盘状，干燥后拆除竹片。

【商品特征】　呈大圆盘状，全体被鳞。吻端向上，习称"翘鼻头"，背部有 24 个"方胜纹"，腹部两侧具"连珠斑"，尾部末端有三角形角质鳞片 1 枚，习称"佛指甲"。

【商品规格】　商品多为统货。

【品质要求】　均以条大、头尾齐全、花纹明显、腹内洁净，每条在 100 克以上者为佳。本品醇溶性浸出物不得少于 10.0%。

【包装贮藏】　麻袋或木箱包装。本品易发霉、虫蛀、泛油，应密封，置阴凉干燥处保存。少量药材可与花椒共贮防蛀。

【性味功效】 性温，味甘、咸；有毒。祛风，通络，止痉。

【附注】 本品为国家重点保护野生动物药材品种。

薄　荷
MENTHAE HAPLOCALYCIS HERBA

本品为唇形科植物薄荷 *Mentha haplocalyx* Briq. 的干燥地上部分。始载于《唐本草》。野生与栽培均有，药用以栽培为主。为常用中药。

【产地】 主产于江苏苏州、太仓、南通、常熟，浙江宁波，河北安国及江西吉安等地。

【采制】 夏、秋二季茎叶茂盛或花开至三轮时，选晴天，分次采割，晒干或阴干。

【商品特征】 茎方色紫，易断中空。单叶对生，完整的叶矩圆状披针形，叶缘有锯齿。气芳香，味辛凉。

【商品规格】 按产区分为太仓薄荷、杭薄荷等；按采收季节分为头刀薄荷和二刀薄荷；按生态分为野生薄荷和栽培薄荷。一般认为太仓的栽培头刀薄荷质量最优。

【品质要求】 以叶多、色深绿、味清凉、气香浓者为佳。本品含挥发油不得少于0.80%（毫升/克）；叶不得少于30%；水分不得过15.0%；总灰分不得过11.0%；酸不溶性灰分不得过3.0%。

【包装贮藏】 竹篓、席装或打捆，置阴凉干燥处，避光、避风保存。

【性味功效】 性凉，味辛。疏散风热，清利头目，利咽，透疹，疏肝行气。

蟾　酥
BUFONIS VENENUM

本品为蟾蜍科动物中华大蟾蜍 *Bufo bufo gargarizans* Cantor 或黑眶蟾蜍 *Bufo melanostictus* Schneider 的干燥分泌物。始载于《药性本草》。野生于江湖池泽及湿地。为少常用中药。

【产地】 主产于江苏、山东、河北、浙江，以及四川、湖南、湖北，东北各省亦产。中华大蟾蜍主产于华北，黑眶蟾蜍主产于华中。

【采制】 多于夏、秋二季捕捉蟾蜍，洗净，挤取耳后腺及皮肤腺的白色浆液，用铜筛滤净泥土及杂质，刮入圆形容器中晒干，加工成扁圆形团块和棋子状，统称为"团蟾酥"，棋子状者称"棋子蟾酥"，涂于玻板上晒干者称为"片蟾酥"。

【商品特征】 呈圆饼状、棋子状或片状，棕褐色或红棕色。断面角质样，微有光泽。味麻辣，粉末嗅之作嚏。断面遇水即呈乳白色隆起。

【商品规格】 商品分东酥（团酥、块酥）、片酥（片子酥、盆酥）、棋子酥（杜酥）。其规格等级标准为：

1. 东酥（团酥、块酥）

呈圆形饼状，边缘较薄，中央较厚或上面凸出，下面凹入，直径6～10厘米，中央厚2～3厘米，每块重67～100克。大都为出口商品蟾酥。

2. 片酥（片子酥、盆酥）

又分两种：其一是圆形浅盘状，边缘突起中央平坦，分层，半透明，质坚而脆；其二是长方形片状，四边和中央厚度基本一致，厚2～3厘米，不透明，每块重约15克。

3. 棋子酥（杜酥）

呈扁圆形，似围棋棋子形状，每块重约 15 克。

【品质要求】　均以色红棕、断面角质样、半透明、有光泽者为佳。一般认为山东的产品较佳。本品按干燥品计算，含华蟾酥毒基（$C_{28}H_{34}O_6$）和脂蟾毒配基（$C_{24}H_{32}O_4$）的总量不得少于 6.0%；水分不得过 13.0%；总灰分不得过 5.0%；酸不溶性灰分不得过 2.0%。

【产销行情】　全国年产量约 2000 千克，纯购约 1200 千克，纯销约 1200 千克，出口400～600 千克。其中江苏年均纯购约 100 千克，山东约 120 千克，河北约 100 千克，浙江约 200 千克，四川约 200 千克，湖南约 100 千克，湖北约 80 千克，其他地区约 200 千克。

【包装贮藏】　装于硬纸盒或小木盒内，再以纸箱包装。本品易发霉、黏结，应密闭，置干燥处保存，注意防潮。

【性味功效】　性温，味辛；有毒。解毒，止痛，开窍醒神。

【附注】　本品为国家重点保护野生动物药材品种。

本产区其他道地药材

品名	来　源	主要道地产区
三棱	黑三棱科植物黑三棱 *Sparganium stoloniferum* Buch.-Ham. 的干燥块茎	东北、黄河流域、长江中下游各省区及西藏
车前子	车前科植物车前 *Plantago asiatica* L. 或平车前 *Plantago depressa* Wolld. 的干燥成熟种子	车前主产于江西、河南；平车前主产于河北、辽宁、山西
艾叶	菊科植物艾 *Artemisia argyi* Lévl. et Vant. 的干燥叶	河南汤阳、浙江宁波、湖北蕲州
石膏	硫酸盐类矿物硬石膏族石膏，主含含水硫酸钙（$CaSO_4 \cdot 2H_2O$）	主产于湖北、河南、安徽等
芥子	十字花科植物白芥 *Sinapis alba* L. 或芥 *Brassica juncea*（L.）Czern. et Coss. 的干燥成熟种子	主产于安徽、河南、河北、山西、山东、四川等地
百合	百合科植物卷丹 *Lilium lancifolium* Thunb.、百合 *Lilium brownii* F. E. Brown var. *viridulum* Baker 或细叶百合 *Lilium pumilum* DC. 的干燥肉质鳞叶	江苏宜兴、湖南邵阳、甘肃兰州、浙江湖州
合欢皮	豆科植物合欢 *Albizia julibrissin* Durazz. 的干燥树皮	江苏、浙江、安徽
芡实	睡莲科植物芡 *Euryale ferox* Salisb. 的干燥成熟种仁	江苏、山东、安徽、湖南、湖北
青黛	爵床科植物马蓝 *Baphicacanthus cusia*（Nees）Bremek.、蓼科植物蓼蓝 *Polygonum tinctorium* Ait. 或十字花科植物菘蓝 *Isatis indigotica* Fort. 的叶或茎叶加工制得的干燥粉末、团块或颗粒	主产于福建、河北、天津、江苏
明党参	伞形科植物明党参 *Changium smyrnioides* Wolff 的干燥根	主产于江苏、浙江、安徽、江西
佩兰	菊科植物佩兰 *Eupatorium fortunei* Turcz. 的干燥地上部分	主产于江苏南京、苏州、上海等。河北、山东、安徽、河南、四川亦产
荆芥	唇形科植物荆芥 *Schizonepeta tenuifolia* Briq. 的干燥地上部分	主产于安徽、江苏、浙江、江西、湖北、湖南

续表

品名	来　源	主要道地产区
威灵仙	毛茛科植物威灵仙 *Clematis chinensis* Osbeck、棉团铁线莲 *Clematis hexapetala* Pall. 或东北铁线莲 *Clematis manshurica* Rupr. 的干燥根和根茎	主产于江苏、安徽、浙江，棉团铁线莲或东北铁线莲主产于东北
虻虫	虻科昆虫虻虫 *Tabanus bivittatus* Matsumura 雌性全虫	主产于安徽、江苏
信石	为氧化物类矿物砷化矿石或由雄黄、毒砂（硫砷铁矿，FeAsS）等矿物经加工制得	主产于江西、湖南
桑白皮	桑科植物桑 *Morus alba* L. 的干燥根皮	产于安徽、河南、浙江
桑螵蛸	螳螂科昆虫大刀螂 *Tenodera sinensis* Saussure、小刀螂 *Statilia maculate*（Thunberg）或巨斧螳螂 *Hierodula patellifera*（Serville）的干燥卵鞘	主产于浙江、江苏、安徽、湖南、湖北、广西
夏枯草	唇形科植物夏枯草 *Prunella vulgaris* Linn. 的干燥果穗	主产于江苏、安徽、浙江、河南等地
密蒙花	马钱科植物密蒙花 *Buddleja officinalis* Maxim. 的干燥花蕾和花序	主产于湖北、四川、陕西
薤白	百合科植物小根蒜 *Allium macrostemom* Bge. 或薤 *Allium chinense* G.Don 的干燥鳞茎	主产于江苏、湖北、东北、河北
鳖甲	鳖科动物鳖 *Trionyx sinensis* Wiegmann 的背甲	主产于湖北、江苏、湖南

自学指导

【重点难点】

1. 南药产区重点中药品种的道地产地、规格等级、贮藏养护。
2. 牡丹皮、蕲蛇、蟾酥的道地产地、产地加工、规格等级、包装贮藏。

【复习思考题】

1. 南药产区的自然环境条件特点是什么？
2. 试述牡丹皮、蟾酥、蜂蜜的商品规格等级标准。
3. 试述牡丹皮、蜂蜜、蕲蛇、土鳖虫、玉竹、苍术、泽泻、葛根、薄荷等药材商品各自在贮藏养护中的注意事项。

第十一章　进口药

【目的要求】

1. 掌握进口药重点品种番泻叶、血竭、西红花、沉香的道地产地、规格等级、产销行情、贮藏养护。

2. 熟悉品种安息香、没药、乳香、白豆蔻、檀香的道地产地、规格等级、贮藏养护。

3. 了解品种丁香、马钱子、苏合香、胖大海、燕窝的道地产地、贮存养护；进口药的历史概况。

【自学时数】

2 学时。

凡以全部或大部分靠国外进口的大宗商品药材均称为进口药。

我国药材的来源，除大部分靠国产外，尚有一部分靠进口。早在汉代张骞出使西域时，就开始引进了安石榴、苏合香等外来药。唐代药物的内外交流兴盛，引进了胡椒、阿魏、番木鳖、诃黎勒（诃子）、豆蔻等药材。直至今日，尚有 50 余种药材主要靠进口。

近年来中药进口有了较大的增长。据中国医药保健品进出口商会统计，2002 年中药进口 1.84 亿美元，同比 1.44 亿美元增长 28.3%。其中占进口量较大份额的仍然是中药材，总值达 8592 万美元，同比增长 12%；中成药进口达到 7035 万美元，同比增长 35.8%；植物提取物进口 2809 万美元，同比增长 84.8%。进口的地区以亚洲为主，亚洲地区的进口总额达到 1.03 亿美元，占到我国进口总额的 55.8%；从北美洲的进口达 4597 万美元，主要是西洋参，其进口值占我国进口额的四分之一。我国进口的中药品种以药材为主，近年主要进口品种（主要产区）有：

西洋参（美国、加拿大）、沉香（印尼、马来西亚、越南、柬埔寨）、肉桂（越南、柬埔寨、斯里兰卡）、海马（马来西亚、新加坡、日本）、蛤蚧（越南、泰国）、丁香（斯里兰卡）、肉豆蔻（泰国、印尼、马来西亚、印度、缅甸）、草果（越南）、荜茇（印度、越南、菲律宾）、胖大海（泰国、印尼、缅甸）、番红花（西班牙、伊朗、希腊）、番泻叶（印度）、乳香、没药（索马里、埃塞俄比亚）、阿魏（阿富汗、伊朗、印度）、血竭（印尼、马来西亚）、苏合香（土耳其、伊朗、索马里、印度）、牛黄（美国、澳洲、尼泊尔、印尼、加拿大、阿根廷）、龙涎香（太平洋和南洋群岛）、安息香（印尼、泰国、越南、伊朗）、燕窝（泰国、马尔加什、马来西亚、印尼）、马钱子（泰国、印尼、越南）、芦荟（南非）、大风子（泰国）。

丁 香
CARYOPHYLLI FLOS

本品为桃金娘科植物丁香 *Eugenia caryophyllata* Thunb. 的干燥花蕾。始载于《名医别录》，野生与家种均有。因其形似钉，气香扑鼻，故名。为常用中药。

【别名】 公丁香。

【产地】 主产于坦桑尼亚、马来西亚及东非沿岸国家，我国广东、海南岛、广西等亦有栽培。

【采制】 9月至次年3月间采收。花蕾由青转鲜红色时采摘，采下后除去花梗，晒干即可。

【商品特征】 外形似钉，表面红棕色或暗棕色，顶端球形，花萼裂片4，呈三角状，十字形分开。质坚重，富油性，入水萼管下沉。气芳香浓烈，味辛辣，有麻舌感。

【商品规格】 商品分为玫瑰子、中花公丁香、丁香三种。其规格等级标准为：

1. 玫瑰子

粒长饱满，色红，油性足，全为含苞未放者。

2. 中花公丁香

粒小，色红黑，杂有开放者。

3. 丁香

梗黑色，粗糙，油性不足，杂有落苞者。

【品质要求】 均以粒大，未开放，色红棕，油性足，能沉于水，香气浓郁者为佳。以玫瑰子质量最好。本品含丁香酚（$C_{10}H_{12}O_2$）不得少于11.0%；杂质不得过4%；水分不得过12.0%。

【产销行情】 年均进口约450吨，国内生产约40吨。本品历史上供销基本平衡。

【包装贮藏】 用布袋或麻袋装后，再装纸箱。本品易散气走油，应置阴凉干燥处密闭保存。

【性味功效】 性温，味辛。温中降逆，补肾助阳。

【附注】 不宜与郁金同用。母丁香：为丁香的成熟果实，又名鸡舌香。

马 钱 子
STRYCHNI SEMEN

本品为马钱科植物马钱 *Strychnos nux-vomica* L. 的干燥成熟种子。原名番木鳖，始载于《本草纲目》，列入蔓草类。野生与家种均有。李时珍谓："状如马之连钱，故名。"为常用中药。

【别名】 番木鳖。

【产地】 主产于印度东海岸森林地带，越南、缅甸、泰国等国。

【采制】 9～10月果实成熟时采收，将鲜果采集后，除去果肉，取出种子，晒干即可。

【商品特征】 呈扁圆纽扣状，表面密被灰绿色或灰黄色有光泽的丝状毛。质坚硬，沿边缘剖开，子叶有叶脉5～7条。

【商品规格】 商品分马钱子和云南马钱子两种，前者系进口品，后者系国产品。为统货，不分等级。

【品质要求】　均以个大饱满，质坚肉厚，色灰黄有光泽者为佳。本品含士的宁（$C_{21}H_{22}N_2O_2$）应为 $1.20\%\sim2.20\%$，马钱子碱（$C_{23}H_{26}N_2O_1$）不得少于 0.80%；水分不得过 13.0%；总灰分不得过 2.0%。

【产销行情】　本品一般年均进口 $5\sim7$ 吨，纯销 $40\sim60$ 吨。其中广东年均纯购约 10 吨，云南纯购约 15 吨，广西纯购 $7\sim9$ 吨。马钱子为少常用中药，毒性大。

【包装贮藏】　用布袋或木箱装。置于干燥处保存。

【性味功效】　性寒，味苦。通络止痛，散结消肿。

血　竭
DRACONIS SANGUIS

本品为棕榈科植物麒麟竭 *Daemonorops draco* Bl. 果实渗出的树脂经加工制成。原名麒麟竭，始载于《唐本草》。李时珍谓："此物如干血，故谓之血竭。"为少常用中药。

【别名】　血结、麒麟竭。

【产地】　麒麟血竭主产于印度尼西亚的加里曼丹、苏门答腊，印度，马来西亚等。

【采制】　采集成熟果实，其外密被硬质小鳞片，由鳞片间分泌的红色树脂，几乎将鳞片全部遮蔽，充分干燥，加贝壳同入笼中强力振摇，质脆的树脂块即脱落，筛去果实鳞片杂质，用布包起，入热水中使其软化成团，取出放冷。

【商品特征】　呈扁圆四方形或不规则块片状，表面砖红色至黑红色，多有光泽。素以"外色黑似铁，粉末红如血，火烧呛鼻"为其鉴别要点。

【商品规格】　过去商品分为血竭花、五星牌、手牌、皇冠牌、A 牌等规格。

【品质要求】　均以外色黑似铁，研粉红如血、火烧呛鼻者为佳。本品含血竭素（$C_{17}H_{11}O_3$）不得少于 1.0%；总灰分不得过 6.0%；醇不溶物不得过 25.0%。

【产销行情】　全国年均进口约 10 吨，因货源少，市场上一直紧缺，某些地区甚至脱销。

【包装贮藏】　纸箱装。置阴凉干燥处保存。

【性味功效】　性平，味甘、咸。活血定痛，化瘀生血，生肌敛疮。

【附注】　国产血竭是龙舌兰科植物海南龙血树（柬埔寨龙血树）*Dracaena cambodiana* Pierre ex Gagnep. 的含脂木质部提取的树脂。称为龙血竭，主产于我国海南、广西、云南等。为国家重点保护的野生植物药材品种。

豆　蔻
AMOMI FRUCTUS ROTUNDUS

本品为姜科植物白豆蔻 *Amomum kravanh* Pierre ex Gagnep. 或爪哇白豆蔻 *Amomum compactum* Soland et Maton 的干燥成熟果实。始载于《名医别录》，列为果部上品。白豆蔻之名始见于《开宝本草》。过去全为进口，现我国云南等地已有栽培，按产地不同分为"原豆蔻"和"印尼白蔻"。因其色白、为蔻类，故名。为常用中药。

【别名】　白豆蔻、白叩、原豆蔻。

【产地】　主产于越南、泰国、柬埔寨、缅甸等国。我国云南、广东等有少量引种。

【采制】　于 $10\sim12$ 月间采收。采取未完全成熟果实，干燥后去掉顶端的花萼及基部的果柄，晒干。

【商品特征】

1. 原豆蔻

近球形，表面白色或浅黄棕色，两端有毛茸。种子多面形，暗棕色。种脐圆形下陷。气香味辛凉，略似樟脑。

2. 印尼白蔻

不同于上种的是外形较小。表面黄白带紫棕色。

【商品规格】　商品分原豆蔻、印尼白蔻。一般均为统货，不分等级。

【品质要求】　均以个大、饱满、果皮薄而完整，皮色洁白，气味浓者为佳。原蔻仁含挥发油不得少于 5.0%（毫升/克），印尼白蔻仁不得少于 4.0%（毫升/克）；豆蔻仁含桉油精（$C_{10}H_{18}O$）不得少于 3.0%；原豆蔻含杂质不得过 1.0%，印尼白蔻不得过 2.0%；原豆蔻含水分不得过 11.0%，印尼白蔻不得过 12.0%。

【产销行情】　本品多系进口，国内有少量生产。一般年均进口 1000～1400 吨，纯销约 1300 吨。

【包装贮藏】　用麻袋或纸箱装。置阴凉干燥处保存。注意防虫蛀。

【性味功效】　性温，味辛。化湿行气，温中止呕，开胃消食。

安 息 香
BENZOINUM

本品为安息香科植物白花树 *Styrax tonkinensis*（*Pierre*）Craib ex Hort. 的干燥树脂。始载于《唐本草》。多为进口，亦有国产。李时珍谓："此香避恶，安息诸邪"，故名。为少常用中药。

【别名】　安悉香。

【产地】　主产于印度尼西亚苏门答腊、泰国、越南、伊朗等国。国内分布于云南、广东、广西、贵州、湖南、福建等省区。

【采制】　树干经自然损伤或于夏、秋二季割裂树干，收集流出的树脂，阴干即可。

【商品特征】　呈不规则的小块状或由颗粒黏结的团块，小块状者表面黄棕色，断面乳白色；团块状者表面红棕色，嵌有白色颗粒。加热则软化熔融。气芳香，味微辛，嚼之有沙粒感。微量升华有片状或杆状结晶。

【商品规格】　商品分水安息香、旱安息香等规格。

【品质要求】　均以表面橙黄色，具蜡样光泽，质脆易碎，香气浓郁，嚼之有沙粒感者为佳。本品总灰分不得过 0.50%，醇不溶物不得过 2.0%，干燥失重量不得过 2.0%；含总香脂酸以苯甲酸（$C_7H_6O_2$）的干燥品计算，不得少于 27.0%。

【产销行情】　多系进口，少量国产。市场上长期紧缺，价格也有上扬，全国年均需求量约 1000 千克。

【包装贮藏】　以纸箱装。木品易散失香气，受热易软化熔融。由于含苯甲酸及桂皮酸，可发出大量有刺激性的气体。故应密闭，置阴凉干燥处保存，注意避光、防热。本品遇火易燃烧，保管中应注意安全。

【性味功效】　性平，味苦、辛。开窍醒神，行气活血，止痛。

沉　香
AQUILARIAE LIGNUM RESINATUM

本品为瑞香科植物白木香 *Aquilaria sinensis*（Lour.）Gilg 含有树脂的心材。始载于《名医别录》。野生与栽培均有。因系树的心材，置水中则沉，气香，故名。为常用中药。

【别名】　沉香木。

【产地】　国产沉香主产于海南岛，广东万宁、崖县、茂名、东方、保亭、陵水，广西陆川、博白等地。我国台湾有栽培。

【鉴别要点】

为含树脂部分的心材，朽木状。黑色点、斑纹嵌于黄白色木材内。坚硬、但不沉水。火烧之有浓烟和特异香气。味微苦。

【商品规格】

分为一号香（质重、气浓）、二号香（质坚、香浓）、三号香（质较松、香味佳）、四号香（质浮松、香淡）、等外香。

根据取材的质量及形状又分为多种规格，如大节、中节；皆为 3～20 厘米长的段；大盔、中盔、小盔，形状似武士的盔帽；修制裁下的角称"沉香角"；其边缘的杂质木称"毛香"；外部黑褐色，内心质松而色黄，香味较淡者称"速香"或"泡速香"。

【品质要求】　以体重、色棕黑油润、燃之有油渗出、香气浓烈者为佳。本品醇溶性浸出物不得少于 10.0%。

【产销行情】　全国年生产约 45 吨。纯购约 40 吨，纯销约 55 吨。大部分为广东所产，广西亦产一小部分。

【包装贮藏】　木箱包装。本品易失油润干枯、走散香气，应密封，置阴凉干燥处保存。切忌日晒、见光和受潮。

【性味功效】　性微温，味辛。温中暖肾，降气止痛。

【附注】　市场还多见进口沉香，年均进口 12～15 吨。主产于印度尼西亚、马来西亚、柬埔寨及越南等国。无定形，雕刻刀痕，似朽而不朽，色黑，体重质坚，沉水或半沉水。火试烟浓，香气浓而持久。一般分绿油伽南香、紫油伽南香、黑油伽南香、青丝伽南香等品种。或分为全沉、落水原装，特等、一等、二等、三等、四等。以油性足、体重、香气浓郁者为佳。

苏　合　香
STYRAX

本品为金缕梅科植物苏合香树 *Liquidambar orientalis* Mill. 的树干渗出的香树脂经加工精制而成。始载于《名医别录》，列为上品。李时珍谓此香出苏合国，因以名之。为少常用中药。

【别名】　苏合油。

【产地】　主产于土耳其西南部。

【采收加工】　将树干割伤，使其边材因受创伤而生树脂。刮取边材置沸水中共煮，滤出汁液，并压榨边材使汁液滤尽，收集于容器中，放冷后，分出树脂即可。

【商品特征】　为半流动性的浓稠液体，棕黄色或暗棕色，半透明，质黏稠，挑起则连绵不断。体重、入水则沉。气芳香、味略苦辣而香，嚼之黏牙。

【商品规格】 商品为统货。

【品质要求】 以黄白色，半透明，有香味，无杂质者为佳。本品酸值为 52～76；皂化值为 160～190；含肉桂酸（$C_9H_8O_2$）不得少于 5.0%。

【包装贮存】 置白铁桶或瓶内，放阴凉处，宜在 30℃ 以下密封保存。

【性味功效】 性温、味辛。开窍，辟秽，止痛。

没 药
MYRRHA

本品为橄榄科植物地丁树 *Commiphora myrrha* Engl. 或哈地丁树 *Commiphora molmol* Engl. 的干燥树脂。始载于《开宝本草》，后代本草多有收载，为常用中药。

【别名】 末药、明没药。

【产地】 主产于非洲的索马里、埃塞俄比亚、阿拉伯半岛南部及印度等地。

【采制】 11 月至次年 2 月采集由树皮裂缝或伤口自然渗出的淡白色树脂，于空气中渐变为棕色硬块。除去杂质即成。

【商品特征】

1. 天然没药

呈不规则颗粒状或黏结的团块。表面红棕色至黑棕色。质坚脆，断面琥珀色，有光泽，与水共研成黄棕色乳浊液。气微弱而芳香，味苦而微辛。

2. 胶质没药

呈不规则块状和颗粒。表面棕黄色至棕褐色，不透明，质坚实或疏松，有特异香气，味苦而有黏性。

【商品规格】 商品按形状分为明没药、没药珠、全没药、黑香、马皮没药五种。按产地分为非洲没药、也门没药、阿拉伯没药等三种。现多分为 1～4 等及等外（5 等）。其中以非洲没药品质最优，也门没药香气最差。

【品质要求】 均以质坚脆、有油质光泽、色棕红、香气浓而持久者为佳。天然没药杂质不得过 10.0%，胶质没药不得过 15.0%；总灰分不得过 15.0%，酸不溶性灰分不得过 10.0%；天然没药含挥发油不得少于 4.0%（毫升/克），胶质没药不得少于 2.0%（毫升/克）。

【产销行情】 我国年均进口 70～180 吨之间，市场一直供不应求，有时脱销，尤其是近几年来缺口较大，价格不断上升。

【包装贮藏】 塑料袋封后，置木箱内。本品易走失香气，遇火易燃烧，应密封，置于阴凉干燥处保存。注意防热、防火。

【性味功效】 性平，味苦、辛。散瘀定痛，消肿生肌。

乳 香
OLIBANUM

本品为橄榄科植物乳香树 *Boswellia carterii* Birdw. 及同属植物 *Boswellia bhawdajiana* Birdw. 树皮渗出的树脂。分为索马里乳香和埃塞俄比亚乳香。始载于《名医别录》，列为上品。历代本草均有收载。树脂渗出，因其垂滴形似乳头，其气极香，故名。为常用中药。

【别名】　滴乳香。

【产地】　主产于索马里、埃塞俄比亚及阿拉伯半岛南部。土耳其、利比亚、苏丹、埃及、突尼斯、印度等地亦产。

【采制】　春季采取，将树干的皮部由下向上顺序切伤，开一狭沟，使树脂由伤口渗出，流入沟中，数天后凝结成干硬的固体，即可从树上采取。

【商品特征】　本品呈乳头状或泪滴状，有时粘结成块。表面黄白色，半透明，被有黄白色粉末，久存则颜色加深。质脆，遇热软化。破碎面有玻璃样或蜡样光泽。与水共研成白色或黄白色乳浊液，烧之有香气，显油性，冒黑烟，并有黑色残渣。具特殊香气，味微苦。

【商品规格】　商品按性状分为滴乳、乳珠、原乳、乳香米、乳香末五种规格，以滴乳最佳。现在多分为原乳香、一号乳香珠、二号乳香珠、豆乳香等规格。

【品质要求】　均以质脆、色淡黄，搓之粉末粘手，气芳香者为佳，色发红者质次。乳香珠含杂质不得过 2%，原乳香不得过 10%；索马里乳香含挥发油不得少于 6.0%（毫升/克），埃塞俄比亚乳香含挥发油不得少于 2.0%（毫升/克）。

【产销行情】　本品大部分为进口，我国年均进口在 150～180 吨之间，市场质优者长期偏紧，但一般未见脱销现象，价格相对稳定。

【包装贮藏】　先用塑料袋封好，再置木箱内。本品易走失香气，遇火燃烧，受热易变软粘结成块，应密闭，置阴凉干燥处保存。注意防热、防火。

【性味功效】　性温，味苦、辛。活血定痛，消肿生肌。

胖 大 海
STERCULIAE LYCHNOPHORAE SEMEN

本品为梧桐科植物胖大海 *Sterculia lychnophora* Hance 的干燥成熟种子。始载于《本草纲目拾遗》。因本品遇水膨大，如海绵，故名。为常用中药。

【别名】　通大海、大海。

【产地】　主产于越南、泰国、印度尼西亚及马来西亚等国，以越南所产的品质最佳。

【采制】　4～6 月采收。果实开裂时，采下成熟的种子，晒干即成。

【商品特征】　呈纺锤形或椭圆形，表面红棕色或暗棕色，略有光泽，有细皱纹。入水膨胀，呈棕色半透明的海绵状物。气微，味淡，嚼之有黏性。种仁麻辣。

【商品规格】　因产地不同分为新州子、暹罗子、安南子等。其规格等级标准为：

1. 新州子

产马来半岛。颗大而体结实，长椭圆形，外皮皱纹细密，体质重，色棕黄微青。

2. 暹罗子

产泰国。色稍黑而棕黄，颗粒略小，体质较松，其皱纹较为粗松，品质稍次。

3. 安南子

产越南。颗粒小，多为圆形，外皮粗松，黑褐色。质松易碎、多破口，质较次。

【品质要求】　以上均以个大、外皮细、淡黄棕色、有细皱纹及光泽，无破碎者为佳。本品水分不得过 16.0%；每 1000 克含黄曲霉素 B_1 不得过 5 微克，含黄曲霉素 G_1、黄曲霉素 G_2、黄曲霉素 B_2 和黄曲霉素 B_1 的总量不得过 10 微克。

【产销行情】　本品大部分为进口，年均进口约 250 吨。

【包装贮藏】　麻袋装。本品易虫蛀，置阴凉干燥处保存。

【性味功效】 性寒，味甘。清热润肺，利咽开音，润肠通便。

番泻叶
SENNAE FOLIUM

本品为豆科植物狭叶番泻 *Cassia angustifolia* Vahl 或尖叶番泻 *Cassia acutifolia* Delile 的干燥小叶。始载于《饮片新参》。均为野生。因其系进口，其性泻下，故名。为较常用中药。

【产地】 主产于印度、埃及、苏丹等。现我国广东、湖南、云南西双版纳等地亦有栽培。

【采制】 狭叶番泻叶在开花前采收。剪下枝条，摘取叶片，晒干，按完整叶和破碎叶分别打包。

【商品特征】 呈长卵形或卵状披针形，叶基不对称，具稀少毛茸。叶革质，带绿色，有或无压痕条纹。气微弱而特异，味微苦，稍有黏性。

【商品规格】 商品番泻叶规格较多，一般我国进口的有一级、二级和大路货三种。其商品规格等级为：

一级品：叶大而尖，色绿、无黄叶，无叶轴、小枝、破碎叶片，杂质（果实、小枝、叶轴等）不得过 5.0%。

二级品：叶尖、色绿，其中含有碎叶，而黄叶杂质不得过 8.0%。

大路货：圆叶不得过 20.0%，梗、碎叶及杂质不得过 12.0%。

【品质要求】 均以干燥、叶片大而完整、色绿、梗少，无黄叶、碎叶、杂质者为佳。本品含番叶苷 A（$C_{42}H_{38}O_{20}$）和番叶苷 B（$C_{42}H_{38}O_{20}$）总量不得少于 1.1%；杂质不得过 6.0%；水分不得过 10.0%。

【产销行情】 全国年均进口 20～50 吨，历史上供求基本平衡，近年来市场上偏紧，价格也有所上升。

【包装贮藏】 竹席装，再用小压机打包。本品易发霉变质。置阴凉干燥处保存，注意防潮。

【性味功效】 性寒，味甘、苦。泻热行滞，通便，利水。

西红花
CROCI STIGMA

本品为鸢尾科植物番红花 *Crocus sativus* L. 的干燥柱头。始载于《本草纲目》，列为草部。均为栽培。李时珍谓"番红花出西番回回地及天方国，即彼地红蓝花也"，故名。为较常用中药。

【别名】 藏红花、番红花。

【产地】 主产于西班牙、希腊、原苏联的阿塞尔拜疆及法国等。我国上海、浙江、江苏等地已试种成功。但未形成大批商品。

【采制】 9～10月采收。晴天早晨太阳刚出来时采集花朵，然后摘取柱头，摊放在竹匾内，上盖一张吸水纸，于55℃～60℃条件下烘干，即为干红花。若再进行加工使其油润光亮，则为湿红花。

【商品特征】 呈细短的绒团状，花柱色黄。柱头三个，红棕色，干燥疏松（干红花）或油润（湿红花）。入水不褪色，水液金黄色澄明；上端膨胀呈喇叭状，喇叭一侧有裂缝，先端边缘有细齿。香气特异，微有刺激性，味微苦。

【商品规格】 商品番红花有干红花（人头牌）、湿红花（象牌）、散装生晒、采花生晒等几种规格。以干红花（人头牌）品质为优。

【品质要求】 均以色鲜红，油性重，有光泽，体糯有特殊香味者为佳。本品西红花苷-Ⅰ（$C_{44}H_{64}O_{24}$）和西红花苷-Ⅱ（$C_{38}H_{54}O_{19}$）的总量不得少于10.0%；干燥失重不得过12.0%；总灰分不得过7.5%。

【包装贮藏】 用铁盒、玻璃瓶或纸盒装。本品易泛油、变色，应密封，置阴凉干燥处保存。注意防潮、避光。

【性味功效】 性平，味甘。活血祛瘀，凉血解毒，解郁安神。

燕 窝
COLLOCALIAE NIDUS

本品为雨燕科动物金丝燕 *Collocalla esculenta* L. 及同属多种燕用唾液与绒羽等混合凝结所筑成的巢窝。原名燕蔬菜，载于《本草纲目拾遗》。因药用为其巢窝，故名。燕窝既是中药，又是名贵菜肴之佳品。

【别名】 燕根、燕菜。

【产地】 主要分布于东南亚一带及太平洋各岛屿上。国外主产于印度尼西亚、泰国、缅甸、日本等国。国内主产于海南省。

【采制】 一般2、4、8月份采集，采集时要尽量保持巢之完整性，阴干或低温干燥即成。

【商品特征】 呈半月形而凹陷成兜状，一面较平，另一面略隆起，巢内面粗糙而呈丝络样。质硬脆，断面角质，入水柔软而膨大。

【商品规格】 商品上分为白燕（官燕）、毛燕、血燕三种规格。以色白绒羽少者为佳。

【产销行情】 多系进口，少量国产，市场上长期紧缺，价格上也有上扬。

【包装贮藏】 用瓷坛或铁盒包装，内垫防潮纸。置室内阴凉干燥处，防压，防潮，防蛀。

【性味功效】 性平，味甘。滋阴润燥，补益中气。

檀 香
SANTALI ALBI LIGNUM

本品为檀香科植物檀香 *Santalum album* L. 的干燥心材。始载于《名医别录》，列为下品。檀为善木，故字从檀，檀为善意，其气味芳香，故名。为少常用中药。

【别名】 白檀木、白檀、黄檀。

【产地】 主产于印度孟买，澳大利亚，以及印度尼西亚马来半岛等地。

【采制】 采伐木材后，切成段，除去边材即为檀香。

【商品特征】 呈圆柱形或条块状，表面黄白色或浅黄棕色，光滑细密，横切面呈棕黄色，显油痕。质坚实，气芳香，火烧香气更加浓郁；味淡，嚼之微有辛辣感。

【商品规格】 商品檀香有黄、白两种。其规格分白皮散枝（习称老山香，主要来源于印度）、雪梨（来源于澳洲）、新山香（来源于印度尼西亚，又称西香）、线香、片统、粉统等。

均为统货。

　　【品质要求】　以体重、质坚、香气浓郁、燃烧其烟可直线上升者为佳。一般以粗大的干材所加工的老檀香为最佳。本品挥发油不得少于 3.0%（毫升/克）；水分不得过 12.0%。

　　【包装贮藏】　木箱或铝皮箱包装。本品具有强烈特异而持久的芳香气，易散失香气，应置阴凉干燥处密封保存。防潮、防风吹，以免走失香气，有损质量。

　　【性味功效】　性温，味辛。行气温中，开胃止痛。

自学指导

【重点难点】

　　1. 进口药重点品种番泻叶、血竭、番红花、沉香的道地产地、规格等级、产销行情、贮藏养护。

　　2. 安息香、没药、乳香、白豆蔻、檀香的道地产地、规格等级、贮藏养护。

【复习思考题】

　　1. 阐述进口药物的历史概况。

　　2. 试述番泻叶、血竭、西红花、燕窝、沉香的商品规格及进口国家。

　　3. 试述沉香、丁香、安息香、豆蔻、檀香等药材商品各自在贮藏中的注意事项。

第三篇　中成药商品

第一章　中成药概述

【目的要求】

1. 掌握中成药的概念、特点、命名。
2. 熟悉中成药的剂型、规格。
3. 了解中成药配伍、应用，发展前景。

【自学时数】

1 学时。

一、中成药的含义与特点

中成药是中药的重要组成部分，是在中医药理论指导下，以中药饮片为原料，按照国家药品管理部门规定的处方、生产工艺和质量标准制成一定剂型的药品，可直接供临床辨证使用，防治疾病。中成药在我国的制备生产与应用有悠久的历史，近年来其剂型、制备工艺技术得到了较大的发展。由于疗效显著、便于携带、使用方便、副作用小，中成药越来越受到广大临床医师和患者的青睐。

中成药的生产、销售与药材相比有很大的区别。主要具有以下特点：

1. 处方组成固定

中成药多由疗效确切的汤剂改进而来，对治疗相应的病证具有处方组成固定，针对性强的特点。其处方有来自古典医籍的传统方，如出自《小儿药证直诀》的六味地黄丸，也有民间的有效经验方，如白带丸；还有现代研究的科研方，如银杏叶片。

2. 治疗病种多，应用范围广

中成药治疗的病种遍及临床各科，常见病、多发病，甚至一些疑难杂症都可选用相应的中成药治疗。如一切痈肿疮毒，蛇虫咬伤等疾病可选用"片仔癀"治疗；一切湿热性的高热、惊厥、昏迷等，可选用"紫雪丹"或"至宝丹"治疗；糖尿病可选用"玉泉丸"治疗；白血病可选用"当归芦荟丸"或"靛玉红"制剂治疗等。

3. 剂型多样，品种规格繁多

目前我国批准生产、使用的中成药已达 40 余种剂型，现有中成药商品 8000 多种。除丸、散、膏、丹等传统剂型外，还有合剂（口服液）、酊剂、胶囊剂、颗粒剂、片剂、气雾剂、注射剂，以及巴布剂、缓释制剂等新剂型。不同的剂型，产生的疗效、持续的时间、作用特点有所不同，进一步扩大了中成药的使用范围。

4. 安全有效，疗效持久

中成药通过组方成分的综合作用发挥疗效，经长期的或反复的临床验证，疗效确切，毒副作用小，只要遵照医师嘱咐或按说明书要求服用，既安全又有效。如"六神丸"是清代前期使用的著名成药，对热毒郁结所致的咽喉肿瘤（如急性扁桃体炎、咽喉炎、白喉等）都有显著疗效，按规定服用十分安全，在国内外久负盛名。

除注射剂等少数剂型外，大多数的成药在人体内吸收缓慢，血液中有效成分的浓度能维持较长的时间，疗效持久，最适于多发病、慢性病的治疗。

5. 使用方便、及时

药材和饮片，患者一般不能直接选用，而中成药则不同，除医师使用外，患者可根据自己病情需要，按照成药说明书中功能主治、用法用量的要求直接选用非处方药。选用得当，能获得较好的治病效果。作为包装好的现成药品，中成药携带方便，可及时服用，方便急危病患者和需要长期治疗的患者使用，深受广大患者欢迎。成药每年销售总额占中药商品销售总额的 60%～70%。

6. 不能随意生产

为了保证中成药的质量，达到安全有效的用药要求，按照《中华人民共和国药品管理法》规定，中成药的生产企业必须经药政部门批准，取得"药品生产许可证"，并具备与生产的药品相适应的《药品生产质量管理规范》认证证书，按批准的处方、生产工艺和质量标准等进行生产。生产的中成药还要给以特定的名称、批准文号、适宜的包装，附有标明该药功能主治、用法用量、规格、贮藏等内容的说明书，以指导患者选用。

二、中成药的发展概况

中成药在我国生产、销售和使用已有几千年的历史。在长沙马王堆汉墓中发现的《五十二病方》中，就有丸、散、膏、丹、饼、曲和胶等剂型的记载。据有关方面考证，《五十二病方》是我国战国时期的医学著作，说明中成药至迟也起源于战国时代。

随着社会的进步，中医药学的发展，历代本草和医学著作记载中成药的剂型和品种规格不断增加。到宋代，中成药的生产、销售有了长足发展。公元 1076 年宋政府设立了太医局卖药所（太平惠民局的前身），制备丸、散、膏、丹等成药出售，出现了官办的卖药机构。后来宋政府又设立了"修合药所"（制药厂），专制"熟药"（成药）供太平惠民局出售，把成药商品的生产与销售联系起来。

为了适应中成药生产与销售的发展，满足市场需要，公元 1080 年，陈师文等人在总结前人制备成药经验的基础上，撰写了《太平惠民和剂局方》，后经补充修订，由宋政府颁行全国，成为我国第一部中成药的制剂规范。书中收载的紫雪丹、至宝丹等的处方和制法一直沿用至今。目前，生产、销售和使用的中成药，有很多都来自古代，足见中成药的悠久历史。

新中国成立后，政府高度重视中医药事业的继承和发扬，制定了一系列相应的政策与措施，同时随着现代科学技术的发展，中成药的研制与生产逐步走向规范化、科学化，在基础研究、临床药理研究、新剂型、新辅料和新技术应用研究等方面都取得了可喜的成绩，还开展了体内过程研究，中成药事业得到了重大的发展。开发出很多新剂型、新产品，如复方丹参滴丸、洁尔阴泡腾片、银黄分散片、复方紫荆消伤巴布膏等。质量标准也更加规范、科学，许多现代分析设备和方法应用于生产质量检测与控制，大大提高了中成药的质量。如除广泛应用分光光度法、薄层色谱法、气相色谱法、高效液相色谱法等现代分析法外，还用毛细管电泳、气相-质谱联用、液相-质谱联用等控制半成品和成品的质量。现代科学技术和仪器的应用，为实现中成药的现代化生产，进入世界现代药剂生产的行列打下了坚实基础，也为中成药进入国际市场提供了条件。

中成药除国内广泛应用外，在国外应用的国家和地区也不断增加。据有关资料统计，目前已有150多个国家和地区应用或开始应用中成药。其中应用历史最长、品种最多的国家是日本。其次是朝鲜、韩国和东南亚各国。像中成药这样的传统民族成药在世界大多数国家中应用，是独一无二的。

今后中成药发展的目标，是通过对剂型、制备工艺、质量标准、药效学、药动学、临床疗效等进行深入研究，使中成药向现代制剂方向发展，提高制剂的生物利用度、质量标准和稳定性，降低毒副作用。既能保持复方药剂的特色，又能达到现代药剂的质量标准。

三、中成药的应用

中成药疗效确切，使用方便，应用日益广泛。但中成药剂型多样，组方药性各异，主治病证各不相同，故使用方法、使用剂量亦不相同，如不正确应用，可能造成不良反应。大量的研究和临床实践表明，合理使用的情况下，中成药的安全性是较好的。

中成药应用时，参考并正确使用说明书非常重要。虽然目前我国中成药说明书尚存在一些问题，例如功能主治表述不规范，用法用量不详细，不良反应不客观，禁忌和注意事项混杂不清，药物相互作用、药理毒理、药动学缺乏等，但它仍然包括了品名、规格、处方成分、功效和适应证、用法用量、禁忌、注意事项、生产批号、有效期等项目，是使用药品的重要参考，对于安全、有效用药起着决定性作用。因此在医疗实践中，临床医师、药师以及患者都应高度重视药品说明书作为用药依据的重要地位，仔细阅读药品说明书给出的各项信息，学会使用药品说明书，正确地辨证选药，掌握中成药的使用方法及使用剂量、禁忌证、合并用药等多个方面，以保证安全、有效、合理地用药，尽可能避免和减少药物不良反应。

在应用中成药时，应注意以下方面：

1. 辨证施治，正确选用

辨证论治是中医诊断和治疗疾病的基本原则，只有对证治疗才能达到最佳疗效。每种中成药都有其特定的功效和适用范围，所以使用中成药时坚持辨证用药、注意证候禁忌，至关重要。在实际生活中，有的人选用中成药后的效果很好，有的人的效果差，其根本原因就是前者掌握了辨证施治的理论，并以此为指导，再根据自己所患疾病的寒、热、虚、实等不同情况，选用了相应的成药，使药证相符，故效果良好，后者不懂得或者没有按辨证施治的要求，没有根据自己所患疾病的性质选用中成药，因药不对证，因而效果不好。由此可见，只有掌握辨证施治的理论，并以此为指导，再结合患者所得疾病的不同性质，才能正确选用中成药，达到药到病除的目的。如二陈丸、二冬膏、清气化痰丸、三子养亲丸都是治疗咳嗽有痰的中成药，由于功效不同，主治各异，其中二陈丸以燥湿化痰为功，主治色白成块，湿痰咳嗽；二冬膏养阴润肺，主治干咳痰粘，燥痰咳嗽；清气化痰丸清热化痰，主治痰黄黏稠，热痰咳嗽；三子养亲丸温肺化痰，主治吐痰清稀，寒痰停饮咳嗽，各有专攻，不能混淆。

在选用中成药时，还应正确辨识成药的名称与组成。中成药品种规格复杂，剂型多样，名称近似的种类不少，有的名称上虽仅一字之差，但功能主治、用法用量区别很大，在选用时应细加区别，防止误用。如人参归脾丸与人参健脾丸一字之差，但功能主治各异。前药有健脾益气，养心安神的功效，主要治疗由心脾两虚引起的心悸、失眠或脾不统血引起的崩漏、带下、便血和皮下出血等证；后药有健脾和胃，消食止泻的功效，主要治疗脾胃虚弱，饮食内停引起的饮食减少、神疲、便溏等证。如选用时稍不注意，就易选错，影响疗效。又如中成药骨刺丸与骨刺片处方的组成药味是不同的，前者祛风止痛，后者散风邪，祛寒湿，舒筋活血，通络止痛。生脉饮有人参方和党参方两种制剂，药性亦有不同。因此对成药应仔细鉴别后，才能选用。

2. 合理配用

由于临床证候是复杂多变的，在中成药的临床应用中，常需采用联合用药的形式。合理的配伍常能增强疗效。常用的配伍形式有：中成药与中药的配伍、中成药与西药的配伍。

中成药与中药的配用，可以弥补成药处方组成固定，不能灵活加减的不足。配伍规律也遵循中药"七情"的原则，即相须、相使者可同用。如单用四神丸治疗长期五更泻的病人，虽然四神丸能温补脾肾以止泻，但因它无补中益气的作用，愈后易复发。若用补中益气丸或人参健脾丸与四神丸配用，既能温肾止泻，又能补中益气或健脾补中，标本兼治，愈后不易复发，效果更好。又如外感风寒或脾胃虚寒之呕吐泄泻，常用生姜、大枣煎汤送服中成药，以增强散风寒、和脾胃之功。此外，为了满足某些疾病在治法上的特殊需要，如妇科、外科、皮科、五官科、骨伤科等许多疾病常采用内服与外用两种不同使用方法的中成药配合应用才能取得良好的治疗效果，如筋骨折伤，可内服跌打丸，外敷七厘散，合奏活血伸筋，疗伤止痛之效；火毒上攻，咽喉肿痛，可内服六神丸、喉症丸，外用冰硼散吹喉，共奏清热解毒，消肿利咽之效。

中成药配伍应用时，应注意中药的配伍禁忌，如含"十八反""十九畏"的中成药尽量避免同用。两个具有相似功效的中成药配伍，可能出现某种成分重复使用；含有毒成分的中成药亦应慎用，尤其避免重复用药，以免加大毒性成分的剂量，发生不良反应。如附子理中丸与金匮肾气丸均含有附子（主要成分为乌头碱），两者配合应用，相当于增加了附子的用量，可能引起毒副作用。

中成药与西药配伍方面，在取得与西药配用经验的基础上，谨慎地选用一些西药与成药配用，也能提高疗效或减轻西药的毒副作用。如灵芝冲剂与雷米封、利福平配用，能提高治疗肺结核的效果；用济生肾气丸与强的松配用，不仅能加速水肿和尿蛋白的消退，还能降低强的松的副作用。但中成药所含药味多，化学成分十分复杂，在没有充分的科学依据或丰富的临床经验的情况下，中成药与西药不能随意配用，以免产生毒副作用或降低疗效。如牛黄解毒片与四环素同时服用，牛黄解毒片中石膏含的钙，易与四环素类药物形成络合物，使其溶解度降低而影响疗效。一般说，含有还原性成分的西药如溴化钾、碘化钾、硫酸亚铁等不宜与含有朱砂的成药配用，以防止产生溴化汞、碘化汞等引起肠鸣腹痛、下痢脓血等副作用；含有酸性成分的中成药如乌梅丸、大山楂丸和六味地黄丸等不宜与碱性西药如氨茶碱、胃舒平等配用，否则因酸碱中和而降低疗效。如果病情需要中成药与西药配用时，可间隔2～3小时分开服用。总体来说，由于中成药的成分复杂，两者合用的方法、规律等方面的研究目前尚不充分，一般应尽量避免配伍使用，若必须合用，建议间隔使用，同时注意药物的相互作用，避免发生不良反应。

3. 注意选用适当的剂型

目前随着成药生产的发展，同一处方名称的成药有多种剂型，如藿香正气散，有丸剂、片剂、酊剂、合剂（口服液）等多种剂型。在应用时，应根据病情的轻重缓急和年龄、性别的不同选用适当的剂型。一般来说，病情急重的，应选用液体剂型（酊剂或合剂等），其中儿童、妇女选用合剂，成年男子选用酊剂；病情轻者，可选用固体剂型（丸、散、丹、片等）。老人、儿童服药有困难的，可将固体剂型研末用温开水调服或冲服。

4. 注意成药的使用方法

中成药有内服法、外用法、注射法等多种不同的使用方法，应根据药物制剂及主治病证特点，恰当选用用药方法。一般内服的中成药，宜空腹服用，但特殊疾病应特殊对待，需根据病情而定。如补益类中成药宜饭前服；对胃肠有刺激的或欲使药力停留上焦较久的宜饭后服；驱虫药最好清晨空腹服；安神药睡前服效果佳；呕吐者应少量多次服用；调经药宜在临近经期前数日服用；对于急性病，须遵医嘱，视病情及药物特点决定用法。有些成药在服用时需加药引以助药效，如藿香正气片在治疗呕吐时，宜用生姜煎汤送下，以增强祛寒止呕作用。

外用中成药中除少数疗伤止痛，息风止痉的药物，如七厘散、玉真散可内服外用外，绝大多数外用药均不能内服，尤其含有汞、铅、砷等有毒成分的外用药，切忌入口。外用中成药由于剂型多样，治疗目的各异，用药方法也不完全一样，如生肌散、珍珠散、紫草膏、生肌玉红膏等，系将药粉或药膏直接均匀地置于患处；如意金黄散、七厘散、青蛤散等，需用适当液体制成糊状外敷；锡类散、冰硼散、红棉散等五官科散剂类药物采用吹入的治疗方法；眼、耳、鼻科外用药则多用点入法；膏药或中成药膜剂，直接贴敷患处，可使药物在局部或全身发挥治疗作用，如狗皮膏、养阴生肌散膜等。

中药注射剂的应用主要分为皮下注射、肌肉注射、静脉注射、穴位注射及患处局部注射等不同给药方法，病灶局部注射给药的，如枯痔注射液消痔灵用于痔核内注射的枯痔疗法，莪术注射液用于宫颈癌或皮肤癌肿的局部注射疗法等。运用注射法的无菌操作要求和西药注射剂完全相同。

5. 注意成药的使用剂量与使用人群

由于病情轻重、病势缓急、病程长短、病人体质强弱、发病季节不同，医生要因病、因药、因人、因时而异，合理确定中成药的使用剂量，才能取得良好的治疗效果，达到安全有效的用药目的。中成药的说明书中明确规定了使用剂量，应按规定剂量用药。

有的人认为中成药的毒副作用小，为求速效擅自加大剂量服用，这种错误看法应予纠正。事实上，超量使用是发生中药不良反应的主要原因之一。"以毒攻毒"或"以偏纠偏"是中医治病的基本原理，广义上讲，凡是药物都有一定的毒性，只是毒性的大小不同而已。就是过量饮食都会致病，何况药物！临床报道由于医生用量过大，或长期连续用药而引起中成药中毒的病例屡见不鲜。如云南白药按规定剂量服用安全有效，但有过量服用，引起流产的报道。所以服用成药时，一定要按规定的剂量服用。对含有砷、汞、铅及斑蝥、蟾酥、马钱子、乌头、巴豆等有毒成分的中成药更要严格控制使用剂量，中病即止，不可过服，以免引起过量或蓄积中毒事故的发生；对于作用猛烈，易伤正气的品种，也要严格控制使用剂量，如破血消癥的鳖甲煎丸，破气导滞的开胸顺气丸，峻下逐水的舟车丸、十枣散等。

不同性别、年龄、体质、生理状况的患者，对药物敏感性、反应性、耐受性不同，小儿、老人、孕妇、乳母这类特殊人群较一般人更易发生不良反应，该类人群用药也应特别注意其敏感性和反应性，严格掌握服用剂量。儿童应根据体重或年龄计算用药剂量和给药途径；避免滥用滋补类药物和注射液；尽量避免使用含有毒性较大成分的中成药；尽量缩短儿童用药疗程，及时减量或停药。小儿用药剂量要适当减少，除经临床试验确定的小儿用药剂量应严格按其规定服用外，一般情况 3 岁以内服 1/4 成人量，3～5 岁的可服 1/3 成人量，5～10 岁的可服 1/2 成人量，10 岁以上与成人量相差不大即可。老人因机体器官组织衰老，对药物的吸收、代谢速度减慢，避免使用对心脏、肝脏、肾脏、血管等组织有损害的药物。

　　运动员因其职业特殊性，应避免使用含有兴奋性成分的药物。国家食品药品监督管理局 2009 年公布了《含兴奋剂目录所列物质的中药品种名单》，含有相应物质的中成药品种的说明书中均已标明"运动员慎用"的警示语，对这些中成药品种应避免使用。

四、中成药的质量与贮存保管

　　中成药在贮存中受到外在和内在因素的影响，常见的变异现象包括虫蛀、霉变、酸败、挥发、沉淀等。在应用中成药时，要认真检查药物，注意检查其质量的优劣和有无变质现象。若发现成药已变色、变味或虫蛀、发霉，则已变质；中药注射液如出现浑浊、沉淀、变色、漏气、破损等情况，也不能使用。中成药常见剂型的一般质量要求以及贮存养护要求如下：

　　1. 丸剂

　　丸剂是中成药应用最广泛的剂型，可分为蜜丸、水蜜丸、水丸、糊丸、蜡丸和浓缩丸等类型。丸剂外观应圆整均匀、色泽一致。蜜丸应细腻滋润、软硬适中。蜡丸表面应光滑无裂纹，丸内不得有蜡点和颗粒。丸剂一般应密封贮存，蜡丸应密封并置阴凉干燥处贮存。

　　2. 散剂

　　应干燥、疏松、混合均匀、色泽一致。散剂一般应密闭贮存，含挥发性药物或易吸潮药物的散剂应密封贮存。

　　3. 颗粒剂

　　应干燥，颗粒均匀，色泽一致，无吸潮、结块、潮解等现象。颗粒剂一般应密封，在干燥处贮存，防止受潮。

　　4. 片剂

　　以口服普通片为主，还有含片、咀嚼片、泡腾片、阴道片、阴道泡腾片和肠溶片等。片剂外观应完整光洁、色泽均匀；有适宜的硬度。一般应密封贮存。

　　5. 锭剂

　　应平整光滑、色泽一致，无皱缩、飞边、裂隙、变形及空心。一般应密闭，置阴凉干燥处贮存。

　　6. 煎膏剂（膏滋）

　　应无焦臭、异味，无糖的结晶析出。一般应密封，置阴凉处贮存。

　　7. 胶剂

　　应为色泽均匀、无异常臭味的半透明固体。应密闭贮存，防止受潮。

　　8. 糖浆剂

　　含蔗糖量应不低于 45％（克/毫升）。除另有规定外，糖浆剂应澄清。在贮存期间不得有发霉、酸败、产生气体或其他变质现象，允许有少量摇之易散的沉淀。一般应密封，置阴凉处贮存。

9. 贴膏剂

包括橡胶膏剂、凝胶膏剂（巴布膏剂）和贴剂等。贴膏剂的膏料应涂布均匀，膏面应光洁，色泽一致，无脱膏、失黏现象；背衬面应平整、洁净、无漏膏现象。一般应密封贮存。

10. 合剂（口服液）

合剂若加蔗糖，蔗糖量一般应不高于 20%（克/毫升）。除另有规定外，合剂应澄清。在贮存期间不得有发霉、酸败、异物、变色、产生气体或其他变质现象，允许有少量摇之易散的沉淀。一般应密封，置阴凉处贮存。

11. 滴丸剂

应圆整均匀，色泽一致，无粘连现象，表面无冷凝介质黏附。一般应密封贮存。

12. 胶囊剂

包括硬胶囊、软胶囊（胶丸）和肠溶胶囊等。应整洁，不得有黏结、变形、渗漏或囊壳破裂现象，并应无异臭。一般应密封贮存。

13. 酒剂

酒剂一般应密封，置阴凉处贮存。在贮存期间允许有少量摇之易散的沉淀。

14. 膏药

包括黑膏药、白膏药。膏药的膏体应油润细腻、光亮、老嫩适度、摊涂均匀、无飞边缺口，加温后能粘贴于皮肤上且不移动。黑膏药应乌黑、无红斑；白膏药应无白点。膏药一般应密闭，置阴凉处贮存。

15. 软膏剂

应均匀、细腻、具有适当的黏稠性，易涂布于皮肤或黏膜上并无刺激性；应无酸败、变色、变硬、融化、油水分离等变质现象。一般应遮光，密闭贮存。

16. 栓剂

包括直肠栓、阴道栓和尿道栓。除另有规定外，栓剂应在 30℃ 以下密闭保存，防止因受热、受潮而变形、发霉、变质。

自学指导

【重点难点】

1. 中成药的概念、特点。
2. 中成药在贮藏中的变异现象及养护方法。

【复习思考题】

1. 中成药的含义与特点是什么？
2. 试述中成药在贮藏养护中常见的变异现象和养护方法。

第二章　中成药商品简介

【目的要求】

1. 掌握中成药重点品种六神丸、六味地黄丸、云南白药、生脉饮的剂型规格、质量要求、贮存养护。

2. 熟悉品种九味羌活丸、牛黄上清丸、片仔癀、补中益气丸、柏子养心丸、桂附理中丸、麻仁丸、银翘解毒丸、龟龄集、十全大补丸、板蓝根冲剂、藿香正气水、复方丹参片的剂型规格、质量要求、贮存养护。

3. 了解品种穿心莲片、冰硼散、红花油、川贝枇杷糖浆的剂型规格、质量要求、贮存养护。中成药商品的分类。

【自学时数】

8学时。

中成药有多种分类方法，在商品流通过程中，依据流通环节不同，常分为贮存分类法和销售分类法两种。贮存分类法适用于中成药商品的仓库管理，以便分类保管养护。一般按中成药剂型不同，分成若干小类，如丸剂类、片剂类、口服液类、注射液类、膏剂类、颗粒剂类等。销售分类法适用于中成药商品的营销管理。把中成药商品按管理分类分成处方药物与非处方药物两大类，按临床各科用药种类的不同，再分成内科用药、妇科用药、外科用药、儿科用药和五官科用药五类。由于内科病种多而复杂，用药品种繁多，故又依据内科疾病的性质或种类等不同，再分成若干小类。

以下为国家卫生部2009年颁布的新版《国家基本药物目录》（基层部分）收载的102个中成药品种。

一、内科用药

1. 解表剂
九味羌活丸（颗粒）、感冒清热颗粒、柴胡注射液、银翘解毒丸（颗粒、片）、防风通圣丸（颗粒）、玉屏风颗粒。

2. 祛暑剂
保济丸、藿香正气水、十滴水。

3. 泻下剂
麻仁润肠丸（软胶囊）。

4. 清热剂
黄连上清丸（颗粒、胶囊、片）、牛黄解毒丸（胶囊、软胶囊、片）、牛黄上清丸（胶囊、片）、双黄连合剂（颗粒、胶囊、片）、银黄颗粒（片）、板蓝根颗粒、护肝片（胶囊、颗粒）、茵栀黄颗粒（口服液）、复方黄连素片。

5. 温里剂

附子理中丸（片）、香砂养胃丸（颗粒、片）。

6. 止咳、平喘剂

通宣理肺丸（颗粒、胶囊、片）、蛇胆川贝液、橘红丸（颗粒、胶囊、片）、小儿消积止咳口服液、养阴清肺丸、蛤蚧定喘丸。

7. 开窍剂

清开灵颗粒（胶囊、片、注射液）、安宫牛黄丸、苏合香丸。

8. 固涩剂

缩泉丸（胶囊）。

9. 扶正剂

补中益气丸（颗粒）、参苓白术散（丸、颗粒）、香砂六君丸、归脾丸（合剂）、六味地黄丸、知柏地黄丸、杞菊地黄丸（胶囊、片）、金匮肾气丸（片）、四神丸（片）、消渴丸、参麦注射液、生脉饮（颗粒、胶囊、注射液）。

10. 安神剂

天王补心丸（片）。

11. 止血剂

槐角丸、三七胶囊（片）。

12. 祛瘀剂

血栓通注射液、注射用血栓通（冻干）、血塞通注射液、注射用血塞通（冻干）、丹参注射液、麝香保心丸、复方丹参片（胶囊、颗粒、滴丸）、血府逐瘀丸（胶囊）、脉络宁注射液、冠心苏合丸（胶囊、软胶囊）、速效救心丸、地奥心血康胶囊、通心络胶囊。

13. 理气剂

丹栀逍遥丸、逍遥丸（颗粒）、气滞胃痛颗粒（片）、胃苏颗粒、元胡止痛片（胶囊、颗粒、滴丸）、三九胃泰颗粒

14. 消导剂

保和丸（颗粒、片）。

15. 治风剂

川芎茶调丸（散、颗粒、片）、正天丸（胶囊）、松龄血脉康胶囊、华佗再造丸。

16. 祛湿剂

五苓散（胶囊、片）、普乐安胶囊（片）、癃闭舒胶囊、尪痹颗粒（片）、血脂康胶囊。

二、外科用药

消炎利胆片（颗粒、胶囊）、马应龙麝香痔疮膏、季德胜蛇药片、连翘败毒丸（膏、片）、如意金黄散、排石颗粒、内消瘰疬丸。

三、妇科用药

妇科十味片、益母草膏（颗粒、胶囊、片）、妇科千金片（胶囊）、艾附暖宫丸、八珍益母丸（胶囊）、乌鸡白凤丸（胶囊、片）、更年安片、乳癖消片（胶囊、颗粒）。

四、眼科用药

明目上清片、明目地黄丸。

五、耳鼻喉科用药

耳聋左慈丸、鼻炎康片、藿胆丸（片、滴丸）、黄氏响声丸。

六、骨伤科用药

接骨七厘片、伤科接骨片、云南白药（胶囊、膏、酊、气雾剂）、活血止痛散（胶囊）、舒筋活血丸（片）、颈舒颗粒、狗皮膏、仙灵骨葆胶囊。

为更好地说明各类中成药的特点，现把我国目前临床常用而疗效较好的部分中成药商品按销售分类法列举如下，以便供广大医药工作者、经营者和消费者选用或销售时参考。

九味羌活丸

【品名简释】　本品以羌活为主药，共九味药物配制而成的丸剂，故名。

【处方来源】　为元代王好古《此时难知》中"九味羌活汤"方。《中国药典》收载，为国家基本药物。

【药物组成】　羌活、防风、苍术、细辛、川芎、白芷、黄芩、甘草、地黄。

【剂型规格】　水丸。每袋6克或9克。

【质量要求】　为棕褐色水丸；气香，味辛、微苦。按显微鉴别法鉴别白芷、防风、甘草、黄芩、地黄；薄层色谱法鉴别苍术、川芎、羌活、甘草。水分不得超过9.0%，丸重差异不得超出±6.0%。重量法测定含挥发性醚浸出物不得少于0.30%；高效液相色谱法测定每1克含黄芩以黄芩苷（$C_{21}H_{18}O_{11}$）计，不得少于5.0毫克。应符合《中国药典》规定。

【包装贮藏】　塑料袋包装。密封，防潮。

【功能主治】　疏风解表，散寒除湿。用于外感风寒挟湿所致的感冒，症见恶寒、发热、无汗、头重而痛、肢体酸痛。

【用法用量】　姜葱汤或温开水送服，一次6~9克，一日2~3次。

【注意事项】

1. 本品用于风寒挟湿、内有郁热证，风热感冒或湿热证慎用。

2. 服药期间，忌食辛辣、生冷、油腻食品。

【附注】　相应的中成药商品还有九味羌活颗粒（国家基本药物，每袋装15克）、九味羌活片（每片重0.5克）、九味羌活口服液（每支装10毫升）、九味羌活喷雾剂（每瓶装20毫升）。

牛黄上清丸

【品名简释】　本品是以牛黄为主药配制而成的丸剂，具有清除上焦实热的作用，故名。

【处方来源】　由明代朱梴《医学入门》中牛黄上清丸加减而来。《中国药典》收载。为国家基本药物，甲类非处方药。

【药物组成】　人工牛黄、薄荷、菊花、荆芥穗、白芷、川芎、栀子、黄连、黄柏、黄芩、大黄、连翘、赤芍、当归、地黄、桔梗、甘草、石膏、冰片。

【剂型规格】　丸剂。水丸每16粒重3克；大蜜丸每丸重6克。

【质量要求】　为红褐色至黑褐色的大蜜丸或棕黄色至深棕色的水丸；气芳香，味苦。按显微鉴别法鉴别黄连、黄芩、甘草、连翘、黄柏、栀子、地黄、大黄、菊花、薄荷、石膏；薄层色谱法鉴别大黄、黄连（盐酸小檗碱）、当归。大蜜丸水分不得过15.0%，丸重差异不得超出±7.0%；水丸水分不得过8.0%，丸重差异不得超出±7.0%。按高效液相色谱法含量测定，含黄芩以黄芩苷（$C_{21}H_{18}O_{11}$）计，大蜜丸每丸不得少于15毫克，水丸每1克不得少于3.5毫克。应符合《中国药典》规定。

【包装贮藏】　防潮纸包裹后，装入纸筒或蜡壳内，沾蜡封固或铝塑泡罩包装。密封。

【功能主治】　清热泻火，散风止痛。用于热毒内盛、风火上攻所致的头痛眩晕、目赤耳鸣、咽喉肿痛、口舌生疮、牙龈肿痛、大便燥结。

【用法用量】　口服。水丸一次3克；大蜜丸一次1丸，一日2次。

【注意事项】　①对本品过敏者禁用。②孕妇慎用。③阴虚火旺所致的头痛眩晕，牙痛咽痛不宜用。④本品寒凉，易伤胃气，小儿、年老体弱、大便溏软者慎服。⑤服药期间饮食宜清淡，忌食辛辣油腻食物。⑥不宜在服药期间同时服用温补性中成药。

【附注】　除丸剂外，还有片剂、胶囊剂，也均收入国家基本药物牛黄上清丸项下。①胶囊剂：每粒装0.3克。口服。一次3粒，一日2次。②片剂：每片重0.25克。口服。一次4片，一日2次。

六神丸

【品名简释】　本品是由牛黄等六味中药配制而成的丸剂，对热毒聚集引起的咽喉肿痛有神奇的疗效，故名。

【处方来源】　来自清代"雷允上诵分堂"药铺（雷允上制药厂前身）的秘方。《卫生部药品标准·中药成方制剂》第十八册收载。

【药物组成】　牛黄、珍珠、麝香、冰片、蟾酥、雄黄。

【剂型规格】　水丸，每1000粒重3.125克，每管10粒，30粒。每盒10管。

【质量要求】　黑色有光泽的小水丸，味辛辣。按气相色谱法鉴别法鉴别麝香酮；检查装量差异不得超过±12.0%；按薄层色谱法扫描进行含量测定，含胆酸不得少于1.0%。应符合《卫生部药品标准·中药成方制剂》规定。

【包装贮藏】　用玻璃管、塑料管或小瓷瓶包装。密封。

【功能主治】　清凉解毒，消炎止痛。用于烂喉丹痧，咽喉肿痛，喉风喉痈，单双乳蛾，小儿热疖，痈疡疔疮，乳痈发背，无名肿毒。

【用法用量】　口服，一日3次，温开水吞服；1岁每服1粒，2岁每服2粒，3岁每服3~4粒，4岁至8岁每服5~6粒，9岁至10岁每服8~9粒，成年每服10粒。

另可外敷在皮肤红肿处，以丸十数粒，用冷开水或米醋少许，盛食匙中化散，敷搽四周，每日数次，常保潮润，直至肿退为止。如红肿已将出脓或已穿烂，切勿再敷。

【注意事项】　①孕妇忌服，身体虚弱者慎用。②忌烟、酒及辛辣食物。③过量易中毒，少数人可致过敏反应。④疮疡化脓者不可外敷。⑤本品中含雄黄，不宜与酶制剂、硫酸亚铁、亚硫酸盐、腌制食品同服，不宜与硫酸盐类药物（硫酸奎宁、硫酸阿托品）同服。

【附注】　用本品治疗白血病、恶性肿瘤及带状疱疹等证有效。产品由雷允上药业有限公司生产。

六味地黄丸

【品名简释】　本品以地黄为主药，由六味中药配制而成的丸剂，故名。

【处方来源】　为清代钱乙《小儿药证直诀》方。《中国药典》收载。为国家基本药物，乙类非处方药。

【药物组成】　熟地黄、酒萸肉、牡丹皮、山药、茯苓、泽泻。

【剂型规格】　蜜丸。大蜜丸每丸重9克，每盒10丸；小蜜丸、水蜜丸每瓶装200丸、500丸。

【质量要求】　为棕黑色的水蜜丸、棕褐色至黑褐色的小蜜丸或大蜜丸；味甜而酸。按显微鉴别法鉴别组方六味药物；薄层色谱法鉴别牡丹皮（丹皮酚）、泽泻。大蜜丸丸重差异不得超出±6%，水分不得超出15.0%；小蜜丸水分不得超出15.0%，水蜜丸水分不得过12.0%，小蜜丸和水蜜丸的溶散时限不得超出1小时。按高效液相色谱法含量测定，含酒萸肉以马钱苷（$C_{17}H_{26}O_{10}$）计，水蜜丸每1克不得少于0.70毫克，小蜜丸每1克不得少于0.50毫克，大蜜丸每丸不得少于4.5毫克；含牡丹皮以丹皮酚（$C_9H_{10}O_3$）计，水蜜丸每1克不得少于0.90毫克，小蜜丸每1克不得少于0.70毫克，大蜜丸每丸不得少于6.3毫克。应符合《中国药典》规定。

【包装贮藏】　大蜜丸蜡纸包裹，装入蜡壳或纸筒内，沾蜡封固或铝塑泡罩包装。小蜜丸和水蜜丸用玻璃瓶或塑料瓶包装。密封，置室内阴凉干燥处。

【功能主治】　滋阴补肾。用于肾阴亏损，头晕耳鸣，腰膝酸软，骨蒸潮热，盗汗遗精，消渴。

【用法用量】　口服。水蜜丸一次6克，小蜜丸一次9克，大蜜丸每次1丸，一日2次。

【注意事项】　①脾虚、气滞、食少纳呆者慎用。②感冒者慎用。③服药期间饮食宜清淡，忌辛辣、油腻之品。

【附注】　除蜜丸外，剂型还有浓缩丸（每8丸重1.44克，相当于饮片3克），口服，一次8丸，一日3次。此外还有片剂、硬胶囊剂、软胶囊剂、颗粒剂、煎膏剂、口服液等产品。

以六味地黄丸为基础加减配制生产的地黄类产品还有：桂附地黄丸、知柏地黄丸、杞菊地黄丸、麦味地黄丸、明目地黄丸等。

片仔癀

【品名简释】　本品为内服对全身发黄的湿热证有卓效；此片用温开水调化外敷疗毒走癀也有显著疗效。故名。

【处方来源】　经验方。本品原为明末亦都一太医的秘方。后来间接传授给漳州馨苑茶店老板龙仔（原名曾延侯）。《中国药典》收载。甲类非处方药。

【药物组成】　牛黄、麝香、三七、蛇胆等。

【剂型规格】　锭剂，每粒重3克。

【质量要求】　类扁椭圆形块状，块上有一椭圆环。表面棕黄色或灰褐色，有密细纹，可见霉斑。质坚硬，难折断。折断面微粗糙，呈棕褐色，色泽均匀，偶见少量菌丝体。粉末呈棕黄色或淡棕黄色，气微香，味苦、微甘。干燥失重不得过13.0%，丸重差异不得超出±8.0%。薄层色谱法鉴别三七（三七、人参皂苷Rb₁、人参皂苷Rg₁、三七皂苷R₁）、蛇胆（胆红素、胆酸、去氧胆酸）。含量测定采用气相色谱法，每 1 克含麝香以麝香酮（$C_{16}H_{30}O$）计，不得少于 0.27 毫克。应符合《中国药典》规定。

【包装贮藏】　用纸盒包装。密封，置干燥处。

【功能主治】　清热解毒，凉血化瘀，消肿止痛。用于热毒血瘀所致急慢性病毒性肝炎、痈疽疔疮、无名肿毒、跌打损伤及各种炎症。

【用法用量】　口服，每次 0.6 克，8 岁以下儿童每次 0.15～0.3 克，每日 2～3 次；外用研末用冷开水或食醋少许调匀涂在患处（溃疡者可在患处周围涂敷之）。每日数次，常保持湿润，或遵医嘱。

【注意事项】　孕妇忌服。

【附注】　漳州片仔癀药业股份有限公司生产。还有胶囊剂，每粒 0.3 克。内容物为棕黄色的颗粒及细粉；气香，味苦、微甘。薄层色谱鉴别及含量测定同锭剂。干燥失重不得过 13.0%，装量差异不得超出 ±10.0%，崩解时限不得超过 30 分钟。每粒含麝香以麝香酮（$C_{16}H_{30}O$）计，不得少于 0.07 毫克。应符合《中国药典》规定。口服，一次 2 粒，1 至 5 岁儿童一次 1 粒；一日 3 次，或遵医嘱。

补中益气丸

【品名简释】　本品具有良好的补中益气作用，又为丸剂。故名。

【处方来源】　金代李杲《脾胃论》中的"补中益气汤"方。《中国药典》收载。为国家基本药物，乙类非处方药。

【药物组成】　炙黄芪、党参、炙甘草、炒白术、当归、升麻、柴胡、陈皮。

【剂型规格】　蜜丸。小蜜丸每 100 丸重 20 克，每瓶装 36 克、60 克或每袋装 6 克；大蜜丸，每丸重 9 克，每盒 10 丸。

【质量要求】　为棕褐色至黑褐色的小蜜丸或大蜜丸；味微甜、微苦、辛。采用显微鉴别法鉴别，薄层鉴别甘草（甘草酸单铵盐）、陈皮（橙皮苷）。水分不得超过 9.0%，溶散时限不得超过 1 小时。含量测定采用高效液相色谱法，含炙黄芪以黄芪甲苷（$C_{41}H_{68}O_{14}$）计，小蜜丸每 1 克不得少于 0.20 毫克；大蜜丸每丸不得少于 1.80 毫克。应符合《中国药典》规定。

【包装贮藏】　小蜜丸用玻璃瓶、塑料瓶包装，或铝塑复合膜袋包装；大蜜丸铝塑泡罩包装。密闭。

【功能主治】　补中益气，升阳举陷。用于脾胃虚弱，中气下陷所致的泄泻、脱肛、阴挺，症见体倦乏力，食少腹胀，便溏久泻、肛门下坠或脱肛、子宫脱垂。

【用法用量】　口服。小蜜丸一次 9 克，大蜜丸一次 1 丸，一日 2～3 次。

【注意事项】　①阴虚内热者禁用。②有恶寒发热表证时不宜用。③宜空腹或饭前服，亦可在进食时同服。④服药期间忌生冷油腻食物。⑤高血压患者慎服。

【附注】　除蜜丸外，丸剂剂型还有水丸（每 50 粒重 3 克，每袋装 6 克）、浓缩丸（每 8 丸相当于原生药 3 克）。口服，水丸一次 6 克，一日 2～3 次。此外还有颗粒剂（每袋装 3 克），口服，一次 3 克，一日 2～3 次。丸剂、颗粒剂均列入国家基本药物目录。

其他剂型还有片剂、煎膏剂、合剂等产品。

柏子养心丸

【品名简释】　本品是以柏子仁为主药制成的丸剂，方中柏子仁具有养心安神的作用，故名。

【处方来源】 明代王肯堂《证治准绳·类方》第五册的"柏子养心汤方"。《中国药典》收载。

【药物组成】 柏子仁、党参、炙黄芪、川芎、当归、茯苓、制远志、酸枣仁、肉桂、醋五味子、半夏曲、炙甘草、朱砂。

【剂型规格】 蜜丸。大蜜丸每丸重 9 克；小蜜丸、水蜜丸每袋装 6 克或每瓶装 36 克、60 克、120 克等。

【质量要求】 为棕色的水蜜丸、棕色至棕褐色的小蜜丸或大蜜丸；味先甜而后苦、微麻。采用显微鉴别法鉴别除制远志外的 12 味药物，薄层色谱法鉴别黄芪（黄芪甲苷）、川芎，高效液相色谱法鉴别肉桂（桂皮醛）。大、小蜜丸水分不得超过 15％，水蜜丸不得超过 12％。大蜜丸重量差异不得超过 ±6.0％。小蜜丸和水蜜丸溶散时限不得超过 1 小时。应符合《中国药典》规定。

【包装贮藏】 大蜜丸以蜡纸包裹，装入蜡壳或纸筒，沾蜡封固，或铝塑泡罩包装。小蜜丸和水蜜丸用铝塑复合膜袋包装或玻璃瓶、塑料瓶包装。密封。

【功能主治】 补气，养血，安神。用于心气虚寒，心悸易惊，失眠多梦，健忘。

【用法用量】 口服。水蜜丸一次 6 克，小蜜丸一次 9 克，大蜜丸一次 1 丸，一日 2 次。

【附注】 除蜜丸外，还有浓缩丸及片剂，功效相似。《中国药典》收载，片剂采用高效液相色谱法测定，每片含当归和川芎以阿魏酸（$C_{10}H_{20}O_4$）计，应不得少于 45 微克；滴定法测定，每片含朱砂以硫化汞（HgS）计，应为 30.0～38.0 毫克。

桂附理中丸

【品名简释】 本品为以肉桂、附子为主药，配以理中丸方中的药物制成的丸剂，故名。

【处方来源】 宋代陈言《三因极一病证方论》方。《中国药典》收载。为甲类非处方药。

【药物组成】 肉桂、附片、党参、炒白术、炮姜、炙甘草。

【剂型规格】 蜜丸。大蜜丸，每丸重 9 克。水蜜丸，每 10 丸重 0.24 克，每袋 10 克或每瓶装 60 克、120 克等。

【质量要求】 为棕褐色至棕黑色的水蜜丸、小蜜丸或大蜜丸；气微，味甜而辛辣。按显微鉴别法鉴别肉桂、党参、炒白术、炮姜、甘草；薄层色谱法鉴别肉桂（桂皮醛）、甘草，并检查乌头碱限量。大蜜丸水分不得超出 15.0％，重量差异不得超出 ±6.0％，水蜜丸水分不得超过 12.0％，溶散时限不得超出 1 小时。高效液相色谱法测定含肉桂以桂皮醛（C_9H_8O）计，水蜜丸每 1 克不得少于 0.15 毫克；小蜜丸每 1 克不得少于 0.10 毫克；大蜜丸每丸不得少于 0.90 毫克。应符合《中国药典》规定。

【包装贮藏】 大蜜丸用蜡纸包裹，装入蜡壳或纸筒内，沾蜡封固，或铝塑泡罩包装。水蜜丸用铝塑复合膜袋包装或玻璃瓶、塑料瓶包装。密封贮藏。

【功能主治】 温肾助阳，温中健脾。用于肾阳衰弱，脾胃虚寒，脘腹冷痛，呕吐泄泻，四肢厥冷。

【用法用量】 用姜汤或温开水送服。大蜜丸，一次 1 丸，水蜜丸每次 5 克，一日 2 次。

【注意事项】 孕妇慎用，有湿热症者慎用。

麻 仁 丸

【品名简释】 本品以火麻仁为主药配制的丸剂，故名。

【处方来源】　汉代张仲景《伤寒论》中"麻子仁丸"方。《中国药典》收载。甲类非处方药。

【药物组成】　火麻仁、苦杏仁、大黄、枳实（炒）、姜厚朴、炒白芍。

【剂型规格】　蜜丸。大蜜丸每丸重 9 克；小蜜丸和水蜜丸每袋 6 克或每瓶 36 克、60 克等。

【质量要求】　为黄褐色至棕褐色的水蜜丸、小蜜丸或大蜜丸；味苦。按显微鉴别法鉴别苦杏仁、大黄、炒白芍、枳实、姜厚朴；薄层色谱法鉴别大黄、火麻仁、厚朴、枳实、白芍。大、小蜜丸水分不得超过 15.0%，水蜜丸不得超过 12.0%。大蜜丸重量差异不得超出±6.0%。小蜜丸和水丸的溶散时限不得超过 1 小时。高效液相色谱法测定含大黄以总大黄酚（$C_{15}H_{10}O_4$）和总大黄素（$C_{15}H_{10}O_5$）的总量计，水蜜丸每 1 克不得少于 1.3 毫克；小蜜丸每 1 克不得少于 0.75 毫克；大蜜丸每丸不得少于 6.8 毫克；以结合蒽醌中的大黄酚（$C_{15}H_{10}O_4$）和大黄素（$C_{15}H_{10}O_5$）的总量计，水蜜丸每 1 克不得少于 0.39 毫克，小蜜丸每 1 克不得少于 0.30 毫克，大蜜丸每丸不得少于 2.7 毫克。应符合《中国药典》规定。

【包装贮藏】　大蜜丸用蜡纸包裹，装入蜡壳或纸筒内，沾蜡封固，或铝塑泡罩包装；小蜜丸和水蜜丸用铝塑复合膜袋包装或玻璃瓶、塑料瓶包装。密封贮藏。

【功能主治】　润肠通便。用于肠热津亏所致的便秘，症见大便干结难下、腹部胀满不舒；习惯性便秘见上述证候者。

【用法用量】　口服。水蜜丸一次 6 克，小蜜丸一次 9 克，大蜜丸一次 1 丸，一日 1～2 次。

【注意事项】　孕妇不宜服用；血虚阴亏引起的便秘慎用。

【附注】　除蜜丸外，还有水丸、胶囊剂、合剂等，功效相似。

银翘解毒丸

【品名简释】　本品以金银花、连翘为主药配制的丸剂，具良好的清热解毒作用，故名。

【处方来源】　清代吴鞠通《温病条辨》卷一的"银翘散"方。《中国药典》收载。为国家基本药物，乙类非处方药。

【药物组成】　金银花、连翘、薄荷、荆芥、淡豆豉、牛蒡子（炒）、桔梗、淡竹叶、甘草。

【剂型规格】　浓缩蜜丸。每丸重 3 克。

【质量要求】　为棕褐色的浓缩蜜丸；气芳香，味微甜而苦、辛。按显微鉴别法鉴别金银花、桔梗；薄层色谱法鉴别金银花（绿原酸）、连翘、荆芥、薄荷（薄荷脑）、牛蒡子。水分不得超过 15.0%，丸重差异不得超出±8.0%，溶散时限不得超过 2 小时。应符合《中国药典》规定。

【包装贮藏】　用蜡纸包裹，装蜡壳或纸筒内，沾蜡封固，或铝塑泡罩包装。密封贮藏。

【功能主治】　疏风解表，清热解毒。用于风热感冒，症见发热头痛、咳嗽口干、咽喉疼痛。

【用法用量】　浓缩蜜丸及水蜜丸，用芦根汤或温开水送服。一次 1 丸，一日 2～3 次；浓缩丸，口服，一次 0.7～0.8 克，一日 3 次。

【注意事项】　①风寒感冒，表现为恶寒重，发热轻，无汗，头痛，鼻塞，流清涕，喉痒咳嗽者不宜用。②孕妇慎用。③忌烟、酒及辛辣、生冷、油腻食物。④不宜在服药期间同时服用滋补性中成药。

【附注】 还有水蜜丸、浓缩丸。除丸剂外，还有颗粒剂、片剂、胶囊剂、合剂等，功效相似。

颗粒剂：每袋装①15 克；②2.5 克（含乳糖）。开水冲服。一次 15 克或 5 克（含乳糖），一日 3 次；重症者加服 1 次。

片剂：薄膜衣片每片重 0.52 克。口服。一次 4 片，一日 2～3 次。

复方丹参片

【品名简释】 本品以丹参为主药，与其他药物共同配制成的片剂，故名。

【处方来源】 研制方。《中国药典》收载。为国家基本药物。

【药物组成】 丹参、三七、冰片。

【剂型规格】 片剂。规格：①薄膜衣小片，每片重 0.32 克（相当于饮片 0.6 克）；②薄膜衣大片，每片重 0.8 克（相当于饮片 1.8 克）；③糖衣片（相当于饮片 0.6 克）。

【质量要求】 为糖衣片或薄膜衣片，除去包衣后显棕色至棕褐色；气芳香，味微苦。按显微鉴别法鉴别三七；薄层色谱法鉴别丹参（丹参酮 II_A）、冰片、三七（三七皂苷 R_1、人参皂苷 Rb_1、人参皂苷 Rg_1）。崩解时限不得超过 1 小时。高效液相色谱法测定每片含丹参以丹参酮 II_A（$C_{19}H_{18}O_3$）计，规格①、规格③不得少于 0.20 毫克；规格②不得少于 0.60 毫克；每片含丹参以丹酚酸 B（$C_{36}H_{30}O_{16}$）计，规格①、规格③不得少于 5.0 毫克；规格②不得少于 15.0 毫克。应符合《中国药典》规定。

【包装贮藏】 玻璃瓶、塑料瓶、塑料袋包装或铝塑泡罩包装。密封贮藏。

【功能主治】 活血化瘀，理气止痛。用于气滞血瘀所致胸痹，症见胸闷、心前区刺痛；冠心病心绞痛见上述证候者。

【用法用量】 口服。规格①、③，一次 3 片；规格②，一次 1 片；一日 3 次。

【注意事项】 ①孕妇禁用。②对本品过敏者禁用。③本品含有活血化瘀药，妇女月经期慎用。④肝肾功能异常者慎用。⑤寒凝血瘀胸痹心痛者不宜用。⑥个别人服药后胃脘不适，宜饭后服用。⑦服用本品少数可出现胃肠道症状或皮疹，偶有月经过多现象。⑧治疗期间，心绞痛持续发作，宜加用硝酸酯类药。如果出现剧烈心绞痛、心肌梗死等，应及时救治。

【附注】 除片剂外，还有胶囊、颗粒剂、滴丸等，功效近似。

胶囊剂：每粒装 0.3 克。口服。一次 3 粒，一日 3 次。

颗粒剂：每袋装 1 克。口服。一次 1 克，一日 3 次。

滴丸剂：每丸重 25 毫克。薄膜衣滴丸：每丸重 27 毫克。吞服或舌下含服。一次 10 丸，一日 3 次。28 天为一疗程或遵医嘱。

穿心莲片

【品名简释】 本品为穿心莲一味药制成的片剂，故名。

【处方来源】 研制方。1968 年广东汕头制药厂研制而成，《中国药典》收载。甲类非处方药。

【药物组成】 穿心莲。

【剂型规格】 片剂。小片每片相当于饮片 1 克，大片每片相当于饮片 2 克。

【质量要求】 为糖衣片或薄膜衣片，除去包衣后显灰褐色至棕褐色；味苦。按薄层色谱法鉴别穿心莲。片重差异不得超出±7.5%，崩解时限不得超过 1 小时。高效液相色谱法测定每片含脱水穿心莲内酯（$C_{20}H_{28}O_4$）计，小片不得少于 4.0 毫克，大片不得少于 8.0 毫克。应符合《中国药典》规定。

【包装贮藏】　玻璃瓶、塑料瓶、塑料袋或铝塑泡罩包装。密封。

【功能主治】　清热解毒，凉血消肿。用于邪毒内盛，感冒发热，咽喉肿痛，口舌生疮，顿咳劳嗽，泄泻痢疾，热淋涩痛，痈肿疮疡，毒蛇咬伤。

【用法用量】　口服。一次 2～3 片（小片），一日 3～4 次；或一次 1～2 片（大片），一日 3 次。

【附注】　除片剂外，还有水丸、胶囊剂等，功效近似。

云南白药（散剂、胶囊剂）

【品名简释】　原名"曲焕章百宝丹"，1995 年更名为云南白药。本品系黄白色的散剂，一直为云南省特产的中成药，故名。

【处方来源】　云南著名草药医师曲焕章的经验方。《中国药典》收载。为国家基本药物。

【药物组成】　略。

【剂型规格】　①散剂，每瓶装 4 克，保险子 1 粒。②胶囊剂，每粒装 0.25 克，保险子 1 粒。

【质量要求】

1. 散剂

为灰黄色至浅棕黄色的粉末；具特异香气，味略感清凉，并有麻舌感。保险子为红色的球形或类球形水丸，剖面呈棕色或棕褐色；气微，味微苦。按显微鉴别法鉴别粉末及保险子；按薄层色谱法鉴别人参皂苷 Rg_1、三七皂苷 R_1 和云南白药对照提取物。装量差异不得超出±7.0%，水分不得超过 9.0%。按高效液相色谱法测定每 1 克含人参皂苷 Rg_1（$C_{42}H_{72}O_{14}$）不得少于 3.0 毫克。符合《中国药典》规定。

2. 胶囊剂

为硬胶囊，内容物性状同散剂。按显微鉴别法鉴别粉末及保险子；按薄层色谱法鉴别人参皂苷 Rg_1、三七皂苷 R_1 和云南白药对照提取物。内容物水分不得超过 9.0%，装量差异不得超出±10.0%。按高效液相色谱法测定每粒含人参皂苷 Rg_1（$C_{42}H_{72}O_{14}$）不得少于 0.75 毫克。符合《中国药典》规定。

【包装贮藏】　用小玻璃瓶或铝塑泡罩包装。密封，置干燥处。

【功能主治】　化瘀止血，活血止痛，解毒消肿。用于跌打损伤，瘀血肿痛，吐血、咳血、便血、痔血、崩漏下血，手术出血，疮疡肿毒及软组织挫伤，闭合性骨折，支气管扩张及肺结核咳血，溃疡病出血，以及皮肤感染性疾病。

【用法用量】　刀、枪、跌打诸伤，无论轻重，出血者用温开水送服；瘀血肿痛与未流血者用酒送服；妇科各症，用酒送服；但月经过多、红崩，用温水送服。毒疮初起，服 0.25 克，另取药粉，用酒调匀，敷患处，如已化脓，只需内服。其他内出血各症均可内服。

口服。散剂，一次 0.25～0.5 克；胶囊剂，一次 1～2 粒；一日 4 次（2～5 岁按 1/4 剂量服用；6～12 岁按 1/2 剂量服用）。凡遇较重的跌打损伤可先服保险子 1 粒，轻伤及其他病症不必服。

【注意事项】　①孕妇禁用。②经期及哺乳期妇女慎用。③服药一日内，忌食蚕豆、鱼类及酸冷食物。

【附注】 由云南白药集团股份有限公司生产。除散剂、胶囊剂外，云南白药橡胶膏剂、酊剂、气雾剂也均收入国家基本药物。此外还有云南白药创可贴。云南白药创可贴、云南白药酊、云南白药膏、云南白药气雾剂均为乙类非处方药。

1. 橡胶膏剂

分6.5厘米×10厘米和6.5厘米×4厘米2种规格。功能主治：活血散瘀，消肿止痛，祛风除湿。用于跌打损伤，瘀血肿痛，风湿疼痛等症。外用，贴患处。

2. 酊剂

分每瓶装30毫升、50毫升和100毫升3种规格。功能主治：活血散瘀，消肿止痛。用于跌打损伤，风湿麻木、筋骨及关节疼痛，肌肉酸痛及冻伤等症。口服：常用量一次3～5毫升，一日3次；极量一次10毫升。外用：取适量擦揉患处，每次3分钟左右，一日3～5次，可止血消炎；风湿筋骨疼痛，蚊虫叮咬，Ⅰ、Ⅱ度冻伤可擦揉患处数分钟，一日3～5次。酒精过敏者禁用。

3. 气雾剂

分每瓶重50克和85克2种规格。

4. 气雾剂保险液

分每瓶重30克、60克和100克三种规格。功能与酊剂相似，用于跌打损伤、瘀血肿痛、肌肉酸痛及风湿性关节疼痛等症。外用，喷于伤患处，一日3～5次。凡遇较重闭合性跌打损伤者，先喷云南白药气雾剂保险液，若剧烈疼痛仍不缓解，可间隔1～2分钟重复给药，一天使用不得超过3次。喷云南白药气雾剂保险液间隔3分钟后，再喷云南白药气雾剂。只限于外用，使用时勿近明火，切勿受热，置于阴凉处保存。

冰 硼 散

【品名简释】 本品是以冰片、硼砂为主药配成的散剂，故名。

【处方来源】 明代陈实功《外科正宗》卷二方。《中国药典》收载。

【药物组成】 冰片、硼砂（煅）、朱砂、玄明粉。

【剂型规格】 散剂。包装规格多，每瓶装0.3克、0.6克、1克、2克、2.5克、3克、3.6克、5克等。

【质量要求】 为粉红色的粉末；气芳香，味辛凉。按理化鉴别法鉴别硼砂、玄明粉、朱砂，高效液相色谱法鉴别冰片。水分不得超过9.0%。按滴定法测定本品每1克含朱砂以硫化汞（HgS）计，应为40～60毫克；按气相色谱法测定每1克含冰片以龙脑（$C_{10}H_{18}O$）和异龙脑（$C_{10}H_{18}O$）的总量计，不得少于30毫克。符合《中国药典》规定。

【包装贮藏】 玻璃瓶或塑料瓶包装，密封贮藏。

【功能主治】 清热解毒，消肿止痛。用于热毒蕴结所致的咽喉肿痛，牙龈肿痛，口舌生疮。

【用法用量】 吹敷患处，每次少量，一日数次。

【注意事项】 用药期间，忌食辛辣食物。虚寒性溃疡不用。

【附注】 吹鼻可治鼻塞，吹耳可治化脓性中耳炎。

龟 龄 集

【品名简释】 本品滋补作用显著，服后可如龟一样的长寿，故名。

【处方来源】　清代恬素《集验良方》中鹤龄丹方加减而来。《中国药典》收载。

【药物组成】　红参、鹿茸、海马、枸杞子、丁香、穿山甲、雀脑、牛膝、锁阳、熟地黄、补骨脂、菟丝子、杜仲、石燕、肉苁蓉、甘草、天冬、淫羊藿、大青盐、砂仁等。

【剂型规格】　胶囊剂。每粒装 0.3 克，每瓶 30 粒或每板 12 粒。

【质量要求】　为硬胶囊，内容物为棕褐色的粉末；气特异，味咸。按显微鉴别法鉴别砂仁、鹿茸、穿山甲、海马；薄层色谱法鉴别淫羊藿（淫羊藿苷）、补骨脂（补骨脂素）、红参（人参皂苷 Rg_1、人参皂苷 Re、人参皂苷 Rb_1）。内容物水分不得超过 9.0%，装量差异不得超出 ±10.0%。浸出物测定含挥发性醚浸出物不得少于 0.25%。按高效液相色谱法测定每粒含红参以人参皂苷 Rg_1（$C_{42}H_{72}O_{14}$）和人参皂苷 Re（$C_{48}H_{82}O_{18}$）的总量计，不得少于 60 微克。符合《中国药典》规定。

【包装贮藏】　塑料瓶或铝塑泡罩包装。密封贮藏。

【功能主治】　强身补脑，固肾补气，增进食欲。用于肾亏阳弱，记忆减退，夜梦精溢，腰酸腿软，气虚咳嗽，五更溏泻，食欲不振。

【用法用量】　口服，一次 0.6 克，一日 1 次，早饭前 2 小时用淡盐水送服。

【注意事项】　①孕妇禁用；②忌食生冷、刺激性食物；③伤风感冒时停服。

【附注】　山西广誉远国药有限公司生产。

十全大补丸

【品名简释】　本品是以党参等十种药物配制成的滋补性丸剂，故名。

【处方来源】　系宋代《太平惠民和剂局方》的"十全大补丸"方。《中国药典》收载。为乙类非处方药。

【药物组成】　党参、炒白术、茯苓、炙甘草、当归、川芎、酒白芍、熟地黄、炙黄芪、肉桂。

【剂型规格】　蜜丸。大蜜丸，每丸重 9 克；水蜜丸每袋 6 克或每瓶装 30 克、60 克等。

【质量要求】　为棕褐色至黑褐色的水蜜丸或大蜜丸；气香，味甘而微辛。按显微鉴别法鉴别茯苓、党参、熟地黄、炙黄芪、炙甘草、炒白术、酒白芍、当归、肉桂、川芎；薄层色谱法鉴别白芍（芍药苷）、当归、黄芪（黄芪甲苷）；高效液相色谱法测定本品含酒白芍以芍药苷（$C_{23}H_{28}O_{11}$）计，水蜜丸每 1 克不得少于 0.55 毫克，大蜜丸每丸不得少于 3.6 毫克。符合《中国药典》规定。

【包装贮藏】　大蜜丸用蜡纸包裹，装蜡壳或纸筒、塑料球壳内，沾蜡封固，或铝塑泡罩包装；水蜜丸用塑料瓶或玻璃瓶包装。密封。

【功能主治】　温补气血。用于气血两虚，面色苍白，气短心悸，头晕自汗，体倦乏力，四肢不温，月经量多。

【用法用量】　口服。水蜜丸一次 6 克，大蜜丸一次 1 丸，一日 2～3 次。

【注意事项】　内有实热、阴虚火旺者不宜服用。

【附注】　除蜜丸外，还有浓缩丸（卫生部药品标准中药成方制剂第七册收载，每 8 丸相当于原生药 3 克，口服，一次 8～10 丸，一日 3 次），功效近似。

除丸剂外，还有合剂、口服液、煎膏剂、酒剂、颗粒剂、片剂、糖浆剂等，功效近似，均为乙类非处方药。

板蓝根颗粒

【品名简释】 本品是由板蓝根制成的颗粒剂，故名。

【处方来源】 研制方。《中国药典》收载。为国家基本药物，乙类非处方药。

【药物组成】 板蓝根。

【剂型规格】 颗粒剂。规格：①每袋装 5 克（相当于饮片 7 克）；②每袋装 10 克（相当于饮片 14 克）；③每袋装 3 克（无蔗糖，相当于饮片 7 克）。

【质量要求】 为浅棕黄色至棕褐色的颗粒；味甜、微苦或味微苦（无蔗糖）。按薄层色谱法鉴别板蓝根。水分不得超过 6.0%。应符合《中国药典》规定。

【包装贮藏】 塑料袋包装。密封。

【功能主治】 清热解毒，凉血利咽。用于肺胃热盛所致的咽喉肿痛、口咽干燥、腮部肿胀；急性扁桃体炎、腮腺炎见上述证候者。

【用法用量】 开水冲服。一次 5～10 克（含糖型），或一次 3～6 克（无蔗糖型），一日 3～4 次。

【注意事项】 ①风寒感冒，表现为恶寒重，发热轻，无汗，鼻塞流清涕，口不渴，咳吐稀白痰者不宜用。②阴虚火旺之喉痹、乳蛾者不宜用。③忌烟酒及辛辣、生冷、油腻食物。

【附注】 除颗粒剂外，还有茶剂、片剂、含片、咀嚼片、硬胶囊剂、软胶囊剂、口服液、糖浆剂等。板蓝根茶：茶剂，每块重 10 克、15 克；开水冲服，一次 1 块，一日 3 次。

生 脉 饮

【品名简释】 本品是以人参为主药配制而成的口服液，对心悸气短、脉微自汗的气阴两亏之证有显著的益气复脉作用，故名。又名生脉口服液。

【处方来源】 来源于金代李杲《内外伤辨惑论》卷中的"生脉散"方。《中国药典》收载。为国家基本药物，乙类非处方药。

【药物组成】 红参、麦冬、五味子。

【剂型规格】 合剂，每支装 10 毫升（相当于原生药 4 克，其中红参 1 克）。

【质量要求】 为黄棕色至淡红棕色的澄清液体；气香、味酸甜，微苦。按薄层色谱法鉴别红参（人参二醇、人参三醇）、麦冬。相对密度应不低于 1.08，pH 值应为 4.5～7.0，装量差异不得少于标示量。符合《中国药典》规定。

【包装贮藏】 直口玻璃瓶或安瓿包装。密封，置阴凉处。

【功能主治】 益气复脉，养阴生津。用于气阴两亏，心悸气短，脉微自汗。

【用法用量】 口服。一次 10 毫升，一日 3 次。

【注意事项】 ①脾胃虚弱，呕吐泄泻，腹胀便溏、咳嗽痰多者慎用。②感冒病人不宜用。③服用本品同时不宜服用藜芦、五灵脂、皂荚或其制剂。④宜饭前服用。⑤服药期间饮食宜清淡，忌辛辣、油腻之物。⑥在治疗期间，心绞痛持续发作，宜加用硝酸酯类药。若出现剧烈心绞痛、心肌梗死，有气促、汗出、面色苍白者，应及时急诊救治。

【附注】 除合剂外，还有颗粒剂、胶囊剂、注射液，均列入国家基本药物。

藿香正气水

【品名简释】 本品是以藿香为主药配置的酊剂，能治疗外感风寒，内伤湿滞等不正之气所致的病证；具很好的解表化湿作用，故名。

【处方来源】 研制方。根据宋代《太平惠民和剂局方》卷二的"藿香正气散"改制而成。《中国药典》收载。为国家基本药物，甲类非处方药。

【药物组成】 苍术、陈皮、厚朴（姜制）、白芷、茯苓、大腹皮、生半夏、甘草浸膏、广藿香油、紫苏叶油。

【剂型规格】 酊剂。每支装 10 毫升。

【质量要求】 为深棕色的澄清液体（贮存略有沉淀）；味辛、苦。按薄层色谱法鉴别苍术、陈皮（橙皮苷）、厚朴（厚朴酚、和厚朴酚）、广藿香油（百秋李醇）、白芷（欧前胡素、异欧前胡素）、甘草（甘草酸铵）。含乙醇量应为 40%～50%。高效液相色谱法测定本品每 1 毫升含厚朴以厚朴酚（$C_{18}H_{18}O_2$）及和厚朴酚（$C_{18}H_{18}O_2$）总量计，不得少于 0.58 毫克；每 1 毫升含陈皮以橙皮苷（$C_{28}H_{34}O_{15}$）计，不得少于 0.18 毫克。符合《中国药典》规定。

【包装贮藏】 玻璃瓶或塑料瓶包装。密封。

【功能主治】 解表化湿，理气和中。用于外感风寒，内伤湿滞或夏伤暑湿所致的感冒，症见头痛昏重、胸膈痞闷、脘腹胀痛、呕吐泄泻；胃肠型感冒见上述证候者。

【用法用量】 口服。一次 5～10 毫升，一日 2 次，用时摇匀。

【注意事项】 ①孕妇禁用。②外感风热所致的感冒不宜用。③阴虚火旺者不宜用。④饮食宜清淡。⑤不宜在服药期间同时服用滋补性中成药。⑥服用本品后有发生药疹、紫癜、休克等过敏反应的报道。

【附注】 剂型多样，除酊剂外，还有丸剂、片剂、合剂、颗粒剂、硬胶囊剂、软胶囊剂等，功效均近似。

藿香正气口服液、藿香正气软胶囊均收载于《中国药典》。口服液每支装 10 毫升，口服，一次 5～10 毫升，一日 2 次，用时摇匀。软胶囊每粒装 0.45 克，口服，一次 2～4 粒，一日 2 次。

红 花 油

【品名简释】 因本品为近似红花颜色的澄明油状液体，故名。

【处方来源】 研制方。《卫生部药品标准·中药成方制剂》第十四册收载，为乙类非处方药。

【药物组成】 丁香罗勒油、水杨酸甲酯、姜樟油、肉桂油、桂皮醛、柠檬醛、冰片。

【剂型规格】 搽剂。每瓶装 6.5 克、16 克或 27 克。

【质量要求】 为红棕色的澄明液体，气特异，味辛辣。不应有酸败、异臭及变色的现象。按气相色谱法测定含丁香酚不得少于 38.0%；含水杨酸甲酯不得少于 33.5%（毫克/毫升）。

【包装贮藏】 棕色玻璃瓶装。密封，避光。

【功能主治】 驱风药。用于风湿骨痛，跌打扭伤，外感头痛，皮肤瘙痒。

【用法用量】 外用。涂擦患处，一日 4～6 次。

【注意事项】 凡皮肤、黏膜破损处禁用。

【附注】 近似品种还有：

1. 复方丁香罗勒油（红花油）

《卫生部药品标准·中药成方制剂》第八册收载，由血竭、配制桂叶油、丁香罗勒油、黑油、水杨酸甲酯组方而成，为红棕色的澄清液体，具丁香的特异香气。驱风镇痛，用于风湿骨痛、感冒头痛等。外用，涂搽患处。

2. 正红花油Ⅱ

曾用名：正红花油。收载于《化学药品地标升国标第二册》，由水杨酸甲酯、桂叶油、桂油、香茅油、松节油、辣椒油、血竭组方而成，呈红色油状液体，气清香。用于关节酸痛、扭伤肿胀、跌打损伤、轻微烫伤及蚊虫叮咬。外用，取适量涂擦患处。

川贝枇杷糖浆

【品名简释】　本品是以川贝母、枇杷叶为主药配制成的止咳糖浆剂，故名。

【处方来源】　经验方。《中国药典》收载。为乙类非处方药。

【药物组成】　川贝母流浸膏、枇杷叶、桔梗、薄荷脑。

【剂型规格】　糖浆剂。每支装 10 毫升，一盒 10 支；每瓶装 100 毫升、120 毫升、150 毫升等。

【质量要求】　为棕红色的黏稠液体；气香，味甜、微苦、凉。按薄层色谱法鉴别枇杷叶。相对密度应不低于 1.13。气相色谱法测定本品每 1 毫升含薄荷脑（$C_{10}H_{20}O$）应不少于 0.20 毫克。符合《中国药典》规定。

【包装贮藏】　玻璃瓶或塑料瓶包装。密封，置阴凉处。

【功能主治】　清热宣肺，化痰止咳。用于风热犯肺、痰热内阻所致的咳嗽痰黄或咯痰不爽、咽喉肿痛、胸闷胀痛；感冒、支气管炎见上述证候者。

【用法用量】　口服。每次 10 毫升，一日 3 次。

【附注】

1. 除糖浆剂外，还有颗粒剂、片剂，功效近似。川贝枇杷颗粒：每袋装 3 克，口服，一次 3 克，一日 3 次；川贝枇杷片：基片重 0.2 克，口服，一次 3 片，一日 3 次。

2. 此外，类似品种还有市售川贝枇杷露，为糖浆剂，《卫生部药品标准·中药成方制剂》第二十册收载，乙类非处方药，与本品组方不同，由七味药物组方。功效止嗽祛痰，用于风热咳嗽、痰多上气或燥咳。每瓶装 150 毫升，一次 15 毫升，一日 3 次，小儿减半。

自学指导

【重点难点】

1. 六神丸、六味地黄丸、云南白药、生脉饮的剂型规格、质量要求、贮藏养护。

2. 九味羌活丸、银翘解毒丸、板蓝根冲剂、藿香正气水、复方丹参片的剂型规格、质量要求、贮藏养护。

【复习思考题】

1. 试述六神丸、六味地黄丸、云南白药、生脉饮的剂型规格、质量要求、包装贮藏与功能主治。

2. 比较牛黄上清丸、银翘解毒片、补中益气丸、十全大补丸的剂型规格、质量要求、包装贮藏与功能主治。

    3. 试述云南白药不同剂型的使用注意事项。

    4. 片仔癀的剂型规格、质量要求、包装贮藏与功能主治。

    5. 藿香正气水的剂型和质量要求是什么？

    6. 目前以生脉散组方的中成药商品有哪些剂型规格？

中文药名索引

拉丁学名索引

全国中医药行业高等中医药院校成人教育规划教材（专升本）

《中药商品学》教学大纲

前　言

　　中药商品学是研究中药商品在流通过程中的商品质量与经营、管理规律的一门应用学科，是在继承中药商品传统的经营、管理和质量控制的基础上，应用现代科学技术和商品学的理论与方法，研究中药商品的来源、产地、品质规格、产销行情及其经营、管理规律，从而促进中药商品的产、供、销、用的发展，保证人民用药的需要，不断提高人民的健康水平。

　　中药商品学不仅与药用植物学、中药鉴定学、中药药剂学、中药炮制学和中药化学等中药类学科有密切的关系，而且与商品学、营销学、市场学等商业类学科也有密切的关系。因此中药商品学是中药学与商品学这两类学科互相渗透形成的一门应用学科。

　　中药商品学理论课时为 36 学时，市场实践 12 学时，理论课时与自学学时按 1：2 比例分配。因学时所限，某些章节内容多，如川药、广药、北药、南药等，采用多数内容自学或在有关课程学习中加以讲解。

教学目的要求和内容

第一篇　总　　论

第一章　绪　　言

【目的要求】

1. 掌握中药商品学的含义与任务。
2. 掌握秦汉时期、晋唐时期、宋元时期、明清时期及现代中药商品学的发展概况。
3. 了解商业的基本概念（商业、商品、商人、企业、贸易、中药商品、中药商业等）。

【课程内容】

（一）自学内容

1. 中药商业在国民经济中的地位。
2. 中药商品学的主要任务。
3. 秦汉时期、晋唐时期、宋元时期、明清时期、现代各个历史时期中药商品学的发展概况。

（二）面授内容

1. 中药商品学的含义，商业的基本概念。
2. 中药商品学的萌芽与形成，各个历史时期的发展概况。

第二章　中药资源

【目的要求】

1. 掌握道地药材、名优中成药的概念。
2. 熟悉道地药材的形成和分类。
3. 了解药材资源的开发利用和保护。

【课程内容】

（一）自学内容

1. 中药材的野生资源和家种资源。
2. 中材资源的开发利用和保护。

3. 道地药材的分类概况
（二）面授内容
1. 道地药材的概念和形成。
2. 名优中成药的概念。

第三章　药材的采制与中药商品的包装

【目的要求】

1. 掌握药材采制与药材质量的关系。
2. 掌握中药商品包装的重要性。
3. 熟悉包装的作用和分类。
4. 了解各种包装材料和包装的标志。

【课程内容】

（一）自学内容
1. 中药采收时应注意的主要事项。
2. 中药材产地加工的目的、要求和方法。
3. 中药包装材料的性能、分类和适用范围。
（二）面授内容
1. 中药材的采收。
2. 中药商品包装的概念和重要性。
3. 中药商品包装的作用和分类。
4. 包装标志的作用。

第四章　中药市场

【目的要求】

1. 掌握国内主要中药市场的特点。
2. 熟悉中药市场竞争的内容和策略。
3. 了解国际主要中药市场和中药商品进出口概况。

【课程内容】

（一）自学内容
1. 中药市场竞争的内容和策略。
2. 我国出口中药概况。
3. 我国进口中药概况。
（二）面授内容
1. 市场及国际市场的概念、地位和作用。

2. 我国主要中药市场概况和特点。

3. 国际主要中药市场概况。

第五章　中药商品的经营

【目的要求】

1. 掌握中药商品贮存、养护中的变质现象、原因和养护方法。

2. 熟悉中药商品的销售方法和促销方法。

3. 了解中药商品在收购、运输中的注意事项。

【课程内容】

（一）自学内容

1. 中药商品在运输中的基本要求和分类。

2. 中药经营企业的分类。

3. 中药经营企业经营的特点。

4. 易变质中药饮片的分类。

（二）面授内容

1. 中药商品在经营中的销售方法。

2. 中药商品在经营中的促销方法。

3. 中药商品的贮存目的、方法及贮藏量。

4. 中药商品在贮存养护中的变质现象、变质原因、养护方法。

第六章　中药商业的管理

【目的要求】

1. 掌握国家对开办药品经营企业的相关规定。

2. 掌握制订药材商品规格等级的原则、依据和方法。

3. 熟悉中药商品的价格政策、组成、体系、分类和比价与差价。

4. 了解中药商业的管理机构、中药商品广告的管理。

【课程内容】

（一）自学内容

1. 中药商业经营的管理机构。

2. 中药商品价格的管理。

3. 中药商品广告的管理。

（二）面授内容

1. 国家对开办药品经营企业的必备条件、申办程序、经营中的相关规定。

2. 制订药材商品规格等级的原则。

3. 划分药材商品规格等级的依据和方法。

4. 中药商品的比价与差价。

第二篇 药材商品

具体药材商品讲授提纲:

1. 名称:主要介绍中药的中文名,一般不讲拉丁名。

2. 别名:主要介绍个别较为通用的中药商品别名。

3. 产地:主要介绍道地及主要产地,主要产地不明确者,可讲主要分布省区。

4. 采制:与中药商品等级规格有关的采收加工方法。

5. 商品规格:作全面或重点讲授。

6. 品质要求。

7. 产销行情。

8. 包装贮藏:讲授与中药商品质量有关的包装和贮藏方法。

9. 功效。

10. 附注:讲除上述各项外,必须补充或说明的内容及地方习用品、类同品等。

注:根据教学需要,本大纲所列中药商品的讲授分成重点、熟悉和了解三种形式。重点品种一般要求全面讲授产地、规格等级、产销行情、包装贮藏等。熟悉品种根据具体内容和教学进度,讲授产地、商品规格、产销行情,选择讲授其他内容或自学。了解品种原则上为自学内容。

第一章 川 药

【目的要求】

1. 掌握川产重点中药品种的道地产地、规格等级、产销行情、贮藏养护、川药、集散地、大宗商品药材的概念。

2. 熟悉品种的道地产地、规格等级、贮藏养护。

3. 了解品种的道地产地、贮藏养护,川药产区的自然环境条件。

【课程内容】

(一)自学内容

1. 熟悉品种:川乌、麝香、川木香、川木通、川牛膝、川射干、干姜、丹参、乌梅、半夏、白芷、花椒、郁金、姜黄、厚朴、独活、莪术、续断、银耳、黄柏、羌活。

3. 了解品种:川楝子、甘松、石菖蒲、仙茅、补骨脂、使君子、金钱草、桃仁、桑椹、常山、鱼腥草、川明参。

(二)面授内容

1. 川药、集散地、大宗商品药材的概念。

2. 川药产区的自然环境条件。

3. 重点品种:川贝母、冬虫夏草、黄连、川芎、附子。

第二章 广 药

【目的要求】

1. 掌握广药产区重点中药品种的道地产地、规格等级、产销行情、贮藏养护。
2. 熟悉品种的道地产地、规格等级、贮藏养护。
3. 了解品种的道地产地、贮藏养护，广药产区的自然环境条件。

【课程内容】

（一）自学内容

1. 熟悉品种：广巴戟、广地龙、广豆根、广陈皮、广藿香；广金钱草、化橘红、石决明、青蒿、珍珠、穿心莲、益智仁、佛手、鸡血藤、槟榔、高良姜、海马。

2. 了解品种：土茯苓、红大戟、红豆蔻、肉豆蔻、牡蛎、金樱子、罗汉果、荜澄茄、降香、青皮、骨碎补、草豆蔻、钩藤、海桐皮、桑寄生、桂枝、樟脑、胡椒、海龙、八角茴香、青果。

（二）面授内容

1. 广药的概念，广药产区的自然环境条件。
2. 重点品种：肉桂、砂仁、金钱白花蛇、蛤蚧。

第三章 云 药

【目的要求】

掌握云药产区重点中药品种的道地产地、规格等级、产销行情、贮藏养护。熟悉品种的道地产地、规格等级、贮藏养护。了解品种的道地产地、贮藏养护，云药产区的自然环境条件。

【课程内容】

（一）自学内容

1. 熟悉品种：木蝴蝶、诃子、重楼、苏木、草果、余甘子、香橼、珠子参。

2. 了解品种：儿茶、竹黄、竹节参、芒果核、荜茇、萝芙木、琥珀、雪上一枝蒿、雷丸。

（二）面授内容

1. 云药的概念，云药产区的自然环境条件。
2. 重点品种：三七、木香、茯苓。

第四章　贵　　药

【目的要求】

1. 掌握贵药产区重点中药品种的道地产地、规格等级、产销行情、贮藏养护。
2. 熟悉品种的道地产地、规格等级、贮藏养护。
3. 了解品种的道地产地、贮藏养护，贵药产区的自然环境条件。

【课程内容】

（一）自学内容
1. 熟悉品种：天冬、白及、冰片、猪苓、通草、黄精、朱砂、石斛。
2. 了解品种：五倍子、南沙参、婆罗子、天南星、雄黄、山慈菇。
（二）面授内容
1. 贵药的概念，贵药产区的自然环境条件。
2. 重点品种：天麻、杜仲、吴茱萸。

第五章　怀　　药

【目的要求】

1. 掌握怀药产区重点中药品种的道地产地、规格等级、产销行情、贮藏养护。
2. 熟悉品种的道地产地、规格等级、贮藏养护。
3. 了解品种的道地产地、贮藏养护，怀药产区的自然环境条件。

【课程内容】

（一）自学内容
1. 熟悉品种：红花、连翘、全蝎、辛夷、何首乌、旋覆花、款冬花。
2. 了解品种：千金子、白附子。
（二）面授内容
1. 怀药的概念，怀药产区的自然环境条件。
2. 重点品种：山药、牛膝、地黄、金银花。

第六章　浙　　药

【目的要求】

1. 掌握浙药产区重点中药品种的道地产地、规格等级、产销行情、贮藏养护。
2. 熟悉品种的道地产地、规格等级、贮藏养护。
3. 了解品种的道地产地、贮藏养护，浙药产区的自然环境条件。

【课程内容】

（一）自学内容

1. 熟悉品种：山茱萸、乌梢蛇、玄参、延胡索、前胡、蜈蚣、菊花。

2. 了解品种：女贞子、白前、绵萆薢、桑叶、僵蚕、覆盆子、乌药。

（二）面授内容

1. 浙药的概念，浙药产区的自然环境条件。

2. 重点品种：白术、白芍、麦冬、浙贝母。

第七章　关　　药

【目的要求】

1. 掌握关药产区重点中药品种的道地产地、规格等级、产销行情、贮藏养护。

2. 熟悉品种的道地产地、规格等级、贮藏养护。

3. 了解品种的道地产地、贮藏养护，关药产区的自然环境条件。

【课程内容】

（一）自学内容

1. 熟悉品种：关黄柏、升麻、龙胆、防风、桔梗、哈蟆油、细辛。

2. 了解品种：平贝母、牛蒡子、白头翁、白鲜皮、地榆。

（二）面授内容

1. 关药的概念，关药产区的自然环境条件。

2. 重点品种：人参、五味子、鹿茸。

第八章　北　　药

【目的要求】

1. 掌握北药产区重点中药品种的道地产地、规格等级、产销行情、贮藏养护。

2. 熟悉品种的道地产地、规格等级、贮藏养护。

3. 了解品种的道地产地、贮藏养护。北药产区的自然环境条件。

【课程内容】

（一）自学内容

1. 熟悉品种：北沙参、肉苁蓉、远志、赤芍、阿胶、板蓝板、苦杏仁、知母、柏子仁、麻黄、葶苈子、紫菀、酸枣仁、柴胡、西洋参、小茴香。

2. 了解品种：大枣、山楂、马勃、苍耳子、王不留行、甘遂、瓜蒌、地肤子、地骨皮、苦参、香加皮、香附、拳参、蛇床子、槐花、滑石、蝉蜕、漏芦、赭石、五灵脂、菟丝子。

（二）面授内容

1. 北药的概念，北药产区的自然环境条件。

2. 重点品种：党参、黄芩、黄芪、甘草。

第九章　西　药

【目的要求】

1. 掌握西药产区重点中药品种的道地产地、规格等级、产销行情、贮藏养护。

2. 熟悉品种的道地产地、规格等级、贮藏养护。

3. 了解品种的道地产地、贮藏养护。北药产区的自然环境条件。

【课程内容】

（一）自学内容

1. 熟悉品种：牛黄、沙苑子、秦皮、银柴胡、紫草、锁阳、藁本、淫羊藿、伊贝母、茵陈。

2. 了解品种：茜草、硼砂、绞股蓝、独一味、雪莲花。

（二）面授内容

1. 西药产区的自然环境条件。

2. 重点品种：大黄、当归、枸杞子、秦艽。

第十章　南　药

【目的要求】

1. 掌握南药产区重点中药品种的道地产地、规格等级、产销行情、贮藏养护。

2. 熟悉品种的道地产地、规格等级、贮藏养护。

3. 了解品种的道地产地、贮藏养护，南药产区的自然环境条件。

【课程内容】

（一）自学内容

1. 熟悉品种：土鳖虫、大青叶、天花粉、木瓜、太子参、玉竹、龟甲、百部、苍术、泽泻、虎杖、香薷、枳壳、枳实、栀子、射干、莲子、葛根、蜂蜜、决明子、薄荷。

2. 了解品种：三棱、车前子、艾叶、石膏、合欢皮、芡实、青黛、明党参、佩兰、荆芥、威灵仙、桑白皮、桑螵蛸、密蒙花、薤白、鳖甲、百合、虻虫、信石、芥子、夏枯草。

（二）面授内容

1. 南药产区的自然环境条件。

2. 重点品种：牡丹皮、蕲蛇、蟾酥。

第十一章　进 口 药

【目的要求】

1. 掌握进口药重点品种的道地产地、规格等级、产销行情、贮藏养护。
2. 熟悉品种的道地产地、规格等级、贮藏养护。
3. 了解品种的道地产地、贮藏养护；进口药物的历史概况。

【课程内容】

（一）自学内容
1. 熟悉品种：安息香、没药、乳香、白豆蔻、檀香。
2. 了解品种：丁香、马钱子、苏合香、胖大海、燕窝。
（二）面授内容
1. 进口药的概念，进口药的历史简介。
2. 重点品种：番泻叶、血竭、番红花、沉香。

第三篇　中成药商品

第一章　中成药概述

【目的要求】

1. 熟悉中成药的剂型、规格。
2. 了解中成药配伍、应用及发展前景。

【课程内容】

（一）自学内容
1. 中成药的处方组成、剂型、品种、规格。
2. 中成药应用中应注意的主要问题。
（二）面授内容
1. 中成药的概念与特点。
2. 中成药的发展前景，经营中应注意的主要问题。

第二章　中成药商品简介

【目的要求】

1. 掌握中成药重点品种的剂型规格、质量要求、贮藏养护。

2. 熟悉品种的剂型规格、质量要求、贮藏养护。

3. 了解品种的剂型规格、质量要求、贮藏养护。中成药商品的分类。

【课程内容】

（一）自学内容

1. 熟悉品种：九味羌活丸、牛黄上清丸、片仔癀、补中益气丸、柏子养心丸、桂附理中丸、麻仁丸、银翘解毒丸、龟龄集、十全大补丸、板蓝根冲剂、藿香正气水、复方丹参片。

2. 了解品种：川贝枇杷糖浆、红花油、冰硼散、穿心莲片。

（二）面授内容

1. 中成药商品分类简介。

2. 重点品种：六神丸、六味地黄丸、云南白药、生脉饮。

课时安排

教学内容	面授时数	自学时数	市场实践学时数
第一篇　总论			4
第一章　绪言	2	4	
第二章　我国丰富的中药资源	1	2	
第三章　药材的采收与中药商品的包装	1	2	
第四章　中药市场	3	6	
第五章　中药商品经营	2	4	
第六章　中药商业管理	3	6	
第二篇　药材商品			4
第一章　川药	2	4	
第二章　广药	2	4	
第三章　云药	1.5	3	
第四章　贵药	1.5	3	
第五章　怀药	1.5	3	
第六章　浙药	2	4	
第七章　关药	2	4	
第八章　北药	2	4	
第九章　西药	2	4	
第十章　南药	2	4	
第十一章　进口药	1	2	
第三篇　中成药商品			4
第一章　中成药概述	0.5	1	
第二章　中成药的分类与简介	4	8	
合计时数	36	72	12